Kosten- und Erfolgscontrolling in jungen Unternehmen

Regensburger Beiträge zur betriebswirtschaftlichen Forschung

Herausgegeben vom Institut für Betriebswirtschaftslehre an der Universität Regensburg

Otto A. Altenburger, Kurt Bohr, Michael Dowling, Jochen Drukarczyk, Hans Jürgen Drumm, Harald Hruschka, Dirk Meyer-Scharenberg, Gerhard Scherrer, Helmut Steckhan

Band 35

PETER LANG
Frankfurt am Main · Berlin · Bern · Bruxelles · New York · Oxford · Wien

Martina Hartl

Kosten- und Erfolgscontrolling in jungen Unternehmen

Konzeption und praktische Umsetzung dargestellt an einer Fallstudie

PETER LANG
Europäischer Verlag der Wissenschaften

Die Deutsche Bibliothek - CIP-Einheitsaufnahme

Hartl, Martina:

Kosten- und Erfolgscontrolling in jungen Unternehmen : Konzeption und praktische Umsetzung dargestellt an einer Fallstudie / Martina Hartl. - Frankfurt am Main ; Berlin ; Bern ; Bruxelles ; New York ; Oxford ; Wien : Lang, 2002
(Regensburger Beiträge zur betriebswirtschaftlichen Forschung ; Bd. 35)
Zugl.: Regensburg, Univ., Diss., 2001
ISBN 3-631-39163-3

D 355
ISSN 1430-7375
ISBN 3-631-39163-3

www.peterlang.de

GELEITWORT

Junge Unternehmen schlittern oft sehr schnell nach ihrem Start in eine sogenannte Wachstums- oder Managementkrise. Aus eigener Einsicht oder auf Druck der Kapitalgeber wird in dieser Phase die bis zu diesem Zeitpunkt mehr intuitive Führung durch eine auf systematischer Planung und Kontrolle basierende Führung ersetzt, zu deren Unterstützung die Einführung eines Controllingsystems als notwendig erachtet wird. Hier setzt die Verfasserin an. Sie entwickelt eine Controlling-Konzeption, die auf junge Unternehmen in dieser Phase zugeschnitten ist, die aber auch die Grundlage für weiteren Ausbau bietet. Das Fundament stellt dabei der Business Plan dar, der als Ausgangsdokument vorliegt und ständig rollierend zu überarbeiten ist. Zur Kontrolle seiner operativen Umsetzung wird eine Kosten- und Erlösrechnung konzipiert, die, um die Verbindung zur langfristigen Planung zu gewährleisten, auf Zahlungsgrößen basiert und eine Zurechenbarkeit sowohl nach Projekten als auch Perioden erlaubt. Die Konzeption orientiert sich zwar an der relativen Einzelkosten- und Dekkungsbeitragsrechnung nach Riebel, paßt diese jedoch der speziellen Situation junger Unternehmen und den Bedingungen eines Projektmanagements an. Die Praxistauglichkeit der Konzeption wird anhand einer Fallstudie, die aus der Beratertätigkeit der Verfasserin entstanden ist, demonstriert.

Die Arbeit kann als Leitfaden für die Einführung eines Controllingsystems in jungen Unternehmen angesehen werden und ist daher allen, die vor dieser Aufgabe stehen, als Lektüre zu empfehlen.

Regensburg, im Januar 2002 Kurt Bohr

VORWORT

Die vorliegende Arbeit entstand im Rahmen meiner Tätigkeit als wissenschaftliche Mitarbeiterin am Lehrstuhl für Produktionsmanagement und Industrielles Controlling der Universität Regensburg. Sie wurde im Juli 2001 an der Wirtschaftswissenschaftlichen Fakultät der Universität Regensburg als Dissertation eingereicht. Die Disputation fand am 13. Dezember 2001 statt.

Eine Dissertation wird nur von einer Person geschrieben, aber von vielen Personen mitgetragen. Sowohl fachliche als auch moralische Unterstützung sind für ihr Gelingen unverzichtbar. Ich hatte das große Glück, daß mir beides im privaten und beruflichen Umfeld zuteil wurde.

Mein besonderer Dank gilt meinem Doktorvater Herrn Prof. Dr. Kurt Bohr, der sich immer Zeit für die fachliche Betreuung meiner Dissertation genommen hat. Die hervorragenden Arbeitsbedingungen und die überaus angenehme Arbeitsatmosphäre an seinem Lehrstuhl waren für den erfolgreichen Abschluß meiner Promotion von großer Bedeutung. Meine Zeit als wissenschaftliche Mitarbeiterin an seinem Lehrstuhl möchte ich nicht missen.

Herrn Prof. Dr. Michael Dowling danke ich für die bereitwillige Übernahme des Zweitgutachtens sowie die gute und äußerst unkomplizierte Zusammenarbeit im Rahmen des Promotionsverfahrens.

Dr. Jürgen Ferstl und Dr. Michael Freitag danke ich für die kollegiale Zusammenarbeit in der Anfangsphase meiner Dissertation. Meinen jetzigen Kollegen Robert Obermaier und Andreas Winkler sowie Elisabeth Schwirtz, der Lehrstuhlsekretärin, bin ich für ihre unglaublich hilfsbereite Unterstützung, insbesondere in der Endphase der Promotion von Herzen dankbar. Mit ihnen verbindet mich weit mehr als nur ein kollegiales Verhältnis. Elisabeth Schwirtz danke ich für ihre große Anteilnahme an meiner Arbeit, ihre aufmunternden Worte und ihre gute Laune. Andreas Winkler leistete vor allem bei EDV-Problemen wertvolle Hilfestellung. Bei Robert Obermaier möchte ich mich ganz herzlich für zahlreiche fachliche Diskussionen und Krisengespräche bedanken. Seine kritischen Fragen und Anregungen waren für mich äußerst wertvoll und hilfreich.

Bei der Optimierung der formalen Gestaltung der Arbeit haben sich Gerlinde Geiss und Dr. Birgit Ott große Verdienste erworben.

Allen Freunden danke ich für ihr Verständnis, ihre vielfältige Unterstützung und ihr konstruktives Krisenmanagement. Stellvertretend seien hier Judith Mayer und Gerlinde Geiss genannt.

Ganz besonderen Dank schulde ich meiner Familie, die mich auf meinem bisherigen Lebensweg mit ihrem Optimismus wunderbar begleitet hat. Ihre Zuversicht und ihr Vertrauen haben mir sehr geholfen.

Regensburg, im Januar 2002 Martina Hartl

INHALTSVERZEICHNIS

ABBILDUNGSVERZEICHNIS

ABKÜRZUNGSVERZEICHNIS

Abb.	Abbildung
AG	Aktiengesellschaft
BB	Betriebs-Berater
BDU	Bundesverband Deutscher Unternehmensberater
BFuP	Betriebswirtschaftliche Forschung und Praxis
BMW	Bundesministerium für Wirtschaft und Technologie
bzw.	beziehungsweise
ca.	circa
CAPM	Capital Asset Pricing Model
DBW	Die Betriebswirtschaft
d.h.	das heißt
DIHT	Deutscher Industrie- und Handelstag
DIN	Deutsches Institut für Normung
DSWR	Datenverarbeitung in Steuer, Wirtschaft und Recht
DtA	Deutsche Ausgleichsbank
etc.	et cetera
e.V.	eingetragener Verein
evtl.	eventuell
f.	folgende
FB	Finanz Betrieb
ggf.	gegebenenfalls
GPM	Gesellschaft für Projektmanagement
IHK	Industrie- und Handelskammern
HGB	Handelsgesetzbuch
Hrsg.	Herausgeber
HWK	Handwerkskammern
i.d.R.	in der Regel
i.e.S.	im engeren Sinne
INF	Die Information über Steuer und Wirtschaft
JFB	Journal für Betriebswirtschaft
KMU	Kleine und mittlere Unternehmen
krp	Kostenrechnungspraxis
NfD	Nachrichten für Dokumentation
RKW	Rationalisierungs- und Innovationszentrum der Deutschen Wirtschaft e.V.
Std	Stunde
T€	Tausend Euro
usw.	und so weiter
u.U.	unter Umständen
VC	Venture Capital
vgl.	vergleiche
vub	Der Volks- und Betriebswirt
WHU	Wissenschaftliche Hochschule für Unternehmensführung
WiSt	Wirtschaftswissenschaftliches Studium
WPg	Die Wirtschaftsprüfung
WWZ	Wirtschaftswissenschaftliches Zentrum

z.B.	zum Beispiel
ZfB	Zeitschrift für Betriebswirtschaft
zfbf	Zeitschrift für betriebswirtschaftliche Forschung
zfo	Zeitschrift Führung + Organisation
ZO	Zeitschrift für Organisation
ZP	Zeitschrift für Planung
z.T.	zum Teil

I. EINLEITUNG

1. Theorie-Praxis-Konflikt in der Gründungsforschung

Im Zuge der Förderung des Fachs „Entrepreneurship" an deutschen Universitäten hat sich auch das Gründungsmanagement als wirtschaftswissenschaftliches Forschungsgebiet in der Bundesrepublik Deutschland in den letzten Jahren stärker etabliert. In diesem Teilbereich der Wirtschaftswissenschaften gibt es zwar eine große Anzahl von Handbüchern, die sich an die Praxis richten, an einer fundierten wissenschaftlichen Auseinandersetzung mit diesem Thema mangelt es aber nach wie vor. Das liegt meines Erachtens daran, daß man bei der Beschäftigung mit dem Thema Unternehmensgründung der Gefahr ausgesetzt ist, entweder eine theoretische Abhandlung zu verfassen, die den Erfordernissen der Praxis nicht gerecht wird, oder eine praxisorientierte Untersuchung ohne theoretischen Tiefgang.
Diese Gratwanderung zwischen Theorie und Praxis soll in der vorliegenden Arbeit dadurch bewältigt werden, daß theoretische Konzeption und praktische Umsetzung des Kosten- und Erfolgscontrollings für junge Unternehmen parallel nebeneinander behandelt werden.

2. Einführung in die Thematik und Aufbau der Arbeit

Nach zwei Rekordjahren für Gründer und Jungunternehmer ist in jüngster Zeit die Euphorie um Neugründungen aufgrund des Niedergangs vieler Start-ups der New Economy deutlich abgeebbt. Mittlerweile hat sich gezeigt, daß auch in der „Neuen Ökonomie" die Gesetze der „Alten Ökonomie" gelten. Wachstum allein ist nicht der Schlüssel zum Erfolg, wenn die Verluste im gleichen Ausmaß bzw. noch schneller wachsen. Zur professionellen Unternehmensführung ist ein funktionsfähiges Controlling erforderlich, woran es vielen noch jungen Unternehmen mangelt.[1]
Die vorliegende Arbeit setzt sich mit der Ausgestaltung des Kosten- und Erfolgscontrollings in jungen Unternehmen auseinander. Dabei wird nicht nur eine theoretische Konzeption entwickelt, sondern auch deren praktische Umsetzung anhand einer Fallstudie (Optima AG) dargestellt. Zweck dieser Betrachtungsweise ist, die Anwendbarkeit und Praktikabilität der Gestaltungsvorschläge zu illustrieren.

In **Kapitel II** wird zunächst der Untersuchungsgegenstand „junge Unternehmen" durch die Charakterisierung der betrachteten Gründungsform und die zeitliche Einordnung in den Lebenszyklus von Unternehmen präzisiert. Anschließend erfolgt die Definition des Untersuchungsproblems „Controlling" sowie die Begründung seiner Notwendigkeit für junge Unternehmen.

In **Kapitel III** wird eine Synthese zwischen dem Untersuchungsgegenstand und dem Untersuchungsproblem vorgenommen, indem die controllingrelevanten Charakteristika junger Unternehmen dargestellt werden.

---

[1] Vgl. Brühl, V., [Erfolgsfaktoren], 2001, S. 192f. DtA, [Chronik 2000], 2001, S. 1, 35, 45.

Aufbauend auf dem entwickelten Unternehmensprofil werden in **Kapitel IV** die Kennzeichen des Controllings in jungen Unternehmen aufgezeigt. Es werden Auslöser und Initiatoren für die Implementierung des Controllings vorgestellt sowie fundamentale Merkmale seiner Ausgestaltung erläutert, die der weiteren Arbeit zugrunde liegen.

Kapitel V befaßt sich mit der Konzeption eines Kosten- und Erfolgscontrollings für junge Unternehmen.
Es wird ein theoretisch fundiertes Controllingkonzept ausgearbeitet, das, den gestiegenen Anforderungen zukünftiger Wachstumsschübe entsprechend, weiterentwickelt werden kann. Das Controllingsystem integriert externe und interne Orientierung, indem das Perioden-Denken auf Unternehmensebene mit dem Projekt-Denken auf Projektebene kombiniert wird.
Ausgehend vom Business Plan als Basisdokument und der Kosten- und Erlösrechnung als grundlegendem Informationsinstrument wird das Kosten- und Erlösmanagement auf Unternehmensebene dargestellt. Die grundsätzliche Idee der Unternehmenssteuerung via Deckungslücken - mit dem Break-even-Punkt als strategischem Ziel - wird zu Beginn skizziert. Anschließend werden Planung und Diagnose, die Komponenten des Kosten- und Erlösmanagements, dargelegt. Während das Modul „Planung“ Vorgabeinformationen liefert, stellt das Modul „Diagnose“ Kontroll- und Anregungsinformationen zur Lenkung des Unternehmens zur Verfügung. Da die Module untrennbar miteinander verbunden sind, müssen sie in einem festen Planungs- und Kontrollzyklus durchlaufen werden. Dieser wird zum Abschluß der Ausführungen zum Kosten- und Erlösmanagement auf Unternehmensebene in einer Graphik illustriert und verbal erläutert.
Im Anschluß daran wird die Projektdimension des Controllingsystems erörtert. Dem Projektablauf entsprechend werden die Aktivitäten der Angebots-, Realisations- und Nachrealisationsphase der Projekte nacheinander untersucht. Sowohl projektspezifische als auch projektübergreifende Elemente der Planung, Steuerung und Kontrolle der Kosten und Erlöse werden beleuchtet. Aufbauend auf der Projektplanung werden insbesondere Methoden und Instrumente der Projektsteuerung, in Abhängigkeit vom jeweiligen Kontrollzeitpunkt, ausführlich dargestellt.
Kapitel V schließt mit der Darstellung der Controllinginstrumente „Balanced Scorecard“ und „Multiprojektcontrolling“, deren Einsatz sich bei fortlaufendem Wachstum auf Unternehmens- bzw. Projektebene empfiehlt.

In **Kapitel VI** werden die diskutierten Gestaltungsansätze des Kosten- und Erfolgscontrollings anhand der Optima AG beispielhaft modelliert. Zunächst erfolgen die Vorstellung des Unternehmens und die Analyse des im Unternehmen vorhandenen Informationsmaterials. Anschließend wird die praktische Umsetzung wesentlicher Eckpfeiler des Kosten- und Erlösmanagements auf Unternehmens- und Projektebene der Optima AG demonstriert. Modifikationen, die vorgenommen werden müssen, um die Anwendbarkeit in der Praxis zu gewährleisten, werden begründet und erläutert.

Kapitel VII faßt die wesentlichen Ergebnisse der Arbeit zusammen.

Die Struktur der Arbeit läßt sich wie folgt visualisieren.

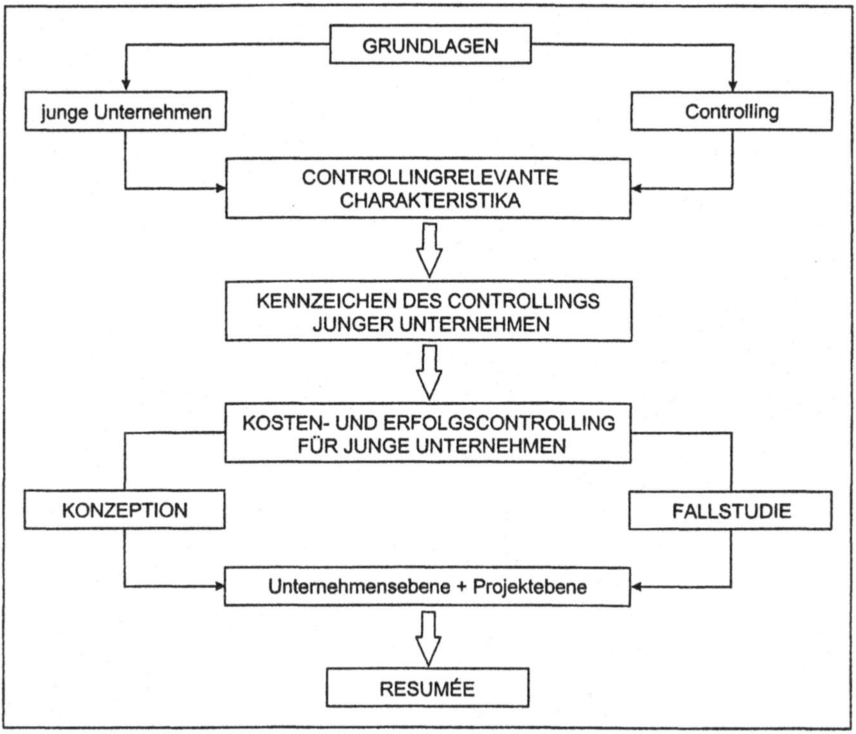

Abb. I.-1: Aufbau der Arbeit

II. GRUNDLAGEN

1. Zum Untersuchungsgegenstand „junge Unternehmen“

1.1 Art der Unternehmensgründungen

Unternehmensgründungen können nach dem personenbezogenen Grad der Selbständigkeit und dem unternehmensbezogenen Neuigkeitscharakter unterschieden werden.[2]

Hinsichtlich der personenbezogenen Komponente wird zwischen „selbständigen“ und „unselbständigen“ Gründungen unterschieden.

- Selbständige Gründungen werden zum Aufbau oder der Sicherung einer selbständigen unternehmerischen Existenz vom Gründer initiiert.
- Bei unselbständigen Gründungen gehört die Gründung zum Aufgabengebiet eines abhängig beschäftigten Gründers.

Die unternehmensbezogene Komponente „Neuigkeitscharakter“ besteht aus den Kategorien „originäre“ und „derivative“ Gründungen:

- Bei originären Gründungen wird ein Unternehmen von Grund auf völlig neu aufgebaut, d.h. alle Strukturen werden neu geschaffen.
- Derivative Gründungen transformieren bereits bestehende Unternehmen durch Maßnahmen wie Übernahme oder Umgründung in neue betriebswirtschaftliche Einheiten.

Aus der Kombination der beiden Unterscheidungskriterien und ihrer Ausprägungen resultieren vier Gründungsformen, die in der folgenden Abbildung dargestellt sind:

Neuigkeit / **Selbständigkeit**	*Derivative Gründungen*	*Originäre Gründungen*
Unselbständige Gründungen	Fusion oder Umgründung	Betriebs-gründung
Selbständige Gründungen	Übernahme eines bestehenden Unternehmens	Neuentstehung eines Unternehmens

Abb. II.-1: Gründungsformen[3]

[2] Vgl. Hunsdiek, D./May-Strobl, E., [Entwicklungslinien], 1986, S. 40; Klandt, H., [Unternehmensplan], 1996, S. 22f.; Manstedten, B.Chr., [Organisationsstrukturen], 1996, S. 31-33; Szyperski, N./Nathusius, K., [Unternehmensgründung 2], 1999, S. 26-30;

[3] In Anlehnung an Manstedten, B.Chr., [Organisationsstrukturen], 1996, S. 32 und Szyperski, N./Nathusius, K., [Unternehmensgründung 2], 1999, S. 27.

Die einzelnen Matrixfelder lassen sich wie folgt beschreiben:[4]

- Unselbständig-derivative Gründungen: sogenannte unechte Gründungen
  Eine bestehende Wirtschaftseinheit wird in ein bereits existierendes Unternehmen eingliedert. Die Identität der übernommenen Wirtschaftseinheit kann sich durch den Wechsel in der Trägergesellschaft gravierend verändern.
- Unselbständig-originäre Gründungen:
  Eine durch ein bereits bestehendes Unternehmen neu geschaffene Wirtschaftseinheit ist ein abhängiger Teil der gründenden Unternehmung.
- Selbständig-derivative Gründungen:
  Durch die Übernahme einer bestehenden betriebswirtschaftlichen Einheit wird eine selbständige unternehmerischen Existenz aufgebaut. Im Vordergrund steht die berufliche Veränderung des Gründers von der abhängigen Beschäftigung zur Selbständigkeit.
- Selbständig-originäre Gründungen:
  Es erfolgt ein Neuaufbau einer Unternehmung, indem alle mit der erstmaligen Unternehmensgestaltung verbundenen Probleme gelöst werden. Das Ergebnis ist eine selbständige, abgegrenzte, autonome und neugeschaffene Wirtschaftseinheit.

Gegenstand der vorliegenden Arbeit sind die selbständig-originären Gründungen. Bei dieser speziellen Gründungsform handelt es sich um eine gänzlich neue Wirtschaftseinheit, die durch ein Individuum (allein oder im Team) zum Zweck der Realisierung einer (Gründungs-)Idee aufgebaut wird.[5]

1.2 Zeitliche Einordnung

Das „Leben" eines Unternehmens läßt sich grundsätzlich in verschiedene Phasen unterteilen, wobei eine exakte Abgrenzung zwischen den einzelnen „Lebensabschnitten" schwierig ist. In der Literatur existiert eine große Anzahl von Modellen zur Darstellung der Unternehmensentwicklung, die sich grundsätzlich in fünf Grundtypen gliedern lassen.[6] Die Kategorisierung der Unternehmensentwicklungsmodelle ist aber nicht unproblematisch, da es bisweilen zu Überschneidungen zwischen den Modelltypen kommt und ihre Unterteilung in der Literatur unterschiedlich interpretiert wird.[7]

(1) Metamorphosemodelle
Typische Unternehmenszustände werden in einer relativ festgelegten Reihenfolge nacheinander als Entwicklungsphasen durchlaufen. Die Transformation in eine neue Phase erfolgt durch Veränderungen im Führungskonzept, welche aus dem Unternehmenswachstum resultieren.

---

[4] Vgl. Albert, J., [Unternehmensneugründungen], 1994, S. 14-16; Manstedten, B.Chr., [Organisationsstrukturen], 1996, S. 32f.; Szyperski, N./Nathusius, K., [Unternehmensgründung 2], 1999, S. 28f.; Wehrli, H.-P., [Unternehmungsgründung], 1983, S. 26.

[5] Vgl. Unterkofler, G., [Erfolgsfaktoren], 1989, S. 49.

[6] Eine umfangreiche Darstellung von Unternehmensentwicklungsmodellen findet sich bei Manstedten, B.Chr., [Organisationsstrukturen], 1996, S. 331-414.

[7] Vgl. Manstedten, B.Chr., [Organisationsstrukturen], 1996, S. 125-127; Pümpin, C./Prange, J., [Unternehmensentwicklung], 1991, S. 45f.

(2) Krisenmodelle
Diese Modelle beschreiben Entwicklungskrisen im Leben eines Unternehmens, die sich vorwiegend bei Erreichen bestimmter Alters- oder Größenschwellen anbahnen und einen gravierenden Einschnitt in der Unternehmensgeschichte darstellen.
(3) Marktentwicklungsmodelle
Die Unternehmensentwicklung erklärt sich aus der Absatzmarktentwicklung. Die externen Faktoren sind die entscheidenden Einflußgrößen.
(4) Strukturänderungsmodelle
Die Neugestaltung der Organisationsstruktur und der Managementsysteme aufgrund des Unternehmenswachstums skizziert die Unternehmensentwicklung.
(5) Verhaltensänderungsmodelle
Die Entwicklung des Unternehmens wird durch Verhaltensweisen und Einstellungen, wie die Zielsetzung des Managements, Führungsstil oder Innovationsverhalten, charakterisiert.

Da Controlling ein wichtiges Element eines Führungskonzepts darstellt, beschränke ich mich im Fortgang der Arbeit in erster Linie auf die Metamorphosemodelle, die explizit auf Änderungen im Führungskonzept als Folge des Unternehmenswachstums eingehen.

In der folgenden Abbildung werden Phasenmodelle einander gegenübergestellt, die in der Literatur zum Thema neue bzw. kleine und mittlere Unternehmen Erwähnung finden. Angesichts der Vielzahl von Unternehmensentwicklungsmodellen erhebt die getroffene Auswahl keinen Anspruch auf Vollständigkeit; sondern soll lediglich der zeitlichen Einordnung junger Unternehmen in den Lebenszyklus der Unternehmen dienen.

Lebensphasen von Unternehmen						
Autor	Phasen					
Szyperski / Nathusius (1977)[8]	Gründungsphase	Frühentwicklungsphase	Entwicklungsphase II	Entwicklungsphase III	neuer Entwicklungszyklus	
Timmons (1985)[9]	Start-up	High Growth	Maturity	Stability		
Havenga (1989)[10]	Planung	Gründung	Management			
Pümpin / Prange (1991)[11]	Pionier-Unternehmen	Wachstums-Unternehmen	Reife-Unternehmen	Wende-Unternehmen		
Holt (1992)[12]	Pre-start-up stage	Start-up stage	Early growth stage	Later growth stage		
Albert (1993)[13]	Gründung	Früh-entwicklung	Wachstum	Reife	Degeneration	Betriebs-aufgabe
Klandt (1996)[14]	Vorphase	Neugründung	Früh-entwicklung	Reifung, Wachstum	Krise	Konsoli-dierung
Mugler (1996)[15]	Vorbereitung einer Gründung	Gründung im engeren Sinn	Nach-gründung	Wachstum	Reife	Krise
Spilling (1996)[16]	Idea Generation	Start-up Growth	Maturity	Decline		
Kuratko / Hodgetts (1998)[17]	New-Venture Development	Start-up Activities	Venture Growth	Business Stabilization	Innovation or Decline	

Abb. II.-2: Phasen im Leben eines Unternehmens

In der nachfolgenden Graphik werden die einzelnen Lebensphasenmodelle aus Abbildung II.-2 in einer einzigen Skizze zusammenfassend dargestellt.

[8] Vgl. Szyperski, N./Nathusius, K., [Unternehmensgründung], 1977, S. 31f.
[9] Vgl. Timmons, J.A., [New Venture Creation],1985, S. 182.
[10] Vgl. Havenga, K.J.D., [Determinanten], 1989, S. 55f.
[11] Vgl. Pümpin, C./Prange, J., [Unternehmensentwicklung], 1991, S. 83, 135.
[12] Vgl. Holt, D.H., [Entrepreneurship], 1992, S. 104.
[13] Vgl. Albert, J., [Unternehmensneugründungen], 1994, S. 62.
[14] Vgl. Klandt, H., [Unternehmensplan], 1996, S. 28f.
[15] Vgl. Mugler, J., [Lebenszyklus], 1996, S. 222f.
[16] Vgl. Spilling, O.R., [Entrepreneurial System], 1996, S. 93.
[17] Vgl. Kuratko, D.F./Hodgetts, R.M., [Entrepreneurship], 1998, S. 493.

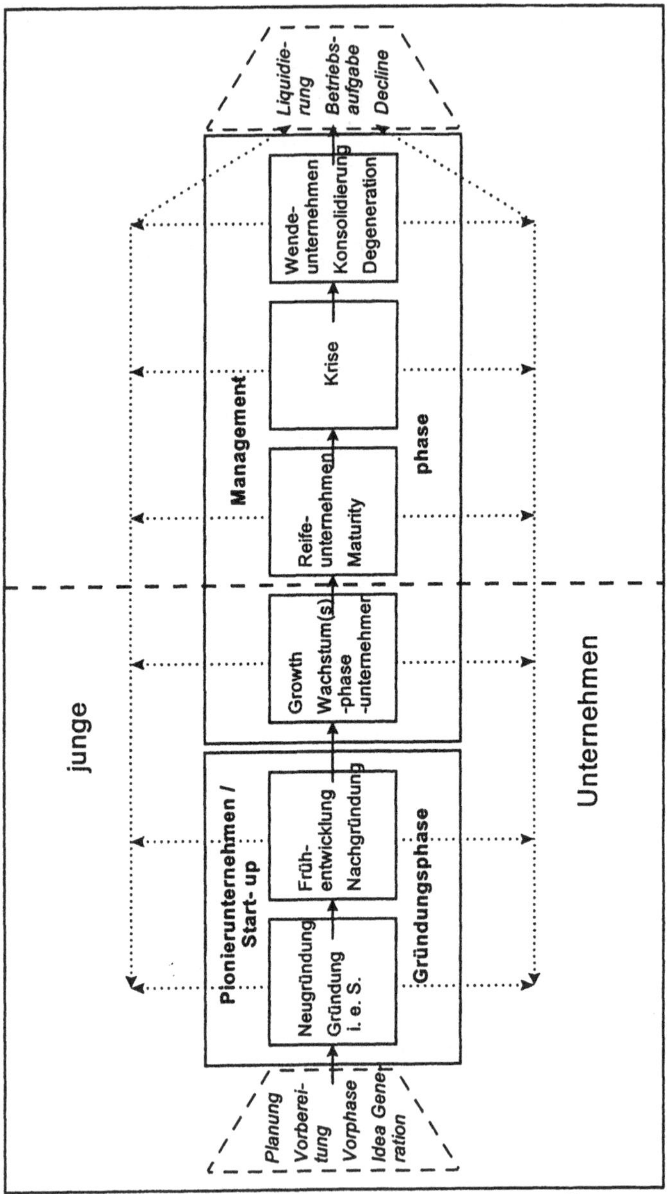

Abb. II.-3: Kombinierte Darstellung der tabellierten Phasenmodelle[18]

[18] Darstellung in Anlehnung an Klandt, H., [Unternehmensplan], 1996, S. 29.

Es bleibt noch anzumerken, daß die idealtypischen Lebensphasen, deren Dauer und Abgrenzung schwer zu bestimmen sind, nicht alle zwangsläufig während des Bestehens eines Unternehmens in der skizzierten Reihenfolge durchlaufen werden müssen, sondern daß der Tod eines Unternehmens prinzipiell in jeder Phase eintreten kann.[19] Denn in der Unternehmensentwicklung wechseln sich i.d.R. Phasen des Wachstums mit Phasen der Konsolidierung und Schrumpfung ab.[20]
Wo in diesem Schaubild lassen sich nun junge Unternehmen einordnen?
Bezug nehmend auf Abbildung II.-3 subsumiere ich unter junge Unternehmen diejenigen Unternehmen, die an der Schwelle von der Frühentwicklungs- zur Wachstumsphase stehen oder sich bereits in der Wachstumsphase befinden. Mit Abschluß der Wachstumsphase haben sich die Unternehmen am Markt und im Konkurrenzumfeld etabliert und können nicht mehr als „jung" angesehen werden. Bis zu diesem Zeitpunkt sind im Schnitt drei bis fünf Jahre vergangen, während derer es den Unternehmen gelungen sein muß, sich einen Kunden- und Lieferantenstamm aufzubauen, ein gutes, zuverlässiges Mitarbeiterteam an sich zu binden und ein Rechnungswesen einzuführen, das auch vorsichtige Banker bei Kreditverhandlungen mit Unternehmenszahlen zu überzeugen vermag.[21] Die Bezeichnung „jung" hat also nicht nur eine rein quantitative Dimension im Sinne des Unternehmensalters, sondern auch eine qualitative im Hinblick auf Führungsverhalten, Organisationsstrukturen und Strategien.[22]

Speziell der Übergang von der Gründungs- bzw. Frühentwicklungsphase zur Wachstumsphase sowie die Wachstumsphase an sich erweisen sich als kritisch, da mit dem Wachstum die Anforderungen an die Führung und ihre Funktionen der Planung, Organisation und Kontrolle steigen.[23] Mit der Entwicklung des Unternehmens - im Zuge seines zumeist rapiden Wachstums - von einer kleinen, einfach strukturierten Wirtschaftseinheit zu einem komplexen Unternehmen wird der Einsatz neuer Formen der Unternehmensführung erforderlich. Diese müssen möglichst schnell implementiert und organisatorisch verankert werden, um auch weiterhin erfolgreich am Markt agieren zu können.[24]
Das Augenmerk der vorliegenden Untersuchung richtet sich auf die für eine professionelle Unternehmensführung essentielle Funktion des Controllings, welche zugleich zu den gravierendsten Problemen von Existenzgründungen zählt.[25]

---

[19] Vgl. Klandt, H., [Unternehmensplan], 1996, S. 28; Pümpin, C./Prange, J. [Unternehmensentwicklung], 1991, S. 134; Sexton, D.L./Bowman-Upton, N.B., [Entrepreneurship], 1991, S. 65.

[20] Vgl. Albach, H., [Unternehmenswachstum], 1991, S. 3.

[21] Vgl. Bischoff, J.G., [Controlling bei jungen Unternehmungen], 1993, S. 94; Börner, Chr./ Lowis, S., [Wachstum], 2001, S. 145; Boswell, J., [Rise and Decline], 1973, S. 59.

[22] Vgl. Mugler, J., [Lebenszyklus], 1996, S. 223f.; Pümpin, C./Prange, J., [Unternehmensentwicklung], 1991, S. 236.

[23] Vgl. Albach, H./Bock, K./Warnke, Th., [Kritische Wachstumsschwellen], 1985, S. 45; Hunsdiek, D./May-Strobl, E., [Entwicklungslinien], 1986, S. 111.

[24] Vgl. Albach, H./Bock, K./Warnke, Th., [Kritische Wachstumsschwellen], 1985, S. 41; Manstedten, B.Chr., [Organisationsstrukturen], 1996, S. 9, 46f., 304; Pümpin, C./Prange, J., [Unternehmensentwicklung], 1991, S. 99.

[25] Vgl. BMWi, [Junge Unternehmen], 1998, S. 9.

2. Zum Untersuchungsproblem „Controlling"

2.1 Definition und Aufgaben

In nahezu jedem Buch, das sich nur im entferntesten mit dem Thema „Controlling" beschäftigt, wird der Begriff des Controllings mehr oder weniger ausführlich diskutiert sowie seine Herkunft beleuchtet. Ziele, Aufgaben, Bausteine und Dimensionen werden problematisiert, auf eine einheitliche Definition jedoch konnte man sich bisher nicht einigen.[26] Dies stellt ein Manko dar, das in der Literatur vielfach beklagt wird. An dieser Stelle wird in aller Kürze auf den Begriff des Controllings und seine Aufgaben eingegangen, soweit es für den Fortgang der Arbeit von Bedeutung ist.
Controlling ist ein ziel-, erfolgs- und zukunftsorientiertes sowie funktionsübergreifendes Führungskonzept, das die Unterstützung der Unternehmensführung zum Gegenstand hat. Es versetzt sie in die Lage, die Adaption des Unternehmens an Umweltveränderungen zu bewerkstelligen und das operative System zu koordinieren. Seine Aufgaben der Planung, Steuerung, Kontrolle, Informationsversorgung und Koordination (vgl. Abb. II.-4) dienen der Zielfindung, Zielformulierung, Zielsteuerung und Zielerfüllung.[27]

AUFGABENGEBIETE DES CONTROLLINGS	
Planung:	Aufbau und Betreuung eines Planungssystems, Hilfestellung für die Unternehmensleitung bei der Festlegung der Unternehmensziele
Steuerung:	Veranlassen, Überwachen und Sichern der Zielrealisation, Entwicklung und Durchführung von Korrekturmaßnahmen
Kontrolle:	Aufbau und Betreuung eines Kontrollsystems, Ermittlung von Abweichungen mittels Soll-Ist-Vergleiche bzw. Kontrollrechnungen und Analyse ihrer Ursachen
Information:	Architektur des Informationssystems: Informationserfassung, -verarbeitung, -aufbereitung, -auswertung und -bereitstellung, Koordination von Informationsnachfrage, -bedarf und -angebot
Koordination:	sachliche und zeitliche Abstimmung der Teilpläne sowie zwischen und innerhalb der Teilfunktionen „Planung", „Steuerung", „Kontrolle" und „Informationsversorgung"

Abb. II.-4: Aufgabengebiete des Controllings[28]

Controlling übernimmt eine beratende, entscheidungsvorbereitende und koordinierende Funktion für die Unternehmensführung und steuert zielgerichtete Informationserarbeitung und -verarbeitung zum Entscheidungs- und Steuerungsprozeß

[26] Vgl. stellvertretend Schuster, P., [Erfolgsorientierte Steuerung], 1991, S. 44; Ziegenbein, K., [Controlling], 1998, S. 23.

[27] Vgl. Gutschelhofer, A., [Unternehmensführung], 1995, S. 38; Hering, E./Zeiner, H., [Controlling], 1994, S. 17; Horváth, P., [Controlling], 1998, S. 144; Jaspersen, Th., [Controlling], 1999, S. 1; Pfohl, H.-Chr./Zettelmeyer, B., [Strategisches Controlling ?], 1987, S. 148f.; Weber, J., [story], 1997, S. 180.

[28] Vgl. stellvertretend Becker, W., [Begriff], 1999, S. 8f.; Bruch, H./Lawa D., [Beitrag], 1998, S. 113; Coenenberg, A.G./Baum, H.-G., [Controlling], 1987, S. 6f.; Hering, E./Zeiner, H., [Controlling], 1994, S. 22; Horváth, P., [Controlling], 1998, S. 110; Pfohl, H.-Chr., [Entwicklungen], 1988, S. 71; Stahl, H.-W., [Controlling], 1992, S. 28; Vollmuth, H.J., [Führungsinstrument], 1999, S. 11; Ziegenbein, K., [Controlling], 1998, S. 98.

bei.[29] Seine Aufgabengebiete bilden zusammen einen Regelkreis zur Unternehmenssteuerung, der nur dann erfolgreich arbeitet, wenn alle Funktionen einbezogen werden. Würde man z.B. die Informationsversorgung vernachlässigen, dann könnte auch nicht geplant, gesteuert oder kontrolliert werden. Denn Planung, Steuerung und Kontrolle ohne die entsprechenden internen und externen Daten sind undenkbar.[30]
Ziel des Controllings ist die Steigerung der Führungseffizienz durch die Gestaltung, den Einsatz, die Verbesserung und die Integration von Planungs-, Kontroll- und Informationssystemen inklusive ihrer Methoden und Instrumente.[31]

2.2 Notwendigkeit

Um der wachsenden Komplexität, Diskontinuität und Dynamik der Umwelt mit ihren vielfältigen ökonomischen, technologischen und gesellschaftlichen Herausforderungen gewachsen zu sein, muß die Qualität der Unternehmensführung kontinuierlich verbessert werden. Agieren, nicht reagieren ist gefragt, denn Entwicklungstendenzen, wie Globalisierung der Märkte oder unternehmensübergreifende Arbeitsteilung, verlangen eine erhöhte Anpassungsfähigkeit, Entscheidungsbereitschaft und -fähigkeit sowie Flexibilität der Unternehmen.[32] Deshalb wird der Einsatz des Controllings als Instrument der Führungsunterstützung in der Literatur sehr stark propagiert. Es herrscht weitgehend Einigkeit darüber, daß Controlling grundsätzlich unabhängig von Art und Größe eines Unternehmens anwendbar ist.[33] Bei der Entscheidung über die Implementierung eines Controllingsystems sind jedoch Art und Größe des Unternehmens, die in Alter und Struktur zum Ausdruck kommen, sowie Vor- und Nachteile bzw. Kosten und Nutzen in das Kalkül mit einzubeziehen.[34] Besonders für junge Unternehmen, die Untersuchungsgegenstand der vorliegenden Arbeit sind, erweist sich ein zielorientiertes Controlling als wichtig, da sie
(1) noch nicht am Markt etabliert sind,
(2) nur wenig Erfahrung in puncto Kosten- und Leistungsstruktur besitzen,
(3) oft ein Defizit an aktuellen und aussagekräftigen Informationen hinsichtlich ihrer wirtschaftlichen Entwicklung haben,
(4) großer Unsicherheit ausgesetzt sind und
(5) im Zuge der Projektarbeit[35] viele Entscheidungen auf die Projektebene verlagern.[36]

---

[29] Vgl. Lück, W./Jahns Chr., [Führungsunterstützung], 1997, S. 127; Pfohl, H.-Chr., [Entwicklungen], 1988, S. 72; Preißler, P.R., [Controlling-Lexikon], 1995, S. 43.

[30] Vgl. Klett, Chr./Pivernetz, M./Hauke, D., [Controlling], 1998, S. 11f.

[31] Vgl. Klett, Chr./Pivernetz, M./Hauke, D., [Controlling], 1998, S. 11; Küpper, H.-U./Weber, J./Zünd, A., [Verständnis], 1990, S. 283; Link, J., [Führungssysteme], 1996, S. 186f.

[32] Vgl. Grote, K.-P., [Externes Controlling], 1991, S. 192; Kosmider, A., [Controlling], 1991, S. 49; Preißler, P.R., [Klein- und Mittelbetrieb], 1994, S. 7; Weber, J., [Controlling 2000], 1998, S. 2.

[33] Vgl. Bramsemann, R., [Erfolgssteuerungssystem], 1997, S. 31; Preißler, P.R., [Klein- und Mittelbetrieb], 1994, S. 7; Stahl, H.-W., [Controlling], 1992, S. 27.

[34] Vgl. Ossadnik, W., [Controlling], 1996, S. 340; Preißler, P.R., [Klein- und Mittelbetrieb], 1994, S. 7; Vollmuth, H.J., [Führungsinstrument], 1999, S. 31.

[35] Vgl. Kapitel V. 4.

[36] Vgl. Bischoff, J.G., [Controlling bei jungen Unternehmungen], 1993, S. 93f.; Gushurst, K.-P., [Implementierung], 1990, S. 65; Vollmuth, H.J., [Führungsinstrument], 1999, S. 31.

In dieser Unternehmensphase kann das Controlling zur Steigerung der Erfolgschancen beitragen, da es zur systematischen Auseinandersetzung mit den Entwicklungen im eigenen Unternehmen zwingt.[37] Es gibt mehr und besseren Einblick in die gesamten Zusammenhänge des Unternehmens, ermöglicht die beim Überschreiten von Wachstums- und Organisationsschwellen erforderliche Selbstkontrolle und Eigensteuerung und trägt somit zur Bewältigung der Komplexität des betrieblichen Handelns bei.[38]
Da die Controllingdaten für die notwendigen laufenden Planungs-, Steuerungs- und Überwachungsarbeiten sehr spezifisch und sensibel sind, werden permanente Nähe zum Führungsgeschehen und die Kenntnis des Unternehmens als Voraussetzung für ein qualitativ hochwertiges Controlling angesehen. Weiterhin muß das Controlling vollständig in die täglichen Kommunikations- und Entscheidungsabläufe eingebunden werden, damit es die Unternehmensführung bei ihren Entscheidungsaufgaben zur Umsetzung der strategischen Ziele unterstützen und koordinierend begleiten kann. Diese Bedingungen sind nur bei unternehmensinterner Wahrnehmung des Controllings erfüllt, so daß ein externer Bezug seines Kernbereichs nicht in Frage kommt.[39] Lediglich bei controllingvorbereitenden oder begleitenden Aufgaben kann eine fallweise externe Unterstützung durch Unternehmens- und Steuerberater, Wirtschaftsprüfer oder Verbände in der Anfangsphase hilfreich sein.[40]

[37] Vgl. Müller, R., [Lotsen], 1998, S. 58.

[38] Vgl. Becker, W., [Begriff], 1999, S. 4; Mayer, E., [Werkzeugkasten], 1992, S. 32; Rieder, L./Schütz, J., [Controlling], 1989, S. 21f.

[39] Vgl. Kosmider, A., [Controlling], 1991, S. 188, 191, 196; Reiß, M./Höge, R., [Schlankes Controlling], 1994, S. 220; Synek, H., [Organisation], 1996, S. 96; Wolf, K.-H, [Existenzgründung], 1997, S. 153.

[40] Vgl. Kosmider, A., [Controlling], 1991, S. 191, 195f.; Peemöller, V.H., [Controlling], 1997, S. 54f.; Reiß, M./Höge, R., [Schlankes Controlling], 1994, S. 220.

III. CONTROLLINGRELEVANTE CHARAKTERISTIKA JUNGER UNTERNEHMEN

1. Vorbemerkung

Neue Unternehmen, die beim Eintritt in den Markt in aller Regel in bezug auf Umsatz und Mitarbeiterzahl relativ klein sind, gelten als eine spezielle Gruppe kleiner und mittlerer Unternehmen.[41] Zur Identifikation dieser Unternehmensklasse werden sowohl quantitative Kriterien, wie Umsatzhöhe, Beschäftigtenzahl, Anlagevermögen, Gewinn, Gesamtkapital, Zahl der Kunden als auch qualitative Indikatoren, die auf das Wesen und den Charakter der Unternehmen eingehen, zur Klassifikation herangezogen.[42] Da aber sowohl die quantitative als auch die qualitative Abgrenzung mit Mängeln behaftet ist, existiert in der Literatur keine allgemein anerkannte Definition oder Abgrenzungsmethode, so daß die Einordnung junger Unternehmen in eine Größenklasse bis heute problematisch ist.[43]
In der speziellen Literatur zur Unternehmensgründung werden junge Unternehmen als die problematischsten kleinen Unternehmen eingestuft, die im Vergleich zu anderen kleinen Unternehmen ein hohes bzw. schnelles Wachstum aufweisen.[44] STOREY schlägt vor, die Unternehmen über Charakteristika, die einen Abriß der ökonomischen Aktivitäten geben, zu definieren.[45] GIBB dagegen beschreibt die Unternehmen aus der Perspektive eines Gründers. Er schildert die internen und externen Gegebenheiten, mit denen sich der Gründer bei der Führung seines eigenen kleinen Unternehmens - im Vergleich zum Verbleib in der abhängigen Beschäftigung - auseinanderzusetzen hat.[46]
Diese Beispiele machen deutlich, daß in der Gründungsliteratur unterschiedliche Vorstellungen über die typischen Merkmale junger Unternehmen bestehen. Angesichts der differierenden Ansätze wird empfohlen, die Auswahl der Kriterien zu ihrer Kennzeichnung nach dem Grundsatz der Zweckmäßigkeit vorzunehmen.[47]
Da sich die vorliegende Arbeit mit einem Bestandteil der Unternehmensführung, dem Controlling, befaßt, konzentriert sich die folgende Charakterisierung junger Unternehmen als Spezialfall kleiner Unternehmen weitgehend auf qualitative Merkmale,

---

41 Vgl. Bögenhold, D., [Selbständige Erwerbsarbeit], 1994, S. 11; Boswell, J., [Rise and Decline], 1973, S. 193; Bührens, J., [Existenzgründung], 1997, S. 201; Hunsdiek, D., [Unternehmensgründung], 1987, S. 25.

42 Vgl. Schulz, P., [Portfolio-Analyse], 1988, S. 6f.; Schuster, P., [Erfolgsorientierte Steuerung], 1991, S. 11.

43 Vgl. Gruhler, W., [Wirtschaftsfaktor], 1994, S. 19; Schuster, P., [Erfolgsorientierte Steuerung], 1991, S. 10.

44 Vgl. Boswell, J., [Rise and Decline], 1973, S.36, 38f.; Merrett, C.A., [Dynamics], 1971, S. 37-39; Storey, D.J., [Entrepreneurship], 1982, S. 44.

45 Vgl. Storey, D.J., [Entrepreneurship], 1982, S. 6f.

46 Vgl. Gibb, A.A., [Borrowing from the small business], 1994, S. 329.

47 Vgl. Mugler, J., [Betriebswirtschaftslehre], 1995, S. 17; Pfohl, H.-Chr./Kellerwessel, P., [Abgrenzung], 1990, S. 5.

die im Zusammenhang mit dem Controlling in jungen Unternehmen von Bedeutung sind.[48]

2. Gründerperson

2.1 Zahl der Gründer

Die Einteilung in Einzel- und Partnergründungen hängt davon ab, ob bei der Gründung bzw. der späteren Führung des Unternehmens eine oder mehrere Personen unternehmerisch aktiv sind, die ein finanzielles Interesse an dem neu geschaffenen Unternehmen haben.[49] Die Entscheidung für eine Gemeinschaftsgründung kann dabei aus vielerlei Gründen gefällt werden. In der Regel wird ein Team gebildet, um[50]

- die Ressourcenbasis (v.a. Kapital) zu verbreitern,
- das verfügbare Know-how der Geschäftsführung zu erweitern,
- das Risiko für den einzelnen zu reduzieren,
- Arbeitsaufwand und Kosten zu senken,
- das nutzbare Netzwerk zu vergrößern und
- die Motivation zu erhöhen.

Ob sich die an die Teambildung geknüpften Hoffnungen erfüllen, hängt davon ab, inwieweit die Art der Zusammenarbeit geklärt bzw. geregelt ist und in welchem Rahmen die Beteiligten zur Teamarbeit fähig sind.[51] Bei der Partnerwahl sollten deshalb nicht nur die Kompetenz, sondern auch der Charakter und die Motive der potentiellen Partner als Kriterium zur Teambildung eine Rolle spielen. Je höher die Sorgfalt bei der Auswahl der Teammitglieder ist, um so größer ist die Wahrscheinlichkeit, als Team erfolgreich zu sein.[52]

Daneben gibt es jedoch auch berechtigte Gründe, sich als Entrepreneur für eine Einzelgründung zu entscheiden. Als Vorteile der Einzelgründung werden häufig folgende genannt:

- Flexibilität,
- Autonomie,
- fehlendes Konfliktpotential (v.a. bei Entscheidungen) und
- die uneingeschränkte Autorität des Gründers.[53]

---

[48] Vgl. Bramsemann, R., [Erfolgsteuerungssystem], 1997, S. 29f.; Clasen, J.P., [Turnaround], 1992, S. 17-19; Hruschka, E., [Wettbewerbschancen], 1976, S. 4f.; Kuratko, D.F./Hodgetts, R.M., [Entrepreneurship], 1998, S. 573; Mugler, J., [Betriebswirtschaftslehre], 1995, S. 17-21; Pfohl, H.-Chr./ Kellerwessel, P., [Abgrenzung], 1990, S. 17-19; Schulz, P., [Portfolio-Analyse], 1988, S. 10-13; Schuster, P., [Erfolgsorientierte Steuerung], 1991, S. 17-21.

[49] Vgl. Kamm, J.B./Shuman, J.C./Seeger, J.A./Nurick, A.J., [Entrepreneurial Teams], 1990, S. 7; Klandt, H., [Unternehmensplan], 1996, S. 23.

[50] Vgl. Barkam, R.J., [Entrepreneurial Characteristics], 1994, S. 121; Bataillard, V., [Leitfaden], 1994, S. 55; Cooper, A.C./Gimeno Gascón, F.J.G., [Entrepreneurs], 1990, S. 16; Holt, D.H., [Entrepreneurship], 1992, S. 367f.; Kuratko, D.F./Hodgetts, R.M., [Entrepreneurship], 1998, S. 386; Unterkofler, G., [Erfolgsfaktoren], 1989, S. 52.

[51] Vgl. Bataillard, V., [Leitfaden], 1994, S. 55; Cooper, A.C./Gimeno Gascón, F.J.G., [Entrepreneurs], 1990, S. 16.

[52] Vgl. Barkham, R., [Entrepreneurship], 1990, S. 36.

[53] Vgl. Holt, D.H., [Entrepreneurship], 1992, S. 364, 367; Kuratko, D.F./Hodgetts, R.M., [Entrepreneurship], 1998, S. 383.

Die Zahl der Gründer hat Auswirkungen auf das Controlling. Eine Entscheidung für die Partnergründung bewirkt, daß die finanzielle, personelle und fachliche Ressourcenbasis steigt, was die Controllingeinführung tendenziell erleichtert. Der Entscheidungsprozeß bis zur Implementierung allerdings dürfte mehr Zeit in Anspruch nehmen als bei einer Einzelgründung.

2.2 Anforderungen an die Gründer

Da in den Anfangsjahren Identität zwischen Gründer[54] und Unternehmung herrscht, hängt der Erfolg junger Unternehmen entscheidend von der Unternehmerperson ab. Deshalb wird die Gründerpersönlichkeit als Faktor für den Unternehmenserfolg stärker gewichtet als die Unternehmensidee. Diese Einschätzung bringt auch ein einhelliges Statement der Gründungsexperten[55] über das Verhältnis zwischen Unternehmensidee und Unternehmer zum Ausdruck: „Lieber ein erstklassiger Unternehmer mit einer zweitklassigen Idee als ein zweitklassiger Unternehmer mit einer erstklassigen Idee!“[56] Nur wenn sich der Gründer als entwicklungsfähig erweist, kann sich auch das Unternehmen weiterentwickeln.[57]
Dies zeigt sich auch im Zusammenhang mit der Einführung eines Controllingsystems. Die Entscheidung darüber liegt nämlich, auch wenn die Initiative und Anregung dazu überwiegend von außen kommt[58], letztendlich beim Gründer. D.h. seine Einsicht, Bereitschaft und Professionalisierung im kaufmännischen Bereich sind Voraussetzung für die Implementierung des Controllings.

Folgende Anforderungen werden an Gründer gestellt:

(1) Der Gründer muß beim Unternehmensstart in der Lage sein, sowohl die Rolle des strategischen Planers als auch die des operativ und taktisch Aktiven mit Leben zu erfüllen.[59] Es gilt, ein breites Spektrum an Aufgaben fachlich kompetent abzudecken, was oftmals Schwierigkeiten bereitet (vgl. Abb. III.-1).

[54] Der Begriff Gründer umfaßt sowohl Einzelgründer als auch Gründungsteams.

[55] Gemeint sind Venture Capitalists, Banker, öffentliche Förderer und Wissenschaftler.

[56] Klandt, H., [Unternehmensplan], 1996, S. 129.

[57] Vgl. Manstedten, B.Chr., [Organisationsstrukturen], 1996, S. 152f.

[58] Vgl. Kapitel IV. 1.2.

[59] Vgl. Ripsas, S., [Entrepreneurship], 1997, S. 177.

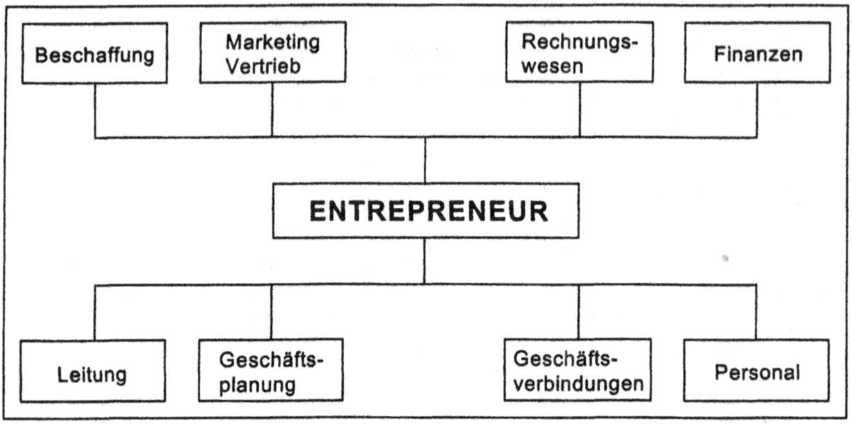

Abb. III.-1: Aufgabenfelder eines Entrepreneurs[60]

Um diese Aufgaben erfolgreich bewältigen zu können, muß er fachliche und soziale Kompetenz sowie entsprechende Managementfähigkeiten und Einstellungen mitbringen. Das Anforderungsprofil, dem der Gründer idealerweise von Anfang an genügen bzw. das er sich, realistisch gesehen, im Laufe der Zeit aneignen sollte, um den immer komplexer werdenden Aufgaben im Unternehmen gewachsen zu sein, zeigt nachfolgende Abbildung[61]:

[60] In Anlehnung an Holt, D.H., [Entrepreneurship], 1992, S. 71.

[61] Häußermann, K., [Junge Unternehmen], 1997, S. 37f.

FACHLICHE KENNTNISSE
♦ Technisches Wissen ♦ Betriebswirtschaftliche Grundkenntnisse (Beschaffung, Produktion, Marketing, Betriebsführung, Personal und Organisation, Controlling u.a.) ♦ Kenntnis der Umwelt des Unternehmens (Märkte, Branchen, Wettbewerb, Wachstumsfelder, gesellschaftliche und politische Entwicklungen u.a.) ♦ Wissen um neuere Entwicklungen und technologische Trends in der eigenen Branche
MANAGEMENT- und DENKFÄHIGKEITEN
♦ Allgemeine Managementfähigkeiten (Ziele setzen, Probleme analysieren, Alternativen suchen, bewerten, entscheiden und kontrollieren) ♦ Selektionsfähigkeit ♦ Fachübergreifendes, vernetztes Denken ♦ Kreativität und Innovation ♦ Wirkungsvolles Informationsmanagement mit Hilfe moderner Informationstechnologien
SOZIALE und KOMMUNIKATIVE FÄHIGKEITEN
♦ Befähigung zur Menschenführung (Motivation, Delegation von Verantwortung) ♦ Team- und Verhandlungsfähigkeit ♦ Überzeugungskraft und rhetorische bzw. dialektische Kompetenz
EINSTELLUNGEN und PERSÖNLICHKEIT
♦ Flexibilität, Mobilität und Lernkompetenz ♦ Selbstmanagement, Stehvermögen, Disziplin ♦ Leistungsfähigkeit, Energie ♦ Belastbarkeit

Abb. III.-2: Anforderungsprofil eines Gründers

(2) Beim Unternehmensstart ist vor allem ein exzellentes Zeitmanagement seitens des Gründers gefragt. Er muß seine Zeit effektiv und effizient einteilen, um sich auf die überlebenswichtigen und erfolgsentscheidenden Aktivitäten konzentrieren zu können.

(3) Will der Gründer mit seinem Unternehmen erfolgreich sein, so muß er sich im Laufe der Unternehmensentwicklung von der anfänglichen Rolle des Entrepreneurs verabschieden und zum Manager werden. Es muß sich ein Wandel zum professionellen Management vollziehen, welches das Controlling als einen elementaren Bestandteil beinhaltet.[62]

Die Bedeutung des in Abbildung III.-2 beschriebenen Anforderungsprofil eines Gründers für die Einführung des Controllings als Funktion der Unternehmensführung und führungsbegleitendem System läßt sich wie folgt spezifizieren.

---

[62] Vgl. Manstedten, B.Chr., [Organisationsstrukturen], 1996, S. 153f.

Liegen betriebswirtschaftliche Grundkenntnisse vor, so dürften dem Gründer Sinn, Zweck und Aufgaben des Controllings bekannt sein. Also wird er die Notwendigkeit eines Controllingsystems grundsätzlich bejahen, was dessen Implementierung sehr förderlich ist. Denn entweder initiiert er von sich aus die Einführung oder steht ihr, wenn der Anstoß von außen (z.B. Kapitalgebern) kommt, aufgeschlossen gegenüber. Im Idealfall hat das Unternehmen aufgrund des betriebswirtschaftlichen Know-hows seines Gründers bereits in seiner Frühphase einige Grundsteine gelegt, auf die sich ein Controllingsystem problemlos aufsetzen läßt (z.B. aktualisierte Planungsunterlagen). Mit dem entsprechenden betriebswirtschaftlichen Hintergrund dürfte es dem Gründer möglich sein, sich so in das Controlling einzuarbeiten, daß es intern - bei Bedarf auch mit externer Unterstützung - gehandhabt werden kann.
Die Kenntnis der Umwelt des Unternehmens ist für die Durchführung des Controllings gleichsam eine Conditio sine qua non. Denn ohne Informationen über die Märkte, die Branche, den Wettbewerb oder gesellschaftliche und politische Entwicklungen ist jede Planung irrational und unplausibel, jede Steuerung und Kontrolle aber geradezu absurd. Für die Steuerung nämlich müssen externe Veränderungen zuerst einmal erkannt werden, bevor überhaupt reagiert werden kann. Eine Kontrolle ohne vergleichende Maßstäbe z.B. in Form von Branchenzahlen, ist sinnentleert.
Die geforderten allgemeinen Managementfähigkeiten entsprechen zu hundert Prozent den für das Controlling notwendigen Fähigkeiten. Sollte der Gründer also diese Managementkompetenzen besitzen, verfügt er zugleich automatisch über Controllingkompetenz.
In Bezug auf das Controlling ist Selektionsfähigkeit bei der Auswahl des Instrumentariums und der Träger (intern / extern, Personal, Partner) gefragt.
Fachübergreifendes, vernetztes Denken ist im Hinblick auf das Controlling in mehrfacher Hinsicht unabdingbar.

- In jungen Unternehmen werden im Gegensatz zu etablierten die Aspekte „Finanzen", „Ergebnis" und „Kosten" sowie die einzelnen Funktionsbereiche „Personal", „Qualität", „Beschaffung", „Produktion" und „Marketing" in nur einem zentralen Controllingsystem (siehe Abschnitt IV. 2.3) integriert.
- Controlling ist keine eindimensionale Fragestellung, sondern umfaßt die Teilbereiche der Planung, Steuerung, Kontrolle, Information und Koordination.
- Koordination, selbst ein Baustein des Controllings, hat die Abstimmung zwischen den übrigen Bausteinen zu gewährleisten.
- Die einzelnen Instrumente des Controllings greifen ineinander. Informationen aus Forschung und Entwicklung, Personal, Marketing und Vertrieb sind z.B. Basis für die Planung der Kosten.
- Interne und externe Informationen sind zu kombinieren, Daten auf Plausibilität zu prüfen.

Hauptsächlich aus zwei Gründen erfordert die Einführung eines Controllings in jungen Unternehmen ein großes Ausmaß an Kreativität. Zum einen ist jedes Unternehmen ganz speziellen Rahmenbedingungen ausgesetzt, an die das Controllingsystem angepaßt werden muß; es gibt keine Standardlösung im engeren Sinne. Zum anderen handelt es sich um einen grundsätzlichen Neuaufbau des Systems, sozusagen um einen Beginn auf der grünen Wiese. Der Einsatz des Controllinginstrumentariums ist gleichfalls schöpferisch zu gestalten. Als beispielhafte Belege für kreative Aktivitäten seien die Strategiebildung und Zielsetzung, die Abweichungsanalyse, die Entwicklung von Gegenmaßnahmen im Zuge der Unternehmenssteuerung, die Formen

der Informationsbeschaffung und nicht zuletzt die Auswahl der Instrumente an sich genannt.
In puncto wirkungsvolles Informationsmanagement gilt, wie schon zur Kenntnis der Umwelt des Unternehmens ausgeführt: Controlling ohne Information ist unmöglich. Ein gutes Informationsmanagement stellt somit eine Grundvoraussetzung für das Controlling dar.
Befähigung zur Menschenführung und Überzeugungskraft muß der Gründer bei der Einführung des Controllings an den Tag legen, wenn er den Beschluß zur Implementierung im Unternehmen positiv kommunizieren sowie Akzeptanz und die erforderliche Motivation erreichen will.
Aus obigen Erläuterungen zur mehrdimensionalen Ausrichtung des Controllings wird bereits deutlich, daß man bei dieser Funktion nicht ohne Team- und Verhandlungsfähigkeit auskommt. Bei vielen Teilaufgaben, wie z.B. Informationsbeschaffung, Analyse von Abweichungen oder Budgetierung, ist der Gründer, wenn er selbst das Controlling innehat, auf den Input anderer Menschen angewiesen. Diese Leistungen bzw. Informationen werden um so bereitwilliger erbracht werden und um so umfangreicher, zeitnaher und von höherer Qualität sein, je mehr man sich im Unternehmen als Team fühlt.
Flexibilität, Lernkompetenz und Energie sind bei der Einführung des Controllings vom Gründer dahingehend gefordert, daß er sich zum einen selbst auf ein neues System zur Führungsunterstützung einläßt und darin einarbeitet, zum anderen bei der Implementierung mit ihren Problemen einen langen Atem bewahrt. Ist dieser Schritt vollzogen, darf es nicht an der Disziplin mangeln, das System zu praktizieren, wofür der grundsätzliche Wille, sich an Zielvereinbarungen und Pläne[63] zu halten, sowie kontinuierliche Berichte, Kontrollen und Analysen unvermeidlich sind.
Die Erfüllung dieser Anforderungen ist allerdings nicht immer ohne Probleme möglich:

- Das richtige Timing und das Ausmaß der Delegation erweist sich oft als problematisch. Delegiert der Gründer zu wenig, werden wertvolle Managementkapazitäten verschwendet, delegiert er jedoch zu viel, weicht das Unternehmen vom Kurs ab, da niemand mehr den Überblick behält.
- Der Unternehmenspionier läuft Gefahr, sich zu sehr mit seinem Unternehmen zu identifizieren. Er verliert damit nicht nur die kritische Distanz, sondern auch ein wichtiges inneres Korrektiv, das ihn immer wieder zur Generierung neuer Ideen, Alternativlösungen und notwendigen Kurskorrekturen motiviert.[64]
- Die Person des Gründers ist wesentlich für die erfolgreiche Absolvierung des Übergangs vom Gründermanagement zum professionellen Management verantwortlich. Solange das Unternehmen jung und klein ist, ist der Gründer noch in der Lage, die überwiegende Mehrheit der Entscheidungen selbst zentral zu treffen. Das Unternehmen zeichnet sich in diesem Stadium durch informelle Strukturen und Systeme aus. Mit zunehmender Größe des Unternehmens aber muß der Gründer fähig sein, der steigenden Komplexität Rechnung zu tragen, indem er Problemlösungen nur mehr anregt und Verantwortung weitergibt. Andernfalls wird er selbst zum Hemmschuh für Wachstum und Erfolg des Unternehmens, da es für

[63] Pläne aufgrund interner oder externer Gegebenheiten zu verändern, ist natürlich legitim.

[64] Vgl. Waber, U., [Gefährliche Fallen], 1989, S. 37.

einen einzelnen unmöglich ist, alle Entscheidungen zu treffen, die zur Führung eines Unternehmens erforderlich sind.[65]

Den genannten Problemen läßt sich mit Hilfe eines Controllingssystems weitgehend begegnen, da dessen Ein- und Durchführung einerseits zur Delegation, andererseits zur detaillierten, kritischen Auseinandersetzung mit dem Unternehmen zwingt, wobei sein Ergebnis einen mit Zahlen belegten Einblick in die Unternehmenssituation gewährt.

3. Leistungsprogramm und -erstellung

Junge Unternehmen können sich nur dann am wettbewerbsintensiven Markt durchsetzen, wenn sie sich an den Wünschen der Kunden orientieren. Da die Konsumenten in zunehmendem Maße innovative, qualitativ hochwertige und vor allem individuell zugeschnittene Produkte und Dienstleistungen erwarten, bieten junge Unternehmen in der Mehrzahl neue, individualisierte Einzelleistungen an.[66] Hinsichtlich des Grads an Neuartigkeit gibt es aber durchaus Unterschiede. Denkbar ist ein komplett oder nur teilweise neues Produkt bzw. eine Dienstleistung sowie eine Kombination aus alten und neuen Bestandteilen.

Aus dem stark differenzierten, neuartigen Leistungsangebot resultiert eine kundenauftragsbezogene Leistungserstellung junger Unternehmen, die überwiegend in Projektarbeit abgewickelt wird.[67]

Unter Projekten sind einmalige, relativ neuartige, zeitlich, finanziell und personell begrenzte Aufgaben zu verstehen, die durch eine klar definierte Zielvorgabe gekennzeichnet sind. Sie lassen sich in einzelne Teilleistungen zerlegen und gegenüber anderen Vorhaben abgrenzen. Nach der Projektdauer unterscheidet man zwischen kurz- und langfristigen Projekten. Alle Projekte werden nach einer festgelegten Arbeits- und Managementmethodik vorbereitet, geplant, durchgeführt und kontrolliert. Da für ihre Planung und Realisierung die Beteiligung mehrerer Fachbereiche erforderlich ist, werden sie in interdisziplinären Projektteams durchgeführt. Auf diese Weise sollen Informations- und Kommunikationswege optimiert, Kooperationsmöglichkeiten verbessert und unterschiedliche Kompetenzen vereinigt werden. Bei der Projektabwicklung kann nur teilweise auf vorhandenes Know-how oder vorliegende Planungen zurückgegriffen werden, so daß Projekte immer Risiken hinsichtlich Leistung, Terminen, Qualität und Kosten bergen.[68] Je nachdem, ob die Projekte vom Unternehmen selbst oder durch Kundenaufträge von außen initiiert werden, unterscheidet man zwischen internen und externen Projekten. Bei beiden Varianten kann es sich

---

[65] Vgl. Sexton, D.L./Bowman-Upton, N.B., [Entrepreneurship], 1991, S. 246; Stevenson, H.H./ Roberts, M.J/Grousbeck, H.I., [New Business], 1994, S. 527f.

[66] Vgl. Franck, B., [Projektplanung], 1999, S. 1; Roolfs, G., [Gemeinkostenmanagement], 1995, S. 89.

[67] Vgl. Drexl, A./Kolisch, R./Sprecher A., [Projektmanagement], 1998, S. 277.

[68] Vgl. Balser, T.H., [Projektmanagement], 1998, S. 116f.; DIN 69901, [Projektwirtschaft], 8/1987, S. 1; Hering, E./Zeiner, H., [Controlling], 1994, S. 240; Kraus, G./Westermann, R., [Projektmanagement], 1995, S. 13f., 20f., 144f.; Schröder, E.F., [Unternehmens-Controlling], 2000, S. 213; Weis, E., [Projekt-Controlling], 1995, S. 568.

sowohl um Projekte mit weitgehend neuer als auch bekannter Technologie und Vorgehensweise handeln.[69]
Der ausschlaggebende Grund für die projektorientierte Leistungserstellung junger Unternehmen ist, daß die Beschleunigung des technologischen, wirtschaftlichen und gesellschaftlichen Wandels zu einem Anstieg der Komplexität in den Unternehmen führt, die nur mit fach- und bereichsübergreifender Kommunikation und Teamarbeit im Rahmen von Projekten zu bewältigen ist.[70] Die Projekte bilden Unternehmenseinheiten mit zeitlich begrenzten Aktionsfolgen, die sich individuell, flexibel, zielorientiert und zeitnah steuern lassen, so daß die Unternehmensführung adäquat auf die immer schneller wechselnden Anforderungen des Markts, d.h. die steigende Umfelddynamik und -komplexität, die verschärfte Wettbewerbssituation und die Dynamik im Unternehmen reagieren kann. Dies ist gerade für junge wachsende Unternehmen sehr wichtig. Die Projektorientierung mit ihrem bereichs- und periodenübergreifenden sowie prozeßorientierten Denken und Handeln ermöglicht Kreativität und Eigeninitiative der Mitarbeiter und ist somit als Antwort auf diese Entwicklungstendenzen zu sehen. Basis dafür sind Kosten- und Erlös-, Zeit-, Termin- und Leistungsdaten der einzelnen Projekte, die deren Erfolgsbeitrag aufzeigen und damit die Unternehmenssituation insgesamt transparenter machen.[71] Jungen Unternehmen kommt dabei zugute, daß ihre Führungsphilosophie mit kooperativem Führungsstil, Spielräumen für eigenständiges und verantwortliches Handeln und flachen Hierarchien[72] die Voraussetzungen für eine erfolgreiche Projektarbeit in bereichsübergreifenden Teams erfüllt.[73] Die große Mehrheit ihrer Kundenaufträge werden als Projekte abgewickelt, die somit die eigentliche Marktleistung des Unternehmens darstellen. Infolgedessen fehlt den Projekten der Seltenheitscharakter strategischer Projekte, so daß sie im Umkehrschluß als operative Projekte einzuordnen sind. Für diese Kategorisierung spricht zudem, daß einzelne Projekte weder Potentialänderungscharakter noch langfristige Wirkungsdauer besitzen, eher selten mit Innovationen verbunden sind und ihr Volumen an Kosten und Erlösen, ihre Dauer, Komplexität und Planungsunsicherheit (im Vergleich zu typischen strategischen Projekten wie der Entwicklung eines neuen Produkts, der Erschließung neuer Märkte, der Errichtung von Zweigwerken, Beteiligungserwerben oder größeren Organisationsprojekten) weit geringer ausfällt.[74]

In der vorliegenden Arbeit wird demzufolge die Erstellung neuartiger kundenindividueller Einzelleistungen in Form operativer, externer Projekte als typische Leistungsart junger Unternehmen angesehen.

---

[69] Vgl. BDU, [Controlling], 2000, S. 122; Birker, K., [Projektmanagement], 1999, S. 8f.; Studt, J., [Projektkostenrechnung], 1983, S. 14.

[70] Vgl. BDU, [Controlling], 2000, S. 122; Dittler, G./Kauba, N., [Nutzenbewertung], 2001, S. 96; Schulte, H./Stumme, G., [Projektmanagement], 1997, S. 229.

[71] Vgl. Franck, B., [Projektplanung], 1999, S. 1; Friedag, H.R./Schmidt, W., [Balanced Scorecard], 2000, S. 279; Gareis, R., [Management], 1990, S. 241; Riezler, S., [Lebenszyklusrechnung], 1995, S. 4; Schulte, H./Stumme, G., [Projektmanagement], 1997, S. 236; Steinle, C./Lawa, D./Kraege, R., [Projektcontrolling], 1995, S. 131.

[72] Siehe Kapitel III. 8.

[73] Vgl. Deyhle, A./Steigmeier, B., [Controller], 1993, S. 106; Kuhnert, B., [Elemente], 1995, S. 174.

[74] Vgl. Alter, R., [Projektcontrolling], 1991, S. 334; BDU, [Controlling], 2000, S. 122; Psonder, B., [Kostenmanagement], 1999, S. 13; Hahn, D., [PUK], 1986, S. 63, 66; Riezler, [Lebenszyklusrechnung], 1995, S. 10, 41; Studt, J., [Projektkostenrechnung], 1983, S. 14.

4. Informationslage

4.1 Begriff und Bedeutung der Information

Unter Informationen werden Nachrichten verstanden, die für den Empfänger von Bedeutung sind und für ihn zweckbezogenes Wissen darstellen.[75] Ohne dieses Wissen können neue Entwicklungen nicht erkannt und die Zukunft nicht erfolgreich gestaltet werden. Denn der Aufschwung von Unternehmen ist vor allem auf die Identifizierung und Verwertung von Informationsvorsprüngen zurückzuführen.[76]
Gerade in den letzten Jahren ist die umfangreiche Informationsbeschaffung und -verarbeitung aufgrund der steigenden Komplexität der Unternehmensumwelt und der hohen Geschwindigkeit und Häufigkeit, mit der sich Veränderungen vollziehen, für die Unternehmen immer wichtiger geworden, um im Wettbewerb bestehen zu können.[77] Die Verfügbarkeit, Qualität, Quantität und korrekte Interpretation der Informationen reduzieren die Entscheidungsunsicherheit und haben sich als maßgeblich für den Werdegang eines Unternehmens erwiesen. Basis des Erfolgs ist die Präsenz und Umsetzung der richtigen Informationen an der richtigen Stelle zum richtigen Zeitpunkt.[78] Wenn der Informationsstand hinsichtlich der internen Unternehmens- und der externen Markt- und Umweltdaten unzureichend ist, kommt es zu falschen Entscheidungen, die leicht zu Unternehmenskrisen führen und schlimmstenfalls in der Insolvenz enden. Als Gründe für die schlechte Informationslage kommen Schwierigkeiten bei der Informationsbeschaffung, das Fehlen von Informationen und das kosteninduzierte Unterlassen der Informationsbeschaffung in Betracht.[79]
Jungen Unternehmen stehen nur begrenzte Ressourcen (finanzieller, personeller und zeitlicher Art) zur Verfügung, so daß sie sich auf die Beschaffung derjenigen (Markt-) Information konzentrieren (müssen), die sie für die aktuell anstehenden Probleme als relevant ansehen. Die zwangsläufig resultierende Informationslücke stellt ein großes Problem für die jungen Unternehmen dar, zumal auch das Potential an internen Sekundärdaten und Erfahrungswerten gering ist. Informationen aus der Vergangenheit bzgl. Umsatz, Ausgaben oder Gewinne sind weitgehend nicht vorhanden, so daß ein hilfreiches Fundament von Markt- und Finanzdaten bei der Bestimmung der Zielgrößen fast vollständig fehlt.
Dieser Mangel erschwert die Controllingarbeit und muß deshalb berücksichtigt werden.[80] Auf der einen Seite ist das Controllingsystem von guten Informationen abhängig (d.h. gelingt es dem Unternehmen nicht, eine adäquate Informationsbasis zu

---

75 Vgl. Bussiek, J., [Anwendungsorientierte Betriebswirtschaftslehre], 1994, S. 83; Ogawa, E., [Erfolgs- und Mißerfolgsfaktoren], 1989, S. 99.

76 Vgl. BMWi, [Früherkennung], 1998, S. 50; Picot, A., [Entwicklung], 1987, S.18.

77 Vgl. Bussiek, J., [Anwendungsorientierte Betriebswirtschaftslehre], 1994, S. 82, 84; Schmidt, A./ Freund, W., [Strategien], 1989, S. 92.

78 Vgl. Bussiek, J., [Anwendungsorientierte Betriebswirtschaftslehre], 1994, S. 83f.; Peters, M.P./Brush, C.G., [Market Information], 1996, S. 81f.; Ripsas, S., [Entrepreneurship], 1997, S. 110.

79 Vgl. GründerZeiten, [Krisenmanagement], 1997, S. 1; Hinderer, M., [mittelständische Unternehmung], 1984, S. 82; Mohan-Neill, S.I., [scanning activities], 1995, S. 13.

80 Vgl. Barkham, R., [Entrepreneurship], 1990, S. 40; Bischoff, J.G., [Controlling bei jungen Unternehmungen], 1993, S. 96; Mohan-Neill, S.I., [scanning activities], 1995, S. 10, 16; Nathusius, K., [Gründungsplanung], 1980, S. 341; Sexton, D.L./Bowman-Upton, N.B., [Entrepreneurship], 1991, S. 128.

schaffen, leidet auch das Controlling darunter), auf der anderen Seite ist die Informationsversorgung Bestandteil eines Controllingsystems, das insofern zur Beseitigung des obigen Problems beiträgt.

4.2 Informationsquellen

Detaillierte Informationen sind vornehmlich in den frühen Phasen des Unternehmenszyklus von Bedeutung, in denen der Grundstein für die zukünftige Entwicklung gelegt wird. Je fundierter die verfügbaren Informationen sind, um so größer sind die Chancen für das Wachstum und den langfristigen Erfolg des Unternehmens.[81] Von den Gründern werden schwerpunktmäßig folgende Informationsquellen in Anspruch genommen:

(1) veröffentlichte Daten,
(2) eigene Erfahrungen und Beobachtungen,
(3) externe (gewerbliche und nichtgewerbliche) Beratungsangebote und Berater sowie
(4) Netzwerke.

Zu (1)
Veröffentlichte Daten werden in der Regel von sehr wenigen Gründern in Anspruch genommen und liefern oft nicht die von den Jungunternehmen benötigten qualitativen Informationen. Als Datenquellen kommen sekundäre (Informations-)quellen wie amtliche Statistiken, Wirtschaftsverbände, Wirtschaftswissenschaftliche Institute, Internet, Datenbanken und Informations-Broker, in Frage.

Zu (2)
Die eigenen Erfahrungen können aus der bisherigen beruflichen Tätigkeit resultieren, besonders dann, wenn das Unternehmen in der gleichen Branche aktiv wird wie der ehemalige Arbeitgeber des Gründers. Außerdem kann sich der Gründer auf seine Erfahrung als Konsument stützen. Als weitere Möglichkeit der Informationsgewinnung kommt die Beobachtung bereits existierender Unternehmen und ihrer Manager in Betracht.[82]

Zu (3)
Durch die Konsultation von Beratern lassen sich viele bekannte und vermeidbare Fehler bereits im Vorfeld ausschalten. Nachfolgende Abbildung gibt einen Überblick über professionelle Berater und ihre Beratungsleistung.[83]

---

[81] Vgl. Barkham, R., [Entrepreneurship], 1990, S. 42.

[82] Vgl. Bussiek, J., [Anwendungsorientierte Betriebswirtschaftslehre], 1994, S. 99-103; Johnson, P., [New firms], 1986, S. 38f.; Ripsas, S., [Entrepreneurship], 1997, S. 111; Unterkofler, G., [Erfolgsfaktoren], 1988, S. 212.

[83] Vgl. Arnold, J., [Existenzgründung], 1997, S. 130; BMWi, [Starthilfe], 1998, S. 9f.; Stubenrauch, W., [Wegweiser], 1996, S. 27.

BERATER	THEMENGEBIET
Patentanwalt	rechtliche Absicherung der Erfindung, Prüfung der Existenz gleicher oder ähnlicher Produkte
Rechtsanwalt	Rechtsfragen, Vertragsangelegenheiten
Wirtschaftsprüfer	betriebswirtschaftliche Prüfungen und Lösungen
Steuerberater	steuerrechtliche Belange
Unternehmensberater	alle unternehmerischen Fragen, z.B. Marktanalyse, Planung, Controlling
Kreditinstitute	Finanzierung, Beratung, Brancheninformationen
Industrie- und Handelskammern	Beratung, Finanzierung, Standortfragen, Genehmigungen
Wirtschaftsauskunfteien	Informationen über Kunden, Lieferanten
Seniorberater und Wirtschaftsjunioren	Beratung und Begleitung

Abb. III.-3: Berater und ihre Beratungsgebiete

Zu (4)
Bei der Unternehmensgründung und in den ersten Jahren der unternehmerischen Tätigkeit bedarf es vieler Interaktionen mit anderen Marktteilnehmern, um die notwendigen Informationen und Ratschläge zu erhalten. Als Informationsquellen kommen z.B. Kunden, Lieferanten, Wettbewerber und Vertreter der Öffentlichkeit in Frage. Zum einen können bereits existierende Netzwerke diesen Prozeß erleichtern, zum anderen besteht die Möglichkeit, daß sich aus diesen Kontakten neue Netzwerke entwickeln, die für das Unternehmen von Nutzen sind.[84] Ein Beziehungsnetz hat eine entscheidende Funktion als Informations- und Ressourcenquelle. Es besitzt einen breiten Wirkungskreis, der viele positive Effekte auslösen kann: die Akquisition neuer Geschäftspartner oder Kunden, das Wissen um Strategien von Konkurrenten oder um Marktnischen, den Zugang zu kostenlosen Beratungsleistungen oder finanziellen Mitteln. Es ist davon auszugehen, daß Unternehmensgründer, die über ein ausgedehntes, breit gefächertes Netzwerk verfügen, Vorteile haben, weil Informationen aus diesen informellen Quellen oftmals exklusiver, wertvoller und schneller zu beschaffen sind.[85] Zahlreiche Studien kommen zu dem Ergebnis, daß die Erfolgschancen von Unternehmen durch Beziehungsarbeit steigen bzw. daß erfolgreiche Unternehmen mehr Networking-Aufwand betrieben haben als ihre weniger erfolgreiche Konkurrenz.[86]
Damit die relevanten Informationen den jeweiligen Entscheidungsträgern zur richtigen Zeit und am richtigen Ort zur Verfügung stehen, ist ein gut funktionierender Informationsfluß im Unternehmen erforderlich. D.h. die Mitarbeiter sind zum Zeitpunkt

[84] Vgl. Cooper, A.C./Gimeno Gascón, F.J., [Entrepreneurs], 1990, S. 15; Tate, C.E. u.a, [Small Business], 1992, S. 245.

[85] Vgl. Brüderl, J./Preisendörfer, P./Ziegler, R., [Erfolg], 1998, S. 52-55; Sexton, D.L./Bowman-Upton, N.B., [Entrepreneurship], 1991, S. 207.

[86] Vgl. Aldrich, H./Rosen, B./Woodward, W., [Social Networks], 1987, S. 165; Duchesneau, D.A./Gartner, W.B., [Profile], 1990, S. 307; Holt, D.H., [Entrepreneurship], 1992, S. 359; Ostgaard, T.A./Birley, S., [New Venture Growth], 1996, S. 48; Peters, M.P./Brush, C.G., [Market Information], 1996, S. 86.

der Entscheidung bereits im Besitz der notwendigen Informationen oder sie wissen zumindest, wo die gewünschten Informationen schnell und ohne viel Aufwand abgerufen werden können.[87] Dieser Anforderung zu genügen, ist eine der Aufgaben, die ein Controlling im Unternehmen erfüllen soll, nicht zuletzt auch deshalb, weil dann die übrigen Funktionen des Controllings besser wahrgenommen werden können.

5. Business Plan

5.1 Definition und Bestandteile

Der Business Plan, auch Geschäftsplan genannt, ist die schriftlich fixierte Vision eines Unternehmens und damit der Leitfaden für die künftige Unternehmenstätigkeit. Er beinhaltet eine umfassende Darstellung des unternehmerischen Vorhabens mit allen internen und externen Aspekten, die Einfluß auf den Erfolg des Unternehmens haben. Im Business Plan wird die momentane Situation des Unternehmens auf Basis der Gründungsplanung beschrieben, die Zielvorstellungen und Pläne für die Zukunft werden vorstellt und die Strategie, mit der diese Unternehmensziele erreicht werden sollen, illustriert.[88]

Im Rahmen der vorliegenden Arbeit wird nur ein kurzer Überblick über die Bestandteile des Business Plans gegeben[89].

- Executive Summary

Das Executive Summary faßt den Inhalt des gesamten Unternehmensplans auf wenigen Seiten zusammen. Auf die wesentlichen Eckpunkte des geplanten Unternehmens wird in aller Kürze eingegangen: Produktkonzept, Marktcharakteristika, Marketing-Strategie, Fertigung, Management, Umsatzplan, Finanzdaten, Chancen und Risiken.
Es werden klare Zielvorstellungen gesetzt, die bei einem Handeln nach den Vorgaben des Business Plans erreicht werden. Ziel ist es, das Interesse des Lesers zu wecken und besonders die Stärken des unternehmerischen Vorhabens herauszustellen.

- Allgemeine Beschreibung des Unternehmens

Unter dieser Überschrift werden die Art des Unternehmens, der Bereich, in welchem das Unternehmen aktiv ist, sein Standort, seine Marktausrichtung, sein Zweck und seine Notwendigkeit beschrieben. Es werden die potentiellen Vorteile diskutiert, die das Unternehmen gegenüber der Konkurrenz hat, wobei besonders auf Patente, Kompetenzen sowie technologische Vorteile hingewiesen wird.

---

87 Vgl. Schmidt, A./Freund, W., [Strategien], 1989, S. 92.

88 Vgl. Bissig, F.-P./Schwander, P., [Business-Plan], 1996, S. 10; BMWi, [„Gründungskonzept"], 1999, S. 2; Klandt, H., [Unternehmensplan], 1996, S. 82; Kuratko, D.F./Hodgetts, R.M., [Entrepreneurship], 1998, S. 292.

89 Vgl. Arkebauer, J.B., [Business Plan], 1995, S. 26f.; Broom, H.N./Longenecker, J.G./Moore, C.W., [Small-Business], 1983, S. 61; Collrepp, F., [Existenzgründung], 1998, S. 36-38; Holt, D.H., [Entrepreneurship], 1992, S. 116-131; Halloran, J.W., [Entrepreneurship], 1994, S. 22f.; Klandt, H., [Unternehmensplan], 1996, S. 98; Kuratko, D.F./Hodgetts, R.M., [Entrepreneurship], 1998, S. 298, 302-308; Longenecker, J.G./Moore, C.W., [Management], 1991, S. 158; Schilit, W.K., [Winning Business Plan], 1987, S. 13-24.

- Produkt / Dienstleistung

Für das Verständnis des gesamten Business Plans ist es wichtig, das Produkt bzw. die Dienstleistung in Funktionsweise und technischem Profil zu erklären sowie den Kundennutzen überzeugend darzulegen. Gegenstand dieses Teils des Business Plans sind zudem die geplante Produktentwicklung und ihre Kosten.

- Marktanalyse

Ziel der Marktanalyse ist es, aufzuzeigen, daß ein Markt für das Produkt bzw. die Dienstleistung des Unternehmens existiert, daß die prognostizierten Umsatzzahlen erreicht werden können und daß es sich gegen die Konkurrenz dank Wettbewerbsvorteilen durchsetzen kann. Um diese These zu untermauern, sind Größe, Wachstum und einzelne Segmente des Zielmarktes zu identifizieren, Standort und Struktur der Branche zu untersuchen sowie relevante Kunden und Konkurrenten mit ihren Stärken und Schwächen zu ermitteln. Ökonomische, gesetzliche, technologische, ökologische und soziokulturelle Rahmenbedingungen sind zu beachten.

- Marketing-Plan

In diesem Kapitel wird die Strategie beschrieben, die ein Unternehmen ergreifen will, um sein Produkt bzw. seine Dienstleistung erfolgreich zu vermarkten. Sie umfaßt Überlegungen bezüglich der Verkaufstaktik und Preispolitik, der Distributionskanäle, des Service und der Garantieleistungen, der Art der Promotion und der Werbepolitik.

- Fertigung / operative Umsetzung

Ob dieser Gliederungspunkt überhaupt im Inhaltsverzeichnis des Business Plans auftaucht, hängt von der Art des Unternehmens ab. Er ist nur dann relevant, wenn Produkte hergestellt, gestaltet und verkauft werden oder Dienstleistungen eine Kapitalausstattung brauchen. Aufgezeigt wird darin, wie das Produkt hergestellt bzw. die Dienste geleistet werden. Dazu werden der Standort, an dem das Unternehmen tätig ist, die Gebäude und Einrichtungen (Maschinen), die Lagerpolitik sowie die Produkt- und Qualitätskontrolle beschrieben. Es erfolgt eine Charakterisierung der Arbeitsprozesse inklusive notwendiger Human Ressourcen. Die Aktivitäten in den Bereichen Forschung und Entwicklung (Technologie) werden erläutert.

- Management und Organisation

In diesem Abschnitt werden das Management und die Organisationsstruktur vorgestellt. Es werden die Hauptverantwortlichen identifiziert und hinsichtlich Erfahrung und Kompetenz charakterisiert. Aufbau- und Ablauforganisation werden in einem Organigrammm skizziert, aus dem die Zuständigkeiten deutlich hervorgehen. Personalpolitische Aspekte wie Personalbedarf und -qualifikation, Vergütungssystem oder der Einsatz externer Ratgeber sind ebenfalls Gegenstand dieses Kapitels. Zudem wird die gewählte Rechtsform erläutert.

- Meilensteine

Meilensteine sind wichtige Ereignisse im Leben eines Unternehmens, anhand derer kontrolliert werden kann, ob die Entwicklung zeitlich nicht aus dem Ruder läuft. Es wird ein Zeitplan entworfen, der verdeutlicht, wann welche Aktivitäten abgeschlossen sein müssen. Beispiele für solche Eckpunkte sind der Abschluß der Machbarkeitsprüfung für die Errichtung der Unternehmung, der Erhalt des Anfangskapitals, die Initiative zur Erstellung einer Marktanalyse oder der Strategieentwurf zur Positionierung.

- Risiken

Die Identifikation von kritischen Risikofaktoren ist notwendig, um unvorhergesehene Katastrophen leichter verhindern zu können. Gefahren können z.B. durch eine ungünstigere Kosten- oder Einnahmensituation, als in der Planung erwartet wurde, oder durch Probleme mit Lieferanten und Distributoren drohen. Die Wahl der Marktstrategie, Veränderungen in den ökonomischen Rahmenbedingungen und eine knappe Kapitalausstattung sind potentielle Risiken, die man im Auge behalten muß.

- Finanzplan

Die Finanzdaten bilden einen wesentlichen Bestandteil des Business Plans, da Geld ein objektiver Maßstab für den Erfolg eines Unternehmens ist. Gegenstand des Finanzplans ist die Spezifikation des Finanzbedarfs und der Finanzierungsquellen sowie die Prognose von Umsatz, Kosten und Gewinnen bzw. Verlusten auf der Basis von Annahmen, z.B. bzgl. Marketing oder Geschäftsverlauf, die im Plan angegeben werden und einer genauen Überprüfung standhalten müssen. Zudem sind eine Planbilanz und ein Liquiditätsplan aufzustellen sowie eine Cash-flow- und Break-even-Analyse durchzuführen.

5.2 Zielgruppen und Funktionen

Grundsätzlich ist festzuhalten, daß die Intention, die hinter der Konzeption eines Business Plans steht, vom Adressatenkreis abhängt. Dabei unterscheidet man zwischen externen und internen Zielgruppen.

Zu den externen Zielgruppen zählen zum einen vor allem mögliche Eigen- und Fremdkapitalgeber[90], zum anderen potentielle Geschäftspartner, insbesondere im Bereich Vertrieb und Beschaffung. Beide Gruppen sollen mittels der Präsentation des Geschäftskonzepts im Business Plan für eine Zusammenarbeit gewonnen werden.

Als interne Zielgruppen gelten die Initiatoren der Unternehmensgründung und ihre bereits gefundenen Partner, für die der Unternehmensplan als Fahrplan dient, um das Unternehmen auf einen erfolgreichen Kurs zu bringen und diesen in Zukunft zu halten.[91]

Im Hinblick auf die externen Zielgruppen fungiert der Business Plan als Kommunikationsinstrument. Seine Aufgabe ist es, die außenstehenden Ansprechpartner von den Erfolgschancen des Unternehmens und seiner strategischen Entwicklung zu überzeugen. Grundlage dafür ist die fundierte, auf gut aufbereitetes Informations- und Datenmaterial gestützte Darstellung der sich bietenden Chancen und Risiken mit ihren Meilensteinen, des realisierbaren Gewinn-, Markt- und Renditepotentials sowie des vorhandenen Management- und Planungs-Know-hows im Unternehmensplan.[92]

Für die Initiatoren der Unternehmensgründung spielt der Business Plan als Instrument der Planung, des Managements und der Erfolgskontrolle eine wichtige Rolle und unterstützt bzw. erleichtert damit implizit auch die Einführung eines Controllingsystems.

Der Unternehmensplan soll die Gründer zu einer kritischen und objektiven Betrachtung des Geschäftsentwurfs in der Planungsphase animieren. Wenn auf diese Weise alle wesentlichen Aspekte des unternehmerischen Vorhabens nochmals auf ihre

[90] Siehe Kapitel III. 6.

[91] Vgl. Abrams, R.M., [Successful Business Plan], 1991, S. 273; Arkebauer, J.B., [Business Plan], 1995, S. 2; BMWi, [„Gründungskonzept"], 1999, S. 2; Klandt, H., [Unternehmensplan], 1996, S. 89; Kuratko, D.F./Hodgetts, R.M., [Entrepreneurship], 1998, S. 292; Kuratko, D.F./Cirtin, A., [Business Plan], 1990, S. 24-28; Venture Associates, [Business Plans and Planning], 1999, S. 1.

[92] Vgl. BMWi, [„Gründungskonzept"], 1999, S. 2; Kubr, Th./Ilar, D./Marchesi, H., [Planen], 1997, S. 4; Kuratko, D.F./Hodgetts, R.M., [Entrepreneurship], 1998, S. 293; Pinson, L./ Jinnett, J., [Step-by-Step Guide], 1996, S. 2.

Richtigkeit überprüft werden, führt dieses Vorgehen mit großer Wahrscheinlichkeit zur Verbesserung des aktuell vorliegenden Unternehmenskonzepts.[93]
Bei der Realisierung des Gründungsvorhabens hilft der Unternehmensplan, die Theorie in die Praxis umzusetzen. Mit ihm als operativem Tool kann der Markteintritt gelingen. Die Steuerung des Unternehmens mittels Business Plan steigert zudem die Erfolgswahrscheinlichkeit.[94]
Im Rahmen der Erfolgskontrolle bildet der Geschäftsplan die Basis für die Meßbarkeit bzw. das Barometer des Erfolgs im Hinblick auf die gesetzten Ziele.[95]
Im Kapitel V. 2.2 wird genau analysiert, inwiefern der Business Plan bereits Grundlagen für ein Controllingsystem legt und seine interne Zielgruppe beim Controlling unterstützt bzw. bereits Funktionen des Controllings übernimmt.

6. Finanzierung

6.1 Vorbemerkung

Die Finanzierung gilt als ein sehr kritischer Erfolgsfaktor bei der Unternehmensgründung. Ein Großteil der Jungunternehmen, die die ersten fünf Jahre nicht überstehen, scheitern an Finanzierungsfehlern. Speziell zwei Aspekte sind bei jedem Finanzierungskonzept besonders zu beachten:

(1) Ohne eine bestimmte Höhe finanzieller Ressourcen ist eine Unternehmensgründung überhaupt nicht, nur beschränkt oder nur mit zeitlicher Verzögerung realisierbar.
 ⇒ Startkapital ist die Basis jeder Unternehmensgründung

(2) Um die Entwicklung des Unternehmens von der anfänglichen Mindestgröße zur geplanten (überlebensfähigen) Größe zu bewerkstelligen, bedarf es einer soliden Folgefinanzierung.
 ⇒ Entwicklungs- oder Wachstumskapital ist eine Bedingung für Unternehmenswachstum.[96]

Für junge Unternehmen ist die Beschaffung der notwendigen Finanzmittel allerdings keineswegs unproblematisch, da ihre Geschäftsentwicklung für die Geldgeber mangels Leistungsdaten aus der Vergangenheit schwer zu prognostizieren ist und sie zudem keine bzw. nur wenig Sicherheiten bieten können. Das Risiko eines Ausfalls wird folglich als sehr hoch eingestuft.[97]

---

[93] Vgl. Kubr, Th./Ilar, D./Marchesi, H., [Planen], 1997, S. 4; Kuratko, D.F./Hodgetts, R.M., [Entrepreneurship], 1998, S. 292; Mancuso, J.R., [Winning Business Plan], 1985, S. 43.

[94] Vgl. Abrams, R.M., [Successful Business Plan], 1991, S. 273; Sexton, D.L./Bowman-Upton, N.B., [Entrepreneurship], 1991, S. 144.

[95] Vgl. Klandt, H., [Unternehmensplan], 1996, S. 85f.; Ryans, C.C., [Managing], 1989, S. 73.

[96] Vgl. Unterkofler, G., [Erfolgsfaktoren], 1988, S. 228.

[97] Vgl. Posner, D., [Early Stage-Finanzierungen], 1996, S. 11, 250, 254; Unterkofler, G., [Erfolgsfaktoren], 1988, S. 228.

6.2 Finanzierungsphasen

In der Literatur hat sich für die Darstellung der Finanzierung von innovativen und zumeist technologieorientierten Unternehmen ein Phasenmodell durchgesetzt, das prinzipiell so oder in ähnlicher Form für alle Gründungsvorhaben herangezogen werden kann (vgl. Abb. III.-4).[98]
Wie aus der Abbildung ersichtlich, wird eine Early Stage Finanzierung dadurch charakterisiert, daß die zu finanzierenden Gründungen und jungen Unternehmen die Rentabilitätsschwelle (Break-even) grundsätzlich noch nicht erreicht haben.
Als Seed Financing bezeichnet man dabei die Finanzierung aller Aufwendungen vor der eigentlichen Gründung des Unternehmens (F & E-Ausgaben, Prototyp). Start up Financing dagegen umfaßt die Aufwendungen nach der Unternehmensgründung bis zur Markteinführung. Gegenstand des First Stage Financing ist die Phase der Produktionsaufnahme und Markteinführung sowie der ersten Verkaufserfolge.[99]
Die zeitlich folgenden Phasen des Wachstums und der Erweiterung werden unter dem Begriff Expansion Stage Financing zusammengefaßt. Das Finanzierungsspektrum reicht von der Marktdurchdringung (Second Stage) über die Erweiterung des Produktions- und Betriebssystems (Neue Produkte, neue Märkte) bis hin zur Internationalisierung (Third Stage).[100]
Die für die vorliegende Arbeit relevanten jungen Unternehmen sind in die First Stage auf dem Sprung zur Second Stage einzuordnen. Sie sind bereits gegründet und am Markt tätig und streben nach Wachstum oder befinden sich bereits im Wachstumsprozeß.

---

[98] Vgl. Ripsas, S., [Entrepreneurship], 1997, S. 133f.; Schefczyk, M., [Erfolgsstrategien], 2000, S. 36f.; Stevenson, H.H./Roberts, M.J./Grousbeck, H.I., [New Business], 1994, S. 234-241; Timmons, J.A., [New Venture], 1994, S. 439-572; Zemke, I., [Unternehmensverfassung], 1995, S. 28-46.

[99] Vgl. Posner, D., [Early Stage- Finanzierungen], 1996, S. 10; Mugler, J., [Betriebswirtschaftslehre 2], 1999, S. 163-168; Zemke, I. [Unternehmensverfassung], 1995, S. 33.

[100] Vgl. Engel, R./Hofacker, K., [Beteiligungskapitalgeber], 2001, S. 204f.; Mugler, J., [Betriebswirtschaftslehre 2], 1999, S. 168f.; Peemöller, V.H./Geiger, Th./Barchet, H., [Early-Stage-Investments], 2001, S. 335; Zemke, I., [Unternehmensverfassung], 1995, S. 29, 34.

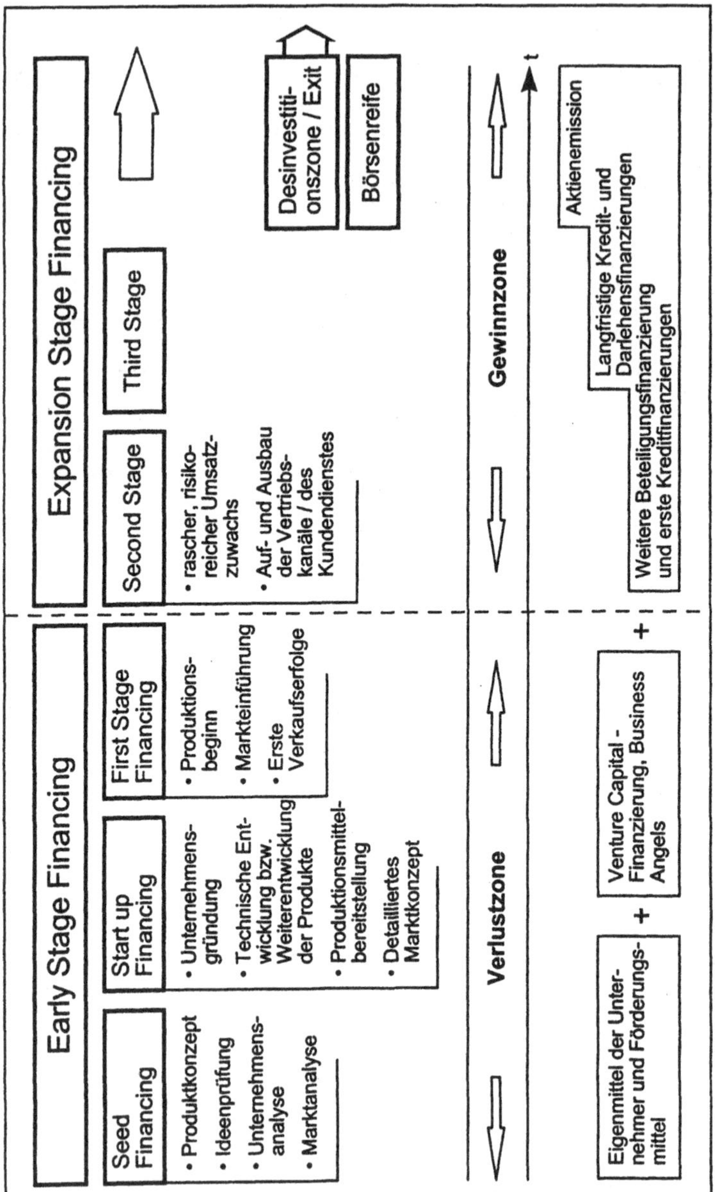

Abb. III.-4: Phasenschema der Finanzierung[101]

[101] In Anlehnung an Busse, F.J., [Finanzwirtschaft], 1996, S. 101.

6.3 Finanzierungsarten

6.3.1 Eigenfinanzierung

Für junge Unternehmen kommen typischerweise folgende Finanzierungsformen in Frage:

Eigenfinanzierung	Hybride Finanzierung	Fremdfinanzierung
• Selbstfinanzierung (Eigenmittel) • Beteiligungsfinanzierung (Kapitalbeteiligungsgesellschaften, Venture-Capital, Business Angels)	• öffentliche Fördermittel	• Bankkredite

Abb. III.-5: Finanzierungsarten junger Unternehmen

Finanzierung mit Eigenkapital bedeutet, daß Geld investiert wird, für das keine Verpflichtung zur Zins- oder Tilgungszahlung besteht.[102] Eine adäquate Eigenkapitalausstattung ist Voraussetzung für den Erfolg eines Unternehmens. Mit der Eigenkapitalquote steigt die Fähigkeit, Krisensituationen, sei es konjunktureller oder unternehmensspezifischer Natur, zu meistern. Eigenkapital schafft Sicherheit und Unabhängigkeit, signalisiert, daß ein Gründungsprojekt ernsthaft betrieben wird und verbessert im Zuge dessen die Chancen für die Kreditvergabe.[103] Da das Eigenkapital langfristigen Charakter hat, bildet es eine zuverlässige Basis für die Aufnahme zusätzlichen Fremdkapitals und eröffnet dem Unternehmen die Möglichkeit, Wachstumschancen wahrzunehmen. Die gewinnabhängige Verzinsung des Eigenkapitals hat den positiven Effekt, daß die Liquidität solange nicht belastet wird, bis die Gewinnschwelle erreicht wird.[104]

<u>Selbstfinanzierung</u>
Da das Risiko beim Unternehmensstart am größten ist, kommt den Ersparnissen des Gründers, seiner Familienangehörigen, Verwandten, Freunde und Bekannten zu diesem Zeitpunkt eine wichtige Rolle als Kapitalquelle zu. Die erste Investition in das Unternehmen wird in der Regel in Form von Eigenkapital getätigt. Sie kann in weniger kapitalintensiven und extrem wachstumsstarken Gründungen um die Selbstfinanzierung mit unmittelbaren Umsätzen ergänzt werden (z.B. High-Tech-Sektor).[105]

<u>Beteiligungsfinanzierung</u>
Unter Beteiligungskapital versteht man finanzielle Mittel, die dem Unternehmen von außen zugeführt werden, wobei dem Kapitalgeber als Gegenleistung eine Beteiligung am Unternehmensvermögen (Personengesellschaften) oder dem Eigenkapital des Unternehmens (juristische Personen) zusteht. Handelt es sich dabei um eine tätige

[102] Vgl. Kuratko, D.F./Hodgetts, R.M., [Entrepreneurship], 1998, S. 433.

[103] Vgl. BMWi, [Junge Unternehmen], 2000, S. 44, 76; Posner, D., [Early Stage-Finanzierungen], 1996, S. 65.

[104] Vgl. Ripsas, S., [Entrepreneurship], 1997, S. 133, 137.

[105] Vgl. Cooper, A.C./Dunkelberg, W.C., [Entrepreneurship], 1986, S. 60; Coveney, P./Moore, K., [Business angels], 1998, S. 128f.; Ripsas, S., [Entrepreneurship], 1997, S. 137; Stevenson, H.H./ Roberts, M.J./Grousbeck, H.I., [New Business], 1994, S. 234.

Beteiligung, so ist eine Mitwirkung oder Mitsprache bei der Geschäftsführung vorgesehen, bei einer stillen dagegen nicht.[106] Charakteristisch für das Beteiligungskapital ist, daß es ohne die banküblichen Sicherheiten zur Verfügung gestellt wird. Deshalb stellt es oftmals die einzige Chance für junge Unternehmen dar, das erforderliche Kapital für ihre Projekte zu erhalten.[107]
Quellen für das Beteiligungskapital (vgl. Abb. III.-6) sind öffentlich geförderte und private[108] Kapitalbeteiligungsgesellschaften, Venture Capital-Gesellschaften und private Investoren, sogenannte Business Angels.[109]

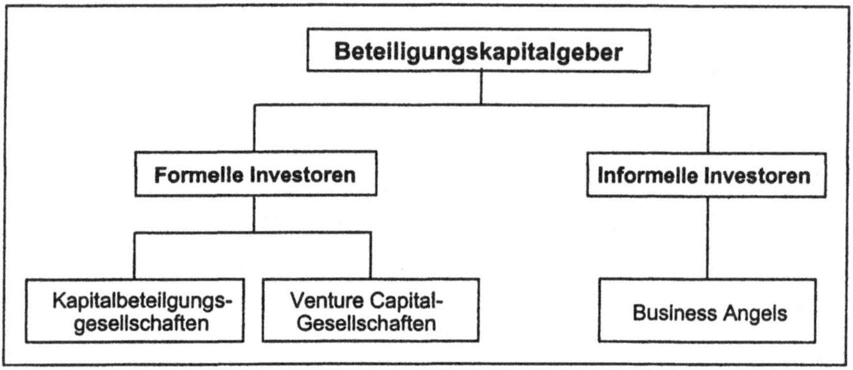

Abb. III.-6: Quellen der Beteiligungskapitalfinanzierung

- Kapitalbeteiligungs- und Venture Capital-Gesellschaften

Die Abgrenzung zwischen Kapitalbeteiligungsgesellschaften als passiven und Venture Capital (VC)-Gesellschaften als aktiven Investoren ist heute in dieser strengen Form am deutschen Markt nicht mehr vorhanden. Vielmehr wird von beiden Kapitalgebern Beteiligungskapital mit differierender Betreuungsintensität angeboten.[110]
Private Kapitalbeteiligungsgesellschaften und VC-Gesellschaften sollten insbesondere dann kontaktiert werden, wenn das Gründungskonzept riskant ist, aber ein sehr hohes Wachstums- und Renditepotential aufweist. Da es sich um eine Eigenkapitalbeteiligung handelt, investieren die Kapitalgeber vornehmlich in Unternehmen, die nach ihrer Einschätzung in der Zukunft hohe Gewinne erwarten lassen, um somit am Geschäftserfolg partizipieren zu können und eine hohe Rendite auf das eingesetzte Kapital zu erzielen (z.B. beim Verkauf der Anteile an der Börse).[111]

---

[106] Vgl. Unterkofler, G., [Erfolgsfaktoren], 1988, S. 247.

[107] Vgl. BMWI, [Starthilfe], 1998, S. 50.

[108] Vgl. BMWi, [Starthilfe], Nov. 1998, S. 50; Posner, D., [Early Stage-Finanzierungen], 1996, S 27f., 32f.

[109] Vgl. BMWi, [Junge Unternehmen], 2000, S. 75; BMWi, [Starthilfe], Nov. 1998, S. 50; Ripsas, S., [Entrepreneurship], 1997, S. 142.

[110] Vgl. Posner, D., [Early Stage-Finanzierungen], 1996, S. 34; Zemke, I. [Unternehmensverfassung], 1995, S. 71.

[111] Vgl. BMWi, [Existenzgründungsfinanzierung], 1998, S. 1f.; Timmons, J.A., [New Venture], 1994, S. 483f.; Zemke, I. [Unternehmensverfassung], 1995, S. 1, 27.

Eine Beteiligung ist i.a. durch folgende Merkmale gekennzeichnet:[112]

- Die Dauer der Beteiligung bewegt sich in einem Zeithorizont zwischen drei und zehn Jahren.
- Es handelt sich i.d.R. um Minderheitsbeteiligungen ab einer Höhe von 500.000 Euro.
- Neben der Finanzierung übernimmt der Kapitalgeber eine aktive Beratungs- und Unterstützungsfunktion für das Beteiligungsunternehmen.
- Das junge Unternehmen kann das informelle Netz und die Kontakte des Kapitalgebers zu Fremdkapitalgebern, potentiellen Kunden, Lieferanten und zur Industrie nutzen.

Um aber die gewünschte Finanzierung zu erhalten und ihre zusätzlichen Leistungen in Anspruch nehmen zu können, müssen vorab einige Kriterien erfüllt werden.[113]
Ein durchdachtes und erfolgversprechendes Unternehmenskonzept (Business Plan) ist Grundvoraussetzung, um das Interesse der Beteiligungsgeber an einem Engagement zu wecken.[114] Wichtig ist den Kapitalgebern vor allem die Qualifikation des Gründers bzw. des Managementteams. Ein innovatives und dynamisches Team mit sich gegenseitig ergänzenden Geschäftskenntnissen auf technischem und betriebswirtschaftlichem Gebiet, strategischem Denken und Handeln, mit Management- oder Gründungserfahrung sind wichtige Kriterien für die Beteiligung von Kapitalgebern. Außerdem müssen sie davon überzeugt sein, daß es sich um ein Produkt bzw. eine Dienstleistung handelt, das bzw. die die Möglichkeit bietet, für gesicherte Marktanteile angemessene bis hohe Gewinne zu erzielen.[115] Eine Beteiligungsfinanzierung wird nur dann zustande kommen, wenn die Eigenkapitalgeber mit einer entsprechend positiven Wachstumsentwicklung des Unternehmens rechnen.[116]

▸ Business Angels

Unter Business Angels versteht man informelle Investoren, die sich als private Eigenkapitalgeber bei der Gründung oder Expansion eines Unternehmens engagieren, wenn sie vom Business Plan und der Persönlichkeit des Gründers überzeugt sind. Es handelt sich dabei typischerweise um wohlhabende Privatpersonen, die die Anfangsschwierigkeiten junger Unternehmen häufig aus eigener Erfahrung kennen bzw. Erfahrungen im Wirtschaftsleben besitzen und ihr Wissen an die Gründer weitergeben wollen. Das Unternehmen profitiert also sowohl vom Kapital als auch vom kaufmännischen und technischen Know-how sowie den Kontakten des Business Angels. Zudem verbessert die Patenschaft eines Business Angels die Chancen für die Erschließung externer Fremdkapitalquellen. Das Engagement von Business Angels konzen-

---

[112] Vgl. nachfolgend Kuratko, D.F./Hodgetts, R.M., [Entrepreneurship], 1998, S. 439, 442; Mugler, J., [Betriebswirtschaftslehre 2], 1999, S. 166f.; Timmons, J.A., [New Venture], 1994, S. 487; Unterkofler, G., [Erfolgsfaktoren], 1988, S. 252; Zemke, I. [Unternehmensverfassung], 1995, S. 41, 204, 265.

[113] Vgl. Müller, R., [Markt], 1996, S. 11; Sexton, D.L./Bowman-Upton, N.B. [Entrepreneurship], 1991, S. 228; Timmons, J.A., [New Venture], 1994, S. 487.

[114] Vgl. Kuratko, D.F./Hodgetts, R.M., [Entrepreneurship], 1998, S. 442; Stevenson, H.H./ Roberts, M.J./Grousbeck, H.I., [New Business], 1994, S. 236.

[115] Vgl. Arnold, J., [Existenzgründung], 1997, S. 204; Kuratko, D.F./Hodgetts, R.M., [Entrepreneurship], 1998, S. 442-446; Timmons, J.A., [New Venture], 1994, S. 487.

[116] Vgl. Pahlen, D., [Risikokapital], 1996, S. 14; Posner, D., [Early Stage-Finanzierungen], 1996, S. 11.; Ripsas, S., [Entrepreneurship], 1997, S. 148.

triert sich überwiegend auf regionale Märkte, die sie kennen, und bewegt sich in Deutschland in einer Größenordnung von höchstens durchschnittlich 250.000 €. Als Gegenleistung erhalten die Business Angels Unternehmensanteile, die sie bis zu ihrer Übernahme durch einen Wagnisfinanzierer oder bis zum Börsengang halten.[117]

6.3.2 Hybride Finanzierung und Fremdfinanzierung

Die öffentliche Hand engagiert sich im Bereich junger Unternehmen, indem sie Finanzierungsprogramme auflegt, die deren Finanzierung erleichtern sollen. Es handelt sich dabei um vom Staat gewährte, zinsgünstige, eigenkapitalähnliche Darlehen, für die die Hausbank letzten Endes im Obligo steht (Ausnahme: Eigenkapitalhilfe). Ihr Eigenmittelcharakter kommt im Verzicht auf Sicherheiten, in einer nachrangigen Haftung, relativ langen Laufzeiten und tilgungsfreien Jahren zum Ausdruck. Für eine detaillierte Beschreibung der Fördermaßnahmen, die in der Nachgründungsphase zur Verfügung stehen, sei auf die Schriftenreihen und Internetseiten des Bundesministeriums für Wirtschaft, der deutschen Ausgleichsbank sowie der Kreditanstalt für Wiederaufbau verwiesen.[118]

Fremdkapitalgeber für eine Investition in ein junges Unternehmen zu gewinnen, ist relativ schwierig, da bei einer Kreditvergabe an Neugründungen für die Banken ein ungünstiges Risiko/Gewinn-Verhältnis besteht. Deshalb zeigen Kreditgeber häufig erstmals in der expansion stage Phase Interesse, weil zu diesem Zeitpunkt das Risiko der Unternehmensentwicklung auf Basis von Vergangenheitsdaten besser abgeschätzt werden kann.[119] Für die Banken ist entscheidend, ob ausreichend Sicherheiten z.B. in Form von Gebäuden oder Maschinen vorhanden sind. Denn um ihrer Verantwortung für die Einlagen der Sparer Rechnung zu tragen und den Vorschriften des Kreditwesengesetzes zu genügen, können sie nur begrenzt Risiken eingehen. Will der Gründer trotz geringer materieller Sicherheiten Fremdkapital erhalten, muß er das Risiko für die Bank reduzieren, indem er zusätzliches Eigenkapital anwirbt, die erwartete Geschäftsentwicklung mit einem fundierten Business Plan untermauert und die Möglichkeiten zur Einflußnahme auf das Management für die Bank erweitert.[120] Grundsätzlich sollte sich der Gründer frühzeitig um den notwendigen Finanzbedarf kümmern, um seine Verhandlungsposition nicht durch drohenden Zeitdruck zu verschlechtern. Außerdem sollte er sich „seine Bank" bzw. „seinen Banker" sorgfältig auswählen. Dabei ist nicht nur auf die Kosten der Finanzierung zu achten, sondern auch auf die Beratungsleistung und -qualität, die Erfahrung im Bereich der Finanzierung junger Unternehmen, das Image und die Loyalität in Krisenzeiten.[121]

---

[117] Vgl. Dette, J., [Finanzierung], 1997, S. 49; Kuratko, D.F./Hodgetts, R.M., [Entrepreneurship], 1998, S. 450; Mai, J., [Engel], 1998, S. 84-86; Posner, D., [Early Stage-Finanzierungen], 1996, S. 38f.; Ripsas, S., [Entrepreneurship], 1997, S. 141; Sexton, D.L./Bowman-Upton, N.B., [Entrepreneurship], 1991, S. 103; Timmons, J.A., [New Venture], 1994, S. 481.

[118] Vgl. DtA, [Existenzgründungen], 6/2000 und [Finanzierungsbausteine], 1/2001; DIHT, [Fördermaßnahmen], 6/1997; http://www.bmwi.de; http://www.dta.de, http://www.kfw.de.

[119] Vgl. Mugler, J., [Betriebswirtschaftslehre 2], 1999, S. 168; Unterkofler, G., [Erfolgsfaktoren], 1988, S. 228.

[120] Vgl. Ripsas, S., [Entrepreneurship], 1997, S.153f.; Stevenson, H.H./Roberts, M.J./Grousbeck, H.I., [New Business], 1994, S. 234, 237; Timmons, J.A., [New Venture], 1994, S. 547, 557f.; Zemke, I., [Unternehmensverfassung], 1995, S. 67.

[121] Vgl. Tate, C.E. u.a., [Small Business], 1992, S. 119f.; Timmons, J.A., [New Venture], 1994, S. 559f.

Was das Controlling anbelangt, so sind die Kapitalgeber deswegen von Bedeutung, weil sie in ihrer Position als mächtiger Verhandlungspartner häufig den Anstoß zu seiner Einführung geben, wenn nicht sogar eine derartige Initiative fordern.[122] Typische Finanzierungsfehler, wie eine zu geringe Kapitalausstattung oder eine verspätete Terminierung der Gespräche mit der Hausbank, die auf mangelhafter Planung beruhen, treten nicht auf, wenn Controlling im Unternehmen vorhanden ist.[123]

7. Wachstum

7.1 Verlauf und Ursachen

Voraussetzung für das Wachstum junger Unternehmen ist die bewußte Entscheidung der Unternehmensleitung, die sich bietenden Chancen zur Expansion zu nutzen und Wachstumsstrategien zu entwickeln.[124] Wachstum ist dabei bisweilen nicht nur ein Wunsch, sondern geradezu Notwendigkeit, um als Unternehmen überhaupt am Markt überleben zu können.[125] Deshalb sind im Rahmen der vorliegenden Arbeit nur Neugründungen, die wachstumsorientiert agieren, von Bedeutung.
Als Bezugsgrößen zur Bestimmung des Wachstums werden die Indikatoren Produktionsmenge, Marktanteil, Beschäftigten- und Kundenzahl, Bekanntheitsgrad, Anzahl der Standorte, Investitionen, Unternehmenserträge und Umsatz herangezogen. In der Gründungsforschung ist das Umsatzwachstum der am häufigsten verwendete Maßstab für das Wachstum der Unternehmens.[126] Der Wachstumsprozeß kann, in Abhängigkeit vom Unternehmen und seinem Gründer, langsam und stetig oder schnell und in Schüben verlaufen.[127] Das Spektrum reicht von sehr langsamem über komfortables bis hin zu sehr schnellem Wachstum. Die Kennzeichen und Ursachen der möglichen Ausprägungen der Wachstumsentwicklung beschreibt die nachfolgende Abbildung.[128]

---

[122] Siehe Kapitel IV. 1.2.

[123] Vgl. BMWi, [Junge Unternehmen], 2000, S. 65; BMWi, [Starthilfe], 1997, S. 54; Brüderl, J./Preisendörfer, P./Ziegler, R. [Erfolg], 1998, S. 37.

[124] Vgl. Boswell, J., [Rise and Decline], 1973, S. 68; Churchill, N.C./Lewis, V.L., [five stages], 1983, S. 44; Hamer, E., [Mittelständische Unternehmen], 1987, S. 309; Hoy, F./McDougall, P.P./Dsouza, D.E., [High-Growth Firms], 1992, S. 345, 350; Pümpin, C./Prange, J., [Unternehmensentwicklung], 1991, S. 160; Sexton, D.L./Bowman-Upton, N.B. [Entrepreneurship], 1991, S. 13, 17.

[125] Vgl. Boswell, J., [Rise and Decline], 1973, S. 65; Day, D.L., [Entrepreneurship and Strategic Management], 1992, S. 128.

[126] Vgl. Börner, Chr./Lowis, S., [Wachstum], 2001, S. 145; Hoy, F./McDougall, P.P./Dsouza, D.E., [High-Growth Firms], 1992, S. 346; Murphy, G.B./Trailer, J.W./Hill, R.C., [Performance], 1996, S. 17; Ostgaard, A./Birley, S., [New Venture Growth], 1996, S. 40.

[127] Vgl. Albach, H., [Unternehmenswachstum], 1991, S. 3; Holt, D.H., [Entrepreneurship], 1992, S. 478.

[128] Graphik in Anlehnung an Holt, D.H., [Entrepreneurship], 1992, S. 112.

WACHSTUMSENTWICKLUNG		
Very slow	**Perceived comfort zone**	**Very fast**
Bedingt durch die Art des Produkts oder einen begrenzten Markt steigen die Verkaufszahlen nur langsam.	Das Wachstum nimmt im Rahmen der verfügbaren Ressourcen des Unternehmens und den Gewinnvorstellungen des Eigentümers zu.	Da die neuen Produkte auf neuen Märkten breite Akzeptanz finden, steigen die Verkaufszahlen schnell.

Abb. III.-7: Wachstumsspektrum

Interne wachstumsverursachende Faktoren sind in vielen neuen Unternehmen durch das Verhalten und die Eigenschaften des Managements motiviert. Gründer zeichnen sich durch eine immense Tatkraft und den unbedingten Willen zum Erfolg aus, was sich in einem beträchtlichen Arbeitspensum widerspiegelt. Sie wollen ihr Engagement und ihre Managementfähigkeiten optimal einsetzen und zudem, wenn auch nicht unbedingt vorrangig, eine höhere finanzielle Entlohnung realisieren als ihnen das Unternehmen kurz nach dem Start bietet. Logische Konsequenz daraus ist ein nachhaltiges Wachstumsstreben.
Ein externer Faktor, der zum Wachstum zwingt, ist die Tatsache, daß neue Unternehmen nicht mit der überlebensnotwendigen Größe in den Wettbewerb eintreten. Sie müssen wachsen, um eine Größe zu erreichen, die potentielle Kunden oder Lieferanten von ihrer Leistungsfähigkeit und -zuverlässigkeit, skeptische Kapitalgeber von der Vorteilhaftigkeit eines Engagements überzeugt. Nur eine Expansion versetzt junge Unternehmen bei einem erfolgreichen Markteintritt in die Lage, die hohe Nachfrage nach neuartigen Produkten mit wenig Konkurrenz zu befriedigen. Expansionsdruck kann jedoch auch von einer schnell wachsenden Konkurrenz ausgehen.[129]

7.2 Positive Einflußgrößen

Eigenschaften des Gründers, die das Wachstum erleichtern bzw. forcieren, sind seine Motivation und seine Fähigkeiten:
Die Motivation ist generell als Motor des Unternehmensfortschritts unabdingbar, d.h. ohne Wille zum Wachstum wird es auch kein Wachstum geben.[130] Daneben entscheidet die Fähigkeit des Gründers, die gegenwärtig und zukünftig relevanten, internen und externen Rahmenbedingungen des Unternehmens zu erkennen und zu bewerten, über eine positive Unternehmensentwicklung. Diese Befähigung ist von der Ausbildung und Berufserfahrung abhängig und kann durch Bildungsmaßnahmen, das Hinzuziehen externer Berater und die Akquisition von qualifiziertem Personal verbessert werden. Je höher die Kompetenz der Gründer auf Gebieten wie Marktforschung, Marketing, Vertrieb, Planung oder Personalmanagement ist, um so besser sind die Aussichten für ein schnelles und nachhaltiges Wachstum.[131] „Die Manager,

[129] Vgl. Barkham, R., [Entrepreneurship], 1990, S. 7; Bhide, A.., [questions], 1996, S. 126; Boswell, J., [Rise and Decline], 1973, S. 64f.; Day, D.L., [Entrepreneurship and Strategic Management], 1992, S. 128; Holt, D.H., [Entrepreneurship], 1992, S. 471.

[130] Vgl. Barkham, R., [Entrepreneurship], 1990, S. 21; Barkam, R.J., [Entrepreneurial Characteristics], 1994, S. 118.

[131] Vgl. Barkham, R., [Entrepreneurship], 1990, S. 21f., 34f.; McGuire, [small Enterprise], 1976, S. 122-126.

die über eine größere Kompetenz verfügen, sind auch in der Lage, größere Unternehmen zu leiten."[132]
Qualifikationen, die der Unternehmensgründer aufgrund seiner früheren beruflichen Tätigkeit mitbringt, können das Unternehmenswachstum beschleunigen. Von Vorteil sind Erfahrungen in Planung und Organisation, Produktion und Management. Gründer, die mit diesen Prozessen bereits vertraut sind, werden die schwierigen Anfangsphasen eines Unternehmens i.d.R. erfolgreicher gestalten können.[133]
Schnell wachsende Unternehmen zeichnen sich durch

- eine klare Vision bezüglich der Zukunft des Unternehmens,
- den Markt als Antriebsmotor und Orientierungspunkt,
- Fokussierung,
- Flexibilität,
- stufenweise Einführung zusätzlicher neuer Verfahren,
- möglichst flache organisatorische Hierarchien,
- eine zukunftsorientierte Personalakquise und
- die finanzielle Beteiligung der Beschäftigten aus.[134]

Die Expansion des Unternehmens kann somit nur gelingen, wenn parallel dazu die notwendigen internen Strukturveränderungen vorgenommen werden.[135] In Folge des Wachstums werden die Unternehmensabläufe und -strukturen zunehmend komplexer und undurchsichtiger, die Entscheidungsprozesse komplizierter. Die Ausübung der Unternehmensfunktionen wie Planung und Organisation gewinnt an quantitativer und qualitativer Bedeutung. Damit das Management imstande ist, diese wachtumsbedingten Veränderungen zu bewältigen und den Wachstumsprozeß zu managen und voranzutreiben, bedarf es des Controllings. Es gibt dem Management ein Instrumentarium an die Hand, mit dessen Hilfe die Situation des Unternehmens jederzeit transparent ist, seine Struktur den neuen Gegebenheiten angepaßt und die Wahrnehmung der Unternehmensfunktionen und Managementaufgaben wie Planung und Kontrolle professionalisiert wird.[136]

7.3 Negative Einflußgrößen

Obwohl viele Unternehmen großes Wachstumspotential aufweisen, wird es aus Angst der Gründer vor einem Kontrollverlust oft nicht ausgeschöpft. Der Kontrollverlust kann auf zweierlei Art entstehen: Zum einen extern, wenn zum Zweck der Wachstumsfinanzierung weiteres Kapital von außen beschafft wird, und zum anderen intern, wenn es dem Gründer aufgrund der gewachsenen Unternehmensgröße nicht mehr möglich ist, alle Bereiche des Geschäftsbetriebs persönlich zu führen.[137]

---

132 Audretsch, D.B., [Kleinunternehmen], 1993, S. 7.

133 Vgl. Barkham, R., [Entrepreneurship], 1990, S. 30, 34f.; Barkam, R.J., [Entrepreneurial Characteristics], 1994, S. 118f.

134 Vgl. Hambrick, D.C./Crozier L. M., [Stumblers and Stars], 1985, S. 37f., 42f.; Hoy, F., [Entrepreneurial Venture], 1995, S. 155; Hoy, F./McDougall, P.P./Dsouza, D.E., [High-Growth Firms], 1992, S. 348; Storey, M.J., [America's fastest growing companies], 1989, S. 212-219.

135 Vgl. Hamer, E., [Mittelständische Unternehmen], 1987, S. 310, 316f.

136 Vgl. Martin, Th.A., [Controlling], 1999, S. 32; Mugler, J., [Betriebswirtschaftslehre 1], 1998, S. 153.

137 Vgl. Johnson, P., [New firms], 1986, S. 43.

Andererseits kann eine zu schnell betriebene Expansion ohne die notwendigen finanziellen Voraussetzungen im Extremfall sogar die Existenz des Unternehmens gefährden. Unvorhergesehene Rückschläge können bei stark schwankenden Cash Flows leicht zu einer angespannten Finanzlage und in die Insolvenz führen. Wenn das Wachstum erfolgreich initiiert werden soll, sind auch die daraus resultierenden Kostensteigerungen für größere Geschäftsräume, Produktionskapazitäten, Administration, Organisation, Marketing und Personal zu beachten. Um die dafür erforderlichen Investitionsmaßnahmen durchführen zu können, muß dem Unternehmen zum richtigen Zeitpunkt jeweils ausreichend Kapital zur Verfügung stehen.[138]
Ein weiteres Risiko für das Wachstum besteht darin, daß die Managementfähigkeiten der Schlüsselpersonen eventuell nicht mit dem Wachstum Schritt halten können. Die Führungsaufgaben werden komplexer, wenn eine Organisation schnell wächst. Die Kommunikation wird problematisch und die Vermittlung der Unternehmensvision schwierig. Es sind neue formalisierte Führungsmethoden notwendig, um die Wirksamkeit der Führung zu gewährleisten und die unternehmensinterne Kommunikation über Abteilungen und Hierarchien hinweg aufrecht zu erhalten. Welche Anforderungen an die Managementkapazitäten eines wachstumsorientierten Unternehmens im einzelnen gestellt werden, wird im Folgenden genauer erläutert.[139]

7.4 Anforderungen an das Management

7.4.1 Steuerung des Wachstumsprozesses

Einen Plan für das Wachstum zu entwerfen, reduziert das Risiko eines Mißerfolgs erheblich. Bei der Planung sollte der Gründer seine privaten und beruflichen Ziele genauso im Auge behalten wie die Grenzen und Zwänge bezüglich Markt und Unternehmen. Wachstumsursachen und -strategien sowie der Bedarf an Ressourcen sind zu analysieren und Ergebnisszenarien zu entwickeln. Der Planungsprozeß setzt voraus, daß der Gründer die Ziele klar gesetzt hat und sich bewußt ist, welchen Einsatz er für ihr Erreichen zu leisten imstande ist. Sind diese Voraussetzungen erfüllt, ist der Gründer in der Lage, die Wachstumsrate und die Richtung der Unternehmensentwicklung zu steuern sowie bei etwaigen Abweichungen zu korrigieren.[140] Sollte der Wachstumsprozeß auf diese Weise gesteuert werden, liegt bereits, ohne es explizit so zu nennen, Controlling vor.
Der Wachstumsprozeß vollzieht sich zumeist diskontinuierlich und erfordert Veränderungen im Unternehmen.[141] Da neue Kunden gewonnen bzw. neue Marktsegmente erschlossen werden und mit dem Umsatz auch Anlagevermögen, Lagerbestände, Kreditoren- und Debitorenzahl steigen, nimmt die Quantität und Bedeutung der zu

---

[138] Vgl. Barkham, R., [Entrepreneurship], 1990, S. 37; Engel, R./Hofacker, K., [Beteiligungskapitalgeber], 2001, S. 207; McKenna, J.F./Oritt, P.L., [small business growth], 1980, S. 52; Pümpin, C./Prange, J., [Unternehmensentwicklung], 1991, S. 106f.; Waber, U., [Gefährliche Fallen], 1989, S. 36.

[139] Vgl. Hambrick, D.C/Crozier L.M., [Stumblers and Stars], 1985, S. 35; McKenna, J.F./Oritt, P.L., [small business growth], 1980, S. 47; Pümpin, C./Prange, J., [Unternehmensentwicklung], 1991, S. 104; Storey, M.J., [America`s fastest growing companies], 1989, S. 200.

[140] Vgl. Kuratko, D.F./Hodgetts, R.M., [Entrepreneurship], 1998, S. 510; McKenna, J.F./Oritt, P.L., [small business growth], 1980, S. 50f.; Sexton, D.L./Bowman-Upton, N.B. [Entrepreneurship], 1991, S. 4.

[141] Vgl. McKenna, J.F./Oritt, P.L., [small business growth], 1980, S. 46.

treffenden Entscheidungen zu. Die Planung und Integration der einzelnen Unternehmensfunktionen wird zunehmend wichtiger, das Personal muß sich laufend neue Kenntnisse aneignen bzw. mit Spezialisten verstärkt oder ausgetauscht werden, wenn es den veränderten Anforderungen nicht gewachsen ist.[142] Es müssen neue Organisationsformen geschaffen werden, die Verantwortung delegieren und Kontrolle zentralisieren. Da die Managementfunktionen komplex und zeitaufwendig werden, behindert ein Unternehmer, der weiterhin in den Projekten der unterschiedlichen Unternehmensbereiche stark engagiert sein will, mit großer Wahrscheinlichkeit das Wachstum.[143] Um die mit dem Wachstum steigenden Anforderungen erfüllen zu können, muß das Management professionalisiert sowie die erforderlichen Managementsysteme entwickelt und implementiert werden.[144]

7.4.2 Übergang vom „entrepreneurial" zum „professional" Management

Die Managementqualität ist für den Erfolg eines Unternehmens von enormer Bedeutung. Ohne effizientes Management wird ein (junges) Unternehmen auf lange Sicht nicht überleben. Für eine erfolgreiche Unternehmensführung sind verschiedene Managementfähigkeiten erforderlich, die sich im Zeitablauf in Abhängigkeit von der Unternehmensgröße ändern.
Betrachtet man den Phasenübergang von der Frühentwicklung zum Wachstum, zeigt sich folgende Situation:

- In der Frühentwicklungsphase müssen sich die Gründer auf einen Wandel vom „eigenhändigen Tun" zum Managen und zur Abgabe von Entscheidungs- und Kontrollaktivitäten einstellen. Sie müssen Veränderungen in der Unternehmensführung, wie die Einführung eines Controllingsystems, initiieren, um weiterhin erfolgreich zu sein.
- Eine Wachstumsphase ohne Probleme wird es nur dann geben, wenn die Gründer die Notwendigkeit der Delegation internalisiert haben, und ihre Ziele durch planvolles Management zu erreichen versuchen. Nicht nur operatives, sondern vor allem auch strategisches Denken und Handeln sind gefragt. Beide Fähigkeiten können durch die Einführung des Controllings nachhaltig unterstützt werden.[145]

Die einzige Chance, den ständig steigenden Anforderungen der Unternehmensführung gerecht zu werden, besteht in der kontinuierlichen Verbesserung der Kompetenzen auf dem Managementsektor.[146] Übergeordnetes Ziel eines jungen Unternehmens muß es sein, die wachstumsinduzierte Transformation vom anfänglichen „entrepreneurial" Management zum „professional" Management" erfolgreich abzuwickeln. Während zentrale Entscheidungsprozesse und informelle, persönliche Kon-

[142] Vgl. Bhide, A., [questions], 1996, S. 129; Finger, M./Samwer, O., [Startups], 1998, S. 116f.; Pümpin, C./Prange, J., [Unternehmensentwicklung], 1991, S. 94, 104f.

[143] Vgl. Barkham, R., [Entrepreneurship], 1990, S. 37; Hamer, E., [Mittelständische Unternehmen], 1987, S. 310; Kuratko, D.F./Hodgetts, R.M., [Entrepreneurship], 1998, S. 504; Pümpin, C./Prange, J., [Unternehmensentwicklung], 1991, S. 214; Stanworth, M.J.K./Curran, J., [Growth], 1976, S. 105.

[144] Vgl. Pümpin, C./Prange, J., [Unternehmensentwicklung], 1991, S. 172.

[145] Vgl. Timmons, J.A., [New venture], 1994, S. 577f.; Weber, J., [Wachstumsschwellen], 1995, S. 9.

[146] Vgl. Albach, H./Bock, K./Warnke, Th., [Kritische Wachstumsschwellen], 1985, S. 413; Ripsas, S., [Entrepreneurship], 1997, S. 60.

trolle das „entrepreneurial" Management kennzeichnen, ist die Delegation von Verantwortung und formaler Steuerung typisch für das „professional" Management.[147] Der Entwicklungsprozeß vom „entrepreneurial" zum „professional" Management vollzieht sich in aller Regel in fünf Schritten (vgl. Abb. III.-8). [148]

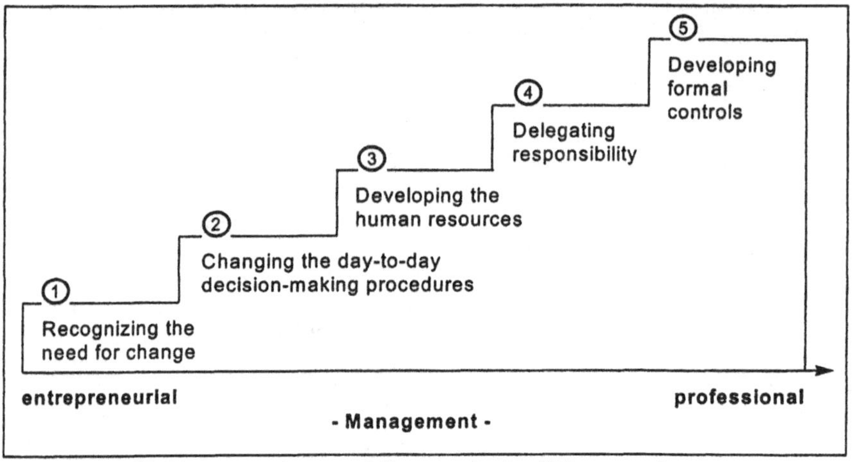

Abb. III.-8: Fünf Schritte vom „entrepreneurial" zum „professional" Management

(1) Recognizing the need for change
Am Anfang des Entwicklungsprozesses steht die Erkenntnis des Entrepreneurs, daß aufgrund des Wachstums Modifikationen im Managementsystem notwendig sind. Darüber hinaus bedarf es seiner Bereitschaft, diese auch in die Tat umzusetzen.

(2) Changing the day-to-day decision-making procedures
Die Art, wie Entscheidungen getroffen werden, ist umzugestalten. Der Entscheidungsstil muß partizipativer und der Einsatz formaler Entscheidungstechniken forciert werden.

(3) Developing the human resources
Im Zuge des Wandels des Managementstils ändern sich auch die Anforderungen an das Personal. Während sich in den Anfängen die Entscheidungsgewalt und Verantwortung komplett auf den Gründer konzentrierte, sind jetzt Mitarbeiter gefragt, die Verantwortung übernehmen und in der Lage sind, selbständig zu arbeiten. Ein solcher Mitarbeiterstab ist jedoch aufgrund des ursprünglichen Führungsstil oftmals noch nicht vorhanden und muß erst aufgebaut werden, sei es durch Neuakquisition von Personal oder durch Entwicklung des schon vorhandenen Mitarbeiterpotentials.

---

[147] Vgl. Hofer, Ch.W./Charan, R., [Professional Managment], 1984, S. 4f.; Stevenson, H.H./ Roberts, M.J./Grousbeck, H.I., [New Business], 1994, S. 527-529.

[148] Vgl. Kuratko, D.F./Hodgetts, R.M., [Entrepreneurship], 1998, S. 498-500; Stevenson, H.H./ Roberts, M.J./Grousbeck, H.I., [New Business], 1994, S. 529-531.

(4) Delegating responsibility
Sind die ersten drei Stufen absolviert, kann mit der Delegation von Aufgaben begonnen werden. Die Verantwortung wird jeweils denjenigen übertragen, die aufgrund ihrer Nähe zu den Kunden, Lieferanten oder Wettbewerbern Zugang zu den entscheidungsrelevanten Informationen besitzen und somit eine qualitativ hochstehende Entscheidungsfindung gewährleisten können.

(5) Developing formal controls
Seinen Abschluß findet der Transformationsprozeß schließlich in der Entwicklung und Implementierung von formalen Instrumenten zur Steuerung des Unternehmens, die an die jeweiligen Gegebenheiten der Organisationen angepaßt werden sollten.

Für die Controlling-Einführung, dem Gegenstand der vorliegenden Arbeit, sind Schritt eins und zwei wesentliche Wegbereiter, Schritt fünf ist mit ihr identisch. Denn vor der Implementierung steht das Wissen um die Notwendigkeit von Veränderungen und der Wille, diese voranzutreiben, durch die Implementierung wird der Maßgabe aus Schritt fünf umfassend Folge geleistet.
Da das Controlling für Transparenz im Unternehmen sorgt, die Planung und Steuerung mit Analysen und Methoden unterstützt, eine kritische Prüfung von Plänen und Entscheidungen im Hinblick auf deren Prämissen und ihre Übereinstimmung mit übergeordneten Zielen vornimmt und Ergebnisinformationen zur Verfügung stellt, leistet es einen maßgeblichen Beitrag zur Professionalisierung des Managements.[149]
Bei aller Notwendigkeit des Wandels vom „entrepreneurial" zum „professional" Management sollte aber die Kreativität des „entrepreneurial" Managements durchaus erhalten bleiben. Eine Überbewertung der Administration und Reglementierung kann nicht nur unerwünschte finanzielle Auswirkungen haben, sondern auch das „Weiterglühen des unternehmerischen Funkens" verhindern.[150]

7.4.3 Übergang vom personalen zum formalen Führungsstil

Mit dem Eintritt in die Wachstumsphase ändert sich auch der Führungsstil. Während sich der autokratische, persönliche Führungsstil des Gründers mit direktem Kontakt zum Mitarbeiter in der ersten Zeit nach der Unternehmensgründung noch als funktionsfähig erweist, provoziert die im Zeitablauf steigende Komplexität den Übergang zu einem delegativen, kooperativen und formalen Führungsstil. Da der Gründer die Führungsaufgaben nicht mehr allein bewältigen kann, sieht er sich gezwungen, Aufgaben inklusive Kompetenzen und Verantwortung zu delegieren sowie formale Strukturen und Systeme einzuführen. Die Führung muß den Mitarbeitern somit Vertrauen entgegen bringen und Rahmenbedingungen schaffen, die ein selbständiges und eigenverantwortliches Arbeiten in Teams möglich machen. Auch wenn sich der persönliche Kontakt zu den Mitarbeitern mit dem Wachstum der Organisation zwangsläufig reduziert und formalisierte Kontroll- und Steuerungstechniken wie das Controlling an Bedeutung gewinnen, muß die Führung weiterhin so offen wie möglich

[149] Vgl. Weber, J., [Neue Perspektiven], 2000, S. 1932.
[150] Waber, U., [Gefährliche Fallen], 1989, S. 37.

praktiziert werden.[151] Der Unternehmer hat eine schwierige Gratwanderung zu bestehen: Einerseits ist er dafür zuständig, das Personal zu Innovation und Kreativität zu inspirieren, andererseits muß er sich von seiner ursprünglichen Rolle des Akteurs verabschieden. Denn in der Wachstumsphase ist es seine Aufgabe, den Mitarbeitern Ziele vorzugeben, sie anzuleiten, sie zu motivieren und zu kontrollieren sowie geeignete Rahmenbedingungen für ihre Arbeit zu schaffen.[152]

7.5 Negative Wachstumseffekte

Das Wachstum kann folgende negative Begleiterscheinungen mit sich bringen:

(1) Überdeckung von Problemen
Das Wachstum schafft einen Puffer für unrentable Entscheidungen bezüglich der personellen und finanziellen Ressourcen, läßt über Mängel in der Führungs- und Managementqualität hinwegsehen und verzeiht fehlende oder fehlerhafte Planung. Im Laufe der Zeit aber können diese Schwächen gefährliche Krisen auslösen, die das Unternehmen in ernsthafte Schwierigkeiten geraten lassen.

(2) Verlust des Unternehmensfokus
In den Wachstumsphasen rücken kurzfristige Überlegungen in den Vordergrund und verdrängen die notwendigen strategischen Planungen und langfristige Perspektiven. Dabei sind gerade diese in Zeiten des Wachstums für die Stabilität des Unternehmens von großer Bedeutung.

(3) Fähigkeiten des Managements und organisatorische Ansprüche
Wenn die organisatorischen Erfordernisse nicht in Einklang mit den vorhandenen Fähigkeiten gebracht werden, kommt es zu Problemen. Die Qualität und Quantität der Entscheidungen leidet insbesondere dann erheblich, wenn der Entrepreneur nicht dazu bereit ist, Entscheidungen zu delegieren. Im Gegenzug müssen die Mitarbeiter in der Lage und willens sein, ihrerseits mehr Verantwortung zu übernehmen.[153]

Die möglichen negativen Effekte des Wachstums illustrieren, daß bereits vor dem Wachstum bzw. spätestens im Gleichlauf mit dem beginnenden Wachstum ein Controlling im Unternehmen installiert werden sollte. Denn wenn bereits während der Wachstumsphase Controlling praktiziert wird, treten die negativen Begleiterscheinungen gar nicht zu Tage. Probleme lassen sich mit Controlling nicht ver-, sondern höchstens aufdecken und strategische Planung findet regelmäßig statt. Die Implementierung der Funktion Controlling ist demnach als wachstumsfördernd für junge Unternehmen zu bewerten.

---

[151] Vgl. Glasl, F./Lievegoed, B., [Dynamische Unternehmensentwicklung], 1993, S. 46; Hamer, E., [Unternehmensführung], 1990, S. 53; Manstedten, B.Chr., [Organisationsstrukturen], 1996, S. 151; Pümpin, C./Prange, J., [Unternehmensentwicklung], 1991, S. 100, 171; Schinkel, K.-D., [Führung], 20.09.2000, S. 4.

[152] Vgl. Bhide, A., [questions], 1996, S. 129; Kuratko, D.F./Hodgetts, R.M., [Entrepreneurship], 1998, S. 500; Waber, U., [Gefährliche Fallen], 1989, S. 37.

[153] Vgl. Kao, J., [Entrepreneurship], 1989, S. 181-185.

8. Organisation

Im Zuge der Unternehmensgründung und der Einstellung von Personal entsteht eine Organisation. Ihre zwei grundlegenden Kennzeichen sind Arbeitsteilung und Arbeitskoordination. Um eine sinnvolle Arbeitsteilung vornehmen und das geeignete Personal verpflichten zu können, müssen Funktionen, Stellen und ihre Zielvorgaben definiert und koordiniert sowie Kriterien für eine adäquate Personalauswahl identifiziert werden.[154] Junge Unternehmen sollten von Beginn an organisatorische Überlegungen anstellen, um den Grundstein für den Auf- und Ausbau des Unternehmens in der Zukunft zu legen. Dabei ist darauf zu achten, daß sich faktische Organisationsstruktur und organisatorische Erfordernisse zu jeder Zeit die Waage halten. Deshalb sind bereits beim Unternehmensstart ein Organigramm inklusive Aufgaben und Entscheidungskompetenzen zu skizzieren sowie Informations- und Kommunikationswege zu definieren, die sodann im Verhältnis zum Wachstum modifiziert werden.[155]
Charakteristisch für die Frühentwicklungsphase ist eine unkomplizierte und auf den Unternehmer konzentrierte flexible Organisationsstruktur mit einfachen Strukturen. Innerhalb der existierenden flachen Hierarchien kann die Kommunikation und Koordination direkt und informell erfolgen. Arbeitsteilung ist nur in sehr beschränktem Ausmaß vorhanden, so daß die Mitarbeiter infolge relativ weit gefaßter Aufgabendefinitionen einen großen Handlungsspielraum besitzen.[156]
Mit dem Übergang in die Wachstumsphase tritt die funktionale Gliederung der Unternehmung in den Vordergrund:

- Die Unternehmensleitung konzipiert Wachstumsstrategien und gibt den Funktionalbereichen operative Zielvorgaben zu ihrer Umsetzung.
- Die Arbeitsteilung wird durch Spezialisierungsbestrebungen innerhalb der Funktionen forciert, um die Professionalisierung voranzutreiben.
- Stellen, Abteilungen und erste Stabsabteilungen (z.B. Controlling) werden gebildet, um den neuen organisatorischen Anforderungen gerecht zu werden.
- Den Mitgliedern der Organisation wird viel Eigenverantwortung übertragen, ihr selbständiges Handeln wird gewünscht, gefordert und gefördert.
- An einer offenen und direkten Kommunikation innerhalb flacher Hierarchien mit Teamorientierung wird weiterhin festgehalten.[157]

Da die Kundenaufträge überwiegend Projektcharakter besitzen, so daß sich nicht nur ein bereichsübergreifendes Projekt in Abwicklung befindet, ist für junge Unternehmen keine rein funktionale, sondern eine Matrix-Projektorganisation (vgl. Abb. III.-9), bei der sich funktionale und projektbezogene Gliederung überlagern, charakteristisch.[158]

---

[154] Vgl. Tate, C.E. u.a., [Small Business], 1992, S. 393.

[155] Vgl. Arnold, J., [Existenzgründung], 1997, S. 466; Donckels, R., [Unternehmensgründung], 1989, S. 43; Manstedten, B.Chr., [Organisationsstrukturen], 1996, S. 151.

[156] Vgl. Arnold, J., [Existenzgründung], 1997, S. 389; Bussiek, J., [Anwendungsorientierte Betriebswirtschaftslehre], 1994, S. 50; Finger, M./Samwer, O., [Startups], 1998, S. 74; Glasl, F./Lievegoed, B., [Dynamische Unternehmensentwicklung], 1993, S. 163; Pümpin, C./Prange, J., [Unternehmensentwicklung], 1991, S. 87, 150.

[157] Vgl. Glasl, F./Lievegoed, B., [Dynamische Unternehmensentwicklung], 1993, S. 170; Manstedten, B.Chr., [Organisationsstrukturen], 1996, S. 151; Pümpin, C./Prange, J., [Unternehmensentwicklung], 1991, S. 98f., 103, 169; Schinkel, K.-D., [Führung], 20.09.2000, S. 1f.

[158] Vgl. Keßler, H./Winkelhofer, G.A., [Projektmanagement], 1999, S. 27.

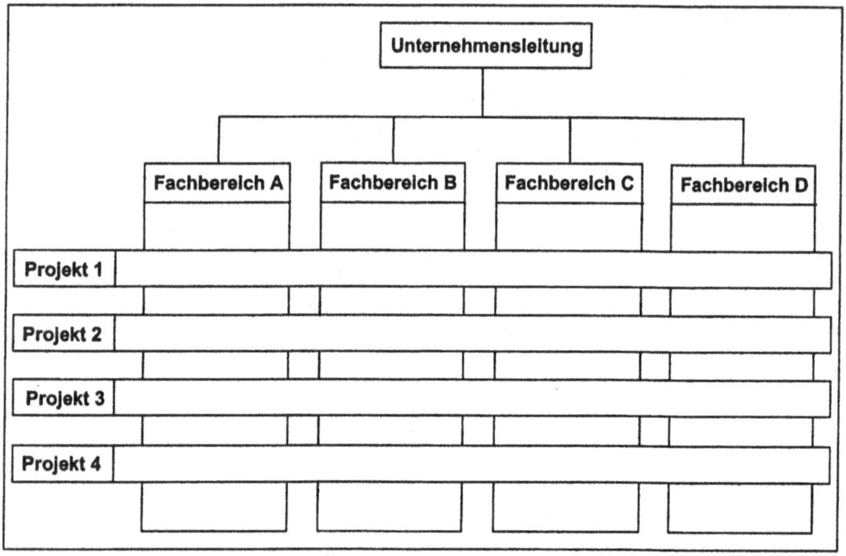

Abb. III.-9: Matrix-Projektorganisation[159]

Unter Projektorganisation versteht man die Gesamtheit der Organisationseinheiten, die alle Aufgaben zur Projektabwicklung plant, durchführt, steuert, überwacht und abschließt, sowie die Eingliederung dieser Einheiten in die bestehende vertikale Organisationsstruktur des Unternehmens.[160] Die Projektbeteiligten unterstehen gleichzeitig dem Projektleiter und dem Linienvorgesetzten. Der Gedanke der Projektorientierung wird in Projektmanagement und Projektverantwortung umgesetzt, führt zu flachen Hierarchien und prägt damit die Organisation. Die Projektorganisation ermöglicht flexible Reaktionen auf die sich ständig verändernden Gegebenheiten und Anforderungen des Umfelds und fördert die Fähigkeit der Mitarbeiter, Veränderungen positiv zu erleben. Macht und Verantwortung werden an die Mitarbeiter als Wissensträger delegiert, die in temporär begrenzten Projektteams[161] selbststeuernd auf ein Projektziel hinarbeiten. Sie können gleichzeitig mehrere Projekte betreuen, behalten aber weiterhin ihr fachliches Umfeld. Infolge der Projektzuordnung können die Mitarbeiter besser in ihrer Leistung beurteilt werden, so daß die Projektstruktur im Unternehmen ihre Motivation fördert.

Da nicht alle Aufgaben in Form von Projekten wahrgenommen werden können, oftmals viele Kundenaufträge als kleine bzw. mittlere Projekte parallel durchgeführt werden und ein kooperativer Führungsstil in einer kreativen und konstruktiven Unter-

[159] In Anlehnung an Schwarze, J., [Netzplantechnik], 1994, S. 227.

[160] Vgl. DIN 69901, [Projektwirtschaft], 8/1987, S. 3.

[161] Sie lösen sich nach Abschluß des Projekts wieder auf.

nehmenskultur gepflegt wird, erweist sich die Matrixorganisation als flexibel einsetzbares Führungskonzept für junge Unternehmen.[162]

9. Krisen

9.1 Begriff

Von einer Krise spricht man allgemein, wenn eine schwierige Situation vorliegt, die den Höhe- oder Wendepunkt in einer sich seit längerem (latent) zuspitzenden, gefahrvollen Entwicklung markiert. Charakteristisch für die Krise ist ihr offener Ausgang. Vom Systemzusammenbruch bis zur erfolgreichen Krisenbewältigung ist alles möglich.[163]
Unternehmenskrisen lassen sich als zeitlich begrenzte, nicht beabsichtigte, dynamische Prozesse definieren, die das Unternehmen als Ganzes oder Teile davon in seiner Existenz bedrohen.[164] Werden keine erfolgsversprechenden Gegenmaßnahmen ergriffen, so ist damit zu rechnen, daß die operativen[165], strategischen[166] und normativen Ziele[167] des Unternehmens nur unzureichend oder überhaupt nicht erfüllt werden.[168]

9.2 Ursachen und Arten[169]

Häufig haben personelle Probleme wie Machtkämpfe und Konflikte unter den Führungskräften sowie der Ausstieg von Schlüsselpersönlichkeiten Unternehmenskrisen in jungen Unternehmen zur Folge. In erster Linie aber löst das Wachstum Krisen aus, wenn die Organisations-, Kapital- und Führungsstruktur nicht an die Unternehmensgröße angepaßt werden. Verantwortlich dafür sind Fehler der Unternehmensleitung. Deshalb sollte auf die Ausgestaltung der Führungssysteme (Strukturen, Instrumente, Methoden) großer Wert gelegt und ihre Qualität ständig überprüft und verbessert werden, um das permanent latent vorhandene Krisenpotential auf möglichst niedrigem Niveau zu halten.

---

[162] Vgl. Balser, T.H., [Projektmanagement], 1998, S. 127; Böhm, Chr., [Controlling], 1996, S. 701f.; Bronner, T., [Projekt-Organisation], 1995, S. 276; Deyhle, A./Steigmeier B., [Controller], 1993, S. 106; Hofstetter, P.A., [Informationssystem], 1993, S. 307; Kraus, G./Westermann, R., [Projektmanagement], 1995, S. 40; Listl, A., [Target Costing], 1997, S. 255; Schinkel, K.-D., [Führung], 20.09.2000, S. 1; Spremann, K., [Projekt-Denken], 1992, S. 368; Zielasek, G., [Projektmanagement], 1999, S. 22.

[163] Vgl. Krystek, U., [Unternehmungskrisen], 1987, S. 3f.; Lambeck, A., [Krise], 1992, S. 10.

[164] Vgl. Krystek, U., [Unternehmungskrisen], 1987, S. 6; Lambeck, A., [Krise], 1992, S. 11; Schlick, G.H., [Unternehmensentwicklung], 1998, S. 159.

[165] Stete Liquidität, hinreichendes Periodenergebnis

[166] Sicherung bestehender und zukünftiger Erfolgspositionen

[167] Sicherung der Lebens- und Entwicklungsfähigkeit

[168] Vgl. Pümpin, C./Prange, J., [Unternehmensentwicklung], 1991, S. 204f.

[169] Vgl. nachfolgend BMWi, [Krisenmanagement], 1997, S. 1; Pümpin, C./Prange, J., [Unternehmensentwicklung], 1991, S. 205-208; Schlick, G.H., [Unternehmensentwicklung], 1998, S. 159f.

Folgende Unternehmenskrisen sind typisch für junge Unternehmen:[170]

- Fehlprognosekrise:
  Fehleinschätzungen bei der Unternehmensgründung, die erst mit Zeitverzögerung als solche erkannt werden, können Unternehmen in eine Krisensituation bringen. Falsche Prognosen wie eine zu optimistische Beurteilung des Nutzenpotentials, die unterschätzte Wettbewerbsintensität auf den relevanten Märkten, der zu gering kalkulierte zeitliche und personelle Aufwand für die Entwicklung neuer Produkte oder die Einhaltung staatlicher Vorschriften sowie die zu kurz veranschlagte Zeit für die anfängliche Durststrecke des Unternehmens haben zur Folge, daß die zur Verfügung stehenden Ressourcen bereits vor Erreichen der Gewinnschwelle aufgezehrt sind.

- Führungskrise:
  Mit wachsender Unternehmensgröße werden die vom Gründer wahrzunehmenden Führungsaufgaben immer anspruchsvoller, so daß er oft nicht mehr imstande ist, sie erfolgreich zu bewältigen. Seine Führungsprobleme zeigen sich in Krisensymptomen wie dem Verlust der Übersicht bezüglich interner und externer Gegebenheiten, gestörter Kommunikation, Kompetenzunklarheiten durch schwindenden direkten Kontakt zu den Mitarbeitern und Entscheidungsunfähigkeit. Die zunehmende Komplexität des Unternehmens verlangt definitiv ein neues Führungskonzept.

- Delegations- und Autonomiekrise:
  Der Gründer hat es versäumt, die längst notwendig gewordene Delegation von Aufgaben oder Aufgabenbereichen an die Mitarbeiter zu vollziehen. Die mangelnde Bereitschaft zur Abgabe von Entscheidungskompetenz kann einerseits auf der anfänglichen Identität zwischen Gründer und Unternehmen, andererseits auf der geringen Anzahl der für derartige Aufgaben qualifizierten Mitarbeiter fußen.

- Kontrollkrise:
  Eine steigende Zahl an Mitarbeitern macht die direkte Kontrolle unmöglich. Deshalb bedarf es zur Krisenprävention der Implementierung einer formalen Koordinationsstruktur.

Der Eintritt der genannten Krisen ist zwar sehr wahrscheinlich, aber nicht zwingend.[171] Sollte es tatsächlich zu den skizzierten Krisensituationen kommen, so ist das Management in besonderer Weise gefordert, das Unternehmen durch geeignete, kreative und wirkungsvolle Korrekturen wieder auf den richtigen Kurs zu bringen. Deshalb fällt der Entschluß zur Einführung des Controllings häufig in dieser Unternehmenslage.

---

[170] Vgl. nachfolgend Flamholtz, E., [Gründer-Firma], 1994, S. 61; Glasl, F./Lievegoed, B., [Dynamische Unternehmensentwicklung], 1993, S. 167f.; Greiner, L.E., [Evolution], 1972, S. 42f.; Manstedten, B.Chr., [Organisationsstrukturen], 1996, S. 153; Pümpin, C./Prange, J., [Unternehmensentwicklung], 1991, S. 204f., 213.

[171] Vgl. Pümpin, C./Prange, J., [Unternehmensentwicklung], 1991, S. 211.

10. Zusammenfassung der Ergebnisse

Nachfolgende Übersicht zeigt die controllingrelevanten Charakteristika junger Unternehmen im Überblick.

ASPEKT	MERKMAL	AUSGESTALTUNG
Gründer	Anzahl	Einzel- / Partnergründung
	Anforderungen	• Fachliche, soziale, kommunikative, Denk- und Management- sowie Entwicklungsfähigkeiten • Zeitmanagement
Leistung	Programm	Neuartige, kundenindividuelle Einzelleistungen
	Erstellung	Operative, externe Projekte
Information	Quellen	• Veröffentlichte Daten • Eigene Erfahrungen und Beobachtungen • Externe Beratungsangebote und Berater • Netzwerke
Business Plan	Existenz	Ja
	Funktion / Adressatenkreis	• Kommunikationsinstrument gegenüber Kapitalgebern und potentiellen Geschäftspartnern • Instrument zur Planung, Steuerung und Kontrolle für die Gründer und ihre Geschäftspartner
Finanzierung	Phasen	An der Schwelle von Early zu Expansion Stage / First zu Second Stage
	Formen / Quellen	• Eigenkapital: – Selbstfinanzierung: Ersparnisse des Gründers, seiner Familienangehörigen, Verwandten, Freunde und Bekannten – Beteiligungsfinanzierung: Kapitalbeteiligungs- und Venture Capital-Gesellschaften, Business Angels • Hybride Finanzierung: öffentliche Fördermittel • Fremdkapital: Bankkredite
Wachstum	Ursachen	Management, hohe Nachfrage, Expansionsdruck der Konkurrenz
	Einflußfaktoren	• Informationspolitik • Motivation und Qualifikation des Managements • Kapitalausstattung • Wachstumsstrategie • Steuerung des Wachstumsprozesses
	Erfordernisse	• Interne Strukturanpassungen • Formalisierte Führungsmethoden
	Gefahren	• Überdeckung von Problemen • Verlust des Unternehmensfocus • Krisen
Organisation	Struktur	Matrix-Projektorganisation
Krisen	Arten	• Fehlprognosekrise • Führungskrise • Delegations- und Autonomiekrise • Kontrollkrise

Abb. III.-10: Controllingrelevante Charakteristika junger Unternehmen

IV. KENNZEICHEN DES CONTROLLINGS JUNGER UNTERNEHMEN

1. Implementierungsinitiative

1.1 Auslöser

Auslöser für die Einführung des Controllings ist in vielen Fällen das Unternehmenswachstum, zumeist in Verbindung mit einer Unternehmenskrise, oder der Druck von seiten der Kapitalgeber.[172]
Häufig wachsen junge Unternehmen bereits innerhalb kurzer Zeit auf eine Unternehmensgröße, die aufgrund der gestiegenen Komplexität neue bzw. höhere Anforderungen an die Unternehmensführung hinsichtlich Planung, Steuerung, Kontrolle, Information und Koordination stellt, welche mit dem bisherigen Managementsystem nur schwerlich oder überhaupt nicht zu vereinbaren sind. An die Stelle der intuitiven Führung muß eine auf systematischer Planung und Kontrolle basierende Führung treten, da durch Expansion die anfängliche Transparenz im Unternehmen verloren geht. Ein Umdenken in der Unternehmensführung ist damit unabdingbar.
Allerdings setzt dieser Prozeß häufig erst dann ein, wenn die Probleme, die der Wachstumsprozeß mit sich bringt, schon erste negative Auswirkungen auf die Ertrags- oder Liquiditätslage des Unternehmens zeigen. Junge Unternehmen schlittern oft sehr schnell nach dem Start in eine sogenannte Wachstums- oder Managementkrise, die sich in fehlender Transparenz, gestörter Kommunikation und Entscheidungsschwierigkeiten widerspiegelt. Diese Krisensymptome sind ein Indiz dafür, daß die bisher eingesetzten Unternehmenskonzepte den veränderten Bedingungen nicht mehr genügen.[173] Das Unternehmen ist dann gezwungen, inne zu halten und den bisherigen Unternehmensverlauf zu analysieren, die bisherige Unternehmensgestaltung zu überdenken und sich sowohl über geeignete Maßnahmen zur kurzfristigen Bewältigung der momentanen Krise als auch zur langfristigen Überlebensfähigkeit des Unternehmens Gedanken zu machen. Die Krise wird somit zum Auslöser für zukunftsträchtige Veränderungen, die für eine erfolgreiche Unternehmensentwicklung wichtig sind. In dieser Situation rückt die Notwendigkeit des Controllings zur Unterstützung des Führungssystems ins Bewußtsein des Unternehmers, da erkannt wird, daß die Planung, Steuerung und Kontrolle mit Hilfe von formalisierten und systematischen Analysen und Berechnungen vollzogen werden muß, um die Krisenursachen identifizieren und beseitigen sowie die Weichen für eine erfolgreiche Zukunft stellen zu können. Da das Controlling klare Strukturen schafft, die Koordination und Informationsversorgung verbessert und mit seinem Instrumentarium Entscheidungsprozesse unterstützt, trägt es dazu bei, die bisherigen Fehler der Unternehmensleitung zu vermeiden, so daß neue Krisen nicht mehr so leicht entstehen können.
Das Controlling wird in Anbetracht der Krise als wertvolles Instrument der Unternehmensführung angesehen. Demzufolge findet seine Einführung zumeist in einer bereits angespannten Unternehmenssituation statt, in der die personellen, finanziellen

172 Vgl. Denk, R./Kunesch, H., [Einsatzvoraussetzungen], 1996, S. 530.

173 Vgl. Pümpin, C./Prange, J., [Unternehmensentwicklung], 1991, S. 208.

und zeitlichen Ressourcen knapp und die Erfolgserwartungen an das Konzept besonders hoch sind. Sinnvoller wäre es, die Grundlagen für ein entwicklungsfähiges Controllingsystem schon beim Unternehmensstart zu schaffen und es im Laufe der Unternehmensentwicklung sukzessive auszubauen.[174]

Meines Erachtens ist aber auch die Tatsache, daß Kapitalgeber ein Controlling verlangen, als Auslöser für seine Einführung nicht zu unterschätzen. Damit das Unternehmen überhaupt Interesse bei einem Kapitalgeber weckt und mit ihm in Verhandlungen treten kann, ist die Vorlage eines Business Plans, der zumindest in Ansätzen praktiziertes Controlling voraussetzt[175], mittlerweile unerläßlich. Zudem dringen die Kapitalgeber im Zuge der Vertragsverhandlungen, spätestens aber nach Vertragsabschluß, verstärkt auf ein Mindestmaß an Controllingaktivitäten, insbesondere im Bereich der Kostenrechnung. Seine Einführung wird demnach vielfach auf Aufforderung der Kapitalgeber hin in Angriff genommen.

[174] Vgl. Bramsemann, R., [Erfolgssteuerungssystem], 1997, S. 30; Kosmider, A., [Controlling], 1991, S. 171f.; Lück, W./Jahns, Chr., [Führungsunterstützung], 1997, S. 128; Ossadnik, W., [Controlling], 1996, S. 340; Schuster, P., [Implementierung], 1998, S. 51; Unterkofler, G., [Erfolgsfaktoren], 1989, S. 173.

[175] Vgl. dazu Kapitel V. 2.2.

1.2 Initiatoren

Als Initiatoren bei der Implementierung des Controllings kommen die Unternehmensleitung, Kapitalgeber, kommerzielle und nichtkommerzielle Berater in Frage.[176]

I. UNTERNEHMENSLEITUNG: • Gründer • Manager und leitende Mitarbeiter
II. KAPITALGEBER: *Eigenkapital:* • Kapitalbeteiligungsgesellschaften und VC - Gesellschaften • Business Angels *Fremdkapital:* • Kreditinstitute
III. KOMMERZIELLE BERATER: • Steuerberater • Unternehmensberater • Wirtschaftsprüfer
IV. NICHTKOMMERZIELLE BERATER: • Industrie- und Handelskammern (IHK) • Handwerkskammern (HWK) • Bundesministerium für Wirtschaft und Technologie (BMWi) • Wirtschaftsministerien der Bundesländer • Beratungszentren der Deutschen Ausgleichsbank (DtA) • Fach- und Branchenverbände, Vereine, Genossenschaften, Gewerkschaften • Wirtschaftsförderungsgesellschaften und -ämter • Rationalisierungs- und Innovationszentrum der Deutschen Wirtschaft e.V. (RKW) • Paten, Seniorberater[177], Wirtschaftsjunioren

Abb. IV.-1: Initiatoren des Controllings

Da die Unternehmensleitung letztendlich für den Erfolg des Unternehmens verantwortlich ist, wird sie zwangsläufig ein Interesse an einer positiven Unternehmensentwicklung haben. Als diejenige Instanz, die das Unternehmen und seine Rahmenbedingungen am besten kennt, kommt sie, ein qualifiziertes Management vorausgesetzt, eigentlich in erster Linie als Initiator in Frage. Ob die Notwendigkeit und der Nutzen des Controllings für das Unternehmen dabei aufgrund eigener Analysen, Erfahrungen aus anderen Unternehmen oder Fortbildungsmaßnahmen erkannt wird, sei dahingestellt. Entscheidend ist, daß die Unternehmensführung in ihrer Funktion als Machtpromotor die Initiative ergreift. In den meisten Fällen erfolgt die Einführung des Controllings jedoch durch Anregung von außen.[178]

---

[176] Vgl. BMWi, [Starthilfe], 1998, S. 9f.; FOCUS, [Job & Karriere], 1999; Stubenrauch, W., [Wegweiser], 1996, S. 27.

[177] Dazu zählen Vereine wie „Alt hilft Jung", der Senioren Experten Service oder die Aktivsenioren.

[178] Vgl. Schuster, P., [Erfolgsorientierte Steuerung], 1991, S. 163.

Kapitalbeteiligungsgesellschaften und Venture Capitalisten fungieren neben ihrer Rolle als Kapitalgeber auch als Managementberater für das zu finanzierende Unternehmen. Sie bringen ihr Know-how und ihre Erfahrung mit dem Ziel ein, betriebswirtschaftliche Defizite zu verringern und die Managementqualität zu verbessern. Im Zuge dieses Engagements, das die Entwicklung des Beteiligungsunternehmens fördern, die Marktposition sichern und die Unternehmenserträge stärken soll, wird häufig die Einführung eines Controllingsystems propagiert und initiiert bzw. als Vorleistung für die Finanzierungsrunde gefordert und unterstützt.[179]
Business Angels stellen nicht nur ihr Geld, sondern auch ihr Wissen zur Verfügung. Sie wissen i.d.R. aus ihrer eigenen Managementtätigkeit um den Wert des Controllings als Instrument zur erfolgreichen Unternehmensführung und werden aus diesem Grund ihren Unternehmen seine Implementierung empfehlen und sie dabei unterstützen.
Banken und Sparkassen sind mit der wirtschaftlichen Situation der Unternehmen gut vertraut und stehen mit ihnen in gutem Kontakt. Deshalb raten auch sie ihren Kunden häufig zur Wahrnehmung der Controllingaufgaben, sei es durch eine interne oder externe Controllerinstanz.[180]
Kommerzielle Berater gewinnen im Rahmen ihrer Tätigkeit einen sehr guten Einblick in die zu beratenden Unternehmen. Ihnen läßt man wichtiges Zahlenmaterial zukommen und bringt ihnen Vertrauen entgegen. Wenn sie Schwächen, z.B. in den Bereichen Information oder Planung, feststellen, werden sie ihren Klienten die Installation eines Controllingsystems nahelegen.
Nichtkommerzielle Berater werden täglich mit den unterschiedlichsten Problemen von Unternehmen konfrontiert. Studien und Analysen über die Erfolgsfaktoren und Gründe für den Mißerfolg von jungen Unternehmen, die von den nichtkommerziellen Beratungsstellen veröffentlicht werden, weisen immer wieder auf die Wichtigkeit des Controllings und der Unternehmensplanung hin. Die Beratungsstellen empfehlen die Controllingeinführung sowohl im persönlichen Gespräch als auch in ihren Broschüren.[181]

Nachfolgende Graphik skizziert Motive und Ziele der Controllinginitiative sowie die Eigeninteressen der jeweiligen Initiatoren.[182]

---

179 Vgl. Kubr, Th./Ilar, D./Marchesi, H., [Planen], 1997, S. 12; Ringel, J., [Eigenkapitalfinanzierungen], 1988, S. 152; Zemke, I., [Unternehmensverfassung], 1995, S. 266.

180 Vgl. Schuster, P., [Erfolgsorientierte Steuerung], 1991, S. 153, 166.

181 Vgl. z.B. BMWi, [Junge Unternehmen], 1998, S. 9.

182 Die vorliegende Graphik beruht auf eigenen Überlegungen und folgender Literatur: Eschenbach, R./Niedermayr, R., [Controlling], 1996, S. 55; Grote, K.-P., [Externes Controlling], 1991, S. 192; Heigl, A., [Controlling], S. 426f.; Horváth, P., [Controlling], 1998, S. 143f.; Kubr, Th./Ilar, D./Marchesi, H., [Planen], 1997, S. 12; Lück, W./Jahns, Ch., [Führungsunterstützung], 1997, S. 129; Posner, D., [Early Stage-Finanzierungen], 1996, S. 12, 71; Ringel, J., [Eigenkapitalfinanzierungen], 1988, S. 152, 155; Virtanen, M., [Entrepreneurial Finance], 1996, S. 19, 112; Zemke, I., [Unternehmensverfassung], 1995, S. 232.

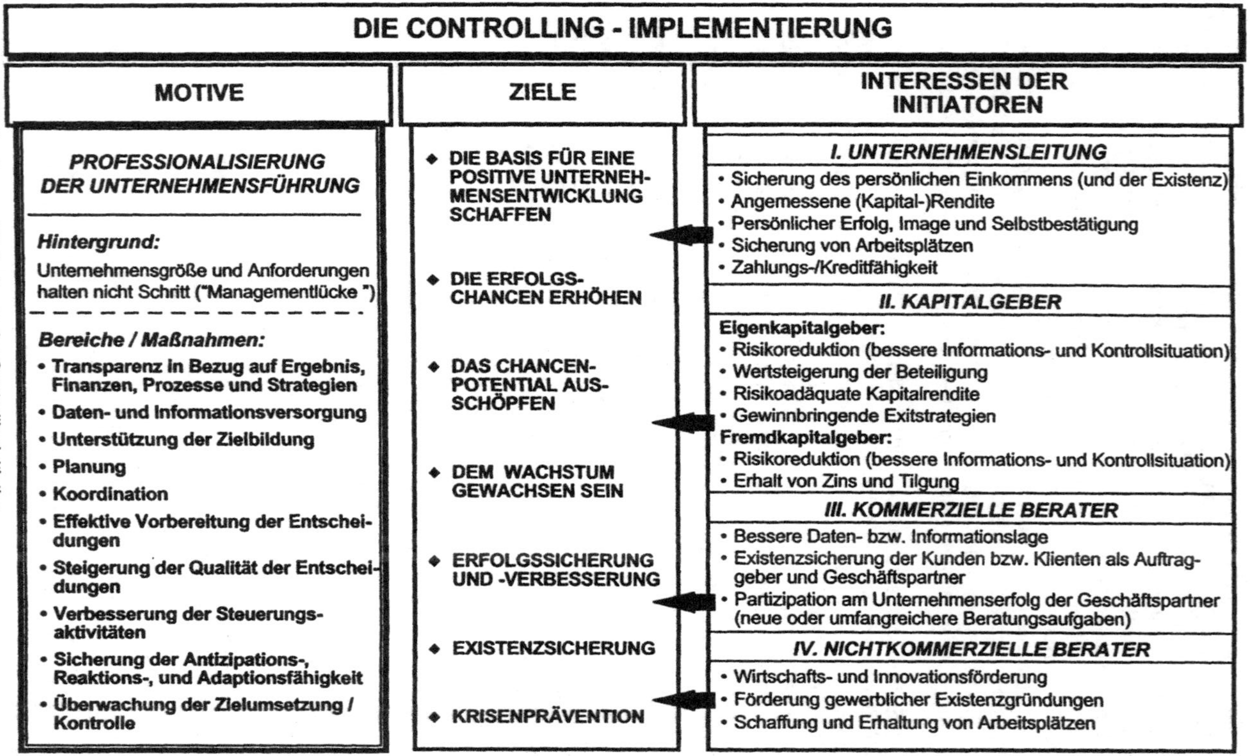

Abb. IV.-2: Motivation und Zielsetzung der Controllinginitiative

2. Grundlegende Gestaltungsmerkmale

2.1 Relevante Funktionen

Die im traditionellen Controlling als sehr wichtig angesehene Koordination[183] spielt in jungen Unternehmen aufgrund geringer Arbeitsteilung, Mitarbeiterzahl, weniger Hierarchieebenen und partizipativen Führungsstil wohl eher eine untergeordnete Rolle, auch wenn mit dem Übergang in die Wachstumsphase von einer langsam zunehmenden Spezialisierung und Bildung von Stellen und Abteilungen auszugehen ist.[184] Der steigende Koordinationsbedarf wird vielfach auch dadurch begrenzt, daß die funktionale Gliederung bei der Leistungserstellung von einer prozeß- bzw. projektorientierten Gestaltung überlagert wird (Matrix-Projektorganisation), so daß die Zahl der zu koordinierenden Schnittstellen reduziert wird.

Die Wahrnehmung der Planungs-, Kontroll- und Steuerungsfunktion, die auf führungsrelevante Informationen angewiesen ist, steht daher eindeutig im Vordergrund des Controllings. Gerade junge Unternehmen sind einer großen Planungsunsicherheit ausgesetzt, da es naturgemäß aufgrund der Kürze ihres Bestehens keine oder nur wenige Erfahrungswerte gibt, auf die man sich stützen könnte. Außerdem besteht die Gefahr, daß ihre oftmals unerfahrenen Manager potentielle Probleme nicht umfassend wahrnehmen und Marktchancen nicht korrekt abschätzen. Deshalb ist es von besonderer Bedeutung, daß kontinuierlich überprüft wird, ob sich die Erwartungen, die der Planung zugrunde liegen, erfüllen. Zu diesem Zweck ist der Aufbau und die Betreuung eines Kontrollsystems anzuraten, mit dessen Hilfe die Analyse der Leistungsergebnisse und eventueller Planabweichungen möglich wird. Es findet eine Reflexion von Entscheidungen statt, die zur Initiierung von Korrektur- und Anpassungsmaßnahmen sowie zu Verhaltensänderungen für die Zukunft führen kann.[185] KÜPPER spricht in diesem Zusammenhang von der „Anpassungs- und Innovationsfunktion des Controllings“[186], WEBER von „Controlling als Rationalitätssicherung der Führung“.[187] Die Rationalität zukünftiger Pläne und Entscheidungen unterstützt das Controlling durch die Bereitstellung relevanter Daten und die kritische Beurteilung im Hinblick auf die Gültigkeit der zugrunde gelegten Prämissen sowie die Übereinstimmung mit übergeordneten Zielen.[188]

[183] Küpper bezeichnet die Koordination des Führungssystems sogar als grundlegende Zwecksetzung des Controllings und wählt eine koordinationsorientierte Controllingkonzeption. Vgl. Küpper, H.-U., [Controlling], 1997, S. 12f.

[184] Vgl. hierzu auch Kapitel III. 8. (Organisation) und Adam, D., [Investitionscontrolling], 2000, S. 17-20; Peemöller, V.H., [Controlling], 1997, S. 154.

[185] Vgl. Adam, D., [Investitionscontrolling], 2000, S. 20f.; Pietsch, G./Scherm, E., [Führungsunterstützungsfunktion], 2000, S. 404f.; Weber, J., [Neue Perspektiven], 2000, S. 1931f.

[186] Küpper, H.-U., [Controlling], 1997, S. 17f.

[187] Weber, J.; [Neue Perspektiven], 2000, S. 1931.

[188] Vgl. Weber, J./Schäffer, U., [Rationalität], 1999, S. 740; Weber, J.; [Neue Perspektiven], 2000, S. 1932.

2.2 Operative versus strategische Ausrichtung

Das Führungskonzept Controlling besteht aus zwei Teilkonzepten, dem strategischen und dem operativen Controlling. Beide nehmen grundsätzlich die gleichen Funktionen, allerdings in unterschiedlicher Ausrichtung wahr und sollen Wettbewerbsposition sowie Ergebnis und Wachstum des Unternehmens verbessern.[189]
Beim strategischen Controlling steht die nachhaltige und langfristige Existenzsicherung des Unternehmens durch Erschließung bestehender und Aufbau neuer Erfolgspotentiale im Vordergrund.[190] Prozesse, die die langfristige Entwicklung des Unternehmens beeinflussen könnten, müssen so frühzeitig durchdacht werden, daß für das Management noch die Möglichkeit zum Agieren besteht. Probleme und Zielabweichungen sollten bereits identifiziert werden, bevor sie sich in operativen Zahlen niederschlagen. Das strategische Controlling setzt die Rahmenbedingungen, innerhalb derer das operative Controlling die Realisation der vereinbarten Erfolgsziele mit seinen Instrumenten sicherstellen soll. Als Zielgrößen des operativen Controllings werden dabei Gewinn, Rentabilität, Liquidität und Wirtschaftlichkeit angesehen.[191]

Die Unterschiede zwischen operativem und strategischem Controlling zeigt die Gegenüberstellung in der folgenden Graphik.[192]

[189] Vgl. Fischer, A., [Operatives Controlling], 1998, S. 354; Heigl, A., [Controlling], 1981, S. 428; Horváth, P., [Controlling], 1998, S. 248; Liessmann, K., [Strategisches Controlling], 1999, S. 10.

[190] Vgl. Horváth, P., [Controlling], 1998, S. 248; Liessmann, K., [Strategisches Controlling], 1999, S. 9; Ossadnik, W., [Controlling], 1996, S. 38; Schwinn, R., [Aufgaben], 1998, S. 41.

[191] Vgl. Liessmann, K., [Strategisches Controlling], 1999, S. 8; Männel, W./Schmidt, R., [Controlling-Konzeption], 1988, S. 41; Mayer, E., [Controlling], 1984, S. 181; Schwinn, R., [Aufgaben], 1998, S. 44f.; Wedelstädt, J., [Kontrolle], 1998, S. 36.

[192] Vgl. Horváth, P., [Controlling], 1998, S. 250; Liessmann, K., [Strategisches Controlling], 1999, S. 10-13; Mann, R., [Controlling], 1989, S. 33f.; Müller, A., [Grundzüge], 1996, S. 152; Ossadnik, W., [Controlling], 1996, S. 38; Preißler, P.R., [Controlling-Lexikon], 1995, S. 44; Schwinn, R., [Aufgaben], 1998, S. 42, 45; Stahl, H.-W., [Controlling], 1992, S. 53.

	Operatives Controlling	Strategisches Controlling
Orientierung	primär Unternehmung: interne Prozesse	primär Unternehmensumwelt: Adaption
Planungszeitraum	kurz- bis mittelfristig	langfristig, unbegrenzt
Zielformulierung	quantitativ	quantitativ und qualitativ
Art der Daten	quantitative („hard facts")	primär qualitative („soft facts")
Informationsquelle	schwerpunktmäßig unternehmensinterne Daten	Daten aus dem Unternehmen und seiner Umwelt
Dimensionen	Aufwand / Ertrag; Einnahmen / Ausgaben; Kosten / Leistungen	Chancen / Risiken; Stärken / Schwächen
Organisation	stark strukturiertes und formalisiertes Vorgehen durch hohe Komplexität und Kurzfristigkeit	lediglich Vorgehensraster vorgegeben
Ablauf	laufende operative Entscheidungen (Tagesgeschäft)	kein momentaner Zwang zu strategischen Entscheidungen
Autonomiegrad der Aufgaben	Nebeneinander autonomer Aufgabenfelder und kooperativ zu bearbeitender Aufgabenbereiche	sehr enge Zusammenarbeit verschiedener Stellen in allen Phasen des strategischen Controllings
Arbeitsablauf	eher festgefügte Arbeitsabläufe, daher Teilaufgaben delegierbar	relativ freier Arbeitsablauf, eher teamorientiert

Abb. IV.-3: Kennzeichen des operativen und strategischen Controllings

Junge Unternehmen haben ihre strategischen Ziele bereits im Business Plan formuliert. Die Instrumente des operativen Controllings sollen zur Verwirklichung dieser Ziele zur Anwendung gebracht werden.
Denn der beste und ehrgeizigste Plan ist nutzlos, wenn er nicht engagiert, ernsthaft, zielgerichtet und mit den richtigen Methoden umgesetzt wird. Die Realisation bereitet in aller Regel Probleme. Diese Schwierigkeiten zu meistern und damit täglich auf den gesteckten Unternehmenserfolg hinzuarbeiten, ist die Intention und der Zweck des operativen Controllings in jungen Unternehmen. Dabei hat nicht der kurzfristige Erfolg der einzelnen Periode, sondern der langfristige Unternehmenserfolg im Mittelpunkt zu stehen.
Die vorliegende Arbeit konzentriert sich auf das operative Controlling, um jungen Unternehmen einen Instrumentarium an die Hand zu geben, der sie in die Lage versetzt, ihr augenscheinlich vorhandenes Potential auch am Markt erfolgreich einzusetzen und auszuschöpfen.[193] Obwohl das Hauptaugenmerk auf die operative Ausrichtung des Controllings gelegt wird, dürfen die strategischen Vorgaben des Business Plans für eine effiziente und transparente Unternehmensführung nicht aus den Augen verloren werden.
Vielmehr müssen strategisches und operatives Denken gekoppelt werden, weil sie sich gegenseitig beeinflussen. Deshalb werden einerseits auch strategisch orientierte Tätigkeiten des Controllings eingebunden, andererseits wird auf eine Vernetzung der

[193] Vgl. Kosmider, A., [Controlling], 1991, S. 177.

operativen Instrumente mit der strategischen Ausrichtung und Zielsetzung des Unternehmens geachtet.[194]

2.3 Dezentrale versus zentrale Positionierung

Bei der Ausgestaltung des Controllings stehen grundsätzlich zwei Varianten zur Auswahl: dezentrales oder zentrales Controlling.
Beim dezentralen Controlling erfolgt eine Unterteilung nach Funktionsbereichen, so daß z.B. für Forschung und Entwicklung, Produktion, Logistik, Marketing, Vertrieb und das Personalwesen gesondert Controlling durchgeführt wird.[195] Bei dieser Form der Organisation können Abweichungsursachen in dezentralen, arbeitsteiligen Unternehmen besser erkannt und die Aufgaben des Controllings effektiver erfüllt werden.[196] Es besteht allerdings die Gefahr, daß funktions- und bereichsübergreifende Zusammenhänge vernachlässigt werden bzw. unberücksichtigt bleiben. Gerade dieses Zusammenspiel miteinander verzahnter Funktionen und Bereiche jedoch bildet die Basis für das Erreichen der übergeordneten Unternehmensziele.[197] Daher wird von vielen Unternehmen eine Kombination aus zentralem und dezentralem Controlling favorisiert, wobei dem Zentralcontrolling die Verknüpfung der Teilsysteme obliegt.[198]
Die Entscheidung über die Struktur und Eingliederung des Controllings in die Organisation hängt von der Größe und Komplexität des Unternehmens ab. Da junge Unternehmen trotz Wachstums eher durch eine überschaubare Unternehmensgröße gekennzeichnet sind und ihre projektorientierte Leistungserstellung ein vernetztes Denken in Prozessen erfordert, empfiehlt sich ein bereichs- und funktionsunabhängiges zentrales Controlling.[199] Unter zentralem Controlling ist dabei die ganzheitliche Übernahme aller im Unternehmen anfallenden Controllingaktivitäten unabhängig von den Bereichen durch eine Unternehmenseinheit zu verstehen. Eine den betrieblichen Funktionen entsprechende Aufgliederung in Controllingbereiche existiert demnach nicht. Allerdings müssen die Projekte einzeln geplant, gesteuert und kontrolliert werden, so daß projektbezogen auch dezentral Controllingtätigkeiten wahrgenommen werden.[200]

---

[194] Vgl. Bischoff, J.G., [Controlling bei jungen Unternehmungen], 1993, S. 95; Stahl, H.-W., [Controlling], 1992, S. 96.

[195] Vgl. Controller Verein, [Controller und Controlling], 25.10.1999, S. 3; Scherm, E., [Konsequenzen], 1994, S. 650, Serfling, K., [Controlling], 1992, S. 30.

[196] Vgl. Scherm, E., [Konsequenzen], 1994, S. 650; Hahn, D., [Controlling], 1988, S. 20.

[197] Vgl. Hahn, D., [Controlling], 1988, S. 20; Botta, V., [Gründungsphase], 1985, S. 2f.

[198] Vgl. Niedermayr, R., [Realität], 1996, S. 140; Serfling, K., [Controlling], 1992, S. 31; Synek, H., [Organisation], 1996, S. 104; zum Begriff des Zentralcontrolling vgl. Küpper, H.-U./ Weber, J., [Grundbegriffe], 1995, S. 343; Serfling, K., [Controlling], 1992, S. 86f.; Welge, M.K., [Unternehmensführung], 1988, S. 314.

[199] Vgl. Botta, V., [Gründungsphase], 1985, S. 2; Schröder, E.F., [Unternehmens-Controlling], 2000, S. 315.

[200] Vgl. Hahn, D., [Unternehmungsziele], 1995, S. 335f.

2.4 Kosten- und Erlöse als Fokus

Das vorrangige Bestreben junger Unternehmen ist die (langfristige) Existenzsicherung durch Wachstum, das ökonomische Ziel im eigentlichen Sinn der Gewinn. Um dieses Ziel zu erreichen, bedarf es der Verteidigung bereits realisierter und der Schaffung neuer Wettbewerbsvorteile durch den Einsatz adäquater Maßnahmen gegenüber Kunden und Wettbewerbern. Die langfristigen Erfolgschancen der Unternehmen beruhen also letztlich auf ihrer Leistungsfähigkeit in ihrem operativen Geschäft. Da die erfolgreiche Realisation der Maßnahmen einerseits die genaue Kenntnis der betrieblichen Kosten und Erlöse des Unternehmens voraussetzt und sich andererseits im Verhältnis von Kosten und Erlösen widerspiegelt, konzentrieren sich die Gestaltungsvorschläge für das Controlling junger Unternehmen auf die betrieblichen Kosten- und Erlöskomponenten.[201] Alle kritischen Einflußgrößen der Leistungserstellung wie Prozeß, Qualität, Zeit, Qualifikation und Motivation des Personals, Koordination und Kommunikation, Information und Innovation haben Auswirkungen auf die Kosten- und Erlössituation des Unternehmens und sind somit implizit erfaßt. Für die Fokussierung auf Kosten und Erlöse spricht zudem, daß beide Größen als die ausschlaggebenden Faktoren des operativen Ergebnisses grundlegende Basisinformationen und Ansatzpunkte für die finanzielle und wertorientierte Unternehmensführung darstellen.[202] Instrumente des Kosten- und Erfolgscontrollings, wie das Kosten- und Erlösmanagement, die eine Gestaltung von Prozeßabläufen hinsichtlich Kosten, Zeit und Qualität erlauben, dienen damit indirekt auch dem Ziel der Unternehmenswertsteigerung.[203]

Da die Absatzpreise auf den wettbewerbsintensiven Käufermärkten, von sehr begrenzten preispolitischen Spielräumen abgesehen, weitgehend durch den Markt determiniert werden, zielen die Maßnahmen zur Verbesserung der Wettbewerbsposition und des Unternehmenserfolgs neben der Steigerung des Absatzes mit zunehmendem Maße auf die Kostenseite. Im Streben nach Innovation und schnellem Wachstum der Umsätze bzw. Marktanteile treten bei jungen Unternehmen die Kostenaspekte allerdings nur allzu leicht in den Hintergrund. Da sie aber beim Versuch, sich am Markt zu etablieren, obigen Rahmenbedingungen ausgesetzt sind, müssen auch sie zur Sicherung ihrer Wettbewerbsfähigkeit und zur Erzielung angemessener Gewinne die Kosten als wichtige unternehmerische Steuerungsgröße permanent optimieren.

Aus diesem Grund stehen die Kosten im Vordergrund der Erläuterung zum Kosten- und Erfolgscontrolling.[204]

---

[201] Vgl. Bramsemann, R., [Controlling], 1987, S. 167; Coenenberg, A.G., [Kostenmanagement], 1996, S. 8-38; Deyhle, A./Steigmeier, B., [Controller], 1993, S. 65; Witt, F.-J., [Controlling 1], 1997, S. 217.

[202] Auf die Finanzplanung und -kontrolle wird im weiteren nicht näher eingegangen. Vgl. stellvertretend Mensch, G., [Finanz-Controlling], 2001.

[203] Vgl. Günther, Th., [Unternehmenswertorientiertes], 1997, S. 112f., 333.

[204] Vgl. Baden, A., [Strategische], 1997, S. 48f.; Dellmann, K./Franz, K.-P., [Kostenrechnung], 1994, S. 17; Franz, K.-P./Kajüter, P., [Kostenmanagement], 2000, S. 103, 135f.; Reiß, M./ Corsten, M., [Gestaltungsdomänen], 1992, S. 1478.

2.5 Projekte und Perioden als Dimensionen

Da die projektorientierte Einzelfertigung als relevante Form der Leistungserstellung in jungen Unternehmen identifiziert wurde, muß das Kosten- und Erfolgscontrolling sowohl projekt- als auch periodenbezogene Elemente enthalten, die aufeinander abzustimmen sind. Um diesen Anforderungen gerecht zu werden, ist die Integration eines Projektcontrollings in das Gesamtunternehmens-Controlling notwendig. Auf diese Weise wird die Planung, Steuerung und Kontrolle nicht nur einzelner Projekte, sondern auch der Gesamtheit an Projekten und des Unternehmens insgesamt möglich. Der Synthese von Projekt- und Periodensicht hinsichtlich Kosten, Leistung und Ergebnis kommt dabei große Bedeutung zu. Denn während das Projektcontrolling sich unabhängig von der Periode an der Gesamtlaufzeit des Projekts orientiert, liegt dem Gesamtunternehmens-Controlling eine periodische Sichtweise zugrunde. Damit das Kosten- und Erfolgscontrolling leistungsfähig ist, muß es so gestaltet werden, daß einerseits mittels der Verdichtung von Einzelprojektdaten Aussagen zum Erfolg des Gesamtunternehmens, andererseits aber durch Disaggregation der Plan- und Istwerte auf Unternehmensebene Angaben zum Erfolg eines einzelnen Projekts gemacht werden können.[205]

Nachfolgende Übersicht faßt die Merkmale des Controllings in jungen Unternehmen zusammen.

Merkmal	**Ausgestaltung**
Funktionen	• Anpassungs- und Innovationsfunktion • Rationalitätssicherung der Führung
Ausrichtung	Operatives Controlling
Positionierung	Zentral
Fokus	Kosten und Erlöse
Dimensionen	Projekte und Perioden

Abb. IV.-4: Merkmale des Controllings in jungen Unternehmen

[205] Vgl. Lachnit, L./Ammann, H., [Kosten- und Erfolgsmanagement], 1994, S. 561, 567.

V. KONZEPTION DES KOSTEN- UND ERFOLGSCONTROLLINGS FÜR JUNGE UNTERNEHMEN

1. Vorbemerkung

Mit dem beginnenden Wachstum, dem sogenannten ersten Wachstumsschub, besteht aufgrund der gestiegenen Anforderungen an die Unternehmensführung tiefgreifender Bedarf für die Implementierung eines Controllingsystems. An diesem Punkt setzt die Analyse des Controllings an: Es werden Gestaltungsvorschläge für das Kosten- und Erfolgscontrolling in jungen Unternehmen vorgestellt, dessen Grundlagen schon bei der Unternehmensgründung gelegt werden sollten und das im Verlauf weiterer Wachstumsschübe ausgebaut werden kann.

Das Controllingsystem muß mit dem Entwicklungsstand des Unternehmens im Wachstumsprozeß synchronisiert werden. Es sind Strukturen zu schaffen, mit denen das Unternehmen dem Wachstum und der geringen Stabilität der Geschäftstätigkeit begegnen kann. Dimensionen, Komponenten, Methoden und Instrumente des Controllings sind an die Entwicklung junger Unternehmen anzupassen.[206] Wird eine höhere Wachstumsstufe erreicht, steigen die Anforderungen an das Controlling, so daß sein Instrumentarium dem Wachstumsprozeß entsprechend zu erweitern und zu modifizieren ist.[207]

Die einzelnen Phasen des Controllings sind in Abbildung V.-1 visualisiert.

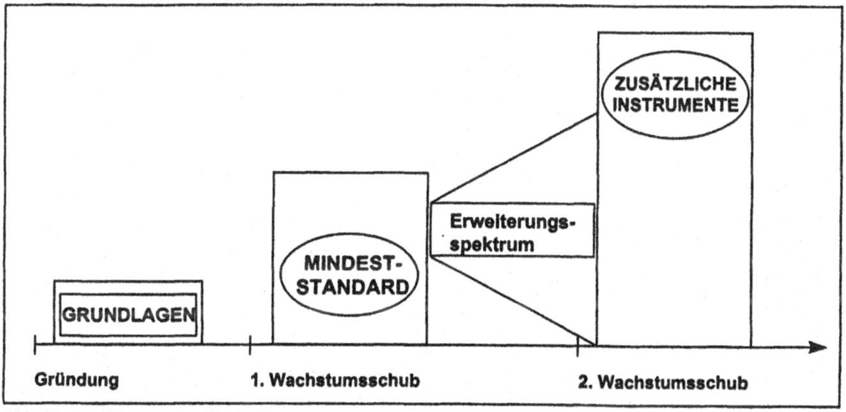

Abb. V.-1: Phasen des Controllings

[206] Vgl. Schröder, E.F., [Unternehmens-Controlling], 2000, S. 459f.

[207] Vgl. Denk, R./Kunesch, H., [Einsatzvoraussetzungen], 1996, S. 531.

Das Controllingsystem zum Zeitpunkt des ersten Wachstumsschubs wird zweidimensional konzipiert. Es integriert externe und interne Orientierung, indem Unternehmens- und Projektebene und damit Perioden- und Projekt-Denken kombiniert werden.
Durch die periodische Betrachtungsweise sollen die Interessen der Kapitalgeber als wesentliche externe Stakeholder junger Unternehmen berücksichtigt werden. Diesen ist an einer periodischen Planung, Berichterstattung und Kontrolle gelegen. Ihrem Vertragsabschluß liegt der periodische Business Plan zugrunde, an dessen Einhaltung sich die Unternehmensleitung messen lassen muß. Deshalb wird dieser Mehrjahresplan, der im Zuge des Reportings und der Darstellung zukünftiger Strategien gegenüber den Kapitalgebern kontinuierlich aktualisiert werden muß, zugleich auf Unternehmensebene zur Führung verwendet.
Um eine wertvolle intern orientierte Steuerung im Unternehmen gewährleisten zu können, ist zusätzlich eine projektbezogene Betrachtungsweise heranzuziehen. Die bei der Leistungserstellung anfallenden Kosten und Erlöse sind nur dann jederzeit transparent und somit beeinflußbar, wenn die wirtschaftliche Abwicklung von Projekten (periodenunabhängig) einzeln geplant, gesteuert und kontrolliert wird. Für die interne Steuerung ist also der Projekt-, nicht der Periodenerfolg von Bedeutung.

Die diskutierten Gestaltungsansätze des Controllings werden anhand der Optima AG beispielhaft modelliert. Um die Zweckmäßigkeit zu gewährleisten, müssen dabei Modifikationen des theoretischen Konzepts in Kauf genommen werden.

Die gewählte Darstellung anhand eines Modellunternehmens fußt auf der Überlegung, daß jedes junge Unternehmen Einzelfallcharakter in Bezug auf Wachstumsentwicklung, Branche, Größe, Ziele oder Umfeld aufweist, so daß einerseits eine individuelle Gestaltung des Controllingsystems erforderlich, andererseits eine repräsentative Untersuchung nicht zu realisieren ist. Ziel der Fallstudie ist es, wesentliche Eckpfeiler, die den Ausgangspunkt bzw. die Informationsbasis der grundsätzlichen Vorgehensweise bilden und für ihr Verständnis entscheidend sind, mit Zahlen des Beispielunternehmens zu unterlegen. Damit soll die zugrundeliegende Idee und Methodik der theoretischen Konzeption sowohl auf Unternehmens- als auch Projektebene veranschaulicht werden. Bei einer konkreten Anwendung in anderen Unternehmen sind ohnehin Anpassungen an die jeweiligen Gegebenheiten vorzunehmen.

2. Grundlagen

2.1 Analyse des Informationsstands

Um ein wirkungsvolles Controlling für junge Unternehmen konzipieren zu können, muß man sich an erster Stelle über die Zielsetzung und das Anforderungsprofil Gedanken machen. Ohne Rückgriff auf interne Informationen ist die Gestaltung des Controllings somit nicht zu bewerkstelligen.
Vor der Konzeption ist im ersten Schritt eine Bestandsaufnahme bezüglich der im Unternehmen bereits gesammelten Informationen vorzunehmen. Dadurch gewinnt man Einblick in deren Inhalt, Quantität bzw. Qualität, Verfüg- und Verwendbarkeit, Struktur und Plausibilität. In vielen Fällen ist das Wissen von Bereichsexperten noch

in verwertbare Informationen zu transformieren. Bereits vorhandene Daten sind je nach Verwendungszweck neu zu strukturieren, zu plausibilisieren, zu vervollständigen oder zu differenzieren. Informationen über die aktuell und in Zukunft relevanten Kontextfaktoren wie Unternehmensgröße, Geschäftssystem, Leistungsprogramm, Struktur und Organisation sind für die Ausrichtung des Controllingsystems von fundamentaler Bedeutung.[208]

Im zweiten Schritt ist zu eruieren, ob und wenn ja, welche Aktivitäten bis dato auf dem Gebiet des Controllings im weitesten Sinne mit welchen Instrumenten wahrgenommen werden und inwieweit den Anforderungen an das Controllingkonzept damit Rechnung getragen wird. Diese Frage kann mit Hilfe einer Istanalyse bezüglich Existenz, Qualität, Bereiche und Zeithorizont der Planungs-, Steuerungs-, Informationsversorgungs- und Kontrollmaßnahmen beantwortet werden. Zu diesem Zweck sind aus allen Unternehmensbereichen Angaben über bestehende ergebnisorientierte Zuständigkeiten, Planungen, Berichtsmethoden und Informationsflüsse zu sammeln.[209]

Die Existenz eines den gesetzlichen Anforderungen entsprechenden externen Rechnungswesens (Finanzbuchhaltung und Jahresabschluß) wird vorausgesetzt. Dieses stellt periodisch standardisierte Informationen bereit und dokumentiert laufend alle Geschäftsvorfälle und Vorgänge im Unternehmen nach den Grundsätzen ordnungsgemäßer Buchführung mit Zahlen.[210] Seine Durchführung kann extern (Steuerberater) oder intern (Buchhalter) erfolgen, wobei die interne Abwicklung eine größere Nähe zwischen betrieblichem Geschehen und finanzbuchhalterischer Auswirkung aufweist, was der Aktualität und Transparenz sehr zuträglich ist.[211]

Weiterhin ist davon auszugehen, daß ein Business Plan vorliegt. Dieser fungiert zum einen als Informationsquelle in puncto Kontextfaktoren, zum anderen wird daraus ersichtlich, welche Informationen dem Unternehmen momentan vorliegen und welche Pläne auf dieser Basis bislang, zumindest einmalig, erstellt wurden. In der Regel handelt es sich dabei um Personal-, Liquiditäts-, Investitions- und Kapitalbedarfsplanungen, eine Rentabilitätsvorschau sowie Planbilanzen und Plan-Gewinn- und Verlustrechnungen für einen Zeitraum von 3-5 Jahren.[212]

Der Business Plan stellt ein wertvolles Werkzeug des Controllings dar, da er strategische und operative Informationen enthält, die die Wahrnehmung der Controllingfunktionen und die Konzeption ihrer operativen Instrumente unterstützen.

---

[208] Vgl. Horvath, P., [Controllingkonzept], 1995, S. 51.

[209] Vgl. BDU, [Controlling], 2000, S. 44; Horvath, P., [Controllingkonzept], 1995, S. 17f.

[210] Vgl. Jaspersen, Th., [Controlling], 1999, S. 273; Schröder, E.F., [Unternehmens-Controlling], 2000, S. 46; Vollmuth, H.J., [Führungsinstrument], 1999, S. 26.

[211] Vgl. Lanz, R., [Controlling], 1989, S. 100f.

[212] Siehe Kapitel III. 5. Business Plan

2.2 Der Business Plan als Ausgangsdokument

2.2.1 Elemente des operativen und strategischen Controllings

Bei der Ausarbeitung des Business Plans sind grundlegende Überlegungen bezüglich der Zukunft des Unternehmens anzustellen. Intention ist es, das zukünftige Betriebsgeschehen gedanklich zu antizipieren und adäquate Strategien zur Erreichung der gesteckten Ziele zu konzipieren.[213] Folgt man der Meinung DEYHLE`s[214], der Controlling als „die Philosophie des Vorschaudenkens" charakterisiert, so ist das Entwerfen des Unternehmenskonzepts nichts anderes als praktiziertes strategisches Controlling. Die Bestandteile des resultierenden Business Plans jedoch sind teils dem strategischen, teils dem operativen Controlling zuzuordnen, wobei eine eindeutige Klassifikation nicht immer leicht fällt.

In der Abbildung V.-2 werden die Komponenten des Business Plans kategorisiert. Dabei werden folgende Symbole verwendet:

o⁺: operativ
s⁺: strategisch
o⊥s: operativ und strategisch
[s]: tendenziell strategisch

[213] Vgl. Ederer, F., [Operative Planung], 1995, S. 365.

[214] Deyhle, A., [Controlling-Entwicklung], 1993, S. 45.

Komponente des Business Plans	**Ausrichtung des Controllings**	**Begründung der Kategorisierung**[215]
Produkt / Dienstleistung:		
• Produktkonzept	s^+	Das Konzept beschreibt – die qualitative Struktur des Leistungsprogramms und – die langfristige Produktentwicklungsstrategie.
• Kundennutzen	$o \perp s$	Der Kundennutzen kann auf – qualitativen oder – quantitativen Faktoren beruhen.
Marktanalyse:	[s]	Ziel der Marktanalyse ist die langfristige Stärkung und Sicherung der Marktposition des Unternehmens auf Basis einer Umweltanalyse, die auch quantitative Faktoren beinhaltet.
• Absatzmarktanalyse	[s]	Bei der Abgrenzung und Segmentierung des relevanten Markts werden externe Marktforschungsdaten herangezogen.
• Branchenanalyse	[s]	Die Branche ist ein Teil der relevanten Unternehmensumwelt.
• Konkurrentenanalyse	[s]	Die Wettbewerbsanalyse stützt sich auf externe Daten wie die Wettbewerbsdynamik, -intensität und Innovationen.
Unternehmensanalyse:	s^+	– Die eigenen Stärken und Schwächen werden in Relation zur Konkurrenz und Nachfrage analysiert, um Ressourcen- und Leistungspotentiale aufzuzeigen. – Die Untersuchung greift auf die qualitativen Erfolgsfaktoren der Umweltanalyse zurück.
Marketingplan:	s^+	Im nach außen orientierten Marketingplan wird die Marschroute für einen erfolgreichen Marktauftritt festgeschrieben.
• Marktpositionierung	s^+	Es erfolgt eine qualitative Beschreibung – der Art und Weise des Markteintritts und
• Preispolitik	s^+	– der Wettbewerbs- bzw. Preisstrategie.
• Distributionspolitik	s^+	Die Gestaltung des Vertriebsnetzes orientiert sich an der Unternehmensumwelt.
• Kommunikationspolitik	s^+	Es wird ein Katalog an Werbemaßnahmen aufgestellt.

215 Vgl. Baumgärtner, J., [Realisierung], 1998, S. 36; Hering, E./Zeiner, H., [Controlling], 1994, S. 25f.; Küpper, H.-U./Weber, J., [Grundbegriffe], 1995, S. 307; Reichmann, Th., [Controlling], 1997, S. 411f.; Steinmann, H./Scherer, A.G., [Controlling], 1996, S. 137f.; Witt, F.-J., [Controlling 1], 1997, S. 88-90, 110.

Komponente des Business Plans	**Ausrichtung des Controllings**	**Begründung der Kategorisierung**[215]
Management und Organisation:		Diese Komponente behandelt die Aspekte der langfristigen Organisationsentwicklung.
• Managementqualität	s^+	Eine adäquate Managementqualität dient – der langfristigen Zukunftssicherung und – ist ein rein qualitatives Kriterium.
• Organisationsstruktur	$o \perp s$	Die Gestaltung der Organisation ist auf der einen Seite eine Potentialstrukturplanung und damit strategisch, auf der anderen Seite aber auch operativ, da sie einen Beitrag zur Unterstützung des operativen Managements liefert.
• Personalbedarf	$o \perp s$	Es handelt sich zwar um eine wert- und mengenmäßig erfaßbare, d.h. operative Steuerungsgröße, aber die Personalauswahl ist in Abstimmung mit dem strategischen Kurs und seinen Anforderungen zu treffen.
Meilensteine:		
• Zeitplan	$o \perp s$	Das Setzen von Meilensteinen dient einerseits der Strukturierung der Controllingaktivitäten (strategisch), andererseits aber der Sicherung der strategischen Planrealisation (operativ).
Chancen und Risiken:	s^+	Starke Konzentration auf externe Einflußgrößen bei der Identifikation und Erschliessung zukünftiger Erfolgspotentiale.
Finanzplan:		
• Finanzbedarf und -quellen	o^+ / $o \perp s$	
• Umsatzplan	o^+	Der Finanzplan enthält in Zahlen verdichtete Informationen über geplante Maßnahmen bezüglich Umsatz, Kosten, Erfolg und Liquidität für einen kurz- bis mittelfristigen Planungszeitraum.
• Kostenplan	o^+	
• Plan-GuV	o^+	
• Planbilanz	o^+	
• Liquiditätsplan	o^+	
• Cash-flow-Analyse	o^+	
• Break-even-Analyse	o^+	

Abb. V.-2: Controllingausrichtung der Komponenten des Business Plans

2.2.2 Datenbasis für die Wahrnehmung der Controllingfunktionen

Die Bestandteile des Business Plans[216] und ihre Zuordnung zum strategischen bzw. operativen Controlling demonstrieren, daß bereits für den Entwurf des Business Plans eine Fülle von Informationen zur Verfügung stehen muß. Ohne die Erfassung, Verarbeitung, Aufbereitung und Auswertung des relevanten Datenmaterials aus dem Unternehmen und seiner Umwelt kann keine Marktanalyse erstellt, kein Erfolgs- oder Leistungspotential identifiziert, keine Strategie entwickelt, keine Maßnahme geplant und damit implizit keine Marschroute für eine erfolgreiche Unternehmensentwicklung ausgearbeitet werden. D.h. hinter jeder Komponente des Business Plans verbirgt sich ein großer Fundus an Detailinformationen, auf die das Unternehmen zurückgreifen kann.
Mit der Fertigstellung des Business Plans existiert sodann ein Dokument, in dem zum ersten Mal detaillierte Informationen bezüglich Produktkonzept, strategischer Ziele bzw. Ausrichtung, Markt und Wettbewerb, interner Strukturen und Management, Chancen und Risiken, Strategien und deren Umsetzung sowie erwarteter (finanzieller) Ergebnisse des Unternehmens in schriftlich fixierter Form vorliegen. Der Business Plan stellt demnach eine umfangreiche und wertvolle Informationsquelle für das Controlling dar, da er exakt diejenigen Daten und Teilpläne beinhaltet, auf die die Informations-, Planungs-, Koordinations-, Steuerungs- und Kontrollfunktion aufbauen (vgl. Abb. V.-3).[217]

• **Planungsinstrument für die frühe Entwicklung:** - Festlegung der Ziele - Ideenprüfung - Fokussierung - Alternative Strategien - Chancen und Risiken - Stärken / Schwächen - Ergebnisprognose
• **„Working document" für das tägliche Management:** - Informationen zum aktuellen Stand der Unternehmensentwicklung - Überblick über die Ressourcen - Informationen für Entscheidungen, die Koordination, Delegation und Organisation im Unternehmen
• **Instrument der Erfolgskontrolle:** - Vergleichsbasis für Abweichungsanalysen - Grundlage der Zielmodifikation

Abb. V.-3: Interne Funktionen des Unternehmensplans

216 Vgl. Kapitel III. 5. Business Plan.

217 Vgl. Arkebauer, J.B., [Business Plan], 1995, S. 2; Klandt, H., [Unternehmensplan], 1996, S. 85-87; Kubr, Th./Ilar, D./Marchesi, H., [Planen], 1997, S. 4; Kuratko, D.F./Hodgetts, R.M., [Entrepreneurship], 1998, S. 292; Ormerod, J./Burns I., [The Business Plan], 1989, S. 99; Ryans, C.C., [Managing], 1989, S.73; Venture Associates, [Business Plans and Planning],1999, S. 2; Vockel, J., [Business Plan], 1996, S. 9.

Der Business Plan ist nicht nur der erste Unternehmensplan, sondern stellt mit seinen Teilplänen auch die Basis für alle zukünftigen Planungsaktivitäten des Unternehmens dar.
Um die Koordinationsfunktion zu erfüllen, d.h. Sach- und Formalziele abzustimmen und sowohl auf Projekt- als auch Unternehmensebene zu harmonisieren, müssen diese Ziele bereits definiert sein, was mit Erstellung des Business Plans geschehen ist. Weiterhin wird aus der Charakterisierung der Arbeitsprozesse des Geschäftssystems und der Beschreibung ihrer organisatorischen Gestaltung deutlich, zwischen welchen Bereichen oder Funktionen im Unternehmen Schnittstellen bestehen, die einer Koordination bedürfen.
Die Architektur des Informationssystems wird u.a. von der Rechtsform und den damit verbundenen Publizitätspflichten des Unternehmens beeinflußt. Unabhängig davon ist es für die Wahrnehmung der Informationsfunktion von Bedeutung, wer einerseits bei der Informationsbeschaffung aus den Unternehmensbereichen Ansprechpartner und andererseits Adressat der Informationsversorgung durch das Controlling ist. Der Business Plan beantwortet diese Frage mit der Vorstellung des Unternehmerteams und dem Organigramm, das die Funktions- bzw. Prozeß- oder Projektverantwortlichen ausweist. Während der Finanzplan in seinen Teilplänen, für die der Marketingplan und die Marktanalyse wertvollen Input leisten, nahezu alle quantifizierbaren, controllingrelevanten Daten erfaßt, kann durch die Darlegung der Risiken eine Orientierung gewonnen werden, auf welche Bereiche sich die Informationspolitik konzentrieren sollte.
Der Business Plan ist der Maßstab für die aktuelle Performance des Unternehmens. Da eine regelmäßige Erfolgskontrolle in Form der Abweichungsanalyse ohne vorherige Sollwerte unmöglich ist, stellt die Existenz eines Business Plans - als „gedankliche und systematische Vorwegnahme zukünftiger Entwicklungen“[218] - eine Grundvoraussetzung für die Kontroll- und Steuerungsfunktion dar.[219] Anhand dieser Sollwerte kann entschieden werden, ob zur Realisation der festgesetzten Ziele Gegenmaßnahmen einzuleiten sind oder eine Zielmodifikation vonnöten ist. Der Grad der Erreichung der qualitativen, quantitativen und zeitlichen Ziele entscheidet letztendlich über Erfolg und Mißerfolg des Unternehmens.
Ansatzpunkte zur Kontrolle und Steuerung bieten vor allem der Finanzplan, in dem die restlichen Pläne und Analysen des Business Plans weitgehend aufgehen, die Risiken, die als kritische Faktoren der Unternehmensentwicklung gelten und die Meilensteine, die eine Verbindung zwischen Planung, Realisation, Steuerung und Kontrolle herstellen.
Von besonderer Bedeutung ist, daß der Business Plan Kontextfaktoren und Informationen beinhaltet, die für den Aufbau und die Gestaltung der operativen Controllinginstrumente richtungsweisend sind.

2.2.3 Datenbasis für die Konzeption operativer Controllinginstrumente

2.2.3.1 Kosten- und Erlösrechnung bzw. -management

Die Kosten- und Erlösrechnung setzt sich traditionell aus Kostenarten-, Kostenstellen- und Kostenträgerrechnung zusammen. Für ihren Einsatz als Management-Informationssystem zur Planung, Steuerung und Kontrolle des Unternehmens stellt

[218] Bischoff, J.G., [Controlling bei jungen Unternehmungen], 1993, S. 96.

[219] Vgl. Struck, U., [Geschäftspläne], 1990, S. 1f.; Unterkofler, G., [Erfolgsfaktoren], 1988, S. 172f.

der Business Plan einen wertvollen Datenpool zur Verfügung.[220] Er beinhaltet die der Kosten- und Erlösplanung zugrunde liegenden Annahmen, wie Absatz- und Produktionsplanung, sowie prognostizierte Produktionsfaktormengen und -preise, die auf der Aktionsplanung fußen.
Die Kostenarten des Unternehmens lassen sich prinzipiell aus dem Business Plan entnehmen. Allerdings ist dazu eine genaue Recherche notwendig, weil diese in verschiedenen Teilplänen des Finanzplans verdichtet sind.
Die im Organigramm dargestellten Funktionen mit ihren Verantwortlichen können direkt als Kostenstellen mit Kostenstellenleiter in die Kostenrechnung übernommen werden.
Für die Identifikation der Kostenträger ist der Rückgriff auf die Präsentation des Leistungsprogramms und seiner Bestandteile im Produktkonzept des Business Plans hilfreich. Daraus lassen sich Rückschlüsse über den Typus des Kostenträgers ziehen. Der relevante Kostenträger junger Unternehmen ist das Projekt, das ein Produkt, eine Dienstleistung oder die Kombination aus beiden sein kann. Sein Charakter und seine Komponenten lassen sich ebenso aus der Beschreibung des Leistungsprogramms ableiten.
Die Kalkulation als Teil der Kostenrechnung wird entweder als Plan- oder Kontrollinstrument ausgestaltet. In ihrer Planvariante, auch Vor- oder Angebotskalkulation genannt, dient sie im Rahmen der Preisermittlung zur Bestimmung der Plankosten der Kostenträger. Das Objekt der Kalkulation (Projekt, Teilleistung) leitet sich aus der Struktur des Leistungsprogramms ab, die im Produktkonzept skizziert wird. In die Überlegungen zur Preisbestimmung finden sowohl Angaben zu am Markt erzielbaren Preisen aus der Konkurrenten- und Marktanalyse als auch Strategien der Preispolitik Eingang. Die Informationen zur Kostenseite stammen aus dem Finanzplan, der die Kostenentwicklung für alle Kostenarten prognostiziert. Welche Kosten in die Kalkulation eingehen, bestimmt sich aus den Produkt- bzw. Leistungskomponenten des Kalkulationsobjekts, die aus dem Produktkonzept zu ersehen sind sowie aus dem gewählten Kostenrechnungssystem.
Entscheidet man sich für die Einzelkosten- und Deckungsbeitragsrechnung[221], so bildet der gewählte Kostenträger die unterste Ebene der Bezugsobjekthierarchie. Die Entscheidung bezüglich der übrigen Hierarchiestufen wie Projektgruppe, Kostenstelle, Funktionsbereich oder Unternehmen fällt auf Basis des Leistungsprogramms sowie der Prozesse und Funktionen im Unternehmen, die in den Abschnitten Management / Organisation und Produkt / Dienstleistung des Business Plans illustriert werden.
Die Vorgaben von Erlös-, Kosten- und Deckungszielen stellen Budgets dar, die als Führungsinstrument zur Planung, Steuerung, Koordination und Kontrolle dienen. Zu ihrer Aufstellung kann der Business Plan hilfreiche Anregungen liefern. Die im Organigramm dargestellten Funktionsbereiche bzw. Geschäftsprozesse sowie die Beschreibung der Struktur des Leistungsprogramms im Produktkonzept geben einen Anhaltspunkt für die sachliche Differenzierung der Budgets nach Projekt, Produkt, Funktionsbereich oder Prozeß.[222] Die Auswahl der Budgetverantwortlichen als Entscheidungsträger wird aufgrund der Vorstellung des Unternehmerteams - inklusive

[220] Vgl. Reichmann, Th., [Controlling], 1997, S. 118f.

[221] Vgl. Kapitel V. 2.3.3.2.

[222] Vgl. Peemöller, V.H., [Controlling], 1997, S. 162, 176; Ziegenbein, K., [Controlling], 1998, S. 361, 430.

Zuständigkeiten und Positionierung im Organigramm - vereinfacht möglich. Der Finanzplan schließlich kann als Grundlage für die Budgetbildung verwendet werden, um zu überprüfen, ob und wenn ja, inwieweit sich das Unternehmen an vorgegebene Budgets hält bzw. davon abweicht.[223]
Die Analyse der eigenen Stärken und Schwächen in Relation zur Konkurrenz und zur Nachfrage und die Beschreibung der Wettbewerbs- bzw. Preisstrategie sowie des Vertriebsnetzes offenbaren erfolgskritische Faktoren des Unternehmens, die im Rahmen des Kosten- und Erlösmanagements beachtet und gegebenenfalls mittels Maßnahmen gesteuert werden müssen.

2.2.3.2 Kennzahlen

Kennzahlen erweisen sich aufgrund ihres Informationscharakters und ihrer Quantifizierbarkeit als vielseitiges Instrument der Planung, Steuerung, Koordination und Kontrolle im Unternehmen.[224] Für die unternehmensspezifische Ausgestaltung eines Kennzahlensystems bietet der Business Plan eine wertvolle Orientierungshilfe. Die Konkurrenten- und Branchenanalyse liefern Vergleichszahlen und die Information, welche Faktoren in der Branche des Unternehmens für eine Kennzahlenanalyse von Bedeutung sind. Die Struktur des Geschäftssystems und seiner Wertschöpfung, die Charakterisierung der Kunden und der Finanzplan geben Anhaltspunkte, für welche Perspektiven des Unternehmens Kennzahlen zu kreieren sind. Dabei sollte sich die Aufmerksamkeit neben der finanziellen Leistung vor allem auf diejenigen Bereiche richten, die im Business Plan bereits als Risikofaktoren eingestuft werden (z.B. Technologie, Markt, Konkurrenz). Insbesondere für sie sind aussagekräftige und wirksame Kennzahlen zur Durchführung von Kontrollaktivitäten zu entwickeln, die bei Erreichen kritischer Grenzwerte die Einleitung von Maßnahmen zur Gegensteuerung initiieren.

2.2.4 Strategische Kontrolle mittels Aktualisierung des Business Plans

Obwohl der Business Plan ein sehr wirkungsvolles Managementtool für die Unternehmensführung darstellt, wird er nach erfolgreicher Kapitalakquise häufig nicht mehr verwendet.[225] Dadurch lassen junge Unternehmen die Chance verstreichen, den vor der Gründung in einem sehr komplexen, zeitaufwendigen und zukunftsorientierten Informations- und Denkprozeß ausgearbeiteten Business Plan auch nach der Gründung des Unternehmens als strategisches Controllingdokument[226] sowie „zentrales Werkzeug des Controllers“[227] einzusetzen.
Dieser Rolle kann der Business Plan aber nur gerecht werden, wenn zumindest der Finanzplan alle drei Monate aktualisiert wird. Dafür ist ein monatlich stattfindender Planabgleich mit der Realität, eine Analyse und Bewertung der Abweichungen, die Überprüfung der Erreichbarkeit der gesteckten Ziele und die Durchführung notwendiger Korrekturmaßnahmen erforderlich. Um Gefahren für die geplante strategische

---

223 Siegel, E.S./Schultz, L.A./Ford, B.R./Carney, D.C., [Business Plan Guide], 1987, S. 1, 8.

224 Vgl. Reichmann, Th., [Controlling], 1997, S. 19f.

225 Vgl. Bangs, D.H., [Guide], 1995, S. 1; Sexton, D.L./Bowman-Upton, N.B., [Entrepreneurship], 1991, S. 144.

226 Vgl. Klandt, H., [Unternehmensplan], 1996, S. 86; Sexton, D.L./Bowman-Upton, N.B., Entrepreneurship], 1991, S. 154.

227 Vockel, J., [Business Plan], 1996, S. 9, 38.

Zielerreichung frühzeitig zu erkennen, sind die im Business Plan fixierten strategischen Meilensteine mittels der Meilensteintrendanalyse[228] auf Störungen und Abweichungen zu überprüfen.[229] Regelmäßig alle sechs Monate sollte der gesamte Business Plan einem Review-Prozeß mit Prämissenkontrolle unterzogen und auf der Basis aktueller Informationen für zwei Jahre rollierend überarbeitet werden.[230] Auf diese Weise werden die Ziele, Möglichkeiten, Ressourcen, Szenarios, Strategien, Maßnahmen und Aktivitäten sowohl inhaltlich als auch zeitlich immer wieder an die Veränderungen innerhalb und außerhalb des Unternehmens angepaßt. Es findet eine strategische Kontrolle statt, mit der ein erster Schritt in Richtung Controlling nach dem Unternehmensstart getan ist.[231]
Auch wenn der Business Plan in der Lage ist, das Fundament für ein Controllingsystem zu legen, sind noch viele grundsätzliche Überlegungen konzeptioneller Art, z.B. bezüglich der Art des Kostenrechnungssystems oder des Kalkulationsverfahrens, anzustellen, die bei weitem über die Denkanstöße und Informationen hinausgehen, die der Business Plan zu liefern imstande ist.

Im folgenden Abschnitt wird der Frage nachgegangen, ob der Einsatz der Kosten- und Erlösrechnung als Informationsinstrument für junge Unternehmen sinnvoll erscheint.

2.3 Kosten- und Erlösrechnung als Informationsinstrument

2.3.1 Traditionelle Rechnungszwecke der Kosten- und Erlösrechnung

Die Kosten- und Erlösrechnung ist ein wesentlicher Teil des betrieblichen Informationssystems. Im Mittelpunkt der Rechnung steht der bewertete Güterverbrauch und die Güterausbringung bei der Erstellung betrieblicher Leistungen, respektive Wirtschaftlichkeit, Erfolg und Anpassungsfähigkeit an sich ändernde Marktverhältnisse.[232] Aufgabe der Kosten- und Erlösrechnung ist es, das Management in den Gestaltungsentscheidungen der Planung, Realisation und Kontrolle mit Informationen zu unterstützen sowie den Weg für ihre Umsetzung und Überwachung zu ebnen.[233] Die Mehrzahl der wissenschaftlichen Beiträge zum Thema Kosten- und Erlösrechnung konzentriert sich, unabhängig von den Kontextfaktoren der Unternehmen, überwiegend auf folgende Rechnungsziele:

---

[228] Die Meilensteintrendanalyse kommt auch bei der integrierten Projektsteuerung zur Anwendung und wird in diesem Zusammenhang (Kapitel V. 4.4.4.3) erläutert

[229] Vgl. Schneider, D., [strategisches Controlling], 1997, S. 255.

[230] Vgl. Arkebauer, J.B., [Business Plan], 1995, S. 4, 18; Glauner, W., [Existenzgründung], 29.02.2000, S. 5; Pinson, L./Jinnett, J., [Step-by-Step Guide], 1996, S. 113; Ripsas, S., [Entrepreneurship], 1997, S. 129.

[231] Vgl. Brooks, J.K./Stevens, B.A., [Successful Business Plan], 1987, S. 16; Hering, E./Zeiner, H., [Controlling], 1994, S. 27; Lloyd, R./Muth, H.P./Gerlach, F.H., [Business Planning], 1997, S. 75; Pinson, L./Jinnett, J., [Step-by-Step Guide], 1996, S. 2.

[232] Vgl. Adam, D., [Investitionscontrolling], 2000, S. 22; Baumgärtner, J., [Realisierung], 1998, S. 179; Horváth, P., [Controlling], 1998, S. 456.

[233] Vgl. Horváth, P., [Controllingkonzept], 1995, S. 23, 65; Küpper, H.-U., [Industrielles Controlling], 1994, S. 884.

- die monetäre Abbildung des betrieblichen Leistungserstellungsprozesses[234],
- die Kostenplanung und -kontrolle[235],
- die Erfolgsplanung und -kontrolle[236],
- die Kalkulation als Informationsgrundlage für die Preisermittlung[237],
- die Ermittlung von Preisuntergrenzen[238] sowie
- die Bereitstellung von Informationen für die Planung, Steuerung und Kontrolle unternehmerischer Entscheidungen[239].

Allerdings gibt es auch kritische Stimmen, die in Zweifel ziehen, daß die Kosten- und Erlösrechnung überhaupt für die ihr zugeschriebenen Aufgaben erforderlich ist bzw. diese auch tatsächlich adäquat erfüllt. Stellvertretend sei hier auf die Darstellung der in Theorie und Praxis diskutierten Einwände gegen die Fähigkeit der Kosten- und Erlösrechnung zur Unterstützung mit kurzfristigen, operativen Informationen bei HORVÁTH verwiesen.[240] Dabei wird zum einen die Relevanz kurzfristiger, operativer Informationen aus der Kosten- und Erlösrechnung bestritten. Begründet wird diese These mit der Dominanz lang- oder mittelfristig fixer Gemeinkosten von Prozessen in der Kostenstruktur der Unternehmen. Zum anderen herrscht sowohl aus Gründen der Verständlichkeit und Einfachheit als auch der ausschließlich internen Orientierung der Informationen aus der Kosten- und Leistungsrechnung Skepsis gegenüber ihrer Eignung für den kurzfristigen Steuerungsprozeß. Mengen-, Zeit-, und Qualitätsgrößen erweisen sich oftmals als wertvoller[241], eine Berücksichtigung unternehmensexterner, kundenbezogener Vorgabegrößen als zwingend notwendig.

2.3.2 Rechnungszwecke der Kosten- und Erlösrechnung in jungen Unternehmen

2.3.2.1 Vorbemerkung

Im Hinblick auf obige Funktionen der Kosten- und Erlösrechnung und der Vorbehalte hinsichtlich deren Zielerreichungsgrads ist noch offen, ob diese auch für junge Unternehmen Relevanz besitzen. Die Notwendigkeit der Kosten- und Erlösrechnung steht weiterhin zur Diskussion. Die Frage nach dem Sinn der Kosten- und Erlösrechnung stellt sich jedoch für junge Unternehmen häufig nicht in dieser grundsätzlichen Form, da die Einführung in vielen Fällen von den Kapitalgebern als Voraussetzung bzw. Nebenbedingung für den Kapitalfluß verlangt wird. Trotzdem oder gerade deshalb ist die inhaltliche Auseinandersetzung damit gerechtfertigt. Denn zum einen läßt sich die

[234] Vgl. Horváth, P., [Controllingkonzept], 1995, S. 26; Hummel, Th.R., [Controlling], 1995, S. 53.

[235] Vgl. Mayer, E./Liessmann, K./Mertens, H.W., [Kostenrechnung], 1994, S. 184; Preißler, P., [Unternehmen], 1992, S. 276; Serfling, K., [Controlling], 1992, S. 133.

[236] Vgl. Kilger, W., [Einführung], 1987, S. 11; Mayer, E./Liessmann, K./Mertens, H.W., [Kostenrechnung], 1994, S. 184; Preißler, P., [Unternehmen], 1992, S. 276; Riebel, P., [Deckungsbeitragsrechnung], 1994, S. 12.

[237] Vgl. Männel, W., [Kostenmanagement], 1997, S. 162; Serfling, K., [Controlling], 1992, S. 133; Weber, J., [Controlling], 1999, S. 184f.

[238] Vgl. Männel, W., [Konzepte], 1993, S. 69.

[239] Vgl. Kilger, W., [Plankostenrechnung], 1993, S. 2; Männel, W., [Kostenmanagement], 1997, S. 162; Reichmann, Th., [Controlling], 1997, S. 118; Serfling, K., [Controlling], 1992, S. 133.

[240] Vgl. Horváth, P., [Controlling], 1998, S. 457.

[241] Vgl. auch Weber, J., [Reengineering], 1997, S. 9, 35f., der in diesem Zusammenhang mit der größeren Nähe dieser sachzielbezogenen Steuerungsgrößen zu den Aktivitäten sowie zur Sprach- und Denkwelt der Informationsempfänger argumentiert.

Berechtigung dieser Forderung von seiten der Kapitalgeber grundsätzlich diskutieren, zum anderen machen sich Gründer - vor allem mit betriebswirtschaftlich kaufmännischem Hintergrund - aus eigenem Antrieb oder motiviert von Beratern Gedanken über die Notwendigkeit der Kosten- und Erlösrechnung für ihr Unternehmen.

2.3.2.2 Informationsbereitstellung zur Schaffung von Transparenz

Ein Nutzen der Kosten- und Erlösrechnung, der ihre Einrichtung rechtfertigt, besteht darin, daß sie bei zieladäquater Ausgestaltung mit ihren Informationen für Transparenz der Kosten- und Erlössituation im Unternehmen und die Sicherstellung von Kostenbewußtsein sorgt.[242] Da durch die Kosten- und Erlösrechnung die ökonomisch relevanten Daten über vergangene und gegenwärtige wirtschaftliche Tatbestände, Vorgänge und Beziehungen des Unternehmens zu seiner Umwelt erfaßt und bewertet sowie zukünftige prognostiziert werden, leistet sie einen wertvollen Beitrag zur Selbstinformation des Unternehmens.[243] Dies kommt speziell jungen Unternehmen zugute, deren Unternehmensführung es gerade in den Wachstumsphasen, solange das Organisations- und Verwaltungsniveau nicht mit der Umsatzentwicklung Schritt hält, schwer fällt, den Überblick im Unternehmen zu behalten.[244] Das mag zum einen an ihrem breiten Aufgabengebiet und der großen Arbeitsbelastung, zum anderen an oftmals mangelnden kaufmännischen Kenntnissen liegen.

Mit ihren Informationen soll die Kosten- und Erlösrechnung das allgemeine Verständnis für das operative Geschäft und die momentane Situation im Unternehmen fördern. Sie legt Strukturen und Zusammenhänge im Unternehmen offen und zwingt den Gründer, sich mit den wirtschaftlichen Konsequenzen seines (geplanten) Handelns im Hinblick auf den langfristigen Unternehmenserfolg auseinanderzusetzen. Dabei kann es zu Veränderungen in den Denkprozessen, Plänen und Einstellungen des Managements kommen, die ohne die Informationen aus der Kosten- und Erlösrechnung so nicht stattgefunden hätten, langfristig aber für den Erfolg verantwortlich sind.[245] Die Qualität der Aktivitäten der Unternehmensführung wird durch die Kosten- und Erlöstransparenz, die mit der Installation der Kosten- und Erlösrechnung einher geht, gesteigert. Junge Unternehmen, die Kenntnis über die Höhe ihrer Kosten im Vergleich zu den Erlösen besitzen, werden somit größere Erfolgschancen besitzen als diejenigen, denen es mangels Kosten- und Erlösrechnung an Transparenz im Unternehmen fehlt.[246]

2.3.2.3 Informationsbereitstellung für das Reporting der Kapitalgeber

Junge Unternehmen sollten sich nicht nur auf der Absatzseite, sondern auch auf der Finanzseite „marktorientiert“ verhalten. Sie sollen diejenigen Informationen zur Verfügung stellen können, für die sich der Markt der Kapitalgeber interessiert. Wenn also Investoren ihre Anlageentscheidungen unter anderem an Informationen, die aus der Kosten- und Erlösrechnung stammen oder sich daraus ableiten lassen, festmachen,

---

242 Vgl. Weber, J., [Rechnungswesen], 1996, S. 926.

243 Vgl. Coenenberg, A.G./Fischer, Th.M., [Kostenrechnung], 1996, S. 456; Hummel, Th.R., [Controlling], 1995, S. 53.

244 Vgl. Hummel, Th.R., [Controlling], 1995, S. 52.

245 Vgl. Homburg, Chr./Weber, J./Aust, R./Karlshaus, J.Th., [Kostenrechnung], 1998, S. 36-39.

246 Das BMWi weist in der Broschüre [Junge Unternehmen], 2000, S. 24 darauf hin, daß viele Unternehmensleitungen gar nicht wissen, wie hoch ihre Kosten eigentlich sind.

ist es nur rational diese zu instrumentalisieren. Die fundierte Darstellung der aktuellen und zukünftigen Unternehmenssituation mit Kosten- und Erfolgsgrößen erhöht die Wahrscheinlichkeit eines Vertragsabschlusses mit den Kapitalgebern.
Nach Abschluß des Vertrags können die Kapitalgeber mit Hilfe der Kosten- und Erlösrechnung zeitnah über die Ergebnisentwicklung informiert werden. Ein regelmäßiges Reporting dient den Kapitalgebern als wesentliche Informationsquelle der Kontrolle und ist guten Beziehungen zwischen Kapitalgebern und Kapitalnehmern zuträglich.[247] Daneben sind auch von der Kosten- und Erlössituation beeinflußte finanzwirtschaftliche Größen wie der Cash Flow von Bedeutung, der die Höhe der Finanzmittel, die zur Verteilung zur Verfügung stehen, abbildet.[248] Darüber hinaus interessieren sich Kapitalgeber jedoch auch für qualitative Informationen, die nicht aus der Kosten- und Erlösrechnung stammen.

2.3.2.4 Informationsbereitstellung für zukünftige Planungen, Entscheidungen und Kontrollen

Durch Einführung einer Kosten- und Erlösrechnung bietet sich der Unternehmensleitung die Chance, sich aus bereits vorliegenden Kosten- bzw. Erfolgsplanungen und -kontrollen - respektive der zugrundeliegenden mengenmäßigen Annahmen (z.B. Kapazitäten, Auftragslage) - einen Erfahrungsschatz und Datenpool für zukünftige Planungen und Entscheidungssituationen aufzubauen. Die Folge ist eine breitere Wissensbasis für das Management. Die Nutzung dieses Potentials wird allerdings dadurch erschwert, daß gerade junge Unternehmen häufig in einem dynamischen Umfeld agieren, in dem sowohl die internen als auch die externen Strukturen, Leistungsbeziehungen und -verflechtungen einem ständigen Wandel unterliegen. Da das Erfahrungswissen häufig unter anderen Rahmenbedingungen erworben wurde, ist der Rückgriff darauf nur mehr bedingt nach Vornahme von Modifikationen möglich.[249]
Grenzt man bei der kostenrechnerischen Ermittlung der Vorteilhaftigkeit von Handlungen nach BOHR / SCHWAB[250] zwischen

- sich gegenseitig ausschließenden Alternativen im entscheidungstheoretischen Sinne[251] und
- Maßnahmen als Handlungsparametern von Alternativen gegeneinander ab,

so läßt sich für die Entscheidungssituation in jungen Unternehmen folgendes festhalten:
Für junge Unternehmen besteht ein Zwang zum Wachstum.[252] Bei den dadurch anstehenden Entscheidungen, wie größeren Geschäftsräumen und Produktionskapazitäten, Ausbau der Administration und des Marketing sowie Erhöhung des Perso-

---

247 Vgl. Engelmann, A./Heitzer, B., [Beteiligungsprozess], 2001, S. 220; Weber, J., [Controlling 2000], 1998, S. 3.

248 Vgl. Bühner, R./Tuschke, A., [Wertmanagement], 1999, S. 13f.; Günther, Th., [Unternehmenswertorientiertes], 1997, S. 112f.; Mensch, G., [Finanz-Controlling], 2001, S. 192f.; Schröder, E.F., [Unternehmens-Controlling], 2000, S. 595f.

249 Vgl. Homburg, Chr./Weber, J./Aust, R./Karlshaus, J.T., [Kostenrechnung], 1998, S. 8; Kruschwitz, L., [Barwerte], 2000, S. 5.

250 Vgl. Bohr, K./Schwab, H., [Überlegungen], 1984, S. 141.

251 Vgl. Saliger, E., [Entscheidungstheorie], 1998, S. 4.

252 Vgl. Kapitel III. 7.

nalbestands, handelt es sich um Entscheidungen der ersten Art. Als Handlungsalternativen stehen die Erweiterung und das Unterlassen derselben zur Verfügung. Da aber Unterlassen für junge Unternehmen keine reale Option ist, spielen die Kosten für diese Art der Entscheidung, die noch dazu eher strategischen Charakter besitzt, nur eine sehr untergeordnete Rolle. Hier stehen Image-, Zeit-, Qualitäts-, Standort- und Größenaspekte im Vordergrund.
Für die nachgelagerte operative Auswahl zwischen einzelnen Gestaltungsalternativen (Maßnahmen) dagegen, die bei jungen Unternehmen aus Vorsichtsgründen eher kurzfristig ausgerichtet sein sollten (Jahres-Verträge), sind Kostenvergleiche auf der Basis von Kosteninformationen - die Berücksichtigung anderer Einflußgrößen unbenommen - in hohem Maße entscheidungsrelevant. Unabhängig davon gibt es in jungen Unternehmen sicherlich kurzfristige Entscheidungen, für die Mengen-, Zeit- und Qualitätsgrößen geeigneter sind als Kostengrößen, so daß die Kritik an der Kosten- und Erlösrechnung nicht völlig von der Hand zu weisen ist.[253]
Da junge Unternehmen infolge des ersten Wachstumsschubs nicht mehr so klein und einfach strukturiert sind, als daß bloße Augenscheinkontrolle und Mengenstatistiken ausreichten, bedarf es der Kosten- und Erlösrechnung als Kontrollinstrument.[254] Mit deren Hilfe lassen sich Soll-Ist- und Soll-Wird-Vergleiche[255] anstellen, die eine zeitnahe Standortbestimmung bezüglich Kosten und Erfolg ermöglichen. Auf diese Weise werden wichtige Kostenfaktoren und erfolgreiche Geschäftsfelder identifiziert, d.h. Erkenntnisse gewonnen, die die Zukunftsplanung beeinflussen. Große und sensible Kostenblöcke z.B. müssen im Auge behalten, den Branchenvergleichszahlen gegenüber gestellt und analysiert werden. Gegebenenfalls sind Maßnahmen zu ihrer Reduktion einzuleiten. Ebenso ist die Erfolgsstruktur zu analysieren, um die geeigneten Aktionen für die einzelnen Geschäftsfelder zu initiieren.
Das Zahlenmaterial, das die Kosten- und Erlösrechnung bereitstellt, stellt für die Unternehmensleitung und die Mitarbeiter ein quantitatives Feedback für die Qualität ihrer Arbeit dar. Das Management sollte diese Zahlen nutzen, um die Mitarbeiter über die momentane Situation des Unternehmens zu informieren, mit ihnen Zielvereinbarungen zu treffen und sie durch Steigerung der eigenen Leistungsfähigkeit zur Beseitigung der identifizierten Schwachstellen zu motivieren. Für junge Unternehmen, die einen kooperativen Führungsstil, direkte Kommunikation und flache Hierarchien aufweisen, wird damit eine Möglichkeit geschaffen, die Leistung der Mitarbeiter zu vergleichen und ihr Verhalten im Sinne der Unternehmensziele zu beeinflussen.[256]

2.3.2.5 Informationsbereitstellung zur Bestimmung der Preisuntergrenzen

Die Bestimmung der Preisuntergrenzen dient der Entscheidung darüber, wann eine Produktart aus dem Produktionsprogramm eliminiert bzw. ein Auftrag abgelehnt wird.[257] Für junge Unternehmen ist die Preisuntergrenze vor allem als Entscheidungskriterium für die Auftragsannahme von Bedeutung. Wenn Marktpreise fehlen,

---

[253] Die Entscheidung, das externe Rechnungswesen selbst oder vom Steuerberater betreuen zu lassen, ist z.B. eher eine Frage des vorhandenen Know-hows als der damit verbundenen Kosten.

[254] Vgl. Riebel, P., [Deckungsbeitragsrechnung], 1994, S. 11.

[255] Diese Vergleiche werden in den Abschnitten V. 3.3.3 und V. 3.3.4 erläutert.

[256] Vgl. Coenenberg, A.G./Fischer, Th.M., [Kostenrechnung], 1996, S. 459.

[257] Vgl. Lange, J.-U./Schauer, B.D., [Rechenzwecke], 1996, S. 44.

dient die Preisuntergrenze der Preisplanung, wenn Marktpreise vorhanden sind, der Preisbeurteilung und dem Kostenmanagement.[258]
Junge Unternehmen bieten Leistungen oder Produkte an, die in identischer Form noch nicht auf dem Markt existieren, weil sie entweder innovativ sind oder für einen Kunden spezifisch erbracht bzw. hergestellt werden. In dieser Situation ist der Rückgriff auf relevante Marktpreise oft sehr diffizil und bedarf genauer Markt- und Konkurrenzanalysen sowie großer Erfahrung. Junge Unternehmen müssen sich deshalb sehr vorsichtig an den richtigen Preis herantasten. Daher sind Daten aus der Kosten- und Erlösrechnung als Orientierung für die Preisgestaltung durchaus sehr wichtig, den Preis bestimmen aber können sie nicht, denn dafür ist letztendlich immer der Markt entscheidend. Die Kosten- und Erlösrechnung unterstützt das Unternehmen jedoch insofern, als sie mit ihren Informationen kostenrechnerische Richtgrößen wie Preisuntergrenzen liefert, die das Unternehmen in die Lage versetzen, ihre momentane Kostensituation mit dem erzielbaren Preis zu vergleichen und gegebenenfalls Maßnahmen im Sinne eines marktorientierten Kostenmanagements[259] einzuleiten, um langfristig am Markt erfolgreich zu sein.[260] Daher ist es von großer Bedeutung, die Kosten- und Erlösrechnung an die strategische Ausrichtung des Unternehmens zu koppeln.

2.3.2.6 Informationsbereitstellung für das Kosten- und Erlösmanagement

Die Kosten- und Erlösrechnung ist in jungen Unternehmen als operatives Instrument so zu konzipieren, daß sie die Umsetzung des Business Plans im Tagesgeschäft gewährleistet. Ihr Einsatz muß deshalb immer auf die übergeordneten langfristigen Zielsetzungen, die Strategie des Unternehmens, ausgerichtet bleiben. Hinter der Einführung der Kosten- und Erlösrechnung steht das Bestreben, für Kosten- und Ergebnistransparenz im Unternehmen zu sorgen. Ihre Aufgabe ist es, regelmäßig eine Bestandsaufnahme der Planungen und bisher erzielten Ergebnisse zu machen. Nur, wenn die momentane Plan- oder Istsituation im Unternehmen transparent ist, läßt sich auch beurteilen, wie weit man in der Realisation der für den langfristigen Unternehmenserfolg notwendigen Meilensteine und Ziele, d.h. der Umsetzung des Business Plans, bereits fortgeschritten ist. Die richtige Einschätzung aber ist Voraussetzung, um Handlungsbedarf zu erkennen, Maßnahmen zu bedenken und adäquate Kurskorrekturen vorzunehmen. So verstanden stellt die Kosten- und Erlösrechnung Ausgangsgrößen für die aktive Kostensteuerung und -gestaltung im Rahmen des Kostenmanagements zur Verfügung, wobei unter Kostenmanagement alle Maßnahmen verstanden werden sollen, die der frühzeitigen und antizipativen Beeinflussung von Kostenstruktur und -verhalten sowie der Senkung des Kostenniveaus bei Produkten, Prozessen und Ressourcen dienen.[261] Die Informationen der Kosten- und Erlösrechnung können diesen Zweck in mehrerlei Hinsicht unterstützen. Sie offenbaren, ob überhaupt Handlungsbedarf besteht (Anregungsinformationen), zeigen die

[258] Vgl. Lange, J.-U./Schauer, B.D., [Rechenzwecke], 1996, S. 42; Weber, J., [Controlling], 1999, S. 184f.

[259] Zu den Maßnahmen des Kostenmanagements vgl. Kapitel V. 3.3.6.

[260] Vgl. Kilger, W., [Einführung], 1987, S. 284f.; Männel, W., [Kostenmanagement], 1997, S. 168.

[261] Vgl. Burger, A., [Kostenmanagement], 1994, S. 4; Dellmann, K./Franz, K.P., [Kostenrechnung], 1994, S. 17; Fröhling, O., [Kostenmanagement], 1994, S. 90; Horváth, P./Brokemper, A., [Kostenmanagement], 1998, S. 584f.

Konsequenzen von Maßnahmen für die Kosten- und Erlöse auf (Entscheidungsinformationen), bilden dafür Vorgaben (Vorgabeinformationen) und weisen Effekte nach (Kontrollinformationen).[262] Damit die Kosten- und Erlösrechnung gleichsam als strategisches Berichtswesen die richtige Signalwirkung gibt, bedarf es der Integration in die strategische Planung - bei jungen Unternehmen dokumentiert im Business Plan -, weil diese die Ziele, z.B. den geplanten Break-even-Zeitpunkt, grundlegende strategische Optionen, Wettbewerbsstrategie und strategiebezogene Erfolgsfaktoren vorgibt.[263] Wird dieser Schritt vollzogen, so ist die Kosten- und Erlösrechnung in der Lage, Hinweise auf strategische Problembereiche zu geben. Diese lassen sich beispielsweise aus der periodischen Kosten- und Erlösplanung, die die strategischen Vorgaben des Business Plans operationalisiert und der operativen periodischen Kosten- und Erlöskontrolle, die ihre Umsetzung kontrolliert, ableiten.[264]
Die Kosten- und Erlösrechnung hat also die Aufgabe, zweckadäquate Informationen für das Kosten- und Erlösmanagement bereitzustellen.[265] Sie soll dabei nicht die Funktionen der Investitionsrechnung oder Finanzplanung übernehmen und selbst auch langfristig sein, sondern diese langfristigen Rechnungen und Zielsetzungen mit Informationen unterstützen. Sie soll Anhaltspunkte für Handlungsbedarf geben und mit ihrem Zahlenmaterial aufzeigen, inwieweit langfristige Strategien bisher umgesetzt bzw. welche Maßnahmen noch zu ergreifen sind, um langfristig erfolgreich zu sein.[266] Wenn aber eine Verbindung zur langfristigen Orientierung hergestellt werden soll, dann muß die Kosten- und Erlösrechnung analog zur Investitionsrechnung in Zahlungsgrößen rechnen. Ansonsten setzt sie sich dem Vorwurf der Inkonsistenz oder Unzulässigkeit der Verknüpfung aufgrund der Verschiedenartigkeit aus.[267] Durch die Verwendung pagatorischer Größen werden demnach Aktivitäten im Finanzbereich - wie Finanzplanung und -kontrolle - erleichtert.[268] Die Bestimmung des Cash Flow's, einer zentralen Größe zur Ermittlung des Unternehmenswerts, vereinfacht sich. Als Berechnungsgrundlage der Finanzmittel, die zur Verteilung zur Verfügung stehen, ist der Cash Flow für die Kapitalgeber junger Unternehmen von großem Interesse.[269]
Ein modernes, professionelles Kosten- und Erfolgscontrolling kann im dynamischen Wettbewerb der Käufermärkte mit geringen peispolitischen Spielräumen nur dann langfristig den Unternehmenserfolg sichern, wenn es das Kosten- und Erlösmanagement als Instrument beinhaltet. Da die strategie- und zukunftsbezogene Gestaltung der Kosten und Erlöse auf den quantitativen Informationen der Kosten- und Erlösrechnung aufbaut, ist deren Existenz Voraussetzung für das Kosten- und Erlös-

---

[262] Vgl. Dellmann.K./Franz, K.P., [Kostenrechnung], 1994, S. 21.

[263] Vgl. Fröhling, O., [Kostenmanagement], 1994, S. 94; Horváth, P./Brokemper, A., [Kostenmanagement], 1998, S. 589.

[264] Vgl. Baden, A., [Strategische], 1997, S. 236.

[265] Vgl. Dellmann, K./Franz, K.P., [Kostenrechnung], 1994, S. 17.

[266] Vgl. Hoitsch, H.-J./Lingnau, V., [Erlösrechnung], 1999, S. 353f.; Horváth, P./Brokemper, A., [Kostenmanagement], 1998, S. 587f.

[267] Die Notwendigkeit der Zahlungsorientierung spricht für den Einsatz der Einzelkosten- und Deckungsbeitragsrechnung nach RIEBEL. (Vgl. Kapitel V. 2.3.3.2).

[268] Vgl. BDU, [Controlling], 2000, S. 92f.; Dierkes, S./Kloock, J., [Integration], 1999, S. 120; Mensch, G., [Finanz-Controlling], 2001, S. 1; Riebel, P., [Deckungsbeitragsrechnung], 1994, S. 435, 630.

[269] Vgl. Bühner, R./Tuschke, A., [Wertmanagement], 1999, S. 12f.; Mensch, G., [Finanz-Controlling], 2001, S. 192f.; Schröder, E.F., [Unternehmens-Controlling], 2000, S. 595f.

management. Aus dieser Tatsache leitet sich die Notwendigkeit ihrer Einführung ab. Ihre Funktion als Informationslieferant des Kosten- und Erlösmanagements steht nunmehr im Mittelpunkt der Betrachtung.

Wie die Architektur der Kosten- und Erlösrechnung als Lieferant von Informationen für das Kosten- und Erfolgscontrolling aussehen sollte und welche Probleme bei seiner Gestaltung zu lösen sind, wird im folgenden Kapitel erläutert.

2.3.3 System der Kosten- und Erlösrechnung[270]

2.3.3.1 Vorbemerkung

Intention dieses Abschnitts ist es, Vorschläge für die Konzeption der Kosten- und Erlösrechnung in jungen Unternehmen zu unterbreiten. Es soll ein Leitfaden geschaffen werden, an dem sich junge Unternehmen orientieren können; die betriebsindividuelle Ausgestaltung der Kosten- und Erlösrechnung jedoch bleibt Aufgabe jedes einzelnen Unternehmens.[271] Deshalb wird auf unternehmensspezifische Besonderheiten, an die die Kosten- und Erlösrechnung anzupassen ist, nur am Rande verwiesen. Die Planungen und Annahmen, auf denen die Kosten- und Erlösrechnung aufbaut, werden nicht im einzelnen diskutiert, sondern in Anbetracht der Existenz eines Business Plans und seiner regelmäßigen Aktualisierung als gegeben vorausgesetzt.
Für das Kosten- und Erfolgscontrolling junger Unternehmen wird die Relative Einzelkosten- und Deckungsbeitragsrechnung nach RIEBEL[272] vorgeschlagen.

2.3.3.2 Einzelkosten- und Deckungsbeitragsrechnung nach RIEBEL

2.3.3.2.1 Konzeption

Zielsetzung des von RIEBEL entworfenen Kostenrechnungssystems ist die Vorbereitung unternehmerischer Entscheidungen.[273] Die zugrunde liegende Idee ist, auf die Schlüsselung echter Gemeinkosten generell zu verzichten. Um dies realisieren zu können, ist zum einen eine Differenzierung zwischen Einzel- und Gemeinkosten nach dem Kriterium der eindeutigen Zurechenbarkeit zu relativieren, zum anderen sind sämtliche Kosten als Einzelkosten des speziellsten Bezugsobjekts auszuweisen. Dafür wird eine Bezugsobjekthierarchie von Kalkulationsobjekten gebildet, so daß alle Kostenarten auf einer der Hierarchieebenen, im Extremfall auf der obersten Ebene des Unternehmens, als Einzelkosten erfaßt werden können. In bezug auf hierarchisch untergeordnete Kalkulationsobjekte stellen diese Kosten dann zugleich Gemeinkosten dar. Zusätzlich wird nach der zeitlichen Zurechenbarkeit zwischen Perioden-Einzelkosten, die dem betrachteten Rechnungszeitraum (z.B. Monat, Quartal, Jahr) eindeutig oder spezifisch zugeordnet werden können, und Perioden-Gemeinkosten unterschieden. Die Periodisierung von Kosten, die für mehrere Perioden gemeinsam entstehen, wird von RIEBEL grundsätzlich abgelehnt.[274]

---

270 In der Literatur ist die verkürzte Bezeichnung Kostenrechnung üblich, so daß beide Begriffe im folgenden synonym verwendet werden.

271 Vgl. Krieger, R.G., [Gestaltung], 1995, S. 84.

272 Vgl. Riebel, P., [Deckungsbeitragsrechnung], 1994.

273 Vgl. Scherrer, G., [Kostenrechnung], 1999, S. 154.

274 Vgl. Riebel, P., [Deckungsbeitragsrechnung], 1994, S. 620.

Die Gegenüberstellung zweier Größen (z.B. Kosten und Erlöse) oder ihre objekt- bzw. zeitbezogene Zuordnung zu einem Bezugsobjekt erfolgt nach dem Identitätsprinzip. Nach diesem Prinzip ist eine Gegenüberstellung bzw. Zuordnung nur dann gerechtfertigt, wenn die Größen (Kosten und Erlöse bzw. Kosten und Bezugsobjekt) auf einen identischen dispositiven Ursprung zurückgehen, d.h. durch dieselbe Entscheidung bzw. Entscheidungskette ausgelöst werden.[275] Einzelkosten werden demnach von RIEBEL definiert als „die durch die Entscheidung über das betrachtete Untersuchungsobjekt ausgelösten Ausgaben (im Sinne von Zahlungsverpflichtungen, Auszahlungssumme)"[276]. Gemeinkosten sind dementsprechend Auszahlungen, die auf eine Entscheidung zurückgehen, die das betrachtete und andere Untersuchungsobjekte gemeinsam betreffen. Dagegen stellen Opportunitätskosten im Sinne der Einzelkosten- und Deckungsbeitragsrechnung keine Kosten dar, da sie keine Auszahlungen auslösen. Die Definition der Erlöse erfolgt analog.[277]
Die traditionelle Unterscheidung der Kosten in fixe und variable wird bei RIEBEL aufgegeben und durch die Aufspaltung in Leistungs- und Bereitschaftskosten ersetzt. Leistungskosten bezeichnen Kosten, die vom realisierten Leistungsprogramm abhängig sind und sich „automatisch" mit der zu erbringenden Leistung verändern. Bereitschaftskosten dagegen umfassen diejenigen Kostenkategorien, die notwendig sind, um die Voraussetzungen für die Realisierung des Leistungsprogramms zu schaffen.[278]
Die Einzelkosten- und Deckungsbeitragsrechnung gliedert sich in Grund- und Auswertungsrechnungen der Kosten und Erlöse.[279] Der Grundrechnung kommt dabei die Aufgabe zu, als zweckneutrale, abbildungstreue Datenbasis die relevanten Mengen- und Geldgrößen für zweckgerichtete Auswertungsrechnungen bereitzustellen.[280] Schwerpunkt des Kostenrechnungssystems ist das Rechnen mit Deckungsbeiträgen. Der Deckungsbeitrag wird von RIEBEL „als Differenz der einem Untersuchungsobjekt eindeutig zurechenbaren Erlöse und Kosten"[281] definiert. Grundlage ist das Dekkungsprinzip, welches fordert, daß jede für den Markt bestimmte Leistung oder Leistungskombination mindestens ihre Einzelkosten trägt und zusätzlich einen Beitrag zur Deckung von Einzelkosten übergeordneter Bereiche (Gemeinkosten im üblichen Sinn) und zum finanziellen Überschuß (Unternehmensergebnis) erzielt. Ausnahmen sind nur in besonderen Fällen, wie bei der Erschließung neuer Märkte, vertretbar.[282] Die einzelnen Deckungsbeiträge lassen sich nach verschiedenen Kriterien (z.B. Auftrag, Kunden, Absatzgebiet) stufenweise oder zeitlich fortschreitend zusammenfassen, so daß differenzierte Erfolgsquellenanalysen für Kontroll- und Planungsaufgaben möglich werden. Die Vorgabe von Soll-Deckungsbeiträgen, die neben den di-

[275] Vgl. Kilger, W., [Plankostenrechnung], 1993, S. 79; Riebel, P., [Deckungsbeitragsrechnung], 1994, S. 618.

[276] Riebel, P., [Deckungsbeitragsrechnung], 1994, S. 627.

[277] Vgl. Riebel, P., [Deckungsbeitragsrechnung], 1994, S. 627; Scherrer, G., [Kostenrechnung], 1999, S. 155f.

[278] Vgl. Riebel, P., [Deckungsbeitragsrechnung], 1994, S. 370, 454.

[279] Vgl. Hoitsch, H.-J./Lingnau, V., [Erlösrechnung], 1999, S. 370f.

[280] Vgl. Hoitsch, H-J./Schmitz, H., [Kostenrechnungsgestaltung], 1998, S. 182; Riebel, P., [Deckungsbeitragsrechnung], 1994, S. 149, 623; Scherrer, G., [Kostenrechnung], 1999, S. 158.

[281] Riebel, P., [Deckungsbeitragsrechnung], 1994, S. 621.

[282] Vgl. Hahn, D./Laßmann, G., [Produktionswirtschaft], 1993, S. 120; Riebel, P., [Deckungsbeitragsrechnung], 1994, S. 621.

rekten Kosten der Erzeugnisgruppe oder Abteilung auch ein vom Management und den (Verkaufs-)Abteilungsleitern auszuhandelndes Soll für die Abteilungsgemeinkosten und den geplanten Periodengewinn enthalten, soll eine zieladäquate Preispolitik gewährleisten.[283]

2.3.3.2.2 Zweckmäßigkeit für junge Unternehmen

Die Entscheidung zugunsten der Einzelkosten- und Deckungsbeitragsrechnung stützt sich vor allem auf zwei Denkansätzen RIEBELs:
(1) die Zuordnung von Einzelkosten im Sinne der Entscheidungsorientierung der Kostenrechnung und
(2) den Verzicht auf die Schlüsselung von echten Gemeinkosten.
Die direkte Gegenüberstellung von Erlösen und Kosten (Identitätsprinzip) im Rahmen einer Bezugsobjekthierarchie bildet die tatsächlichen Kostenabhängigkeiten korrekt ab. Die entscheidungsbezogene Erfassung der Kosten ist vollständig und genau.[284] Aus dieser Vorgehensweise nach RIEBEL resultiert zudem die Möglichkeit, detaillierte Analysen des Produktions- und Absatzprogramms hinsichtlich verschiedenster Kriterien wie Erzeugnisse, Absatzwege etc. durchzuführen, was den Anforderungen des Controllings entgegen kommt.[285]
Durch den Verzicht auf die Schlüsselung von Gemeinkosten entfällt zum einen die oftmals daraus resultierende Scheingenauigkeit, zum anderen wird der in der Realität vielfach vorliegende Gemeinkostencharakter von Kosten nicht mittels willkürlicher Verrechnungsmethoden verschleiert, sondern identisch abgebildet. Diese Art der Darstellung macht Kostenverbunde deutlich und unterstützt das Kostenmanagement wirkungsvoll. Sie zeigt auf, ob und in welchem Ausmaß eine Steuerung von Gemeinkosten zur Optimierung der Kosten im Unternehmen geboten ist.[286] Zudem wird mit der direkten Zurechnung der Einzelkosten und -erlöse auf die Bezugsobjekte - unter Berücksichtigung von Verbundbeziehungen - Kosten- und Ergebnistransparenz erreicht. Die Transparenz der Kosten und Erlöse ist die Voraussetzung einer professionellen und erfolgreichen Unternehmensführung und wird als Zweck der Kostenrechnung junger Unternehmen propagiert. Die Eigenschaft der Einzelkosten- und Dekkungsbeitragsrechnung, eine transparente Kosten- und Erlösstruktur zu schaffen, ist somit ein gewichtiges Argument für ihre Einführung.[287] Die ungeschlüsselte Zuordnung der Kosten gemäß der Objekthierarchie kommt den Verhältnissen in jungen Unternehmen sehr entgegen, da dort vielfach keine klare Trennung von Tätigkeiten und Aufgabengebieten existiert, so daß eine detaillierte Aufteilung schwerfällt.
Da die Kostenrechnung als operatives Instrument auf die Strategie des Unternehmens ausgerichtet werden muß, ist es nur konsequent, wenn sie analog zur langfristigen Investitionsrechnung ebenfalls in Zahlungen rechnet. RIEBEL eröffnet mit seinem marktorientierten Denken in Zahlungen die Chance, Anknüpfungspunkte zwischen operativen und strategischen Instrumenten herzustellen. Es wird eine Beziehung zur Finanzseite hergestellt, die die Erfassungsarbeit für die Finanzplanung und

[283] Vgl. Riebel, P., [Deckungsbeitragsrechnung], 1994, S. 622f.; Scherrer, G., [Kostenrechnung], 1999, S. 160.

[284] Vgl. Ewert, R., [Relative], 1996, S. 655.

[285] Vgl. Serfling, K., [Controlling], 1992, S. 143.

[286] Vgl. Küpper, H.-U., [Analyse], 1994, S. 71.

[287] Vgl. Männel, W., [Kostenmanagement], 1997, S. 168.

finanzwirtschaftliche Auswertungen, insbesondere den Cash Flow, erleichtert.[288] Auch dies spricht für die Wahl seines Systems.[289]
Ein Vorteil der Relativen Einzelkosten- und Deckungsbeitragrechnung für junge Unternehmen ist in ihrer vielseitigen Verwendbarkeit, Flexibilität und Ausbaufähigkeit zu sehen. Die Grundrechnung, die einen umfassenden Datenspeicher darstellt, kann für vielfältige Fragestellungen (Auswertungsrechnungen) herangezogen werden. Hinsichtlich der Bezugsgrößenhierarchie herrscht Gestaltungsfreiheit, die große Differenzierung der Grundrechnung erlaubt eine flexible Zuordnung der Kosten verschiedener Entscheidungsalternativen.[290] Da junge Unternehmen ihre Leistungen in bereichsübergreifenden Projekten erstellen und zudem aufgrund ihrer geringen Betriebsgröße sowie einfacher Strukturen überschaubar sind, sollte auf die Einrichtung von Kostenstellen verzichtet werden. Demzufolge liegt es nahe, ein Kostenrechnungssystem mit Ausrichtung auf Kostenträger zu installieren, was bei der Einzelkosten- und Deckungsbeitragsrechnung der Fall ist.[291]
Die Chancen für eine erfolgreiche Einführung der Einzelkosten- und Deckungsbeitragsrechnung in jungen Unternehmen stehen gut, da ihre Denkweise hier von Grund auf neu etabliert wird. Probleme, die das Umdenken von anderen bereits existierenden Kostenrechnungssystemen im Unternehmen mit sich bringt, treten erst gar nicht auf.[292] Daneben verliert die generelle Kritik an der mangelnden Operationalisierbarkeit des Systems im Zuge des EDV-technischen Fortschritts immer mehr an Bedeutung. Durch die Entwicklung relationaler Datenbanksysteme für kommerzielle Zwecke und die Integrationstendenzen bei der Betriebsdatenerfassung wird die adäquate Realisation des Konzepts erheblich erleichtert.[293] Dennoch sind für eine Anwendung der Einzelkosten- und Deckungsbeitragsrechnung in jungen Unternehmen Modifikationen notwendig, um die technische und wirtschaftlich vertretbare Operationalisierung bzw. Realisierung gewährleisten zu können.[294] Auch wenn der Fortschritt in der Entwicklung der Informationstechnologie den Aufbau einer zweckneutralen Grundrechnung für zahlreiche Auswertungsmöglichkeiten immer leichter ermöglicht,[295] existieren weiterhin theoretische Leitsätze und Anforderungen, die sich nur schwer in die Praxis umsetzen lassen.
Im Mittelpunkt der Gestaltungsvorschläge steht die Denkweise des Systems, weniger seine punktgenaue Umsetzung. Diese Sichtweise wird durch RIEBEL selbst gestützt, der die Relative Einzelkosten- und Deckungsbeitragsrechnung eher als „eine bestimmte Denkweise“[296] denn ein geschlossenes und „vorgefertigtes System“ bezeichnet, das 1:1 auf ein Unternehmen übertragen werden könnte. Die Charakteristi-

288 Die Ausgabenwirksamkeit der Kostenarten wird in der Grundrechnung gekennzeichnet.

289 Vgl. Günther, Th., [Unternehmenswertorientiertes], 1997, S. 112f.; Riebel, P., [Deckungsbeitragsrechnung], 1994, S. 435, 627, 630.

290 Vgl. Mussnig, W., [Kostenrechnung], 1996, S. 273; Riebel, P., [Deckungsbeitragsrechnung], 1994, S. 618, 622; Serfling, K., [Controlling], 1992, S. 142; Witt, F.-J., [Controlling 1], 1997, S. 78.

291 Vgl. Kilger, W., [Plankostenrechnung], 1993, S. 83; Männel, W., [Entwicklung], 1988, S. 13.

292 Vgl. Riebel, P., [Deckungsbeitragsrechnung], 1994, S. 625; Witt, F.-J., [Controlling 1], 1997, S. 78.

293 Vgl. Mussnig, W., [Kostenrechnung], 1996, S. 272f.

294 Vgl. Kilger, W., [Plankostenrechnung], 1993, S. 83; Reichmann, Th., [Controlling], 1997, S. 127.

295 Vgl. Coenenberg, A.G., [Kostenrechnung], 1999, S. 271; Hoitsch, H.-J./Lingnau,V., [Erlösrechnung], 1999, S. 378.

296 Riebel, P., [Thesen], 1983, S. 45.

ka des Kostenrechnungssystems von RIEBEL, die beim Entwurf einer Kostenrechnung für junge Unternehmen Schwierigkeiten bereiten, werden bei den entsprechenden Komponenten problematisiert, etwaige Abweichungen vom Grundkonzept dabei aufgezeigt, vorzunehmende Modifikationen erläutert.
Bei der Realisation in jungen Unternehmen, dargestellt am Beispiel der Optima AG, werden Anpassungen und Vereinfachungen vorgenommen, die für den praktischen Einsatz zweckmäßig sind. Gleichzeitig wird jedoch darauf geachtet, daß die Grundidee nicht aus den Augen verloren wird.

3. Kosten- und Erlösmanagement auf Unternehmensebene

3.1 Grundlagen

3.1.1 Die theoretische Konzeption und ihre praktische Umsetzung

Die Gestaltung des Kosten- und Erlösmanagements auf Unternehmensebene wird nicht nur theoretisch entwickelt, sondern bei der Optima AG praktisch umgesetzt. Nachfolgende Abbildung zeigt, welche Komponenten der Konzeption anhand der Fallstudie dargestellt werden.

Thema	Konzeption	Fallstudie
Kosten- und Erlösrechnung als Instrument	S. 81	S. 156
Business Plan als Datenpool	S. 81	S. 157
Festlegung der Sollgrößen	S. 81	S. 158
Kostenplanung	S. 87	S. 159
Erlösplanung	S. 95	S. 173
Ermittlung der Soll-Deckungslücke	S. 99	S. 175
Maßnahmen des Kostenmanagements	S. 106	S. 176
Maßnahmen des Erlösmanagements	S. 108	S. 178

Abb. V.-4: Konzeptkomponenten auf Unternehmensebene und ihre praktische Umsetzung

3.1.2 Der Break-even-Punkt als strategisches Ziel

Für junge Unternehmen muß es das vornehmliche Ziel sein, innerhalb des im Business Plan ausgewiesenen Zeitrahmens die Gewinnzone zu erreichen. Nur wenn diese Zielvorstellung konsequent verfolgt wird, ist es möglich, die Existenz zu sichern und den Ansprüchen der Kapitalgeber zu genügen, so daß diese weiterhin Kapital für das geplante Wachstum zur Verfügung stellen. Hintergrund dieser Überlegung ist der Gedanke, daß die Prognoseunsicherheit mit wachsendem zeitlichen Abstand zur Gegenwart steigt und damit das Risiko der Kapitalgeber, nicht am Geschäftserfolg zu partizipieren und keine hohe Rendite auf das eingesetzte Kapital zu erzielen, mit zunehmender Verzögerung der Break-even-Periode wächst.[297] Insofern stellt die Break-even-Periode einen Meilenstein dar, der - trotz etwaiger Aktualisierungen - grundsätzlich nicht nach hinten zu verschieben ist. Sein planmäßiges Erreichen soll unter Einsatz aller Kräfte unter allen Umständen realisiert werden. Die im Business Plan

[297] Vgl. Blohm, H./Lüder, K., [Investition], 1995, S. 80.

fixierte Break-even-Periode stellt in diesem Sinne ein strategisches Oberziel dar. Sie gilt in der Periode als erreicht, in der die kumulierten Deckungsüberschüsse die Summe der Deckungslücken erreichen und überschreiten.[298]

3.1.3 Die Kosten- und Erlösrechnung als Instrument

Im Rahmen der Unternehmenssteuerung mittels Deckungslücken kommt der Kosten- und Erlösrechnung die Aufgabe zu, vor, während und nach der Planperiode Informationen für das proaktive Kosten- und Erlösmanagement auf Unternehmensebene zur Verfügung zu stellen, das die Kosten bzw. Erlöse und damit den Erfolg des Unternehmens positiv beeinflussen kann.[299] Mit der Bereitstellung und Analyse von Kosten- und Erlösinformationen unterstützt sie die Gestaltungsentscheidungen des Kosten- und Erlösmanagements in den Modulen Planung und Diagnose und ebnet den Weg für deren Umsetzung und Überwachung.[300] Die Kosten- und Erlösrechnung legt das Fundament für ein professionelles und erfolgreiches Kosten- und Erlösmanagement auf Unternehmensebene.[301]

3.1.4 Der Business Plan als Datenpool

Der Business Plan stellt einen wertvollen Datenpool für die Kosten- und Erlösrechnung dar, da er die der Kosten-, Erlös und Ergebnisplanung vorgelagerten Planungen und Annahmen offenlegt. Mit seiner Erstellung und Aktualisierung ist im Prinzip bereits eine Kosten-, Erlös-, und Ergebnisplanung für mehrere Perioden vollzogen.[302] Allerdings sind die relevanten Daten über mehrere Teilpläne verteilt und müssen eventuell noch ergänzt bzw. im Sinne der Kosten- und Erlösdefinition RIEBELs modifiziert werden. Jungen Unternehmen ist zum Zwecke der vielseitigen Verwendbarkeit und Qualität des Business Plans als Managementtool dringend anzuraten, von Anfang an auf eine detaillierte, fundierte und vollständige Dokumentation aller Annahmen und Überlegungen zu achten, auf denen der Plan basiert. Nur auf dieser Basis entsteht ein Business Plan, der stets nachvollziehbar und leicht modifizierbar ist. Grundsätzlich ist zu berücksichtigen, daß die Planung junger Unternehmen aufgrund geringer Erfahrungswerte und der wachstums- und marktinduzierten Dynamik tendenziell eine größere Prognoseunsicherheit aufweisen als etablierte Unternehmen. Um der Unsicherheit der Prognosen Rechnung zu tragen, besteht die Möglichkeit, die Planungen um alternative Szenarien, z.B. im Hinblick auf Absatzmengen oder Produktionsfaktorpreise, zu ergänzen.

3.1.5 Die Festlegung der Sollgrößen

Im Rahmen der Einführung der Kosten- und Erlösrechnung hat eine Aktualisierung des Business Plans - inklusive Prämissen und Finanzdaten - zu erfolgen. Vor allem die Entwicklung eines aktuellen Finanz- und Marketingplans, bei der die Annahmen

[298] Zur Definition der Deckungslücke bzw. -überschüsse vgl. Kapitel V. 3.1.6.

[299] Vgl. Männel, W., [Ziele], 1995, S. 44.

[300] Vgl. Horváth, P., [Controllingkonzept], 1995, S. 23, 65; Küpper, H.-U., [Industrielles Controlling], 1994, S. 884.

[301] Vgl. Weber, J., [Rechnungswesen], 1996, S. 926.

[302] Zur Problematik der Kostenplanung sei stellvertretend verwiesen auf Scherrer, G., [Kostenrechnung], 1999, S.165-187, 206-295; Peemöller, V.H., [Controlling], 1997, S. 186-233.

und Planungen, die der Kosten- und Erlösplanung zugrunde liegen, erneut plausibilisiert werden, stellt eine unverzichtbare Vorleistung dar. Da bis zum Zeitpunkt der neuerlichen Planung bereits Erfahrungen und Informationen aus der bisherigen Geschäftstätigkeit vorliegen, dürften die Chancen für die Realisierung des aktualisierten Business Plans im Vergleich zum ursprünglichen größer sein. Der neue Plan, der auf Basis des angestrebten Wachstums erstellt wird, bildet die Grundlage für die Steuerung der Unternehmung auf dem Weg zur Überschreitung der Gewinnschwelle als wesentlichem Meilenstein in der Unternehmensentwicklung. Der Begriff Break-even-Periode bezeichnet diejenige Periode, in der die kumulierten Erlöse die kumulierten Kosten erstmals mindestens decken. Die in diesem Business Plan fixierte Break-even-Periode ist das strategische Ziel, das es zu erreichen gilt. Deshalb muß der neue Business Plan im Minimum den Zeitraum bis zur Break-even-Periode als interessierenden Abschnitt umfassen. Er wird als Basis Plan (vgl. Abb. V.-5) definiert, seine Kosten, Erlöse und jahresbezogenen Deckungslücken werden als Sollgrößen für die strategische Steuerung herangezogen.

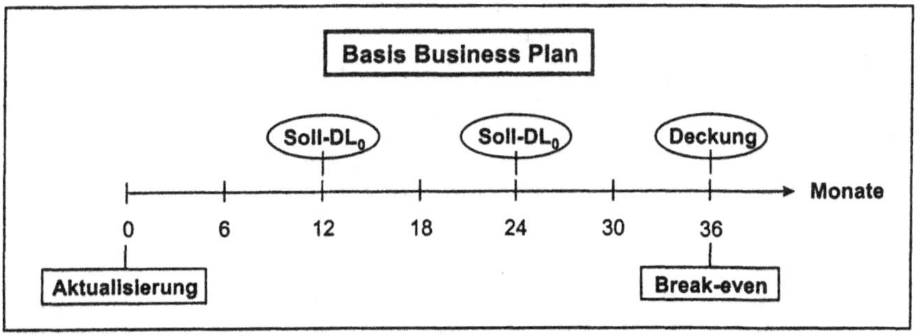

Abb. V.-5: Basis Plan[303]

3.1.6 Die Idee der Unternehmenssteuerung via Deckungslücken

Aus dem mehrjährigen Finanzplan des Basis Business Plans läßt sich ein Pfad an Deckungslücken für den Zeitraum bis zur Break-even-Periode entwickeln. Er resultiert aus der Gegenüberstellung der Kosten und Erlöse, die bis zum jeweiligen Zeitabschnitt planmäßig im Unternehmen aufgelaufen sind.

Die Deckungslücken werden erst im Zuge der Einführung der Kosten- und Erlösrechnung zur Lenkung des Unternehmens eingesetzt, so daß auch Deckungslücken aus bereits zurückliegenden Perioden seit Gründung des Unternehmens zu beachten sind. Diese sind, um eine Gesamtdeckung zu erreichen, mit den aus dem Basis Business Plan abgeleiteten (kumulierten) Deckungslücken je Periode zusammenzufassen.[304] Da aber im Zeitraum ihrer Entstehung noch keine Kosten- und Erlösrechnung im Unternehmen existierte, lassen sie sich im Zeitpunkt der Erstellung des Basis Plans (t=0) höchstens undifferenziert zu einem Wert aggregieren. Sie liefern damit keine zusätzlichen, integrierbaren Informationen zur Steuerung, sondern bewirken als konstanter Faktor lediglich, daß sich die planmäßig zu erreichende Break-even-Periode auf einen späteren Zeitpunkt verschiebt. In der Regel dringen die Investoren

[303] $Soll\text{-}DL_0$ = Soll-Deckungslücke aus dem Basis Business Plan

[304] Zur Argumentation vgl. Schweitzer, M./Troßmann, E., [Break-even-Analysen], 1998, S. 258.

auf die Einführung der Kostenrechnung, so daß ihre Beteiligung zugleich der Beginn der Steuerung durch Deckungslücken ist. In Anbetracht der Tatsache, daß die Investoren an der planmäßigen Realisierung der ihnen im aktualisierten Business Plan in Aussicht gestellten Break-even-Periode interessiert sind und da ihr eigener Kapitaleinsatz im Vordergrund steht, ist eine Berücksichtigung der Deckungslücken vergangener Perioden nicht zwingend notwendig.
Der Sollpfad an Deckungslücken zur angestrebten Break-even-Periode, der die Richtgröße zur Steuerung des Unternehmens darstellt, läßt sich somit allein aus den Kosten und Erlösen des Basis Plans ableiten (vgl. Abb. V.-6)

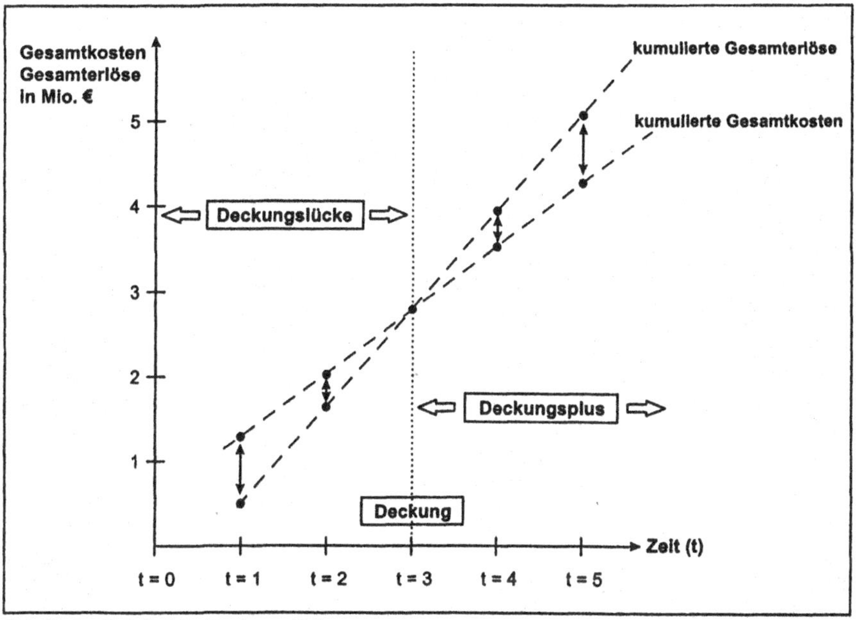

Abb. V.-6: Sollpfad der Deckungslücken

Die Periode t=0 bezeichnet den Zeitpunkt der Einführung der Kostenrechnung und der damit verbundenen Aktualisierung des Business Plans, t=3 die geplante Break-even-Periode. Die Deckungslücke ist definiert als die negative Differenz aus den geplanten kumulierten Gesamterlösen und -kosten im Unternehmen von der Periode t=0 bis zum Betrachtungszeitpunkt. Deckung liegt bei gleicher Höhe der kumulierten Kosten und Erlösen vor, ein Deckungsplus ergibt sich, wenn die kumulierten Erlöse die Kosten übersteigen.
Das strategische Ziel, (Über-)Deckung der Kosten in der Periode t=3, soll mit Hilfe der operativen Zielsetzung, dem Erreichen der Soll-Deckungslücken des Pfads, realisiert werden. Wenn das operative Ziel nicht erfüllt wird, ist nicht zwingend davon auszugehen, daß auch das strategische Ziel nicht erreicht wird. Allerdings liegt die Vermutung nahe, daß mit der Realisation der operativen Meilensteine auch die Wahrscheinlichkeit für die Verwirklichung des strategischen Meilensteins steigt. Mit

den periodischen Soll-Deckungslücken soll jungen Unternehmen ein Kriterium an die Hand gegeben werden, an dem sie sich bei der Lenkung des Unternehmens orientieren können. Ihre prognostizierte oder tatsächliche (Nicht-)Einhaltung innerhalb vorgegebener Toleranzgrenzen[305] soll ihnen signalisieren, ob mit Blickrichtung auf das strategische Ziel eine Kurskorrektur oder Planrevision erforderlich ist bzw. inwieweit Handlungsbedarf besteht. Die Analyse inakzeptabler Abweichungen gibt Anhaltspunkte für potentielle Maßnahmen, die sowohl auf der Kosten- als auch Erlösseite angesiedelt sein können.
Bei dem beschriebenen Vorgehen zur Steuerung des Unternehmens auf dem Weg zur Break-even-Periode ist in die Überlegungen einzubeziehen, daß die Entwicklung der Kosten und Erlöse gerade im dynamischen Umfeld junger Unternehmen mit großer Unsicherheit behaftet ist. Deshalb ist der Break-even-Periode eine zeitliche Toleranz einzuräumen, die für die Kapitalgeber noch akzeptabel erscheint. Zudem ist von einem mittels Szenarien aufgespannten Korridor auszugehen, in dessen Bandbreite die Plangrößen der Kosten und Erlöse schwanken können.[306] Da die Vorgehensweise des Kosten- und Erlösmanagements für einen Korridor und ein einzelnes Szenario äquivalent ist, beschränke ich mich darauf, die Methodik exemplarisch an einem Szenario zu erläutern.

3.1.7 Dynamische versus statische Vorgehensweise

Angesichts der Mehrperiodigkeit der Analyse stellt sich die Frage, ob Verzinsung im Konzept berücksichtigt werden soll, d.h. ob Bar- oder Zeitwerte der jährlichen Dekkungslücken bzw. -überschüsse für die Bildung der Steuerungsgrößen zu kumulieren sind. Wird ein Zinssatz > 0 % gewählt, handelt es sich um eine dynamische Betrachtungsweise, eine Rechnung mit Barwerten. Bei einem Zinssatz von 0 % liegt eine statische Rechnung vor.
Um die Deckungslücken und -überschüsse vergleichen zu können, werden bei der dynamischen Analyse alle Größen durch Auf- bzw. Abzinsung auf einen Bezugszeitpunkt umgerechnet. Als Bezugszeitpunkt der Barwerte wird der Anfang des ersten Planjahrs (d.h. das Ende von $t = 0$) gewählt. Die unterschiedliche Verzinsung innerhalb eines Jahrs wird vernachlässigt, da daraus lediglich eine geringe Ergebnispräzisierung resultiert. Alle Größen eines Jahrs fallen jeweils am Jahresende an und sind ab diesem Zeitpunkt zu verzinsen.[307] Die bereits vor dem Zeitpunkt der aktuellen Ein- und Mehrjahresplanung ($t=0$) realisierten jährlichen Ist-Deckungslücken bzw. -überschüsse werden im Rahmen der vorgelagerten Rechnung auf den Bezugszeitpunkt auf-, die jahresbezogenen Plan-Deckungslücken bzw. -überschüsse der Jahre 1 bis t[308] abgezinst. Die ermittelten Barwerte werden sodann für die einzelnen Planjahre kumuliert.
Bei der statischen Vorgehensweise werden die jährlichen Deckungslücken bzw. Dekkungsüberschüsse, die aus periodisierten Erfolgsgrößen (Kosten und Erlösen) gebildet werden, unmittelbar ohne Diskontierung für die Planperioden kumuliert.[309]

[305] Vgl. dazu die Erläuterungen in Abschnitt V. 3.3.5.

[306] Vgl. Lex, H., [Investitionsrechnung], 1970, S. 152; Welzel, O., [Break even-Analyse], 1987, S. 38.

[307] Vgl. Kruschwitz, L., [Investitionsrechnung], 2000, S. 36, 42; Schweitzer, M./Troßmann, E., [Break-even-Analysen], 1998, S. 260, 397.

[308] t bezeichnet die Periode, in der das Überschreiten der Gewinnschwelle geplant ist.

[309] Vgl. Kruschwitz, L., [Investitionsrechnung], 2000, S. 42.

Will man eine korrekte Rechnung im Sinne der Theorie, so darf man die Zinseffekte, die zu einer Verschiebung der Break-even-Periode in die Zukunft führen können, nicht außer Acht lassen.[310] Allerdings besteht dann das Problem, einen theoretisch fundierten Kalkulationszinsfuß zu bestimmen, dessen Höhe den Break-even-Zeitpunkt entscheidend beeinflußt.[311] In welchem Umfang sich eine Variation des Kalkulationszinsfußes auf den Break-even-Zeitpunkt auswirkt, läßt sich mit Hilfe von Sensitivitätsanalysen ermitteln. Man muß sich bei der Untersuchung der Zinssensitivität der Break-even-Periode im klaren darüber sein, daß die Ergebnisse von der individuellen Zahlungsstruktur des jeweiligen Unternehmens, d.h. von Höhe, Zeitpunkt und Differenz zwischen Einnahmen und Ausgaben, abhängen.[312]
Angesichts des großen Eigenkapitalanteils am Gesamtkapital junger Unternehmen bietet sich der Kapitalmarktzins für langfristige Anlagen zumindest als Anhaltspunkt zur Bestimmung des Kalkulationszinsfußes an. Exakter ist die Ermittlung der von den Eigentümern geforderten Rendite auf Basis des Kapitalmarktmodells Capital Asset Pricing Model (CAPM) als risikoäquivalente Rendite.[313] Allerdings dürfte das Risiko junger Unternehmen schwer zu klassifizieren sein. In diesem Zusammenhang wird in der neueren Literatur vorgeschlagen, einen unternehmensspezifischen Risikozuschlag als zusätzlichen, additiven Faktor in das CAPM aufzunehmen, der sich aus Faktoren wie Marktwachstum, Positionierung innerhalb des Markts etc. zusammensetzt. Als Resultat der Modifikation ergibt sich folgende Gleichung zur Ermittlung des Eigenkapitalkostensatzes r_j:

$$r_j = i + (\bar{r}_M - i) \cdot \beta_j + r_B$$

Dabei steht i für den risikolosen Zinssatz, $\bar{r}_M$ für die erwartete Rendite des Marktportefeuilles, β bezeichnet den Betafaktor des Unternehmens j und r_B den unternehmensspezifischen Risikozuschlag.[314] Problematisch an dieser Methode ist, daß ein unternehmensspezifischer Risikozuschlag additiv verknüpft wird, der nicht objektivierbar ist. Daneben bestehen außerdem die bekannten Probleme bei Einsatz des CAPM.

(1) die Verwendung eines Aktienindexes als Surrogat für das Marktportefeuille,
(2) die empirische Herleitung der Betawerte aus historischen Aktienrenditen und
(3) die Bestimmung der Betawerte nicht börsennotierter Unternehmen.

Für junge Unternehmen sind insbesondere Punkt (1) und (2) von Bedeutung. Da sich junge, börsennotierte Unternehmen und ihre Geschäfte im unsicheren Markt- und Wettbewerbsumfeld laufend verändern, kann es zu Verzerrungen der Beta-Schätzungen aufgrund von Instabilitäten kommen. Sind die Unternehmen noch nicht börsennotiert, was in der Wachstumsphase häufig der Fall ist, fehlt die Ermittlungsbasis für die Betawerte. Die ersatzweise Verwendung eines Branchenbetas, d.h. des Betawerts eines vergleichbaren Unternehmens oder des Mittelwerts der Betas einer

---

310 Vgl. Lex, H., [Investitionsrechnung], 1970, S. 148.

311 Zur Problematik der Bestimmung des adäquaten Zinssatzes vgl. stellvertretend Schweitzer, M./Troßmann, E., [Break-even-Analysen], 1998, S. 400.

312 Vgl. Kruschwitz, L., [Investitionsrechnung], 2000, S. 281f.; Lex, H., [Investitionsrechnung], 1970, S. 148f.; Schweitzer, M./Troßmann, E., [Break-even-Analysen], 1998, S. 404.

313 Zur Darstellung des Kapitalmarktmodells und seiner Implementierung vgl. stellvertretend Brealey, R.A./Myers, S.C., [Principles], 2000, S. 187-220; Drukarczyk, J., [Finanzierung], 1993, S. 234-256.

314 Vgl. Häcker, J., [New Economy], 2000, S. 530f.

Gruppe von Vergleichsunternehmen, birgt folgende Probleme: Vergleichbare börsennotierte Unternehmen sind schwer zu finden, ihre Anzahl ist häufig gering und die Unterschiede zwischen den Unternehmen sind sehr groß. Schließlich besteht die Chance junger Unternehmen häufig gerade darin, daß bisher kein vergleichbares Unternehmen am Markt existiert. Der ermittelte Kapitalkostensatz kann somit lediglich als Orientierungshilfe dienen.[315]

Je nachdem, ob und um wieviel Perioden sich die geplante Break-even-Periode bei der dynamischen Berechnung unter Verwendung eines auf der Basis obiger Formel ermittelten und als annähernd adäquat angesehenen Zinssatzes verzögert, ist Verzinsung zu berücksichtigen oder nicht. Zu überlegen ist dabei, ob die festgestellte Verschiebung bei den Kapitalgebern auf Akzeptanz stößt. Sollte dies der Fall sein, könnte die durch die dynamische Methode ermittelte planmäßige Break-even-Periode als Obergrenze im Sinne des spätest erlaubten Zeitpunkts zu Erreichung der Gewinnzone gesetzt werden.

Die Entscheidung, Verzinsung in das Kalkül einzubeziehen, hängt auch davon ab, von welchem Zeithorizont man bei der Planung der Break-even-Periode ausgeht. Sieht man das Erreichen der Gewinnschwelle innerhalb von fünf Jahren ab der Periode 0 als realistisch an, ist ein Verzicht auf die Verzinsung aufgrund des kurzen Zeithorizonts meines Erachtens noch zulässig. Bei längeren Zeiträumen sollten jedoch die Zinseffekte in der Berechnung der kumulierten Deckungslücken nicht ausgeklammert werden.

Insgesamt gesehen muß jedes Unternehmen unter Abwägung obiger Gesichtspunkte individuell für seine jeweilige Situation entscheiden, ob es dynamisch oder statisch rechnet.

Da jedoch die prinzipielle Vorgehensweise zur Steuerung des Unternehmens unabhängig von der Verzinsung ist, wird auf die Wahl des Wertansatzes der zu kumulierenden Deckungslücken bzw. -überschüsse einzelner Perioden erst im Rahmen der Fallstudie (Optima AG) konkret eingegangen.

3.2 Modul Planung

3.2.1 Vorgabeinformationen aus der Kosten- und Erlösplanung

Die Kosten- und Erlösplanung setzt die strategischen Vorgaben des Business Plans in den operativen Bereich mit einem Planungshorizont von einem Jahr um. Sie gibt als Zielplanung für das Unternehmen punktuell fixierte Kosten- bzw. Erlöshöhen oder Ober- bzw. Untergrenzen vor. Die Kosten- und Erlösgrößen der ersten Planungsperiode können nach etwaiger Modifikation aus dem aktuellen Finanz- und Marketingplan übernommen werden. Sie werden als periodische Kosten- bzw. Erlösvorgaben formuliert[316] und in einer Bezugsobjekthierarchie dargestellt. Diese Art der Abbildung macht die Struktur der Kosten- bzw. Erlöse transparent und gibt damit Aufschluß über mögliche Ansatzpunkte des Kosten- und Erlösmanagements.

[315] Vgl. Drukarczyk, [Finanzierung], 1993, S. 246-252; Häcker, J., [New Economy], 2000, S. 531; Mensch, G., [Finanz-Controlling], 2001, S. 201f.; Peemöller, V.H./Geiger, Th./Barchet, H., [Early-Stage-Investments], 2001, S. 337, 344; Schäfer, H./Schässburger, B., [Bewertungsmängel], 2001, S. 86, 88f.

[316] Vgl. Dellmann, K./Franz, K.-P., [Kostenrechnung], 1994, S. 21; Reiß, M./Corsten, H., [Gestaltungsdomänen], 1992, S. 1489.

Den Zusammenhang zwischen der Kosten- und Erlösplanung und dem Basis Business Plan zeigt nachfolgende Graphik.

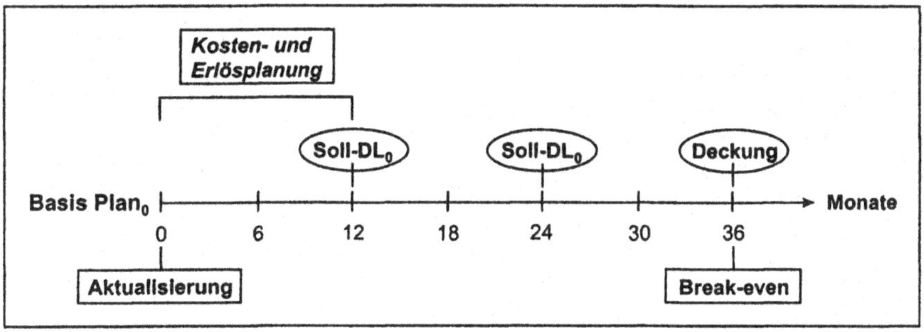

Abb. V.-7: Zusammenhang zwischen der Kosten- und Erlösplanung und dem Basis Business Plan

3.2.2 Kostenplanung

Vor Beginn der Planperiode werden auf die Zukunft bezogene Kostenwerte auf der Grundlage der strategischen Vorgaben des Business Plans sowie der geplanten betrieblichen Prozesse (Aktionsplanung) und Ziele in der Kostenplanung festgelegt und dokumentiert. Die Kostenplanung fixiert für die Entscheidungsträger Vorgabewerte zur Planung und Steuerung des Planjahrs, deren Einhaltung später kontrolliert wird. Sie geht von wirtschaftlichem Verhalten aus und liefert auf diese Weise Vergleichswerte für die Kontrolle der später zu ermittelnden Istkosten.[317]
Der Kostenplanung liegt grundsätzlich der ausgabenorientierte Kostenbegriff von RIEBEL zugrunde. Dieser berücksichtigt bei der Kostenplanung,

- daß bei der Ermittlung (Planung) der Kosten neben dem mengenmäßigen Güterverbrauch auch andere Bemessungsgrundlagen wie z.B. Umsatz[318], verwendet werden und
- daß die Preise für den Güterverbrauch in Abhängigkeit der Gesamtverbrauchsmenge (Mengenrabatte, Überstundenzuschläge) variieren können.[319]

In der traditionellen Vorgehensweise bezieht sich die Kostenplanung der Plankostenrechnung auf Kostenarten, -stellen und -träger. RIEBEL dagegen gibt diese Aufteilung auf und propagiert die Verwendung einer zweckneutralen Grundrechnung, die im Prinzip die Kostenarten-, Kostenstellen-, und Kostenträgerrechnung kombiniert.[320]
Allerdings werden darin[321]

(1) alle Kosten als Einzelkosten des jeweils speziellsten Bezugsobjekts ausgewiesen,
(2) die Kostenarten nach für die Auswertung wichtigen Charakteristika differenziert und gekennzeichnet sowie
(3) Mengengerüst und Preis - soweit möglich - jeweils gesondert ausgewiesen.

---

[317] Vgl. Mensch, G., [Kostenplanung], 1997, S. 59-61.

[318] Für weitere Beispiele vgl. Riebel, P., [Deckungsbeitragsrechnung], 1994, S. 414.

[319] Vgl. Radensleben, T., [Grundlagen], 1995, S. 171; Riebel, P., [Deckungsbeitragsrechnung], 1994, S. 413-415.

[320] Vgl. Riebel, P., [Deckungsbeitragsrechnung], 1994, S. 149.

[321] Vgl. im folgenden Riebel, P., [Deckungsbeitragsrechnung], 1994, S. 444f., 623f.

Die Konzeption der Kostenrechnung für junge Unternehmen weicht insofern von dem Rechnungsaufbau nach RIEBEL ab, als neben einer modifizierten bzw. vereinfachten Grundrechnung, die nur Kostenarten- und Kostenträgerrechnung miteinander kombiniert, zusätzlich die Erstellung einer Kostenartenrechnung in konventioneller Form vorgeschlagen wird.
Auf eine Kostenartenrechnung wird deshalb nicht verzichtet, da sie als Sammelbekken aller zukünftig anfallenden Kosten der Planperiode (1 Jahr) auf einfachste Weise einen Grobüberblick darüber gibt, welche Kosten überhaupt im Unternehmen entstehen, was gerade für junge Unternehmen sehr wichtig ist.[322] In diesem Zusammenhang wäre es wünschenswert, bereits im Business Plan eine zusammenfassende Darstellung aller Kostenarten des Unternehmens in einer einzigen separaten Planungstabelle (vgl. Abb. V.-8) vorzunehmen. Dadurch kann die spätere Einführung einer Kostenrechnung unterstützt und das Kostenbewußtsein bei den Gründern gefördert werden.

Kostenart	Betrag
Material	
Personal	
Miete	
Gesamtkosten:	

Abb. V.-8: Planung nach der Kostenartenrechnung

Die einzelnen Kostenkategorien lassen sich noch weiter untergliedern. Wie detailliert die Kostenarten aufgelistet werden, bleibt jedem einzelnen Unternehmen überlassen. Denkbar wäre z.B. eine Aufspaltung der Personalkosten nach Funktionsbereichen.
Inhaltlich fußen die Positionen der Kostenartenrechnung somit auf der Überlegung, in welchen Verantwortungs- oder Funktionsbereichen des Unternehmens welche Kosten in welcher Höhe entstehen, ergänzt um diejenigen Kosten, die bereichsübergreifend anfallen, wie z.B. Mietkosten. Insofern ist von einer simultanen und aufeinander abgestimmten (synchronisierten) Kostenplanung auf Bereichs- und Gesamtunternehmensebene auszugehen.
Im Ergebnis faßt die Kostenartenrechnung alle Kosten des kommenden Jahrs im Unternehmen nach Kostentypen zusammen.[323]

3.2.3 Charakteristika der Grundrechnung der Plankosten

3.2.3.1 Verzicht auf Kostenstellen

Junge Unternehmen sind nicht streng nach Funktionen und Bereichen, sondern vielmehr nach Prozessen und Projekten organisiert. Die Mitarbeiter können die Unternehmensleistung nur in enger Zusammenarbeit über die Grenzen ihres Funktionsbereichs hinweg erbringen. Da dies funktions- und bereichsübergreifende Strukturen erfordert, erachte ich die Festlegung von Kostenstellen, die bereichs- oder funktionsspezialisiert aufgebaut werden, nicht als gerechtfertigt. Bei einem hohen Grad an

322 Die Aufstellung der Kostenarten ist zudem ohne viel Aufwand aus den Informationen der Teilpläne des Business Plans zu bewerkstelligen.

323 Vgl. Kilger, W., [Einführung], 1987, S. 69f.

Funktions- und Bereichsintegration können nur sehr wenige Kosten den Kostenstellen direkt zugeordnet werden. Eine Kostenstellenrechnung ist daher nicht sinnvoll.[324] Sie erweist sich sogar als kontraproduktiv für das notwendige ganzheitliche Denken innerhalb der Wertschöpfung des Unternehmens.
Damit das Hauptaugenmerk auf das Projekt bzw. den Prozeß und nicht auf die Funktion oder den Bereich gelenkt wird, sollte die Implementierung einer Kostenstellenrechnung unterbleiben. Der Verzicht auf die Festlegung von Kostenstellen in jungen Unternehmen ist theoretisch dadurch zu rechtfertigen, daß im gewählten Kostenrechnungssystem von RIEBEL jede Form der Schlüsselung, somit auch diejenige auf Basis der Kostenstellen, abgelehnt wird.
Die Grundrechnung wird deshalb als kombinierte Kostenarten-, Kostenträgerrechnung konzipiert.

3.2.3.2 Bezugsobjekthierarchie

Für den Aufbau der Grundrechnung ist die Aufstellung einer Bezugsobjekthierarchie Voraussetzung. Die Hierarchie wird so gestaltet, daß alle Kostenarten auf einer Ebene als Einzelkosten erfaßt werden können, zugleich aber in bezug auf andere Kalkulationsobjekte Gemeinkosten darstellen.[325]
Da junge Unternehmen überwiegend projektorientiert arbeiten[326], werden Projekte als Kostenträger herangezogen.[327] Die Kostenplanung der Hierarchieebene Projekt beinhaltet dabei nur diejenigen Projekte, die in der Periode planmäßig zu akquirieren sind.
Die typische Hierarchie der Kalkulationsobjekte eines jungen Unternehmens sieht in idealisierter Form[328] wie folgt aus:

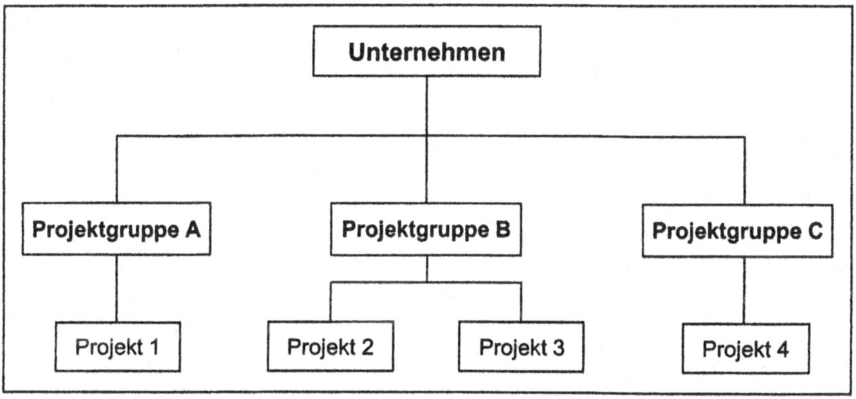

Abb. V.-9: Typische Bezugsobjekthierarchie junger Unternehmen

[324] Vgl. Weber, J., [Kostenrechnung-(s)-Dynamik], 1995, S. 13.
[325] Vgl. Kilger, W., [Plankostenrechnung], 1993, S. 79.
[326] Vgl. Kapitel III. 3. Leistungsprogramm und -erstellung.
[327] Die angestellten Überlegungen lassen sich analog auf andere Bezugsobjekthierarchien übertragen.
[328] Auf die Darstellung von Verbundeffekten wurde verzichtet.

Im gewählten Kostenrechnungssystem werden die Kosten nicht willkürlich geschlüsselt, sondern als Einzelkosten denjenigen Objekten zugeordnet, für die tatsächlich eine direkte Zuordnungsmöglichkeit nach dem Identitätsprinzip besteht. So kommt es dann und nur dann zum Ausweis der Kosten beim entsprechenden Bezugsobjekt, wenn die Kosten durch dieselbe Entscheidung ausgelöst werden wie das Bezugsobjekt. Es wäre prinzipiell denkbar, die Projekte noch weiter in Teilleistungen als Bezugsobjekte aufzusplitten. In diesem Zusammenhang sei auf die spätere Fallstudie in Abschnitt VI. verwiesen, in der eine solche Unterteilung im konkreten Fall vorgenommen wird. Bei einer derartigen Untergliederung ist allerdings zu bedenken, daß im Rahmen des periodenbezogenen Gesamtplanungsprozesses u.U. eine Genauigkeit vorgespiegelt wird, die de facto nicht existiert, da die Kostenzuordnung mit zunehmender Aufsplittung aufgrund zahlreicher Verbundeffekte immer schwerer fällt und die Prognoseunsicherheit mit zunehmendem Detaillierungsgrad immer weiter zunimmt.
Im Zuge des Kosten- und Erfolgscontrollings der Projekte[329] dagegen ist eine Aufspaltung sogar Voraussetzung für eine fundierte Planung, Steuerung und Kontrolle. Zu diesem Zeitpunkt liegen aber bereits mehr Informationen zu den einzelnen Projekten und ihrer Struktur vor, die eine Kostenprognose auf Basis von Teilleistungen ermöglichen.

3.2.3.3 Integration von Projekt- und Periodensicht

Das betriebliche Rechnungswesen orientiert sich grundsätzlich an Geschäftsperioden. Bei der Betrachtung von Projekten ergibt sich jedoch das Problem, daß es sich bei ihrer Abwicklung um Vorgänge handelt, deren zeitliche Dimension durch das einzelne Projekt bestimmt wird und nicht an Kalenderperioden gebunden ist, d.h. die Leistungserstellung und Erlösrealisation kann periodenübergreifend stattfinden. Aufgrund dieser Tatsache ergeben sich Interdependenzen zwischen den Rechnungsperioden, welche Abgrenzungs-, Aufteilungs- und Bewertungsprobleme bei der Planung, Ermittlung und Kontrolle des Periodenerfolgs induzieren.[330] Es muß mit Ausnahme von Projekten, deren Abwicklung komplett innerhalb einer Planungsperiode liegt, entschieden werden, welche Erlöse und Kosten einer bestimmten Periode zugerechnet werden können.[331] Die Integration von Perioden- und Projektsicht wird realisiert, indem einerseits Projekte als Bezugsobjekte der Grundrechnung gewählt werden, andererseits zeitlich auf die Jahresperiode abgestellt wird.[332] Auf diese Weise sind sowohl periodische als auch projektbezogene Auswertungen möglich.

---

329 Vgl. Abschnitt V. 4.

330 Vgl. Buch, J., [Projektrechnung], 1991, S. 35; Bürgel, H.D., [Projektcontrolling], 1996, S. 627.

331 Die Periodenzurechnung von Projektkosten und -erlösen wird im Kapitel V. 4.3.1.3 theoretisch und in Kapitel VI. 4.2.5 am Beispiel der Optima AG ausführlich erläutert.

332 Periodenübergreifende Kosten werden als Perioden-Gemeinkosten gekennzeichnet.

3.2.3.4 Kostenkategorien

Die nachfolgende Aufzählung beschreibt, welche Kostenkategorien in der Grundrechnung der Plankosten ausgewiesen werden.

- Nach den Prinzipien der Grundrechnung werden Mengen- (M) und Preisgrößen (P) der Kostenarten, soweit möglich, aufgenommen, da sie interessante Merkmale für die Auswertung darstellen.[333] Der Input für die Charakterisierung der Kosten durch Mengen- und Preisgrößen läßt sich aus dem Business Plan (z.B. Mitarbeiterzahl und Gehalt) und den vorgelagerten Preis- bzw. Mengenplanungen übernehmen.
- Die Klassifikation der Kostenarten nach dem Kriterium der Variabilität und der Ausgabenwirksamkeit wird beibehalten. Dementsprechend erfolgt eine Einteilung in „kurzfristige (automatisch) variable" (Leistungskosten) und „kurzfristige nicht variable Kosten" (Bereitschaftskosten) sowie ausgabennahe (an) und -ferne (af) Kosten.[334]
- Um die Transparenz und Handhabbarkeit der Grundrechnung gewährleisten zu können, werden - im Gegensatz zu RIEBELs traditioneller Gruppierung der Zurechnungsobjekte im Kostensammelbogen[335] - die Kostenkategorien „absatzbedingte variable Kosten" und „erzeugungsbedingte Kosten" nicht in die Grundrechnung aufgenommen.[336] Mit dem Verzicht auf die absatz- und erzeugungsbedingten Kosten wird dem Grundsatz Rechnung getragen, nur diejenigen Charakteristika zu berücksichtigen, die für die Auswertung relevant sind.[337]
- Im Mittelpunkt der zeitlichen Betrachtung steht die Jahresrechnung. Die zeitbezogene Zuordnung der Bezugsobjekte wird nicht im Detail in die Grundrechnung aufgenommen.[338] Hintergrund der vereinfachten zeitlichen Bezugsgrößenhierarchie - lediglich jahresgebunde Perioden-Einzel- und -Gemeinkosten werden ausgewiesen - ist zum einen die generell schwierige zeitliche Abgrenzung von Projekten, zum anderen der mit zunehmendem Detaillierungsgrad steigende Prognosefehler.[339] Die zeitliche Struktur der kurzfristig nicht variablen Kosten wird durch Vertragsmodalitäten festgelegt und i.d.R. nicht durch das einzelne Projekt beeinflußt. Die Leistungskosten erhalten ihre zeitliche Dimension durch die zeitliche Erstreckung des Objekts, dem sie sachlich zurechenbar sind.
  Diese Fokussierung auf die Periode nimmt RIEBEL nicht vor. Er charakterisiert seine Grundrechnung als „eine in der Vergangenheit einsetzende, real-time fortzuschreibende und so weit als möglich in die in die Zukunft hineingreifende Zeitablaufrechnung"[340]. Demzufolge gliedert er sie in einen periodengebundenen und einen nicht periodengebundenen Rechnungsteil. [341]

---

[333] Vgl. Riebel, P., [Deckungsbeitragsrechnung], 1994, S. 439.

[334] Vgl. Riebel, P., [Deckungsbeitragsrechnung], 1994, S. 167.

[335] Vgl. Riebel, P., [Deckungsbeitragsrechnung], 1994, S. 167.

[336] Vgl. Riebel, P., [Deckungsbeitragsrechnung], 1994, S. 92-96.

[337] Vgl. Scherrer, G., [Kostenrechnung], 1999, S. 158; Weber, J./Weißenberger, B.E., [Relative], 1996, S. 16f.

[338] Vgl. Riebel, P., [Führungsrechnung], 1992, S. 276.

[339] Vgl. Riebel, P., [Deckungsbeitragsrechnung], 1994, S. 439.

[340] Riebel, P., [Führungsrechnung], 1992, S. 267.

[341] Vgl. Riebel, P., [Führungsrechnung], 1992, S. 276.

Die vorliegende Periodenbetrachtung hängt unter anderem damit zusammen, daß die Kapitalgeber junger Unternehmen an periodenbezogenen Informationen interessiert sind. Für sie sind Business Pläne mit Jahren als Planabschnitten zu erstellen und zu aktualisieren, wofür die Kostenrechnung Input zu leisten hat. Bei periodenorientierter Betrachtung sind die Daten aus dem Business Plan und der Kostenrechnung somit wechselseitig verwendbar. Periodische Zwischenwerte über die Erfolgsentwicklung des Unternehmens dienen dabei sowohl als Informationen für die Kapitalgeber als auch zur Unternehmenssteuerung.
Da viele Vorgänge des Wirtschaftslebens, wie Dividendenausschüttungen, Besteuerung, Fremdkapitalverzinsung und Gehaltsabrechnung, periodenbezogen ablaufen, unterstützt die Orientierung an der Periode die vielseitige Verwendbarkeit der Erlös- und Kostendaten. Es wird Kompatibilität zum externen Rechnungswesen hergestellt. Die Grundrechnung kann somit auch Informationen für die Aufstellung des Jahresabschlusses liefern.[342]
Durch die Konzentration auf die Periode können je nach Bedarf sowohl projektbezogene als auch periodenbezogene Auswertungen erstellt werden. Die Transparenz ist dadurch gewährleistet, daß periodenübergreifende Kosten explizit als Perioden-Gemeinkosten gekennzeichnet werden.
Damit die Kostenrechnung operabel bleibt und den Erfordernissen der Praxis entspricht, wird also nicht auf eine Periodisierung der Kosten verzichtet.

Die folgende Übersicht (Abb. V.-10) faßt Unterschiede und Gemeinsamkeiten zwischen der Einzelkosten- und Deckungsbeitragsrechnung nach RIEBEL und meiner Ausgestaltung dieses Systems für junge Unternehmen in Bezug auf die Kostenplanung zusammen.

Gemeinsamkeiten: • ausgabenorientierter Kostenbegriff • Bezugsobjekthierarchie • grundsätzliche Zuordnung von Zeitdimensionen auf die Bezugsobjekte • keine Schlüsselung von Gemeinkosten • Identität als Kostenzuordnungsprinzip • Gliederung in Leistungs- und Bereitschaftskosten • Aufgliederung in Grund- und Auswertungsrechnung
Unterschiede: • Periodisierung der Kosten • Verzicht auf eine detaillierte Zuordnung von Zeitdimensionen auf die Bezugsobjekte (stunden-, schicht-, monats-, quartalsgebunden) • Verzicht auf die Unterteilung in absatzbedingte variable Kosten und erzeugungsbedingte Kosten

Abb. V.-10: Gemeinsamkeiten und Unterschiede der Kostenplanung im Vergleich mit dem System von RIEBEL

[342] Vgl. dazu die Erläuterungen zum Ansatz von Abschreibungen in Kapitel VI. 3.2.2.2.

3.2.4 Darstellung der Grundrechnung der Plankosten

Im weiteren wird die Grundrechnung der Plankosten graphisch dargestellt. Dabei werden folgende Abkürzungen bzw. Symbole verwendet:

M: Menge (auch Zeitgrößen)

P: Preis

K: Kosten ($K = M \cdot P$)

Innerhalb der Rubrik Bemerkung (B) erfolgt die Charakterisierung der Kosten als Perioden-Einzel- (PE) und Perioden-Gemeinkosten (PG) sowie nach ihrer Ausgabenwirksamkeit als ausgabennah (an) und ausgabenfern (af).

KOSTEN-KATEGORIE	KOSTEN-ART	HIERARCHIE DES BEZUGSOBJEKTS „KOSTENTRÄGER“																
		PROJEKT 1				PROJEKT 2				PROJEKT 3				PROJEKT 4				
		M	P	K	B	M	P	K	B	M	P	K	B	M	P	K	B	Σ
kurzfristig variable Kosten																		
Σ kurzfristig variable Einzelkosten																		
kurzfristig nicht variable Kosten																		
Σ kurzfristig nicht variable Einzelkosten																		
Σ Projekt-Einzelkosten																		

		Projektgr. A				Projektgruppe B				Projektgr.C				
		M	P	K	B	M	P	K	B	M	P	K	B	Σ
kurzfristig variable Kosten														
Σ kurzfristig variable Einzelkosten														
kurzfristig nicht variable Kosten														
Σ kurzfristig nicht variable Einzelkosten														
Σ Projektgruppen-Einzelkosten														
Projektgruppen-Gesamtkosten[343]														

		UNTERNEHMEN			
		M	P	K	B
kurzfristig variable Kosten					
Σ kurzfristig variable Einzelkosten					
kurzfristig nicht variable Kosten					
Σ kurzfristig nicht variable Einzelkosten					
Σ Unternehmens-Einzelkosten					
Gesamtkosten des Unternehmens[344]					

Abb. V.-11: Grundrechnung der Plankosten

[343] Projektgruppen-Gesamtkosten = Summe der gesamten Projekt- und Projektgruppen-Einzelkosten.

[344] Gesamtkosten des Unternehmens = Summe der gesamten Projekt-, Projektgruppen- und Unternehmens-Einzelkosten.

3.2.5 Erlösplanung

Um eine fundierte Erlösplanung vornehmen zu können, bedarf es analog zur Kostenrechnung vorgelagerter Planungen. Relevanz besitzen die Produkt-, Programm-, Kommunikations- und Distributionspolitik sowie die Preispolitik.[345] Diese werden bereits im Rahmen der Marketingplanung des Business Plans durchgeführt und aktualisiert, so daß die für die Erlösplanung notwendigen Informationen dem vorhandenen Business Plan entnommen werden können.

Die Erlösplanung in Form der Grundrechnung erfaßt die prognostizierten Erlöse der Bezugsobjekte des Unternehmens vor Beginn der Planperiode.[346] Unter Einzelerlösen versteht RIEBEL Einnahmenansprüche, die durch die Entscheidung über ein betrachtetes Untersuchungsobjekt insgesamt ausgelöst werden. Einzahlungen, die auf Dispositionen zurückgehen, welche mehrere Objekte gemeinsam betreffen, werden dagegen Gemeinerlöse genannt.[347]

Absatz- bzw. Leistungsverbundenheiten machen die Identifizierung von Entgelten als Einzelerlöse schwierig. Ein Erlös ist im Sinne der Konkretisierung des Identitätsprinzips nur dann der Mengeneinheit eines Leistungsguts eindeutig zurechenbar, wenn folgende Bedingungen erfüllt sind:[348]

(1) Das jeweilige Leistungsgut muß allein oder in Kombination mit anderen Gütern in beliebiger Menge verkauft und vom Abnehmer beschafft werden können.

(2) Das Entgelt je Leistungsguteinheit muß unabhängig von weiteren Bestellungen desselben Kunden, sei es von der identischen oder einer anderen Güterart, in der gleichen oder den nachfolgenden Perioden sein.

Neben der Identifizierung von Einzelerlösen ist zudem der Zeitpunkt bzw. die Zeitspanne der Erlösrealisation schwierig festzulegen. Diese Bestimmung ist jedoch vor allem für die Periodenerfolgsrechnung von großer Bedeutung.[349]

3.2.6 Projektbezogener Realisationszeitpunkt der Erlöse

Alle Erlöse, die bis zu einem festen Zeitpunkt aufgrund des Abschlusses einer bestimmten Phase des Prozesses der Leistungsvorbereitung, Leistungserstellung und Leistungsverwertung als erwirtschaftet angesehen werden, sollen derjenigen Periode zugerechnet werden, in die der Zeitpunkt der Erlösrealisation fällt.[350] Als Kriterium zur Beurteilung der Erlösrealisation werden vor allem folgende Situationen des Ertragsbildungsprozesses diskutiert:[351]

- der Vertragsabschluß,
- die Fertigstellung der Leistung und
- die Abrechnung der Leistung.

---

[345] Vgl. Schweitzer, M./Küpper, H.-U., [Systeme], 1995, S. 383.

[346] Vgl. Hoitsch, H.-J./Lingnau, V., [Erlösrechnung], 1999, S. 372.

[347] Vgl. Riebel, P., [Deckungsbeitragsrechnung], 1994, S. 99.

[348] Vgl. nachfolgend Riebel, P., [Deckungsbeitragsrechnung], 1994, S. 111f.

[349] Vgl. Helm, K.F., [Projekte], 1993, S. 48f.; Riebel, P., [Deckungsbeitragsrechnung], 1994, S. 104, 137f.; Schweitzer, M./Küpper, H.-U., [Systeme], 1995, S. 125.

[350] Vgl. Buch, J., [Projektrechnung], 1991, S. 61; Männel, W., [Grundkonzeption], 1983, S. 61.

[351] Zur Diskussion vgl. stellvertretend Männel, W., [Grundkonzeption], 1983, S. 55-70; Riebel, P., [Deckungsbeitragsrechnung], 1994, S. 98-148 und Keller, R., [Deckungsbeitragsrechnung], 1989, S. 100f.

Die Frage der Erlösrealisation ist jedoch nur dann eindeutig zu beantworten, wenn es sich um einen Barumsatz ohne nachfolgende Garantieverpflichtungen handelt. In diesem Fall entspricht der Zeitpunkt der simultanen Erfüllung der beiderseitigen Vertragsverpflichtungen dem Zeitpunkt der Erlösrealisation.[352] Für alle anderen Fällen gilt im folgenden in Übereinstimmung mit der herrschenden Meinung die Fertigstellung der Leistung als relevanter Realisationszeitpunkt. Der Grund für diese Festlegung ist, daß zu diesem Zeitpunkt gewichtige Risiken wie Liefer- und Leistungsrisiko, die mit enormen Unsicherheiten und Ungenauigkeiten behaftet sind, bereits nicht mehr bestehen.[353] Da aber jedes Projekt aus mehreren einzelnen, voneinander abgrenzbaren Teilleistungen besteht, an die Einnahmenanspüche gekoppelt sind, sollte die Erlösrealisation der Projekte nicht nur auf einen einzigen Zeitpunkt ausgerichtet sein. Vielmehr sind in Abhängigkeit von den fertiggestellten abrechenbaren Teilleistungen sukzessive zu mehreren aufeinander folgenden Zeitpunkten jeweils Teile des gesamten Erlöses eines Projekts als realisiert anzusehen. Die Erlöse werden dann dem Leistungsfortschritt entsprechend auf die einzelnen Perioden der Projektbearbeitung verteilt.[354]

3.2.7 Charakteristika der Grundrechnung der Planerlöse

3.2.7.1 Bezugsobjekthierarchie

Die Erlösplanung des Planjahrs entspricht im Prinzip der im Business Plan dokumentierten Umsatzplanung des entsprechenden Jahrs und steht damit im Einklang mit der Unternehmensstrategie. Je genauer in der Umsatzplanung nach dem Ort der Entstehung (Bezugsobjekt) differenziert wird, um so leichter fällt die Planung der Erlöse in Form der Grundrechnung. Die notwendige Disaggregation nach Bezugsobjekten ist dann - wenigstens zum Teil - bereits realisiert.

Der zusätzliche Informationsgewinn aus der Differenzierung nach Bezugsobjekten kommt bei der Erlösrechnung erst dann zum Tragen, wenn analysiert wird, welche und wieviele verschiedene (Absatz-) Bereiche und Segmente in welcher Weise zum Gesamterlös des Unternehmens beitragen.[355] Ohne diesen Schritt hat die Strukturierung nach Bezugsobjekten wenig Bedeutung, da die Markterlöse überwiegend von einzelnen Leistungen bzw. Produkten und deren verkauften Mengeneinheiten bestimmt werden.

Die Bezugsobjekthierarchie der Plan-Grundrechnung der Kosten und Erlöse ist identisch[356], damit aus den beiden Teilrechnungen Deckungsbeiträge für die Bezugsobjekte bestimmt werden können.[357]

---

[352] Vgl. Riebel, P., [Deckungsbeitragsrechnung], 1994, S. 104.

[353] Vgl. Buch, J., [Projektrechnung], 1991, S. 62f.; Helm, K.F., [Projekte], 1993, S. 49.

[354] Vgl. Buch, J., [Projektrechnung], 1991, S. 63-65; Lachnit, L., [Gesamtleistungsprognose], 1995, S. 117-121; Männel, W., [Grundkonzeption], 1983, S. 61; Schweitzer, M./Küpper, H.-U., [Systeme], 1995, S. 124.

[355] Vgl. Botta, V., [Rechnungswesen], 1998, S. 333f.; Schweitzer, M./Küpper, H.-U., [Systeme], 1995, S. 99.

[356] Vgl. Abschnitt V. 3.2.3.2.

[357] Vgl. Hofstetter, P.A., [Informationssystem], 1993, S. 218; Männel, W., [Erlösrechnung], 1983, S. 132.

3.2.7.2 Erlöskategorien

Die nachfolgende Aufzählung beschreibt, welche Erlöskategorien in der Grundrechnung der Planerlöse ausgewiesen werden.

- Bei der Erlösplanung wird auf eine explizite Aufspaltung der Erlöse in die Teilgrößen Basiserlöse, Erlösschmälerungen und -berichtigungen verzichtet, da eine derart detailgenaue Planung meiner Ansicht nach weder sinnvoll noch prognosefähig ist.
- Die nach dem Identitätsprinzip auf die Bezugsobjekte zugerechneten Einzelerlöse werden in „absatzmengenabhängige" und „absatzmengenunabhängige" Erlöse klassifiziert. Auf diese Weise läßt sich aufzeigen, für welche Absatzleistungen Pauschalerlöse in Form von Fest- bzw. Mindestentgelten vorliegen.[358]
- In Analogie zu den Kosten werden die Erlöse im Sinne der zeitbezogenen Zurechenbarkeit in Perioden-Einzel- und Gemeinerlöse eingeteilt. Unter Perioden-Einzelerlösen sind Erlöse zu verstehen, deren Realisationsphase komplett innerhalb der betrachteten Periode (hier: ein Jahr) liegt, andernfalls spricht man von Perioden-Gemeinerlösen.[359] Eine differenziertere Betrachtung nach Wochen, Monaten oder Quartalen erfolgt nicht.[360]
- Das Merkmal Absatzgebiet wird in die Grundrechnung der Erlöse aufgenommen, um die regionale Verteilung der Erlöse erkennbar zu machen, die für die Erfolgsanalyse und die Planung von Marketing- und Vertriebsstrategien - insbesondere für junge wachstumsorientierte Unternehmen - von Interesse ist.
- Da RIEBELs Erlösbegriff einnahmenorientiert ist, werden den Absatzleistungen Marktpreise zugeordnet. Die Mengengrößen der Erlöse gehen aus der Bezugsobjekthierarchie und den Einzelerlösarten hervor.

Die dargelegten Unterschiede und Gemeinsamkeiten zwischen der Erlösplanung in der originären Einzelkosten- und Deckungsbeitragsrechnung und der hier vorgeschlagenen Ausgestaltung für junge Unternehmen werden in der nachfolgenden Übersicht (Abb. V.-12) zusammengefaßt.

---

[358] Vgl. Riebel, P., [Deckungsbeitragsrechnung], 1994, S. 114; Schweitzer, M./Küpper, H.-U., [Systeme], 1995, S. 100.

[359] Vgl. Riebel, P., [Deckungsbeitragsrechnung], 1994, S. 139.

[360] Vgl. Abschnitt V. 3.2.2 Kostenplanung.

Gemeinsamkeiten:

- einnahmenorientierter Erlösbegriff
- Bezugsobjekthierarchie
- grundsätzlich zeitbezogene Zuordnung der Bezugsobjekte
- keine Schlüsselung von Gemeinerlösen
- Identität als Erlöszuordnungsprinzip
- Gliederung in absatzmengenunabhängige und -abhängige Erlöse
- Aufgliederung in Grund- und Auswertungsrechnung

Unterschiede

- Periodisierung der Erlöse
- Verzicht auf eine detaillierte Zuordnung von Zeitdimensionen auf die Bezugsobjekte (stunden-, schicht-, monats-, quartalsgebunden).

Abb. V.-12: Gemeinsamkeiten und Unterschiede der Erlösplanung im Vergleich mit dem System von RIEBEL

3.2.8 Darstellung der Grundrechnung der Planerlöse

EINZELERLÖSART	HIERARCHIE DES BEZUGSOBJEKTS „ERLÖSTRÄGER“															
	PROJEKT 1				PROJEKT 2				PROJEKT 3				PROJEKT 4			
	E	A	Z	R	E	A	Z	R	E	A	Z	R	E	A	Z	R
Lizenz																
Implementierung																
Σ Projekt-Einzelerlöse																
Projekt-Gesamterlöse[361]																
	Projektgruppe A				Projektgruppe B								Projektgruppe C			
	E	A	Z	R	E		A		Z		R		E	A	Z	R
Lizenz																
Wartung																
Σ Projektgruppen-Einzelerlöse																
Projektgruppen-Gesamterlös																
Aggregierte Projektgruppen-Einzelerlöse[362]																
	UNTERNEHMEN															
Gesamterlöse des Unternehmens[363]																

Abb. V.-13: Grundrechnung der Planerlöse

361 Projekt-Gesamterlöse = Summe der Projekt-Einzelerlöse der Projekte.

362 Aggregierte Projektgruppen-Einzelerlöse = Summe der Projekt-Einzelerlöse + Summe der Projektgruppen-Einzelerlöse der jeweiligen Projektgruppe.

363 Gesamterlöse des Unternehmens = Summe der aggregierten Projektgruppen-Einzelerlöse.

Legende der verwendeten Symbole:

E: Erlös (Marktpreis)
A: Absatzmengenabhängigkeit mit den Alternativen „ja" / „nein"
Z: Zeitdimension (Perioden-Einzelerlöse (PE) oder Perioden-Gemeinerlöse (PG))
R: Region (Deutschland (D), EU-Gebiet (EU), (USA) etc.)

Die Einteilung der Grundrechnung in die Ebenen Projekt, Projektgruppe und Unternehmen dient vor allem der Strukturierung der gesamten Markterlöse des Unternehmens. Die Bezugsobjekthierarchie der Erlöse bietet somit im Vergleich zur Grundrechnung der Kosten auf Unternehmensebene weniger neue Informationen. Zum Teil werden lediglich die Erlöse der einzelnen Hierarchieebenen (Projekt, Projektgruppe) aggregiert. Der Markterlös einer Projektgruppe resultiert demnach aus der Addition der Markterlöse der einzelnen Projekte einer Projektgruppe, der gesamte Markterlös des Unternehmens wiederum aus der Addition der Projektgruppenerlöse. Projektgruppen- und Unternehmens-Einzelerlöse im Sinne der Projektgruppen- und Unternehmens-Einzelkosten existieren nicht. Deshalb genügt es, bei den Bezugsobjekten Projektgruppe und Unternehmen nur den Wert der Erlöse anzusetzen. Will man die Markterlöse auf ihre Herkunft hin untersuchen, sind die Markterlöse der Projekte der jeweiligen Region zu summieren.

3.2.9 Ermittlung der Soll-Deckungslücke

Aus der operativen Kosten- und Erlösplanung läßt sich jeweils die Soll-Deckungslücke bzw. das Soll-Deckungsplus[364] als Vorgabe für die einjährige Planperiode im Betrachtungszeitraum ermitteln. In der einperiodigen Planung werden die Kosten und Erlöse, nach Hierarchieebenen differenziert, einander gegenübergestellt. Die Berechnung der kumulierten Soll-Deckungslücke ist in Abbildung V.-14 dargestellt.
Die Kosten- und Erlösdaten stammen aus der Grundrechnung der Plankosten bzw. Planerlöse und können demnach bei Bedarf auch detaillierter, in Kosten- bzw. Erlösarten sowie deren Charakteristika untergliedert werden. Diese Möglichkeit ist für die Bezugsobjekte Projektgruppe und Unternehmen vor allem im Zusammenhang mit Soll-Ist- und Soll-Wird-Vergleichen sowie der damit verbundenen Analyse von Abweichungen, ihrer Ursachen und der Maßnahmenplanung bedeutsam. Im Rahmen des Projektcontrollings werden die Projekte[365] ohnehin in Teilleistungen aufgesplittet und diese hinsichtlich ihrer Kosten und Erlöse sowie anderer Zielgrößen analysiert.
Für die strategische Steuerung müssen die jährlichen Soll-Deckungslücken bzw. -überschüsse bis zum Betrachtungszeitpunkt zu einer kumulierten Soll-Deckungslücke bzw. einem Soll-Deckungsplus aggregiert werden, die bzw. das als Kriterium zur Beurteilung der Erreichbarkeit des Break-even-Ziels dient.

[364] Die Ausdrücke Deckungsplus, Deckungsüberschuß und Überdeckung werden synonym verwendet.

[365] Vgl. Kapitel V. 4.3.

Hierarchieebene Projekt			
Projekt	Einzelerlös	Einzelkosten	Deckungslücke / -überschuß [366]
1			
2			
3			
4			
Σ			
Hierarchieebene Projektgruppe			
Projektgruppe	Einzelerlös	Einzelkosten	Deckungslücke / -überschuß
A			
B			
C			
Σ			
Gesamtsumme			
./. Einzelkosten auf Unternehmensebene			
= Soll-Deckungslücke des Planjahrs			
= kumulierte Soll-Deckungslücke[367] des Unternehmens			

Abb. V.-14: Ermittlung der Soll-Deckungslücke des Unternehmens[368]

3.3 Modul Diagnose

3.3.1 Kontrollinformationen aus der Kosten- und Erlösrechnung

Zur Steuerung und Kontrolle im Unternehmen bedarf es neben der Prognose und Vorgabe zukünftiger Mengen- und Wertgrößen auch der Erfassung ihrer Istwerte. Hierzu sind die bei der Erstellung betrieblicher Leistungen tatsächlich anfallenden Kosten und Erlöse während der Periode zeitnah zu dokumentieren. Erst durch die Gegenüberstellung der Plan- und Istgrößen sowie der Analyse von Abweichungen werden Eingriffsnotwendigkeiten und -möglichkeiten identifiziert.[369] Es wird Transparenz bezüglich der Kosten- und Erlössituation im Unternehmen hergestellt und die relevanten Informationen werden zur Beurteilung der bislang realisierten Handlungsalternativen im Hinblick auf die Planung zur Verfügung gestellt.[370]

Hinsichtlich Inhalt, Gliederungsprinzipien und Erfassung der Kosten und Erlöse muß Identität der Plan- und Istrechnung bestehen. Nur dann ist Vergleichbarkeit der Plan- und Istgrößen gegeben.[371] Somit sind die Istkosten und -erlöse analog zur Kosten-

366 Die Deckungslücke ist definiert als Einzelerlös ./. Einzelkosten < 0, der Deckungsüberschuß analog als Einzelerlös ./. Einzelkosten > 0. Bei Deckung entsprechen die Einzelerlöse den Einzelkosten.

367 Da das Unternehmen als strategisches Ziel den Break-even-Punkt ansteuert, ist für die erste Planperiode von einer Deckungslücke auszugehen.

368 Graphik in Anlehnung an Haidacher, O., [Break-even-Punkt], 1969, S. 89.

369 Vgl. Horváth, P., [Controllingkonzept], 1995, S. 65.

370 Vgl. Krieger, R., [Gestaltung], 1995, S. 246; Lanz, R., [Controlling], 1989, S. 166; Serfling, K., [Controlling], 1992, S. 136.

371 Vgl. Schmidt, A., [Kostenrechnung], 1998, S. 191.

und Erlösplanung zu klassifizieren. Schwierigkeiten bereitet dabei unter Umständen die periodische Abgrenzung von Projekt(gruppen)kosten und -erlösen. Zur Lösung dieses Zurechnungsproblems leisten die Informationen aus dem Projektcontrolling, das während der Periode für jedes Projekt praktiziert wird[372], wertvolle Unterstützung. Die korrekte Klassifikation der Istgrößen ist Voraussetzung für die - in Analogie zur Soll-Deckungslücke (vgl. Abb. V.-14) erfolgende - Bestimmung der Ist-Deckungslücke. Diese fungiert im Rahmen der Plankontrolle als Vergleichsmaßstab und Ausgangspunkt für die Ermittlung der Wird-Deckungslücken.

3.3.2 Prämissenkontrolle

Jede Planung beruht auf Prämissen über die Unternehmens- und Umweltvariablen und deren Entwicklung. Die gesetzten Annahmen müssen im Zeitablauf überwacht werden, um zu eruieren, ob ein Festhalten an den Ausgangsannahmen gerechtfertigt ist. Sollten sich nämlich die Prämissen geändert haben, so ist davon auszugehen, daß die auf dieser Basis vorgenommene Planung fehlerhaft und das Erreichen der Zielgrößen unwahrscheinlich ist. Je nachdem, wie tiefgreifend die Veränderungen sind, muß sofort, wenn sie erkannt werden, spätestens aber im regulären Kontrollzeitpunkt, ein neuer Mehrjahresplan aufgestellt werden.[373]

3.3.3 Fortschrittskontrolle durch Soll-Wird-Vergleich der Deckungslücken

Im Mittelpunkt der Fortschrittskontrolle während der Realisationsphase steht die Frage, ob die Gewinnzone in der vorgegebenen Periode erreicht werden kann. Der Kontrollzeitraum muß dabei kürzer als der Planungszeitraum ausfallen. Denn je früher Abweichungen festgestellt, d.h. Probleme erkannt werden, um so schneller können Maßnahmen zur Gegensteuerung in die Wege geleitet werden.[374] Während die operative Planperiode ein Jahr umfaßt, sollte die Kontrolle auf Unternehmensebene - zeitgleich mit der Aktualisierung des Business Plans - mindestens halbjährlich erfolgen. Der Kontrollabstand von sechs Monaten ist meines Erachtens ausreichend, da

(1) junge Unternehmen ihre Aufträge in Projektform mit mehrmonatigem Zeithorizont abwickeln[375] und
(2) die Kontrolle auf das strategische Ziel, die im Business Plan festgelegte Breakeven-Periode einzuhalten, ausgerichtet ist.

Sollte es in Folge besonderer, zumeist exogener Ereignisse, zu gravierenden Strukturverschiebungen oder Entwicklungssprüngen kommen, die Einfluß auf die Kosten- und Erlösentwicklung haben, ist eine Vorschau auch außerordentlich durchzuführen. Beim Soll-Wird-Vergleich nach sechs Monaten werden zwei Hochrechnungen der bis zum Kontrollzeitpunkt realisierten Ist-Deckungslücke bzw. des Ist-Deckungsplus vorgenommen: zum einen auf das Jahresende, zum anderen auf den Break-even-Zeitpunkt des Soll-Business Plans. Mit diesem Verfahren ist eine Prognose hinsichtlich der operativen und strategischen Planerfüllung möglich. Zum Jahresende wird

[372] Vgl. Kapitel V. 4 Kosten- und Erlösmanagement auf Projektebene.

[373] Vgl. Erner, M., [Erfolgsmanagement], 1997, S. 34; Schweitzer, M./Küpper, H.-U., [Systeme], 1995, S. 282; Ziegenbein, K., [Controlling], 1998, S. 61, 113.

[374] Vgl. Reiß, M./Corsten, H., [Gestaltungsdomänen], 1992, S. 1490; Schmidt, A., [Kostenrechnung], 1998, S. 191.

[375] Jedes Projekt wird zusätzlich noch gesondert geplant, gesteuert und kontrolliert. (Siehe Kapitel V. 4).

nur die Hochrechnung auf den Break-even-Zeitpunkt durchgeführt, so daß sich mit dem Soll-Wird-Vergleich ausschließlich Aussagen zum strategischen Ziel der Break-even-Periode treffen lassen. Den Sollgrößen werden keine realisierten Istgrößen, sondern prognostizierte Wirdgrößen gegenübergestellt, so daß es sich um eine Erwartungsrechnung handelt.[376] Konkret werden

(1) die Soll-Deckungslücke bzw. das Soll-Deckungsplus des betreffenden Jahrs aus der Mehrjahresplanung der Kosten- und Erlöse und die auf das operative Periodenende hochgerechnete Deckungslücke bzw. das Deckungsplus sowie
(2) die Soll-Deckung bzw. das Soll-Deckungsplus und die hochgerechnete Deckungslücke bzw. Deckung für die angestrebte Break-even-Periode

miteinander verglichen.

Die auf das Jahresende hochgerechnete Deckungslücke resultiert aus der Addition[377]

- der seit Planungsbeginn aufgelaufenen aktuellen Ist-Deckungslücke,
- der bereits veranlaßten, aber noch nicht erfaßten Deckungslücke[378] und
- der voraussichtlich bis zum Jahresende noch anfallenden Deckungslücke.

Die auf die Break-even-Periode hochgerechnete Deckungslücke berechnet sich als Summe

- der auf das Jahr hochgerechneten Deckungslücke und
- den voraussichtlich bis zur Break-even-Periode noch anfallenden jährlichen Deckungslücken oder Deckungsüberschüssen.

Die Abweichungen zwischen den jeweiligen Soll- und Wird-Deckungslücken der Plan- bzw. Break-even-Periode geben, ausgehend von der aktuellen Ist-Deckungslücke, Auskunft über die erwartete Entwicklung der Deckungslücke bis zum Jahresende bzw. zur Break-even-Periode. Mit dieser zukunftsorientierten Vorgehensweise können Planverfehlungen rechtzeitig prognostiziert werden. Abweichungen können antizipiert, analysiert und Ansatzpunkte für Maßnahmen rechtzeitig identifiziert werden, so daß deren Initiierung noch Wirkung im Hinblick auf die operative und vor allem strategische Zielsetzung zeigen kann.[379]

3.3.4 Ergebniskontrolle durch Soll-Ist-Vergleich der Deckungslücken

Während der operativen Planperiode wird kein Soll-Ist-Vergleich vorgenommen, da die Jahresvorgaben dazu mittels mehr oder weniger willkürlicher Schlüssel auf den halbjährlichen Kontrollzeitraum umgerechnet werden müßten. Zudem würde ein solches Vorgehen suggerieren, daß die Planung der operativen Planperiode detailgetreu vorgenommen werden kann. Meines Erachtens trifft dies gerade für junge Unternehmen aufgrund ihrer Dynamik und der herrschenden Unsicherheit nicht zu. Dies gilt um so mehr, da junge Unternehmen überwiegend in Projekten organisiert sind, für die zum Zeitpunkt der Planung auf Unternehmensebene in aller Regel noch keine detaillierten Informationen vorliegen. Außerdem werden die Abgrenzungsprobleme für Projekte mit kürzeren Kontrollperioden immer größer.[380]

---

376 Vgl. Friedinger, A./Weger, A., [Operative], S. 484, 487.

377 Vgl. nachfolgend Helm, K.F., [Projekte], 1993, S. 53.

378 Ursache können z.B. bestellte Fremdleistungen (Kosten) oder angeforderte Leistungen (Erlöse) sein.

379 Vgl. Denk, R., [Kostenmanagement], 1991, S. 197.

380 Vgl. Kilger, W., [Plankostenrechnung], 1993, S. 592.

Nach Ablauf jeder operativen Planperiode werden die kumulierten Soll- und Ist-Deckungslücken miteinander verglichen. Durch die Gegenüberstellung von vorgegebener Soll- und realisierter Ist-Deckungslücke ist die Kontrolle der Planerfüllung im Hinblick auf die strategische Zielgröße Break-even-Periode möglich. Es können etwaige Abweichungen identifiziert, analysiert sowie Ansatzpunkte für zukunftsbezogene Steuerungsaktivitäten daraus abgeleitet werden.[381]

3.3.5 Anregungsinformationen aus dem Soll-Wird- und Soll-Ist-Vergleich

Soll-Wird- und Soll-Ist-Abweichungen sind Auslöser für Korrekturmaßnahmen, wenn die Divergenzen außerhalb fixierter Toleranzgrenzen liegen. Bei plankonformem Verlauf ist zu hinterfragen, ob die Entwicklung des Unternehmens zur Realisation der strategischen Zielsetzung noch intensiviert werden kann. Korrekturhandlungen können also einerseits die Verstärkung positiver Abweichungen und andererseits die Beseitigung negativer Abweichungen bezwecken. Die Spannweite des Toleranzintervalls - angegeben in prozentualen Größen - kann variiert werden. Sie wird vor allem vom zeitlichen Abstand des Kontrollzeitpunkts zur Break-even-Periode beeinflußt. Es bietet sich an, mehrere nach dem Grad der Abweichung gestaffelte Toleranzgrenzen parallel nebeneinander zu verwenden und sie mit Ampelfunktionen auszustatten (vgl. Abb. V.-15).[382]

ABWEICHUNG	SIGNAL DER AMPEL	
Unterschreitung der inneren Toleranzgrenze (z.B. Abweichung ∈ [0 % ; 3% [ )	**GRÜN:** kein Handlungsbedarf	○ ○ ●
Überschreitung der inneren Toleranzgrenze (z.B. Abweichung ∈ [3 % ; 5 % [ )	**GELB:** bedingter Handlungsbedarf	○ ● ○
Überschreitung der äußeren Toleranzgrenze (z.B. Abweichung ∈ [5 % ; + ∞ [ )	**ROT:** akuter Handlungsbedarf	● ○ ○

Abb. V.-15: Signalwirkung von Abweichungen

Liegt der Betrag der Ist-Deckungslücke am Ende der jeweiligen Planperiode unterhalb der inneren Toleranzgrenze bezüglich des Betrags der korrespondierenden Soll-Deckungslücke, so besteht kein Handlungsbedarf. In allen anderen Fällen sind je nach Ausmaß der festgestellten Abweichung entsprechend Maßnahmen zu ergreifen. In den Abbildungen V.-16 bis V.-19 werden die Toleranzbereiche und die zugehörigen Signalwirkungen visualisiert.

---

[381] Vgl. Erner, M., [Erfolgsmanagement], 1997, S. 35.

[382] Vgl. Friedinger, A./Weger, A., [Operative], S. 489; Schröder, E.F., [Unternehmens-Controlling], 2000, S. 673; Ziegenbein, K., [Controlling], 1998, S. 454, 463.

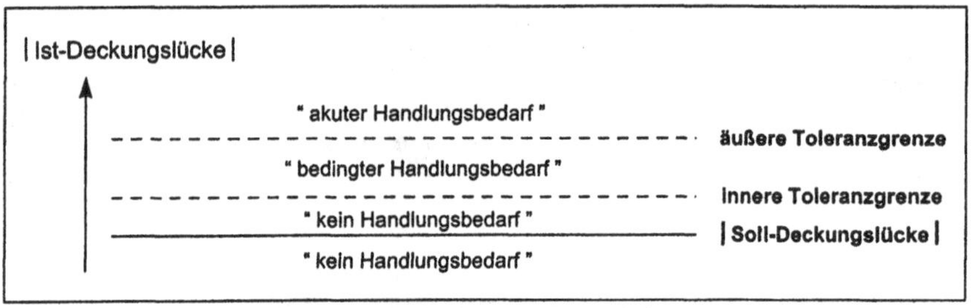

Abb. V.-16: Toleranzen der Ist-Deckungslücke operativer Planperioden

Obige Ausführungen gelten analog für den halbjährlich stattfindenden Soll-Wird-Vergleich der Deckungslücken der operativen Planperiode (vgl. Abb. V.-17).

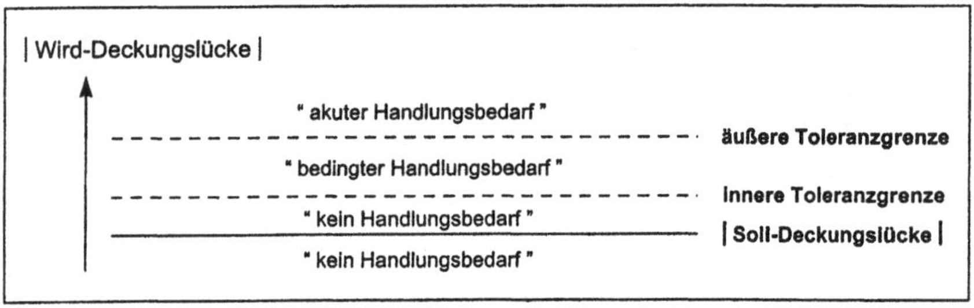

Abb. V.-17: Toleranzen der Wird-Deckungslücke operativer Planperioden

Da die Deckung als Sollgröße des Soll-Wird-Vergleichs für die Break-even-Periode fungiert, ist hier in der Regel die Nullinie Ausgangspunkt der Toleranzgrenzen.

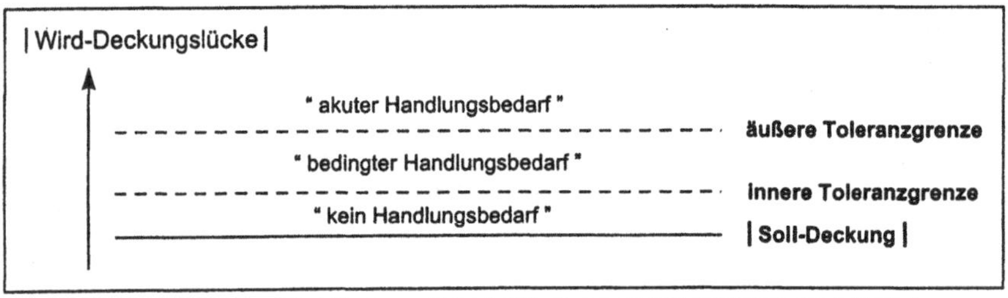

Abb. V.-18: Toleranzen der Wird-Deckungslücke bei Deckung als Soll der Break-even-Periode

Wird in der Break-even-Periode bereits ein Deckungsplus erwartet, so stellen sich die Toleranzzonen analog folgendermaßen dar:

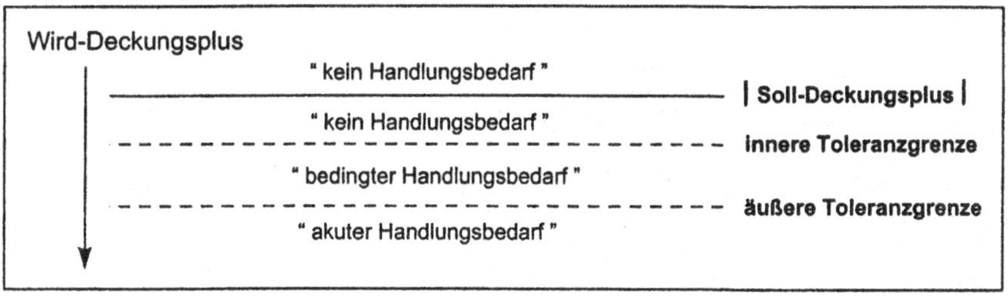

Abb. V.-19: Toleranzen der Wird-Deckungslücke bei Überdeckung als Soll der Break-even-Periode

Die Toleranzkorridore der Ist- und der Wird-Deckungslücken müssen nicht identisch sein. Vielmehr ist es vernünftig, die Anforderungen an die Soll-Wird-Abweichungen aufgrund der Unsicherheit von Hochrechnungen weniger streng zu formulieren als die Anforderungen an die Soll-Ist-Abweichungen. Hierbei könnte zudem noch zwischen dem Soll-Wird-Vergleich der operativen Planperiode und der Break-even-Periode unterschieden werden. Außerdem wäre es sinnvoll, die Korridorbreite mit zunehmender Nähe zur Break-even-Periode kontinuierlich zu reduzieren. Mit diesem Vorgehen würde der Tatsache Rechnung getragen, daß die verbleibende Zeit, in der Maßnahmen ergriffen werden und ihre Wirkung entfalten können, kontinuierlich abnimmt, weshalb sie schon bei geringeren Abweichungen ausgelöst werden sollten.
Zur besseren Unternehmenssteuerung können die kumulierten Soll-Deckungslücken auch differenziert nach Kosten- und Erlösgrößen (Kosten- und Erlösarten, Kosten- und Erlösträger etc.) und Gestaltungsobjekten als Kennzahlen formuliert werden. Die notwendigen Informationen zur Bildung und Kontrolle dieser Kennzahlen liefern die Plan- und Ist-Grundrechnungen der Kosten und Erlöse sowie der Soll Business Plan. Den Ist- und Wirdgrößen dieser Kennzahlen werden wiederum Toleranzgrenzen zugebilligt, deren Unter- bzw. Überschreitung den Prozeß der Maßnahmenplanung in Gang setzt. Während die Wird-Kennzahlen eine Frühwarnfunktion ausüben, dienen die Ist-Kennzahlen der traditionellen Kontrolle. Beide lösen - je nach Ampelsignal - Maßnahmen aus. Die Auswahl der Kenngrößen sollte sich auf eine überschaubare Anzahl an Kosten- und Erlösgrößen konzentrieren. Andernfalls besteht die Gefahr, sich auf Nebensächlichkeiten zu fokussieren und dadurch den Überblick zu verlieren. Eine wirkungsvolle Steuerung ist in diesem Fall nicht mehr gewährleistet.
An die Identifikation der Soll-Ist- und Soll-Wird-Abweichungen schließt sich die Untersuchung ihrer Ursachen an. Ziel dieser Analyse ist es, aufzudecken, wo mögliche Angriffspunkte liegen, um das Jahres- bzw. Break-even-Ziel noch zu erreichen. [383] Mit Ausnahme der durch den Soll-Wird-Vergleich der operativen Planperiode ausgelösten Maßnahmen sind die geplanten Maßnahmen auf eine langfristige Wirkung ausgerichtet. Damit die Maßnahmen an den neuralgischen Punkten im Unternehmen ansetzen können, muß auf die differenzierte Planung und Dokumentation der Kosten und Erlöse in den jeweiligen Grundrechnungen zurückgegriffen werden. Die dort enthaltenen Kosten- und Erlösdaten ermöglichen sowohl die Aufteilung der Gesamtab-

[383] Vgl. Klett, Chr./Pivernetz, M./Hauke, D., [Controlling], 1998, S. 218; Schröder, E., [Unternehmens-Controlling], 2000, S. 175.

weichungen in Erlös- und Kostenabweichungen[384] als auch ihre Differenzierung nach Bezugsobjekten, Kosten- und Erlösarten sowie deren Charakteristika. Diese Informationen helfen bei der grundsätzlichen Entscheidung, Kosten- oder Erlösmanagement zu betreiben.
Darüber hinaus läßt sich aus der Darstellung der Kosten und Erlöse in der Grundrechnung ableiten,

- bei welchem Kosten- oder Erlösträger,
- bei welcher Kosten- oder Erlösart,
- an welchem Gestaltungsobjekt der Kosten oder Erlöse und
- an welchem absatzpolitischen Instrument oder welcher Strategie

Maßnahmen ansetzen sollen.

3.3.6 Maßnahmen des Kostenmanagements

Im Kostenmanagement gibt es eine Vielzahl von Instrumenten, die alternativ an der Kostenstruktur, dem -verlauf oder dem -niveau von Produkten, Prozessen und Ressourcen ansetzen.
Die folgende Übersicht zeigt die Instrumente des Kostenmanagements. Sie ist nach Gestaltungsobjekten gegliedert, für deren Auswahl die Kostenrechnung Informationen bietet:[385]

[384] Vgl. Friedinger, A./Weger, A., [Operative], 1996, S. 489.

[385] Vgl. Baden, A., [Strategische], 1997, S. 155, 185; Brokemper, A., [Strategieorientiertes], 1998, S. 283; Dellmann, K./Franz, K.P., [Kostenrechnung], 1994, S. 20f.; Franz, K.-P./ Kajüter, P., [Kostenmanagement], 2000, S. 115-136; Freidank, C.-Chr., [Kostenmanagement], 1999, S. 462, 464f.; Freidank, C.-Chr./Zaeh, Ph., [Spezialfragen], 1997, S. 254-270; Horváth, P./Lamla J., [Kaizen Costing]. 1995, S. 65; Jehle, E., [Wertanalyse], 1995, S. 147f.; Küpper, H.-U., [Analyse], 1994, S. 70f.; Männel, W., [Ziele], 1995, S. 28, 35f.; Reiß, M./ Corsten, H., [Gestaltungsdomänen], 1992, S. 1479-1485.

KOSTENSTRUKTUR-MANAGEMENT[386]:
• **Gemeinkostenanalyse und -budgetierung** Overhead Value Analysis, Gemeinkosten-Wertanalyse, Zero-Base-Budgeting • **Fixkostenumwandlung und - umlastung** Kapazitätsmanagement, fixkostenmanagementorientierte Planrechnung, Fixkosten-Portfolio, Fixkosten-Strukturanalyse • **Bereich Kostenrechnung i.e.S.** Target Costing, Prozeßkostenrechnung, Partialkostenrechnung (Logistik-, Qualitätskostenrechnung), Projektkostenrechnung • **Managementtools und -strategien** Lean-Management, -Production, -Auditing, -Controlling, Outsourcing, Reengineering, Lebenszykluskonzept, Projektmanagement
KOSTENNIVEAU-MANAGEMENT
Target und Kaizen Costing, Prozeßkostenrechnung, Erfahrungskurvenkonzept, Wertanalyse, Kapazitätsmanagement, Benchmarking, Outsourcing
KOSTENVERLAUF-MANAGEMENT
Lebenszyklusrechnung, Target Costing, Entwurfs- und konstruktionsbegleitende Kalkulation, Prozeßkostenrechnung, Erfahrungskurvenkonzept

Abb. V.-20: Instrumente des Kostenmanagements

Von den drei möglichen Ansatzpunkten des Kostenmanagements - „Produkt", „Prozeß" und „Ressourcen" - steht bei jungen Unternehmen die Gestaltung der Prozesse und Ressourcen im Vordergrund.
Der Grund dafür ist, daß das produktbezogene Kostenmanagement schon in der Produktentwicklung und -konstruktion ansetzt bzw. diese frühen Phasen in die Betrachtung einbezieht. Der Einsatz der zugehörigen Instrumente wäre bereits zu diesem Zeitpunkt sinnvoll und wünschenswert. Eine Kostenrechnung wird in jungen Unternehmen jedoch meist erst eingeführt, wenn ein marktfähiges Produkt bereits vorhanden ist.[387] In der erstmaligen Konstruktions- und Entwicklungsphase dagegen, in der häufig noch offen ist, ob es überhaupt zu einer Gründung kommt, fehlt weitgehend das Bewußtsein für die Wichtigkeit und Notwendigkeit der Steuerung der Kostenseite. Die Einsicht, daß das Kostenmanagement sinnvoll ist, kommt erfahrungsgemäß erst dann, wenn Finanzierungsverhandlungen mit den Kapitalgebern anstehen bzw. bereits geführt werden oder ein rapides Unternehmenswachstum zur Einführung der Kostenrechnung als Informationsinstrument, welcher Transparenz schaffen soll, zwingt. Die an den frühen Phasen des Produkts ansetzenden Instrumente, wie das Target Costing, die Lebenszyklusrechnung oder die konstruktionsbegleitende Kalkulation, sind deshalb vorerst von nachrangiger Bedeutung. Ihre markt- und gesamtleistungsorientierte Denkweise jedoch läßt sich auch nach abgeschlossener Produktentwicklung im Unternehmen verankern, was so früh als möglich geschehen sollte.

386 Fixkosten- und Gemeinkostenmanagement

387 Vgl. Franz, K.-P./Kajüter, P., [Kostenmanagement], 2000, S. 106f.; Horváth, P./Brokemper, A., [Kostenmanagement], 1998, S. 589.

Da junge Unternehmen ihre Leistungen in Projektform erbringen, ist das Projektcontrolling - inklusive Projektmanagement und -kostenrechnung - für ihr Kostenmanagement von besonderer Relevanz. Demzufolge wird dieses Instrument in einem eigenen Kapitel (V. 4) eingehend erläutert.

3.3.7 Maßnahmen des Erlösmanagements

Auch wenn das Hauptaugenmerk der Arbeit auf den Maßnahmen des Kostenmanagements liegt, sollen im Folgenden Anknüpfungspunkte des Erlösmanagements kurz dargestellt werden. Handlungspotentiale auf der Erlösseite dürfen nicht vernachlässigt werden, da gerade sie in jungen Unternehmen dazu beitragen, das Break-even-Ziel im vorgegebenen Zeitraum zu erreichen. Die Informationsleistung der Erlösrechnung besteht hierbei darin, daß sie durch die Klassifikation der Erlöse Einblick in deren Struktur und ihr Niveau, ihren Verlauf und ihre Verbundbeziehungen gibt.
Um Möglichkeiten der Erlössteigerung zu erkennen, ist das absatzpolitische Instrumentarium des Unternehmens - seine Produkt-, Distributions-, Service-, Kommunikations- und Preispolitik - und die strategische Ausrichtung zu analysieren. Die angestellten Überlegungen sind auch für die Aktualisierung des Business Plans relevant.

- Preispolitik

Gelingt es jungen Unternehmen, sich mit Hilfe der typischen Charakteristika ihres Leistungsprogramms von der Konkurrenz abzuheben, so eröffnet sich ihnen ein preispolitischer Spielraum, den es bestmöglich zu nutzen gilt. Für junge Unternehmen ist dies aus Mangel an unternehmerischer Erfahrung sicherlich kein leichtes Unterfangen.[388] Der Preisspielraum entsteht, wenn Kunden dem neuen Produkt einen höheren Nutzenwert zubilligen als den bereits am Markt befindlichen Konkurrenzprodukten. Der Preis des neuen Produkts darf den eines konkurrierenden dann höchstens um den Betrag übersteigen, den die Nachfrager den subjektiv wahrgenommenen Qualitätsvorteilen als Zusatznutzen gegenüber dem Konkurrenzprodukt beimessen. Der Preisspielraum ist das Resultat einer erfolgreich kommunizierten Differenzierungsstrategie und läßt sich durch absatzpolitische Instrumente des Unternehmens bedingt beeinflussen.[389]
Die Qualität der Preispolitik zeichnet sich dadurch aus, daß genau der Preis verlangt wird, der auf dem Markt maximal erzielbar ist. Unter Umständen lassen sich die Erlöse allein durch Korrekturen in der Preispolitik steigern. Zweifellos bedarf die korrekte Identifizierung relevanter Marktpreise junger Unternehmen einer fundierten Marktforschung. Angesichts der Tatsache, daß das Absatzprogramm insgesamt oder zumindest teilweise (bzw. in der jeweiligen Zusammenstellung oder Ausgestaltung) neu ist, stellt dies eine sehr komplexe Aufgabenstellung dar. Da die Marktpreise vom Verhalten der Anbieter und Nachfrager bestimmt werden, benötigt man neben den Informationen über Abnehmer und Konkurrenten auch ein breites Wissen bezüglich der Marktstellung, Beschäftigungssituation, Marktziele, Wettbewerbsstrategien und der absatzpolitischen Instrumente des eigenen Unternehmens. Außerdem ist eine Vorstellung hinsichtlich des Zusammenhangs zwischen Verkaufspreis und Absatzmenge

---

388 Vgl. Riebel, P., [Deckungsbeitragsrechnung], 1994, S. 208, 260; Swoboda, P., [Kostenrechnung], 1999, S. 13.

389 Vgl. Porter, M.E., [Wettbewerbsstrategie], 1999, S. 73f.; Riebel, [Deckungsbeitragsrechnung], 1994, S. 206.

erforderlich.[390] Der Business Plan ist für junge Unternehmen diesbezüglich eine hilfreiche Informationsquelle, da darin Markt- und Konkurrenzsituation, Ziele und Strategien des Unternehmens, Produkt-, Distributions- und Kommunikationspolitik sowie grundlegende Strategien und Überlegungen zur Preispolitik hinreichend dokumentiert sind. Allerdings geben sowohl die Erfahrungen aus den bisherigen Verkaufsverhandlungen als auch die notwendige Aktualisierung des Business Plans - vor allem der Markt- und Konkurrenzanalysen - immer wieder Anlaß, die gewählte Preispolitik kritisch zu hinterfragen.

Zu bedenken sind
- die gewählte Preisstrategie,
- die Höhe des Preises,
- die eventuell existierenden Preisspielräume sowie
- die Einführung von Gebühren für bisher kostenfrei angebotene Serviceleistungen.

Diese Überlegungen geben Anregungen für Maßnahmen im Rahmen der Preispolitik, die zur Steigerung der Erlöse führen können, auf die jedoch im Verlauf der vorliegenden Arbeit nicht weiter eingegangen werden soll.

▸ Produktpolitik
Um erfolgreich zu sein, verfolgen junge Unternehmen eine kundenorientierte Unternehmenspolitik. Für diese Form der Unternehmensführung müssen sie über fundierte Kenntnisse der Kundenprobleme und -wünsche verfügen, die sie z.B. aus Marktanalysen oder Kundenbefragungen gewinnen können.[391] Zur Optimierung ihres kundenspezifischen Angebots kann die Diskussion folgender Fragestellungen hilfreich sein:[392]
- Kann durch Kombination bereits angebotener Leistungen ein neues Leistungspaket zusammengestellt werden, dem vom Kunden Nutzen zugebilligt wird?
- Wie lassen sich Kundenanfragen, -probleme und -wünsche in neue absetzbare Leistungen transformieren?
- Wie lassen sich Kundenanfragen, -probleme und -wünsche in der Gestaltung bereits existierender Leistungen umsetzen, so daß die Zahlungsbereitschaft der Kunden steigt?

▸ Distributions- und Servicepolitik:
Wird das Design der Distributions- und Servicepolitik als Ansatzpunkt für eine Verbesserung der Erlössituation herangezogen, dann sind die Wirksamkeit der bisherigen Vertriebsstruktur[393], die Akquisitionsquote und die Kundenbindung durch Serviceverträge und deren Verlängerung zu beleuchten und gegebenenfalls Maßnahmen zu deren Erhöhung einzuleiten.

---

[390] Vgl. Kilger, W., [Einführung], 1987, S. 281, 287; Männel, W., [Kostenmanagement], 1997, S. 168f.; Schweitzer, M./ Küpper, H.-U., [Systeme], 1995, S. 162.

[391] Vgl. Bussiek, J., [Betriebswirtschaftslehre], 1994, S. 180.

[392] Vgl. nachfolgend Schinkel, K.-D., [Führung], 20.09.2000, S. 2f.

[393] Vgl. Schinkel, K.-D., [Führung], 20.09.2000, S. 2f.

- Kommunikationspolitik:

Im Hinblick auf die Kommunikationspolitik haben sich die Unternehmen die Frage zu stellen, ob sie die Bemühungen zur Etablierung eines Markennamens und zur Erhöhung des Bekanntheitsgrads intensivieren müssen. Denkbar wäre hier z.B. der Auf- bzw. Ausbau von Netzwerken, die den Verkauf ankurbeln. Weiterhin ist zu analysieren, ob für den Kunden die Leistungsfähigkeit der Produktmerkmale erkennbar und somit vergleichbar ist. Zudem muß untersucht werden, ob der überlegene Nutzen der eigenen Produkte und Dienstleistungen im Vergleich zu den Konkurrenzprodukten überzeugend dargestellt wird.

- Strategische Ausrichtung:

Die strategische Ausrichtung des Unternehmens beinhaltet möglicherweise Verbesserungspotential. Es ist kritisch zu hinterfragen, ob die strategische Ausrichtung noch adäquat ist. Konkret können folgende Überlegungen angestellt werden:

- Wird noch die richtige Wettbewerbsstrategie verfolgt?
- Welche Wettbewerbsvorteile sind derzeit vorhanden und wie können sie erhalten oder weiter ausgebaut werden?
- Entstehen neue Geschäftsfelder?
- Sollen Kooperationen eingegangen werden?

In Anbetracht des in jungen Unternehmen vorherrschenden, kooperativen Führungsstils mit offener Kommunikation und Teamorientierung bietet es sich an, die Mitarbeiter in einem offenen Gedankenaustausch zur Diskussion obiger Fragestellungen einzubeziehen. Es könnten z.B. Arbeitsgruppen gebildet werden, die gemeinsam Lösungsansätze für die Problemkreise der einzelnen absatzpolitischen Instrumente und der strategischen Ausrichtung entwickeln. Auf diese Weise können die Mitarbeiter ihre eigenen Erfahrungen, Vorschläge und Ideen einbringen. Zum einen erweitert sich dadurch das Spektrum potentieller Lösungsaspekte, zum andern steigt die Motivation zur Umsetzung der Maßnahmen. Sinnvoll ist es außerdem, die Ergebnisse der Diskussion (geplanter Maßnahmenkatalog und Zeitplan) den beteiligten Mitarbeitern im Unternehmen zugänglich zu machen.
Die Umsetzung der geplanten, erlöspolitischen Maßnahmen ist zu beobachten. Ihre Auswirkungen sind aus der Erlösrechnung zu ersehen und hinsichtlich ihres Erfolgs zu kontrollieren.[394]

3.4 Planungs- und Kontrollzyklus

3.4.1 Graphische Darstellung

Abbildung V.-21 visualisiert den Ablauf des Planungs- und Kontrollzyklus.

[394] Vgl. Dellmann, K./Franz, K.P., [Kostenrechnung], 1994, S. 21f.; Reiß, M./Corsten, H., [Gestaltungsdomänen], 1992, S. 1490.

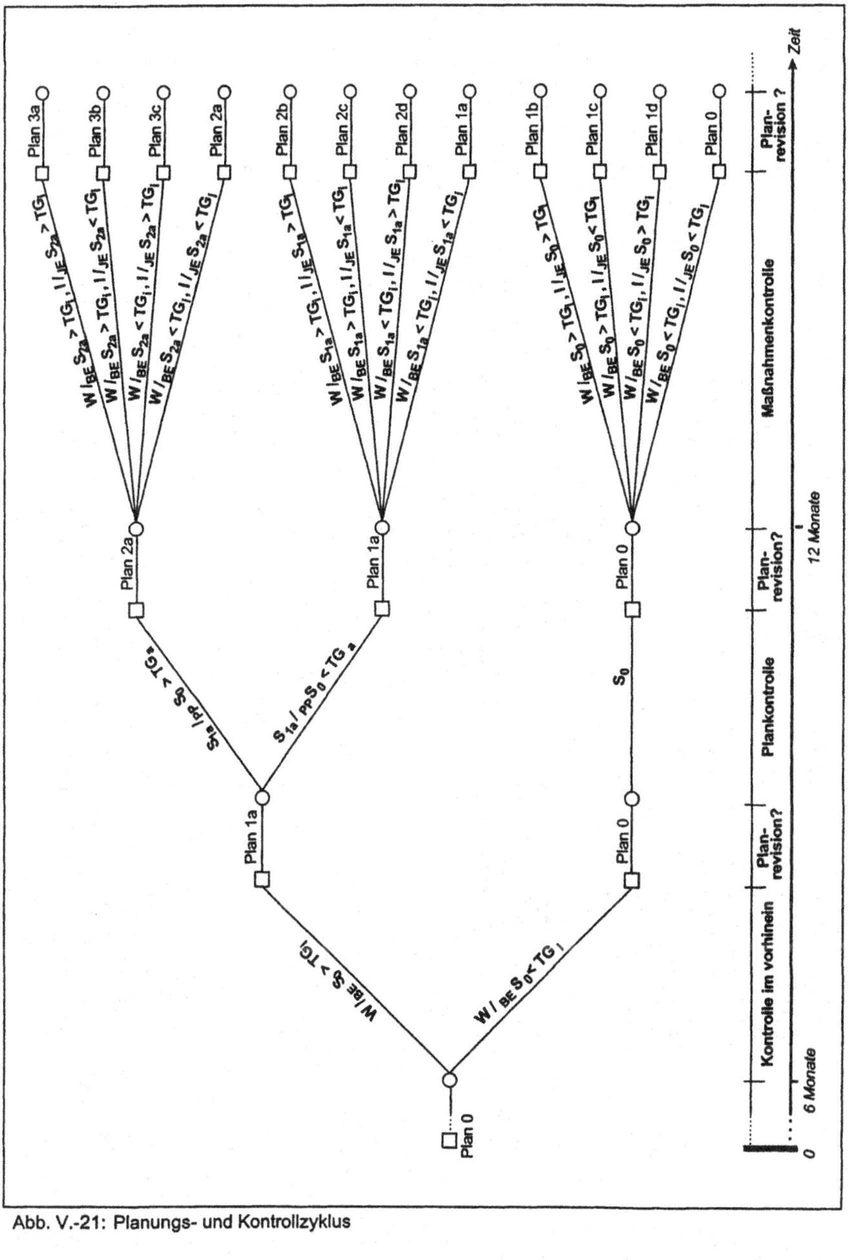

Abb. V.-21: Planungs- und Kontrollzyklus

Legende:

W: Wird-Deckungslücke bzw. Wird-Deckung oder Wird-Deckungsplus

S_j: kumulierte Soll-Deckungslücke bzw. Soll-Deckung oder Soll-Deckungsplus nach Plan j

I : kumulierte Ist-Deckungslücke

Bei den Deckungs-Größen handelt es sich durchweg um die Beträge.

TG_i: innere Toleranzgrenze

TG_a: äußere Toleranzgrenze

BE: Break-even-Periode

PP: jede Planperiode

JE: Jahresende

$W/_{BE}S_j$: Betrag der Wird-Deckungslücke bezüglich der Break-even-Periode im Vergleich zur Soll-Deckungslücke bzw. Soll-Deckung oder Soll-Deckungsplus nach Plan j

Der Planungs- und Kontrollzyklus besteht aus einer kurzfristigen Jahres- und einer mittelfristigen Mehrjahresplanung. Die Einjahresplanung der Kosten und Erlöse erfolgt, abgesehen von gravierenden Ereignissen, welche eine sofortige Neuplanung erfordern, grundsätzlich in einem 12-monatigen Turnus.[395] Der konkrete Zeitpunkt für die Erstellung eines neuen Mehrjahresplans hängt dagegen von den Soll-Wird-Abweichungen ab.

3.4.2 Soll-Wird-Abweichung oberhalb der inneren Toleranzgrenze

3.4.2.1 Entwicklung eines neuen Plans

Wenn aus dem nach einem halben Jahr stattfindenden Soll-Wird-Vergleich hervorgeht, daß die Abweichung zwischen der auf die Break-even-Periode hochgerechneten Deckungslücke und der jeweils korrespondierenden Soll-Deckungslücke bzw. Soll-Deckung außerhalb des Toleranzbereichs liegt (vgl. Abb. V.-21), so existiert bereits zu diesem Zeitpunkt erneut Planungs- und Handlungsbedarf. Aufgrund der festgestellten Abweichungen müssen Maßnahmen initiiert werden, deren erwartete lang- und kurzfristige Wirkungen in einer aktuellen Planung berücksichtigt werden müssen. Es wird also bereits vor Ablauf des Planungszeitraums eine Neuplanung durchgeführt. Diese Art der Planung wird als rollende Planung bezeichnet.
Damit die ursprünglichen ,operativen Ziele, und vor allem der strategische Meilenstein Break-even-Periode, nicht aus den Augen verloren werden, soll der neue Plan ergänzend zum bestehenden Basis Plan für dessen Restlaufzeit aufgestellt werden. Dadurch kann die Entwicklung der Abweichungen von Anfang an verfolgt werden (vgl. Abb. V.-22).[396]
Wird infolge der Soll-Wird-Abweichung bereits zum Halbjahr - sprich unterjährig - ein neuer Plan entworfen, so handelt es sich bei der Soll-Deckungslücke zum ersten Kontrollzeitpunkt, der jeweils mit dem Abschluß eines vollen Jahrs zusammenfällt, immer um eine Hochrechnung der Ist-Deckungslücke des ersten Halbjahrs. Bei dieser finden die auf der Grundlage des Soll-Wird-Vergleichs geplanten Maßnahmen und ihre erwarteten Auswirkungen für das zweite Halbjahr Berücksichtigung.

---

[395] Vgl. Schmidt, A., [Kostenrechnung], 1998, S. 191.

[396] Vgl. Bohr, K./Saliger, E., [Planung], 1983, S. 965f.; Helm, K.F., [Projekte], 1993, S. 52.

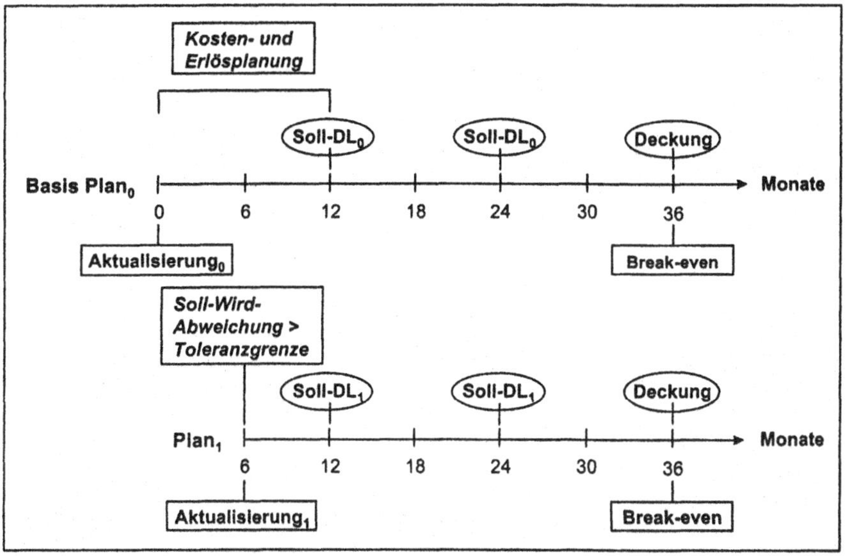

Abb. V.-22: Neue Mehrjahresplanung im ersten Kontrollzeitpunkt[397]

Die Soll-Deckungslücke am Ende des einjährigen Planungszeitraums ist somit Ergebnis der Kumulation[398]

- der zum Kontroll- bzw. neuerlichen Planungszeitpunkt vorliegenden Ist-Deckungslücke auf Basis der seit Jahresbeginn aufgelaufenen Werte,
- der bereits veranlaßten, aber noch nicht erfaßten Deckungslücke und
- der voraussichtlich bis zum Jahresende noch anfallenden Deckungslücke, wobei initiierte oder zu initiierende Maßnahmen einzubeziehen sind.

Die beschriebene Ermittlungsmethode der jahresabschließenden Soll-Deckungslücke der Neuplanung soll die Vergleichbarkeit mit der Soll-Deckungslücke des Basis Plans gewährleisten.

3.4.2.2 Plankontrolle

Im Anschluß an die Neukonzeption des Mehrjahresplans ist ein Vergleich zwischen den originären (Soll-DL_0) und den aktuellen kumulierten Soll-Deckungslücken (Soll-DL_1) der folgenden Jahre bis zur geplanten Break-even-Periode anzustellen. Diese Gegenüberstellung zeigt Planungsmängel auf und legt offen, in welchem Ausmaß im Zeitablauf von dem als optimal angesehenen, ursprünglichen Plan als Wegweiser zum strategischen Ziel abgewichen wird.[399] Besonders aber die Einschätzung, ob der Basis Plan zu einem späteren Zeitpunkt wieder erreicht und das Break-even-Ziel mit Hilfe der zu ergreifenden Maßnahmen planmäßig realisiert werden kann, stützt sich auf diesen Vergleich. Die erwartete Wirkung der Maßnahmenplanung auf die Ent-

[397] Soll-DL_0: Soll-Deckungslücke des Basis Plans, Soll-DL_1: Soll-Deckungslücke des neuen Plans.

[398] Vgl. nachfolgend Helm, K.F., [Projekte], 1993, S. 53; Schmidt, A., [Kostenrechnung], 1998, S. 191.

[399] Vgl. Schoenfeld, H.-M./Möller, H.P., [Kostenrechnung], 1995, S. 276.

wicklung der Kosten und Erlöse spiegelt sich im neuen Plan in den Soll-Deckungslücken zahlenmäßig wider.
Stellt sich bei der vergleichenden Betrachtung der beiden Pläne heraus, daß die Soll-Deckungslücken des aktuellen Plans betragsmäßig größer sind als die korrespondierenden Soll-Deckungslücken des Basis Plans und daß die Diskrepanz zudem außerhalb der vorgegebenen Toleranzgrenzen liegt, so besteht neuerlich Handlungsbedarf (vgl. Abb. V.-21). In diesem Fall läßt sich aus der Differenz ablesen, daß auf der Grundlage der bis dato geplanten Maßnahmen nicht damit zu rechnen ist, die Gewinnzone zum geplanten Zeitpunkt zu erreichen. Mittels des Vergleichs der Soll-Deckungslücken wird die Maßnahmenplanung gewissermaßen einer Kontrolle im vorhinein unterzogen. Ziel dieser Kontrolle ist es, Überschreitungen von Toleranzgrenzen frühzeitig zu erkennen und gegebenenfalls eine Nachbesserung der vorgesehenen Maßnahmen vorzunehmen. Dadurch kann das Risiko der Nichterfüllung des Break-even-Ziels möglichst gering gehalten werden. Gesetzt den Fall, es wird eine Korrektur der geplanten Maßnahmen vorgenommen, um die Chancen, das strategische Oberziel zu erreichen, zu erhöhen, so hat diese, wenn sie durch eine oberhalb der äußeren Toleranzgrenze angesiedelte Abweichung in der vorgegebenen Break-even-Periode ausgelöst wird, eine Revision des neuen Plans zur Konsequenz. In dem modifizierten Plan schlagen sich die prognostizierten Effekte der umgestalteten Maßnahmen nieder, eine absolute Deckungsgleichheit mit dem Basis Plan dürfte zumindest für das erste Jahr eher die Ausnahme sein. Die neue Planversion tritt an die Stelle der ersten Planaktualisierung und bildet den Ausgangspunkt weiterer Analysen.
An die Planung der kosten- und erlöspolitischen Maßnahmen schließt sich ihre Umsetzung an. Nach weiteren sechs Monaten findet erneut eine Kontrolle statt. Die Istkosten- und -erlösrechnung gibt zu diesem Zeitpunkt Aufschluß über das Ergebnis der Implementierung.[400]

3.4.2.3 Maßnahmenkontrolle

Die nach Umsetzung der Maßnahmen in der laufenden Istkosten- und -erlösrechnung dokumentierten Kosten und Erlöse geben Aufschluß über die dadurch augelösten Effekte.[401] Auf der Grundlage dieser Informationen kann eine Planfortschrittskontrolle vorgenommen werden. Diese zeigt Abweichungen der Ist- und Wird- von den Soll-Positionen der Deckungslücken im Hinblick auf den Break-even-Punkt auf.

---

[400] Vgl. Dellmann, K./Franz, K.P., [Kostenrechnung], 1994, S. 21f.; Reiß, M./Corsten, H., [Gestaltungsdomänen], 1992, S. 1490.

[401] Vgl. Dellmann, K./Franz, K.P., [Kostenrechnung], 1994, S. 21f.

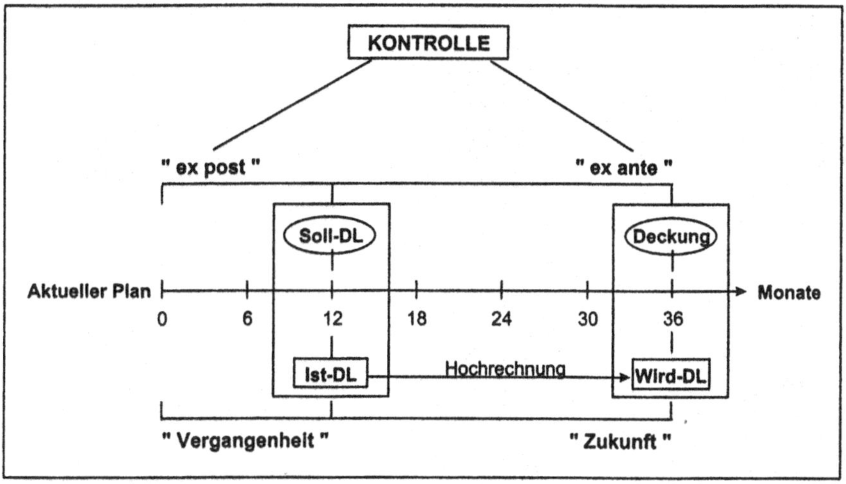

Abb. V.-23: Arten der Kontrolle

Um den Erfolg der implementierten Maßnahmen im traditionellen Sinn, d.h. im nachhinein („ex post") zu kontrollieren, wird ein Soll-Ist-Vergleich der kumulierten Deckungslücken durchgeführt. Je nachdem, ob die im ersten Planungsschritt (Plan 1) ermittelten oder die in der Planüberarbeitung (Plan 2) revidierten Maßnahmen umgesetzt wurden, ist die Soll-Deckungslücke aus Plan 1 oder Plan 2 als Vergleichsmaßstab heranzuziehen. Die Auswertung dieser Abweichungen legt offen, ob für die nächsten Perioden Handlungsbedarf besteht.

Sollten die Kontrollinformationen die Notwendigkeit von Korrekturen anzeigen, so schlagen sich diese einerseits in einer erneuten Planrevision (2 oder 3) für den Zeitraum bis zur Break-even-Periode nieder, beeinflussen aber andererseits auch die Kosten- und Erlösplanung für das folgende Jahr.[402]

Für die Maßnahmenkontrolle im vorhinein („ex ante") - die der Problemerkennung dient - ist eine Untersuchung der Soll-Wird-Abweichung der Break-even-Periode druchzuführen.[403] Analog zur Soll-Ist-Vergleichsanalyse ist je nach Planungsverlauf bis zum aktuellen Zeitpunkt die Soll-Deckung bzw. das Soll-Deckungsplus von Plan 1 bzw. 2 relevant. Dabei läßt eine Abweichung der Hochrechnung der Ist-Deckungslücke, die außerhalb der inneren Toleranzgrenze liegt, Handlungsbedarf erkennen.

Da beide Kontrollvarianten Vor- und Nachteile aufweisen, sich in der Blickrichtung unterscheiden und unterschiedliche Informationen liefern, ist die Kontrolle sowohl „ex ante" als auch „ex post" durchzuführen.[404]

Der Soll-Ist-Vergleich gibt Anstoß zur Überprüfung der Planungsprämissen, was gerade bei jungen Unternehmen angesichts ihrer internen und externen Dynamik sehr

[402] Vgl. Pfohl, H.-Chr./Stölzle, W., [Planung], 1996, S. 235; Reiß, M./Corsten, H., [Gestaltungsdomänen], 1992, S. 1489f.

[403] Vgl. Reiß, M./Corsten, H., [Gestaltungsdomänen], 1992, S. 1490.

[404] Vgl. nachfolgend Pfohl, H.-Chr./Stölzle, W., [Planung], 1996, S. 235; Reiß, M./Corsten, H., [Gestaltungsdomänen], 1992, S. 1490; Schoenfeld, H.-M /Möller, H.P., [Kostenrechnung], 1995, S. 276; Schweitzer, M./Küpper, H.-U., [Systeme], 1995, S. 281f.

wichtig ist. Außerdem demonstriert der Soll-Ist-Vergleich, mit welchem Ergebnis geplante Maßnahmen umgesetzt wurden. Aus der Analyse dieser Informationen lassen sich Rückschlüsse darüber ziehen, ob die Maßnahmen oder ihre Umsetzung optimiert werden müssen. Diese Erkenntnisse sind für zukünftige Planungsprozesse sehr hilfreich. Wird allerdings ausschließlich ein Soll-Ist-Vergleich durchgeführt, so besteht die Gefahr, daß die Kontrollinformationen zu spät zur Verfügung gestellt werden und dadurch keine Planrevision veranlaßt wird, obwohl eine solche aufgrund zu erwartender Veränderungen der Problemstruktur angezeigt wäre.
Mit dem Soll-Wird-Vergleich wird eine frühzeitige Planrevision möglich, da Probleme und Veränderungen antizipiert werden. Außerdem wird mit diesem Kontrollinstrument das vorrangige strategische Ziel - das Erreichen des Break-even innerhalb des im Business Plan festgesetzten Zeitraums - kontinuierlich kritisch geprüft. Problematisch bei dieser Form der Kontrolle ist, daß sie auf Prognosen beruht, die naturgemäß nicht zuverlässig sind. Zum einen bereitet es Schwierigkeiten, die komplexen Gegebenheiten im Unternehmen und seiner Umwelt korrekt zu erfassen und abzubilden, zum anderen existieren gerade bei jungen Unternehmen viele Quellen der Unsicherheit bezüglich Auftragslage, Kapitalquellen, Personal etc.
Zusammenfassend läßt sich festhalten, daß die Soll-Ist-Kontrolle Auskunft darüber gibt, ob das Einjahresziel des mehrjährigen Basis Business Plans erfüllt wurde, die Soll-Wird-Kontrolle darüber, ob das Mehrjahresziel in Anbetracht der bisherigen und prognostizierten Entwicklung gefährdet ist.[405]
Um eine möglichst umfassende und aussagekräftige Kontrolle zu gewährleisten, die dem hohen Risiko junger Unternehmen angemessen ist, werden beide Abweichungen parallel überprüft, so daß sich vier verschiedene Konstellationen ergeben:

Fall 1	Fall 2	Fall 3	Fall 4
W-DL > TG[406]	W-DL < TG	W-DL > TG	W-DL < TG
I-DL > TG	I-DL < TG	I-DL < TG	I-DL > TG

Abb. V.-24: Kontrollszenarien

Legende:

W-DL: Betrag der Wird-Deckungslücke
I-DL: Betrag der Ist-Deckungslücke
TG: Toleranzgrenze

Die Fälle 1 und 2 sind eindeutig, da beide Abweichungen das gleiche Signal geben. Im Zustand 1 ist eine Planrevision durchzuführen, im Zustand 2 nicht. Da im Fall 3 das dominierende strategische Ziel in Gefahr ist, wird eine Planrevision auch ohne Signal von seiten des Soll-Ist-Vergleichs als erforderlich erachtet. Lediglich Fall 4 ist nicht ganz unproblematisch, da einerseits gerade die zielgerichtete Kontrolle im vorhinein keinen Handlungsbedarf anzeigt, andererseits aber der Soll-Ist-Vergleich eine Neuplanung nahelegt. Angesichts der oben beschriebenen Prognoseunsicherheit

---

[405] Vgl. Erner, M., [Erfolgsmanagement], 1997, S. 197.

[406] Da im Regelfall die Deckung als Ziel der Break-even-Periode vorgegeben wird, wird an dieser Stelle auf die Darstellung der Toleranzen der Wird-Deckungslücke bei einem Soll-Deckungsplus als Vorgabe der Break-even-Periode verzichtet.

des Soll-Wird-Vergleichs sollte aus Vorsichtsgründen jedoch auch bei dieser Konstellation ein neuer Planungsprozeß angestoßen werden.
Es wird somit nur dann, wenn beide Abweichungstypen innerhalb der angegebenen Toleranzgrenzen liegen, weiterhin am jeweils aktuellen Mehrjahresplan festgehalten. In allen anderen Fällen geht man zu einer Aktualisierung der bis dato geltenden Mehrjahrespläne über. Je nachdem, welche der beiden Abweichungen in welchem Umfang Handlungsbedarf signalisiert, sind unterschiedliche Maßnahmen zu ergreifen. Falls beide Abweichungen außerhalb der Toleranzgrenzen liegen, fallen die Korrekturen am gravierendsten aus. Von den Kontrollinformationen leiten sich Anregungen ab, die sowohl die mit Ablauf eines Planjahrs regelmäßig stattfindende, operative Ein- als auch strategische Mehrjahresplanung der Kosten- und Erlöse beeinflussen.

Theoretisch ließen sich zusätzlich zwei weitere Abweichungen bestimmen:
(1) zwischen der kumulierten Ist- und Soll-Deckungslücke des Basis Plans für das abgelaufene Jahr sowie
(2) zwischen der im Basis Plan bezüglich der Break-even-Periode festgelegten Deckung bzw. einem Deckungsplus und der Hochrechnung der Ist-Deckungslücke für die Break-even-Periode.

Da es sich dabei um sehr globale Abweichungen handelt, die keine neuen Informationen für die Unternehmenssteuerung zur Verfügung stellen, werden sie hier nur der Vollständigkeit halber erwähnt.

3.4.3 Soll-Wird-Abweichung unterhalb der inneren Toleranzgrenze

3.4.3.1 Fortbestand des Basis Plans

Gibt der Soll-Wird-Vergleich bezüglich der Break-even-Periode nach sechs Monaten noch keinen Anlaß zur Konzeption eines zusätzlichen, aktualisierten Mehrjahresplans, so wird bis zum Ablauf des ersten Planjahrs am Basis Plan festgehalten (siehe unterer Zweig in Abb. V.-21)
Am Ende des Planjahrs werden

- im Rahmen des Soll-Ist-Vergleichs die kumulierte Soll-Deckungslücke aus dem Basis Plan und die kumulierte Ist-Deckungslücke für das betreffende Jahr und
- im Rahmen des Soll-Wird-Vergleichs die Soll-Deckung bzw. das Soll-Deckungsplus der Break-even-Periode und die Hochrechnung der Ist-Deckungslücke auf die Break-even-Periode

einander gegenübergestellt.

3.4.3.2 Maßnahmenkontrolle

Aus der Kombination des Soll-Ist- und Soll-Wird-Vergleichs resultieren wiederum die in Abschnitt V. 3.4.2.3 beschriebenen Fälle 1 bis 4. Der einzige Unterschied besteht darin, daß in diesem Fall die Vorgaben aus dem Basis Plan als Sollgrößen zum Vergleich herangezogen werden.
Auch hier gilt: Sobald eine der Abweichungen als Indikator der gegenwärtigen und zukünftigen Zielerreichung Handlungsbedarf signalisiert, werden Maßnahmen geplant. Die angestrebten, positiven Effekte dieser Aktivitäten werden in einem neu zu erstellenden, strategiebezogenen Mehrjahresplan dokumentiert (vgl. Abb. V.-25). Dieser tritt für die verbleibende Zeitspanne ergänzend neben den Basis Plan. Die

Konsequenzen spiegeln sich zudem in der operativen Kosten- und Erlösplanung des nächsten Jahrs wider.

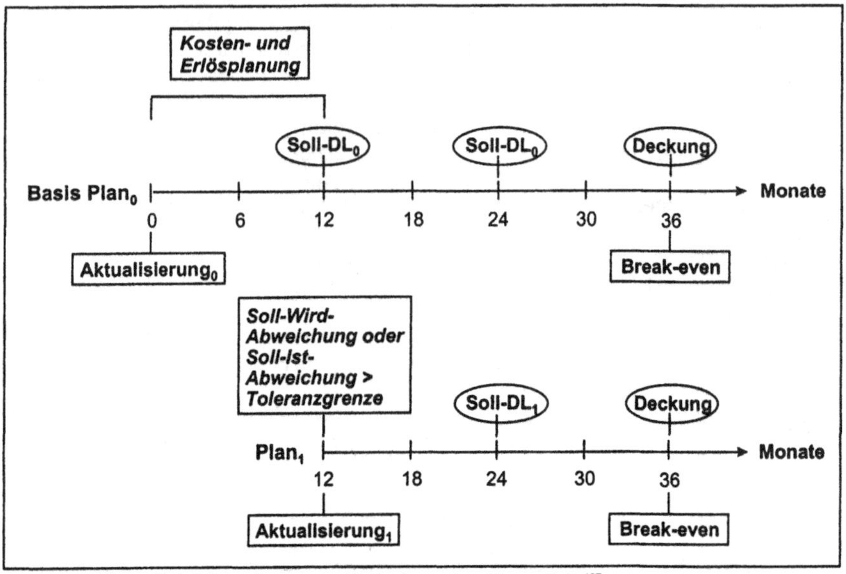

Abb. V.-25: Neue Mehrjahresplanung am Ende der ersten Planperiode[407]

Mit der Durchführung der Soll-Ist- und Soll-Wird-Vergleiche am Ende des ersten Planjahrs und der damit ggf. verbundenen Revision der Mehrjahresplanung ist der Plan- und Kontrollzyklus abgeschlossen. Von diesem Zeitpunkt an werden die im einzelnen vorgestellten Planungs- und Kontrollaktivitäten in Abhängigkeit von der Position innerhalb des Planungs- und Kontrollschemas wiederholt.

[407] Soll-DL_0: Soll-Deckungslücke des Basis Plans, Soll-DL_1: Soll-Deckungslücke des neuen Plans.

4. Kosten- und Erlösmanagement auf Projektebene

4.1 Vorbemerkung

Ein effektives Kosten- und Erfolgscontrolling bedingt, die wirtschaftliche Abwicklung von Projekten periodenunabhängig zu planen, zu steuern und zu kontrollieren. Dazu bedarf es einer abgestimmten Termin- und Kostenplanung, die die anfallenden Kosten in Abhängigkeit vom Zeitablauf bzw. Projektfortschritt darstellt, sowie der projektbegleitenden und -abschließenden Kontrolle von Kosten, Erlösen und Ergebnis mit Hilfe von Abweichungsanalysen.[408] Somit wird kontinuierlich überprüft, ob die im Projekt erbrachte Wertschöpfung der Ausgangsplanung entspricht, d.h. ob die ursprünglichen finanziellen Projektziele zum jeweiligen Projektzeitpunkt erreichbar erscheinen bzw. am Projektende realisiert wurden.[409] Dementsprechend erstreckt sich das Kosten- und Erlösmanagement sowohl auf die Angebots- und Realisationsphase als auch auf die Nachrealisationsphase der einzelnen Projekte.[410]
Seine praktische Umsetzung wird am Beispiel der Optima AG veranschaulicht. Nachfolgende Abbildung zeigt, welche Komponenten des Kosten- und Erlösmanagements auf Projektebene anhand der Fallstudie dargestellt werden.

Thema	Konzeption	Fallstudie
Eckdaten und Strukturplan eines Projekts	S. 119	S. 181
Projektspezifische Planung	S. 121	S. 187
Projektübergreifende Planung	S. 125	S. 197
Auswertung der Plandaten	S. 127	S. 197
Integrierte Projektsteuerung	S. 133	S. 198
Projektabschlußanalyse	S. 145	S. 206

Abb. V.-26: Konzeptkomponenten auf Projektebene und ihre praktische Umsetzung

4.2 Grundlagen

4.2.1 Der Projektstrukturplan

Das Fundament der projektbezogenen Planung, Steuerung und Kontrolle von Kosten, Erlösen und Leistungen ist der hierarchisch aufgebaute Projektstrukturplan, dessen Komponenten im wesentlichen aus der Beschreibung des Leistungsprogramms im Business Plan stammen. Im Strukturplan wird das Projekt objekt-, funktions-, ablauf- oder gemischtorientiert[411] in Lieferungs-, Leistungspositionen und Aktivitäten gegliedert und somit die Projektleistung definiert. Auf der ersten Ebene steht die Projektaufgabe, die auf den hierarchisch untergeordneten Ebenen soweit in Teilziele bzw. -aufgaben zerlegt wird, bis auf der untersten Hierarchieebene Arbeitspa-

[408] Vgl. Bronner, T., [Projektcontrolling], 1995, 274; Helm, K.F., [Projekte], 1993, S. 53; Hering, E./Zeiner, H., [Controlling], 1994, S. 241; Peemöller, V.H., [Controlling], 1997, S. 93; Ziegenbein, K., [Controlling], 1998, S. 467.

[409] Vgl. Krüger, A./Schmolke, G./Vaupel, R., [Projektmanagement], 1999, S. 214.

[410] Vgl. Lachnit, L./Ammann, H., [Kosten- und Erfolgsmanagement], 1994, S. 559.

[411] Je nach Projektart, Prozeßablauf und vorliegender Organisation siehe Burghardt, M., [Einführung], 1999, S. 73f.; Zielasek, G., [Projektmanagement], 1999, S. 99.

kete, d.h. klar abgrenzbare Tätigkeiten mit einem vordefinierten nachweisbaren Ergebnis, angegeben werden. Jedes Projekt ist in seinen Gegebenheiten einzigartig[412], so daß auch jeder Projektstrukturplan eine individuelle Gestalt hat. Innerhalb ein- und desselben Unternehmens kann aber, bei gleicher Projektart und nur marginalen Änderungen einzelner Projektschritte, der Projektstrukturplan eines vorherigen Projekts projektspezifisch angepaßt werden.[413]
Der Projektstrukturplan[414] bildet die Basis für

- den Ablaufplan, der die zeitliche Reihenfolge der Arbeitsschritte festlegt,
- den Zeit- und Terminplan, der die Dauer, die Zeitpunkte und die Zeitrestriktionen für die einzelnen Aktivitäten festlegt, und
- den Kapazitätsplan, der den Kapazitätsbedarf, die Kapazitätsengpässe und die jeweils zugeordneten Aufgabenträger aufzeigt.

Der Ablauf-, der Zeit- und Terminplan und der Kapazitätsplan bilden zusammen mit dem Projektstrukturplan die Grundlage für ein erfolgreiches Kosten- und Erlösmanagement im Projektverlauf.[415]

4.2.2 Die Eckdaten eines Projekts

Projekte besitzen grundsätzlich einen definierten Anfangszeitpunkt und ein festgesetztes Ende. Eine exakte Bestimmung der Anfangs- und Endtermine ist in der Planung teilweise problematisch. Zum einen werden bereits, bevor der konkrete Projektauftrag vorliegt, im Rahmen der Auftragsbeschaffungsprozesse Vorleistungen erbracht, während deren Erstellung sich erst endgültig entscheidet, ob das Projekt überhaupt in Auftrag gegeben wird. Bei der Festsetzung des Projektendes ist zum anderen zu überlegen, wodurch sich der Abschluß des Projekts bestimmt. Dabei ist beispielsweise zu klären, ob Folgeleistungen wie Wartung und Garantie noch als Bestandteil des Projekts gelten oder nicht.[416] Als Indizien für den Projektbeginn gelten etwa der Beschluß zur Projektdurchführung, die Aufstellung von Durchführungsplänen oder die Bildung eines Projektteams. Den Abschluß eines Projekts kennzeichnet z.B. die Abrechnung des Projekts und die Auflösung des Projektteams.[417]
Der Projektstrukturplan setzt sich aus einzelnen Teilaufgaben zusammen, welche mit vordefinierten Start- und Endzeitpunkten, sogenannten Meilensteinen, belegt werden. Es handelt sich dabei um Zeitpunkte mit überprüfbaren Zwischenergebnissen, die

---

[412] Vgl. Kapitel III. 3. Leistungsprogramm und -erstellung

[413] Vgl. Burghardt, M., [Projektmanagement], 1997, S. 132f.; DIN 69901, [Projektwirtschaft], 8/1987, S. 2; Lachnit, L./Ammann, H., [Kosten- und Erfolgsmanagement], 1994, S. 559; Madauss, B.J., [Projektmanagement], 2000, S. 190f.; Platz, J., [Projektstruktur], 1989, S. 165, 168; Schmitz, H./Windhausen, M.P., [Projektplanung], 1986, S. 53f.; Senti, R., [Erlösmanagement], 1994, S. 156; Zielasek, G., [Projektmanagement], 1999, S. 98f.

[414] Zur Erläuterung dieser Pläne vgl. stellvertretend Litke, H.-D., [Projektmanagement], 1991, S. 74-93; Madauss, B.J., [Projektmanagement], 2000, S. 202-218; Mörsdorf, M., [Projektcontrolling], 1998, S. 202-208; Schmitz, H./Windhausen, M.P., [Projektplanung], 1986, S. 57-80; Werners, B., [Projektsteuerung], 2000, S. 422; Zielasek, G., [Projektmanagement], 1999, S. 122-127.

[415] Vgl. Bürgel, H.D., [Projektcontrolling], 1996, S. 627f.; Kraus, G./Westermann, R., [Projektmanagement], 1995, S. 93; Senti, R., [Erlösmanagement], 1994, S. 182.

[416] Vgl. Kraus, G./Westermann, R., [Projektmanagement], 1995, S. 62; Madauss, B.J., [Projektmanagement], 2000, S. 517; Schulte, H./Stumme, G., [Projektmanagement], 1997, S. 237.

[417] Vgl. Keßler, H./Winkelhofer, G.A., [Projektmanagement], 1999, S. 128; Riezler, S., [Lebenszyklusrechnung], 1996, S.133; Brose, P., [Planung], 1982, S. 79.

sowohl inhaltlich als auch terminlich fixiert sind und als Indikatoren des Projektfortschritts fungieren. Die Definition von Meilensteinen gibt eine Orientierungs- sowie Strukturierungshilfe und erhöht die Projekttransparenz für alle Projektteilnehmer. Die Anzahl der Meilensteine wird determiniert durch die Komplexität des Projekts, mögliche plan- und nachprüfbare Zwischenergebnisse und -termine sowie den Zeithorizont.

4.3 Projektplanung

4.3.1 Projektspezifische Planung

4.3.1.1 Ermittlung des Angebotspreises

Die Festlegung des Angebotspreises eines Projekts findet auf Anfrage des Kunden zu einem Zeitpunkt statt, in dem die Projektvorphase soweit fortgeschritten ist, daß von Kundenseite diejenigen Informationen über das Projekt vorliegen, die für die Prognose des Mengengerüsts notwendig sind. Daneben stehen den jungen Unternehmen die Mengen- und die am Markt durchsetzbaren Preisgrößen bereits realisierter, ähnlicher Projekte als interne Informationsquelle zur Verfügung.[418]
In der Angebotserstellung kommt deutlich zum Ausdruck, daß in der Marktwirtschaft nicht die Kosten, sondern der Markt das Preisniveau bestimmt. Zwischen den erzielbaren Verkaufspreisen und ihren korrespondierenden Absatzmengen auf der einen Seite und den kalkulierten Kosten auf der anderen Seite besteht kein funktionaler Zusammenhang. Die kalkulierten Kosten können also nicht mit einem Gewinnaufschlag versehen als Preise angesetzt werden.[419] Vielmehr ist bei der Angebotspreisermittlung für das Projekt das Mengengerüst der Teilleistungen abzuschätzen (Stunden, Material) und mit am Markt zu erzielenden Preisen zu bewerten bzw. marktübliche, vom Mengengerüst unabhängige Pauschalbeträge anzusetzen.[420] Der Idee der retrograden Kalkulation folgend, gibt der resultierende Angebotspreis eine absolute Obergrenze für die Plankosten des Projekts an.[421] Die Differenzierung nach Teilleistungen als Erlösträgern dient hierbei der detaillierteren Beschreibung der Projektleistung. Die Erlöse für die Teilleistungen werden erst durch die Entscheidung des Auftragsabschlusses ausgelöst und weitgehend festgelegt.[422]

4.3.1.2 Planung der Kosten

Die Grundlage für die Kostenplanung auf Projektebene bilden die entsprechenden Planungen auf Unternehmensebene, die bereits in Kapitel V. 3. 2. erläutert wurden. Beiden Planungen gemeinsam ist das strategische Ziel, den Break-even-Punkt in der angestrebten Periode zu erreichen. Da die Kostenplanung für das gesamte Unternehmen - gegliedert nach den Hierarchieebenen Projekt, Projektgruppe und Unter-

---

[418] Vgl. Krieger, R., [Gestaltung], 1995, S. 267.

[419] Vgl. Kilger, W., [Einführung], 1987, S. 280; Männel, W., [Konzepte], 1993, S. 75; Riebel, P., [Deckungsbeitragsrechnung], 1994, S. 205.

[420] Vgl. Burghardt, M., [Projektmanagement], 1997, S. 272.

[421] Vgl. Diethelm, G., [Projektmanagement], 2000, S. 331; Männel, W., [Kostencontrolling], 1994, S. 382.

[422] Vgl. Buch, J., [Projektrechnung], 1991, S. 55f., 109; Riebel, P., [Deckungsbeitragsrechnung], 1994, S. 99, 101, 124f.

nehmen - erfolgt, können die Projekt-Einzelkosten, abgesehen von Aktualisierungen infolge einer besseren Informationslage zum Zeitpunkt der Projektplanung, direkt als Projektkosten übernommen werden. Problematisch ist dagegen die Behandlung der Projektgemeinkosten in Form von Projektgruppen- und Unternehmens-Einzelkosten, die im Vorfeld ebenfalls auf ihre Aktualität zu prüfen sind.
Unter den Plankosten eines Projekts sind die Kosten zu verstehen, die anfallen, um die geplante Projektleistung inklusive des damit verbundenen Mittelverbrauchs zu erbringen.[423] Dabei dürften nach der Auffassung RIEBELs nur diejenigen Kosten den Projekten zugerechnet werden, die durch die Entscheidung zur Auftragsannahme zusätzlich ausgelöst werden und nach dem Auftragseingang entstehen, wozu auch Folgekosten zählen.[424] Diese Grenzbetrachtung ist jedoch für das Kostenmanagement von Projekten, mit dem die beeinflußbaren Kosten gesteuert werden sollen, unbefriedigend.[425] Vielen Projektkosten wird somit keine Beachtung geschenkt (z.B. Personalkosten), obwohl sie sich durchaus mit Maßnahmen des Kostenmanagements reduzieren ließen. Außerdem wird ein großer Teil der Kosten nur sehr undifferenziert im Block betrachtet, was weder der Struktur von Projekten (Teilleistungen) gerecht wird noch für ihre Steuerung zweckmäßig ist.[426]
Für die Selbstinformation des Unternehmens ist es notwendig, die internen Kosten der Dienstleistungen des Projekts transparent zu quantifizieren. Zwar kann nach der Auftragsannahme bezüglich der Teilleistungen nur mehr entschieden werden, wie und nicht ob sie durchgeführt werden. Für die Art und Weise der Projektabwicklung, die sich in der Kostenhöhe auswirkt, ist aber eine Planung der Kosten nach Teilleistungen als untergeordnete Kostenträger zwingend notwendig.[427] Nur wenn den Projektverantwortlichen alle Projektkosten, die von ihnen über die Mengen- und Zeitgrößen beeinflußt werden können, nach Teilleistungen bzw. -prozessen und -aktivitäten differenziert vorliegen, ist eine kostenorientierte Steuerung gewährleistet.
Den dargelegten Problemen kann mit der Revisionshypothese von BOHR, die die Operationalisierung des Identitätsprinzips RIEBELs ermöglicht, begegnet werden. Auf ihrer Basis lassen sich nicht nur die Kosten für diejenigen Produktionsfaktoren ermitteln, die zur Abwicklung des Projekts zusätzlich angeschafft werden, sondern auch die Kosten der im Unternehmen bereits vorhandenen Faktoren. In diesem Zusammenhang ist vor allem an die Personalkosten zu denken, die nicht auf der Entscheidung zur Durchführung des Projekts, sondern auf der ursprünglichen Einstellungsentscheidung beruhen.[428] Für die zu beschaffenden Faktoren sind die Anschaffungsauszahlungen, für die vorhandenen ihre Opportunitätskosten anzusetzen. Dabei wird eine Unterscheidung in knappe (alternativ verwendbar) und nicht knappe (nicht alternativ verwendbare) Faktoren getroffen. Es wird zudem unterstellt, daß ein vollkommener Faktormarkt existiert, auf dem knappe Faktoren in beliebiger Menge ge- und verkauft sowie ge- und verliehen werden können. Knappe Faktoren werden deshalb mit dem Marktpreis, nicht knappe mit dem Preis Null bewertet.[429]

[423] Vgl. Madauss, B.J., [Projektmanagement], 2000, S. 221.
[424] Vgl. Buch, J., [Projektrechnung], 1991, S. 54f.; Riebel, P., [Thesen], 1983, S. 29.
[425] Vgl. Haas, M., [Projekten], 1996, S. 120.
[426] Vgl. Riezler, S., [Lebenszyklusrechnung], 1996, S. 182.
[427] Vgl. Buch, J., [Projektrechnung], 1991, S. 59.
[428] Vgl. Schindlbeck, K., [Fertigung], 1988, S. 85.
[429] Vgl. Bohr, K., [Revisionshypothese], 1990, S. 344f.; Bohr, K., [Verhältnis], 1988, S. 1177-1180.

Die projektspezifischen Potentiale[430] im Unternehmen, die von den Projekten gemeinsam genutzt werden, werden aufgrund der Durchführung von Projekten als Marktleistung aufgebaut und auf Basis der mehrperiodigen Planung der Projektanzahl dimensioniert. Deshalb ist davon auszugehen, daß sie in der Zeit der Abwicklung des betrachteten Projekts auch für andere Projekte eingesetzt und voll ausgelastet[431] werden können, so daß sie als knappe Faktoren anzusehen sind. Demzufolge werden sie grundsätzlich zu Marktpreisen angesetzt; für den knappen Produktionsfaktor Arbeit wird die Entlohnung als Wertgrenzprodukt für den entgangenen Nutzen angesetzt (Stundensatz).[432]
In der vorliegenden Arbeit werden also nicht nur Projekt-Einzelkosten im Sinne RIEBELs, sondern auch projektspezifische Gemeinkosten, die einen Projektbezug[433] aufweisen - im wesentlichen handelt es sich dabei um die Projektgruppen-Einzelkosten der Kostenplanung für das Gesamtunternehmen - als zur Disposition stehende „anteilige Bereitschaftskosten"[434] den betrachteten Projekten angelastet.
Um Transparenz hinsichtlich der Unternehmensplanung zu gewährleisten, sollte die originäre Kategorisierung der Komponenten der Projektkosten in der Kostenplanung der Projekte ausgewiesen werden. Nicht projektspezifische Kosten, die im Rahmen der Kostenplanung des Unternehmens als Einzelkosten auf Unternehmensebene eingeordnet wurden und in keinem direkten Zusammenhang zu den Projekten stehen, bleiben mangels Projektbezug bei der Kostenplanung eines einzelnen Projekts unberücksichtigt.[435]
Die Projektkosten lassen sich in externe und interne Kosten sowie nach einzelnen Teilleistungen als untergeordnete Kostenträger kategorisieren.[436] Voraussetzung für die Kostenplanung eines Projekts ist das Vorliegen von Projektstruktur-, Termin-, Ablauf-, Material- und Kapazitätsplänen sowie technischen Unterlagen wie Stücklisten und Arbeitsplänen. Daneben stellen Kosten- und Mengeninformationen aus der Überprüfung und Auswertung bereits durchgeführter Projekte wertvolles Erfahrungsmaterial dar, das die Qualität der Kosten- und Terminschätzung zukünftiger Projekte steigert. Um die Projektkosten nach Teilleistungen differenziert zu planen, sind die Mengen-, Arten- und Zeitgrößen der Aktivitäten möglichst genau zu quantifizieren und mit den spezifischen Kostensätzen (z.B. Marktpreise bei externen Kosten) zu bewerten. Jedem Projekt wird die anteilige Inanspruchnahme der knappen projektspezifischen Potentiale im Unternehmen, die von den Projekten gemeinsam genutzt werden, mit innerbetrieblichen Kostensätzen oder Marktpreisen angelastet. Die Aufteilung der projektspezifischen Gemeinkosten auf die Projekte und deren Zurechnung zu den Teilleistungen erfolgt überwiegend auf der Basis von Zeitgrößen. Diese Aufspaltung stützt sich auf die Zeiterfassung zurückliegender Perioden und Projekte so-

[430] Zu denken ist hierbei insbesondere an das Personal.

[431] Zur Problematik der gemeinsamen Nutzung von Potentialfaktoren in Abhängigkeit von ihrer Auslastung und Abbaubarkeit vgl. auch Riezler, S., [Lebenszyklusrechnung], 1996, S. 152-158 und Weber, H.K., [realisierte Kosten], 2001, S. 58.

[432] Vgl. Bohr, K., [Revisionshypothese], 1990, S. 347.

[433] Sie stehen in ursächlichem Zusammenhang mit der Durchführung der Projekte.

[434] Riebel, P., [Deckungsbeitragsrechnung], 1994, S. 717f., insbesondere S. 724.

[435] Vgl. Kemminer, J., [Erlösmanagement], 1999, S. 228, 272; Lachnit, L., [Projektleistungstätigkeit], 1994, S. 41; Riezler, S., [Lebenszyklusrechnung], 1996, S. 151.

[436] Vgl. Litke, H.-D., [Projektmanagement], 1991, S. 92f.; Spalinger, B., [Kosten], 1992, S. 436f.

wie die im Zeitpunkt der projektspezifischen Kostenplanung vorliegenden Projektinformationen. Da die Quantität und die Qualität (Detaillierungsgrad, Zuverlässigkeit) der Informationen, welche der Kostenplanung eines Projekts zugrunde liegen, höher ist als die der Kostenplanung des Gesamtunternehmens, reduziert sich das Prognoseproblem. Das Aufsplitten der Projektgruppen-Einzelkosten der Unternehmensplanung auf die einzelnen Projekte im Rahmen der Projektplanung ist zu verantworten.[437]
Die Tätigkeiten des Kosten- und Erlösmanagements der Projekte, die in den Zuständigkeitsbereich der projektorientierten Geschäftsführung / Controlling junger Unternehmen fallen, wie z.B. die noch zu beschreibende Projektfortschrittskontrolle oder die Abstimmung des Projekt-Deckungsbudgets, werden nicht auf die einzelnen Projekte verrechnet (keine Zeiterfassung).[438] Die Zeit, die die Mitglieder der Projektgruppen dagegen für die Planung, Steuerung und Kontrolle der Projekte in Abhängigkeit von Projektumfang und -komplexität, z.B. in Form von Dokumentations- und Informationsaufgaben, aufbringen, ist in den Projektzeitplan zu integrieren und findet so Eingang in die Kostenplanung.[439]

4.3.1.3 Planung und periodenbezogene Abgrenzung des Projektbeitrags

Um den Projektbeitrag zu prognostizieren, werden den geplanten Projekterlösen, die mit dem Angebot fixiert wurden, die geplanten Projektkosten aus der Kostenplanung nach Auftragsvergabe gegenübergestellt.[440] Aus der Differenz zwischen Erlös und Kosten des Kostenträgers Projekt läßt sich sodann der Plan-Projektbeitrag ermitteln. Um die sich gegenseitig bedingende projekt- und periodenbezogene Sichtweise zu integrieren, müssen auch die Auswirkungen einzelner Projekte auf das Ergebnis der relevanten Periode geplant werden. Zu diesem Zweck wird ein periodenbezogener Plan-Projektbeitrag gebildet, der nicht die gesamten Projektkosten und -erlöse, sondern nur denjenigen Teil gegenüberstellt, für den bezüglich der Erlöse davon auszugehen ist, daß sie in der Betrachtungsperiode realisiert werden, d.h. die zugrunde liegenden Teilleistungen fertiggestellt und abgerechnet werden.[441] Bezüglich der Kosten bedeutet dies, daß sie insoweit berücksichtigt werden, wie sie in der Periode für das Projekt entstehen. Der resultierende periodenbezogene Projektbeitrag soll in Verbindung mit dem Projekt-Deckungsbudget (Abschnitt V. 4.3.2.1.) gewährleisten, daß die projektbezogene und gesamtunternehmens- und periodenbezogene Kosten- und Erlösentwicklung kontinuierlich parallel nebeneinander verfolgt und aufeinander abgestimmt wird.[442]

---

437 Vgl. Alter, R., [Projektcontrolling], 1991, S. 258; Bürgel, H.D., [Projektcontrolling], 1989, S. 7; Burghardt, M., [Projektmanagement], 1997, S. 274f.; Heeg, F.-J., [Projektmanagement], 1992, S. 214f.; Madauss, B.J., [Projektmanagement], 2000, S. 252, 259; Schmitz, H./Windhausen, M.P., [Projektplanung], 1986, S. 91; Schwarze, J., [Netzplantechnik], 1994, S. 189f.; Senti, R., [Erlösmanagement], 1994, S. 168; Wübbenhorst, K.L., [Lebenszykluskosten], 1992, S. 267.

438 Vgl. Madauss, B.J., [Projektmanagement], 2000, S. 194.

439 Vgl. Rinza, P., [Projektmanagement], 1994, S. 165f.; Schmitz, H./Windhausen, M.P., [Projektplanung], 1986, S. 164f.; Studt, J., [Projektkostenrechnung], 1983, S. 90f.

440 Vgl. Buch, J., [Projektrechnung], 1991, S. 56, 151; Bürgel, H.D., [Projektcontrolling], 1996, S. 628.

441 Vgl. Abschnitt V. 3.2.6.

442 Vgl. Helm, K.F., [Projekte], 1993, S. 52; Lachnit, L., [Gesamtleistungsprognose], 1995, S. 117.

4.3.2 Projektübergreifende Planung

4.3.2.1 Ermittlung des Projekt-Deckungsbudgets

Um projekt- und gesamtunternehmensbezogene Periodenziele, Interessen und Maßnahmen zu harmonisieren, sind ergänzend zur separaten Planung der Kosten und Erlöse der Projekte in jeder Periode bis zum Break-even-Zeitpunkt
(1) ein Projekt-Deckungsbudget, das von allen aktuellen Projekten, und
(2) ein Projektgruppen-Deckungsbudget, das von allen Leistungen der Projektgruppen, die entweder nicht in Projekttätigkeit oder inhaltlich auf bereits in früheren Perioden begonnene bzw. abgeschlossene Projekte zurückzuführen sind, gemeinsam zu tragen ist,

vorzugeben.[443]

Zweck dieser Größe ist es, nicht nur die kumulierten, den Projekten direkt zuordenbaren, sondern auch die projektunspezifischen Gemeinkosten im Hinblick auf die geplante Break-even-Periode des Unternehmens im angestrebten Zeitraum und Ausmaß über die Erlöse zu decken.[444] Hierbei kann es sich sowohl um ein Deckungsplus, als auch eine Deckungslücke handeln. Im Rahmen des Kosten- und Erlösmanagements der Projekte interessiert vorwiegend, ob die Projekte, die den Kern der Geschäftstätigkeit bilden, das ihnen in der Untenehmensplanung zugewiesene Dekkungsbudget planmäßig realisieren. Somit konzentrieren sich die Ausführungen im weiteren auf das Projekt-Deckungsbudget.

Um Transparenz über den Deckungsbedarf zu schaffen, werden die Deckungsvorgaben jeder Periode aus den Informationen, die der Bestimmung der kumulierten Soll-Deckungslücke des Unternehmens für die einzelnen Planperioden zugrunde liegen, abgeleitet und separat ausgewiesen.[445]

Die Deckungsvorgabe der Projekte umfaßt dabei grundsätzlich diejenigen Kosten, die den Projekten nicht einzeln zugerechnet werden, aber in der Planperiode in Summe durch Projektbeiträge[446] erwirtschaftet werden sollen.[447] Allerdings werden im Zuge des Projektcontrollings nicht nur die in der Kostenplanung des Unternehmens explizit als Projekt-Einzelkosten ausgewiesenen Kosten, sondern auch noch diejenigen Anteile der Projektgruppen-Einzelkosten als direkte Projektkosten eingestuft, die trotz ihres Gemeinkostencharakters auf Projekte zugerechnet werden (siehe Abschnitt V. 4.3.2). Die Projekt-Deckungsvorgabe aus der Unternehmensplanung muß deshalb um die ursprünglich als Projektgruppen-Einzelkosten kategorisierten Kostenanteile korrigiert werden.[448] Das Projekt-Deckungsbudget ermittelt sich wie folgt:

---

443 Vgl. Zur, E., [Projekt-Controlling], 1992, S. 421.

444 Vgl. Kemminer, J., [Erlösmanagement], 1999, S. 228, 272; Riezler, S., [Lebenszyklusrechnung], 1996, S. 151.

445 Vgl. Plinke, W., [Ansatzpunkte], 1986, S. 606.

446 Der Projektbeitrag ist definiert als die Differenz zwischen den Projekt-Einzelerlösen und den Projekt-Einzelkosten.

447 Vgl. Riebel, P., [Deckungsbeitragsrechnung], 1994, S. 238, 481.

448 Eine Projektgruppen-Deckungsvorgabe müßte ebenfalls modifiziert werden.

	Σ Projekt-Einzelerlöse der Unternehmensplanung
-	Σ Projekt-Einzelkosten der Unternehmensplanung
=	Projekt-Deckungslücke / -überschuß der Unternehmensplanung
-	projektspezifisch verrechenbare Projektgruppen-Einzelkosten der Unternehmensplanung
=	**Projekt-Deckungsbudget**

Abb. V.-27: Ermittlung des Projekt-Deckungsbudgets

Führt der Planungs- und Kontrollzyklus auf Unternehmensebene zu Planrevisionen, die Veränderungen der geplanten Projekt-Einzelkosten bzw. -erlöse oder projektspezifisch verrechenbaren Projektgruppen-Einzelkosten zur Folge haben, so ist das ursprüngliche Projekt-Deckungsbudget entsprechend anzugleichen.
Für das periodische Projekt-Deckungsbudget könnte ein absoluter Kostenbetrag als Deckungsminimum vorgegeben werden, bis zu welchem die ausgewiesene Dekkungsvorgabe noch immer als erfüllt gilt. Wird diese Kostenuntergrenze unterschritten, sind Maßnahmen zu ergreifen. Dabei sollte darauf geachtet werden, daß die tolerierte Bandbreite mit zunehmender Nähe zur Break-even-Periode immer kleiner wird. Damit wird das Risiko, die langfristige Zielsetzung nicht zu erreichen, limitiert.

4.3.2.2 Projektübergreifende Budgetvorgabe

Das Deckungsprinzip fordert, daß grundsätzlich jede für den Markt bestimmte Leistung oder Leistungskombination mindestens ihre Einzelkosten in voller Höhe trägt.[449] Um die angestrebte Break-even-Periode planmäßig zu erreichen, müssen das Projekt- und Projektgruppen-Deckungsbudget, unter Beachtung der Vorgaben der Gesamtunternehmensplanung, miteinander die kumulierten nicht projektspezifischen Kosten abdecken. Die Höhe der nicht projektspezifischen Kosten, die in der periodischen Unternehmensplanung als Unternehmens-Einzelkosten eingestuft werden, wird im Rahmen mittel- und langfristiger Planungen zum Auf- und Abbau der betriebsbedingten Kapazitäten auf der Grundlage angestrebter Wachstumsziele festgelegt. Die Durchführung einzelner Projekte hat darauf keinen Einfluß. Da die nicht projektspezifischen Kosten also in keinem unmittelbaren, ursächlichen Zusammenhang mit den Projekten stehen, sondern aufgrund der Existenz des Unternehmens für die Aufrechterhaltung seiner Betriebsbereitschaft anfallen, gibt es in diesem Fall keinen Grund, das Projekt-Deckungsbudget auf die einzelnen Projekte umzulegen.[450] Eine Aufteilung nicht projektspezifischer Kosten auf Projekte ist aufgrund ihres fehlenden Projektbezuges abzulehnen.[451] Gegen die Zuordnung nach der Tragfähigkeit, d.h. dem erzielbaren Volumen an Deckungsbeitrag, auf der Grundlage unternehmenspolitischer, insbesondere absatzpolitischer Gesichtspunkte spricht die Frage, wie die theoretische Forderung einer möglichst willkürfreien Aufteilung des Projekt-

[449] Vgl. Riebel, P., [Deckungsbeitragsrechnung], 1994, S. 621.

[450] Vgl. Riezler, S., [Lebenszyklusrechnung], 1996, S. 151.

[451] Vgl. Lachnit, L., [Projektleistungstätigkeit], 1994, S. 41; Kemminer, J., [Erlösmanagement], 1999, S. 228, 272, 274.

Deckungsbudgets mittels unternehmenspolitischer Überlegungen unter Berücksichtigung der Tragfähigkeit, die nur abgeschätzt werden kann, umgesetzt werden soll.[452] Alternativ können die periodischen Projekt-Deckungsbudgets pauschal auf alle Projekte der jeweiligen Planperiode verteilt werden.[453] Diese Methode der Zurechnung ignoriert das für Projekte definitionsgemäß typische Charakteristikum der Verschiedenartigkeit. Sie wird deswegen als nicht rational bewertet und damit nicht als sinnvoll erachtet. Überdies ist die Untergliederung des periodisch ermittelten gesamten Projekt-Deckungsbudgets nach einzelnen Projekten schon deshalb abzulehnen, weil jede Detaillierung die Prognoseunsicherheit anwachsen läßt. Dieser Effekt tritt um so deutlicher zu Tage, je weiter der Planungshorizont in die Zukunft reicht (Break-even-Periode).[454]
Der Verzicht der Aufspaltung des Projekt-Deckungsbudgets ermöglicht jungen Unternehmen eine flexible Absatzpolitik, da nicht im Detail festgelegt wird, welches Projekt wann und mit Hilfe welcher Absatzstrategien[455] wieviel zum Deckungsbudget der Periode beizutragen hat. Wichtig ist nur, daß das Projekt-Deckungsbudget durch die Gesamtheit an Projekten planmäßig erwirtschaftet wird.[456]

4.3.3 Analyse der Plandaten

4.3.3.1 Entscheidung über die Auftragsannahme

Die Kostenplanung als Kostenträgerstückrechnung dient der Feststellung der Kosten eines Projekts. Nach dem Deckungsprinzip, welches fordert, daß grundsätzlich jede für den Markt bestimmte Leistung oder Leistungskombination mindestens ihre Einzelkosten in voller Höhe trägt, können diese als Erlösuntergrenze interpretiert werden.[457] Da sich aber alle Projekte in ihren Gegebenheiten voneinander unterscheiden, läßt sich für Projekte als Kostenträger keine allgemein gültige Erlösuntergrenze angeben. Vielmehr ist der individuelle Projektbeitrag, also die Differenz zwischen den jeweiligen Projekterlösen und Projektkosten, für die Annahme eines Projektauftrags entscheidend. Denn dieser gibt an, um welchen Betrag sich das Unternehmen bei Projektdurchführung besser bzw. schlechter stellt als bei Unterlassen der Projekttätigkeit.[458]
Die Projektkosten variieren in Abhängigkeit vom Umfang der Teilleistungen, der Individualität bzw. Komplexität der Kundenanforderungen (d.h. dem Ausmaß der Abweichung des speziellen Projektplans vom Standard-Strukturplan), der Kooperation und Kommunikation mit dem Kunden sowie dem Grad der Neuartigkeit einzelner Teilleistungen bzw. des Projekts als Gesamtleistung. Handelt es sich beispielsweise um ein Projekt mit Wiederholungscharakter, so liegen die Kosten für Prozesse, die im

[452] Vgl. Krieger, R.G., [Entscheidungsorientierte], 1998, S. 169f.; Riebel, P., [Deckungsbeitragsrechnung], 1994, S. 196, 264, 501; Riebel, P., [Führungsrechnung], 1992, S. 292.

[453] Vgl. Kemminer, J., [Erlösmanagement], 1999, S. 228, 272.

[454] Vgl. Riebel, P., [Deckungsbeitragsrechnung], 1994, S. 501.

[455] Z.B. der Forcierung der Projekte mit hohen erwarteten spezifischen Deckungsbeiträgen oder einer allgemeine Steigerung der Absatzmenge; vgl. Riebel, P., [Deckungsbeitragsrechnung], 1994, S. 56.

[456] Vgl. Riebel, P., [Deckungsbeitragsrechnung], 1994, S. 55, 237f., 264f., 501f.

[457] Vgl. Hoitsch, H.-J./Lingnau, V., [Erlösrechnung], 1999, S. 95; Riebel, P., [Deckungsbeitragsrechnung], 1994, S. 621.

[458] Vgl. Diethelm, G., [Projektmanagement], 2000, S. 335.

Rahmen der Projektleistung durchlaufen werden, deutlich unter dem Niveau der erstmaligen Abwicklung. Die Prozeßkosten sinken mit der Häufigkeit der Prozeßdurchführung.[459]
Da die genannten Einflußgrößen direkt auf das Mengengerüst wirken, bestimmen sie neben den Projektkosten zusammen mit den auf dem Markt zu erzielenden Preisen der Teilleistungen auch den Angebotspreis als geplanten Erlös eines Projekts. Sowohl der Projekterlös als auch die Projektkosten werden also bei jedem Projekt, bedingt durch die jeweilige Ausprägung der Haupteinflußgrößen, individuell determiniert.
Dem Plan-Projektbeitrag kommt damit im Zusammenhang mit der Auftragsannahme insofern Bedeutung zu, als durch die Gegenüberstellung der geplanten Kosten und Erlöse des Projekts aufgezeigt wird, ab welchem Verkaufspreis die Projektkosten nicht mehr durch Projekterlöse gedeckt werden. Daraus wird deutlich, ob und wenn ja, welche Spielräume generell bei gegebenem Angebotspreis aus Kostensicht bestehen bzw. welche Deckungslücken zu Tage treten.[460] Die Kostenrechnung stellt damit das Zahlenwerk zur Verfügung, mit dem die Entscheidung, einen Projektauftrag anzunehmen, nicht mehr nur intuitiv, sondern rational getroffen werden kann.
Folgende Situationen können auftreten:
(1) Plan-Projekterlös (PPE) - Plan-Projektkosten (PPK) > 0
(2) Plan-Projekterlös (PPE) - Plan-Projektkosten (PPK) < 0
(3) Plan-Projekterlös (PPE) - Plan-Projektkosten (PPK) = 0

Entscheidungssituation	Auftragsannahme
Fall (1): PPE - PPK > 0	ja
Fall (2): PPE - PPK = 0	vielleicht
Fall (3): PPE - PPK < 0	nein

Abb. V.-28: Entscheidungssituationen bei der Auftragsannahme

Die Vorentscheidung zur Auftragsannahme wird ausschließlich auf der Basis von Kosten- und Erlösgrößen getroffen.
Für die endgültige Entscheidung, ihre Voraussetzungen und Konsequenzen müssen aber gerade bei jungen Unternehmen neben den Kosten und Erlösen auch absatz- und unternehmenspolitische Gesichtspunkte in die Entscheidung miteinbezogen werden.

⇒ Fall (1): PPE - PPK > 0

Nach der Auftragsannahme ist zu prüfen, ob der periodenbezogene Plan-Projektbeitrag ausreichend dimensioniert ist, um zusammen mit den geplanten Projektbeiträgen der übrigen geplanten und bereits realisierten Projekte das Plan-Projektbudget der Periode zu erwirtschaften. Sollte dies nicht der Fall sein, sind geeignete Maßnahmen (vgl. V. 4.3.3.4) zu ergreifen.

---

[459] Vgl. Brokemper, A., [Strategieorientiertes], 1998, S. 283.

[460] Vgl. Kilger, W., [Einführung], 1987, S. 265, 409; Küpper, H.-U./Weber, J., [Grundbegriffe], 1995, S. 200; Riebel, P., [Deckungsbeitragsrechnung], 1994, S. 260; Schweitzer, M./Küpper, H.-U., [Systeme], 1995, S. 44, 162.

⇒ Fall (2): PPE - PPK = 0
Um zu entscheiden, ob das Projekt durchgeführt werden soll, sind neben den Kosten- und Erlösaspekten in diesem Fall auch explizit die strategischen Unternehmenspläne zu berücksichtigen.[461] Aus diesem Grund ist es durchaus denkbar, daß junge Unternehmen Referenz- bzw. Pilotprojekte mit einem Projektbeitrag von Null als Auftrag annehmen, um neue Märkte zu erschließen.[462] Hier geben strategische Motive, Markt- und Wettbewerbsgesichtspunkte, das gewünschte Projektportfolio, Imageaspekte, vermutete Lern- und Synergieeffekte sowie die Erwartung von Folgeprojekten den Ausschlag für die Entscheidung zur Auftragsannahme.[463] Weiterhin sollte dennoch geprüft werden, ob der Plan-Projektbeitrag mit Hilfe von Maßnahmen des Kostenmanagements erhöht werden und analog zu Fall (1) das Plan-Projektbudget der Periode erreicht werden kann.

⇒ Fall (3): PPE - PPK < 0
Situation (3) führt grundsätzlich zur Ablehnung des Projekts. Es gilt jedoch zu bedenken, welche unternehmenspolitische Bedeutung dem jeweiligen Projekt unter strategischen Gesichtspunkten (siehe Fall 2) zukommt und wie wahrscheinlich es ist, daß der Projektbeitrag durch den Einsatz von Maßnahmen in den positiven Bereich transferiert werden kann. Rechnet man mit dem Erreichen bzw. Überschreiten der Schwelle zum positiven Projekt-Deckungsbeitrag, greift das unter Fall (2) bzw. (1) vorgestellte Verfahren, andernfalls kommt es zur Ablehnung des Projekts.
Letztlich ist die Entscheidung zur Projektannahme immer auch eine Frage der Gewichtung der Kosten- und Erlösgrößen sowie gravierender unternehmenspolitischer Aspekte.

4.3.3.2 Beurteilung der Einhaltung des Projekt-Deckungsbudgets

Im Zuge der Analyse der Planresultate ist der erwartete periodenbezogene Projektbeitrag im Hinblick auf das Erreichen des Plan-Projekt-Deckungsbudgets des Planjahrs zu beurteilen. Dabei ist auf der Basis der bis zu diesem Zeitpunkt zur Verfügung stehenden Ist- und Plandaten bezüglich der Kosten und Erlöse aller Projekte, deren Auftragseingang in der betreffenden Periode liegt, zu prognostizieren, ob die Einhaltung des Projekt-Deckungsbudgets durch die Projekte insgesamt realistisch erscheint.[464] Dabei werden nicht nur bereits erhaltene oder fest zugesagte, sondern auch potentielle Projektaufträge berücksichtigt, für die bereits Präsentationen beim Kunden bzw. Verhandlungen stattfinden oder kurz vor der Vertragsunterzeichnung stehen.[465] Zu diesem Zweck können unterschiedliche Szenarien bezüglich Projektbeitrag, Auftragsvolumen und Akquisitionsquote entworfen werden, um so die Bandbreite möglicher Entwicklungen in den Überlegungen zu berücksichtigen.[466] Je mehr

[461] Vgl. Pradel, M., [Multi-Projektcontrolling], 1997, S. 105.

[462] Vgl. Hummel, Th.R., [Betriebswirtschaftslehre], 1994, S. 84.

[463] Vgl. Balser, T.H., [Projektmanagement], 1998, S. 126; Pradel, M., [Multi-Projektcontrolling], 1997, S. 105; Riebel, P., [Deckungsbeitragsrechnung], 1994, S. 502; Riezler, S., [Lebenszyklusrechnung], 1996, S. 152.

[464] Vgl. Buch, J., [Projektrechnung], 1991, S. 78, 184; Riezler, S., [Lebenszyklusrechnung], 1996, S. 82.

[465] Vgl. Seibel, B., [Anforderungen], 1999, S. 31.

[466] Vgl. Buch, J., [Projektrechnung], 1991, S. 184.

Projekte zu diesem Zeitpunkt bereits abgewickelt oder zumindest akquiriert, geplant oder begonnen wurden, desto besser läßt sich einschätzen, ob das geplante Projektbudget erzielt werden kann. Diese Hochrechnung fungiert als Frühwarnsystem und löst bei Unterschreiten des vorgegebenen Mindest-Deckungsbetrags Maßnahmen zum Gegensteuern inklusive Planrevision aus.[467] Gründe dafür können in Abweichungen zwischen Plan- und Ist-Projektbeiträgen bereits realisierter Projekte sowie der Plan-Projektbeiträge im Zeitpunkt der Unternehmens- und Projektplanung liegen.[468]

4.3.3.3 Identifikation von Ansatzpunkten für Maßnahmen

Hat der Plan-Projektbeitrag einen Wert ≤ 0 oder gewinnt man den Eindruck, daß die erwarteten und bereits realisierten, periodenbezogenen Projektbeiträge in Summe nicht ausreichen, um den geplanten Deckungsbedarf der Periode auszugleichen, so ergeben sich prinzipiell zwei Möglichkeiten:

(1) Senkung des Deckungsbudgets, was im wesentlichen einer Reduktion der Gemeinkosten gleichkommt, oder

(2) Erhöhung der Projektbeiträge.[469]

Zur Verfolgung der ersten Alternative sei auf die Maßnahmen des Kostenmanagements auf Unternehmensebene verwiesen. Aber nicht nur die Maßnahmen des unternehmensbezogenen Kosten-, sondern auch des Erlösmanagements haben positive Effekte für die Projektebene. Die Optimierung der strategischen Ausrichtung und des absatzpolitischen Instrumentariums des Unternehmens dienen letztlich alle der Steigerung des Absatzes der Projekte. Dies stellt eine Möglichkeit dar, den noch fehlenden Anteil des Plan-Deckungsbudgets zu erreichen.[470]

Im Zusammenhang mit dem Kosten- und Erlösmanagement auf Projektebene, sei es nun vor oder während der Projektabwicklung, interessieren diejenigen Maßnahmen, die an dem konkret zur Disposition stehenden Projekt ansetzen, wenn dort Verbesserungspotential identifiziert wurde.

Für das Management der Projektbeiträge (Alternative 2) bieten sich im Rahmen des Kosten- und Erfolgscontrollings zwei Ansatzpunkte, nämlich die Kosten- und Erlösseite der Projekte.

Die optimale Ausnutzung existierender preispolitischer Spielräume der Teilleistungen stellt eine wirkungsvolle, aber schwierige Variante zur Erhöhung der Projektbeiträge dar. Eine einfache Möglichkeit, um den preispolitischen Spielraum zu quantifizieren, ist der Vergleich mit den Angebotspreisen der Konkurrenz, sozusagen ein Preis-Benchmarking.

Die Bemühungen zur Optimierung der Projektbeiträge konzentrieren sich aber aus zwei Gründen vor allem auf das Kostenmanagement:[471] Zum einen existieren nur sehr geringe preispolitische Spielräume, da die Preise der Teilleistungen der Projekte relativ stark von der Marktseite determiniert werden. Zum anderen ist davon auszugehen, daß das Unternehmen um korrekte Mengenschätzungen bemüht ist, da es mit Abschluß des Projektvertrags an das Angebot gebunden ist.

---

[467] Vgl. Riebel, P., [Führungsrechnung], 1992, S. 294.

[468] Vgl. Buch, J., [Projektrechnung], 1991, S. 182.

[469] Vgl. Riebel, P., [Deckungsbeitragsrechnung], 1994, S. 485.

[470] Vgl. Buch, J., [Projektrechnung], 1991, S. 182; Riebel, P., [Deckungsbeitragsrechnung], 1994, S. 56.

[471] Vgl. Bürgel, H.D., [Projektcontrolling], 1989, S. 5.

4.3.3.4 Projektspezifisches Kostenmanagement

Da die Preise der Teilleistungen weitgehend vom Markt und der Konkurrenz bestimmt werden, determinieren sie auch das Niveau der zulässigen Kosten.[472] Damit findet die retrograde kunden- und marktorientierte Denkweise des Target Costing ganz automatisch Eingang in das Projektmanagement. Um Ansatzpunkte für Maßnahmen zur Senkung der Projektkosten zu erkennen, empfiehlt es sich, die Haupteinflußgrößen für alle Teilleistungen des Projektstrukturplans zu identifizieren und sie mittels Projektkennzahlen zu quantifizieren und zu überwachen.[473] Allerdings sind Kennzahlen als Erfahrungsdaten weitgehend erst für spätere Projekte nutzbar.[474] Als Bezugsobjekte kommen Zeit, Leistung, Qualität, Lieferanten, Kunden, Mitarbeiter und Prozesse in Frage.[475] Konkrete Kennzahlen für die einzelnen Meßgrößen werden erst im Zusammenhang mit der Optima AG definiert und diskutiert.
Auf der Grundlage der Aufstellung der Kosteneinflußgrößen und ihrer cost driver sind alle Projektbestandteile daraufhin zu analysieren, ob sie Verbesserungspotential enthalten, dessen Ausschöpfung sich positiv auf die Projektkosten auswirkt. Folgender Maßnahmenkatalog ist denkbar:

(1) Es könnte sich als sinnvoll herausstellen, einzelne Teilleistungen, die keine Kernkompetenz des Unternehmens sind, fremd zu beziehen, um Koordinationskosten einzusparen.[476]

(2) Bei Projektkomponenten wie z.B. dem Material, welche extern bezogen werden, läßt sich eine Senkung der Einkaufskosten erreichen, indem man den Kreis der Lieferanten erweitert, um ihren Wettbewerb untereinander zu verschärfen.

(3) Ein Cost-Benchmarking hinsichtlich einzelner kritischer Teilleistungen wäre aufschlußreich. Dies ist jedoch schwierig, da andere Unternehmen ihre Kosteninformationen nicht zur Verfügung stellen werden.[477]

(4) Es ist zu untersuchen, ob das Projekt Teilleistungen beinhaltet, deren Nutzen in der bisherigen Ausführung vom Kunden geringer bewertet wird als die Kostenersparnis, die bei einer Begrenzung des Leistungsumfangs oder dem völligen Verzicht auf die entsprechende Leistung realisiert würde. Sollte dies der Fall sein, ist das Leistungsspektrum der jeweiligen Teilleistungen entsprechend zu reduzieren.[478]

Die Kosten der Teilleistungen sind voneinander abhängig, so daß das Volumen der Kosten- und Mengengrößen (Zeitinvestition) sowie die Qualität der Teilleistungen früher Projektphasen Einfluß auf die Kosten sich anschließender Phasen hat. Deshalb ist neben der separaten Kostenanalyse der einzelnen Teilleistungen eine ganzheitliche Betrachtung aller Projektkosten im Sinne der Lebenszykluskostenrechnung

---

[472] Vgl. Männel, W., [Konzepte], 1993, S. 75.

[473] Vgl. Riezler, S., [Lebenszyklusrechnung], 1996, S. 83, 181.

[474] Vgl. Burghardt, M., [Projektmanagement], 1997, S. 351.

[475] Eine ausführliche Darstellung dieser Projektkennzahlen findet sich bei Baumöl, U., [Softwareentwicklung], 1999, S. 287-317; Gunnar, G., [Kennzahlen], 1999, S. 116-177, 229-239; Haas, M., [Projekten], 1996, S. 147-163.

[476] Vgl. Psonder, B., [Kostenmanagement], 1999, S. 146; Schimank, Chr., [Nutzungsvarianten], 1997, S. 179.

[477] Vgl. Psonder, B., [Kostenmanagement], 1999, S. 214f.

[478] Vgl. Birker, K., [Projektmanagement], 1999, S. 107; Wübbenhorst, K.L., [Lebenszykluskosten], 1992, S. 257.

vorzunehmen. Mit der Integration von Teilleistungs- und Gesamtleistungssicht soll die Optimierung der Gesamtkosten des Projekts sichergestellt werden.[479]
In der Gesamtbetrachtung des Projekts sollten außerdem alle Prozesse, die bei der Erstellung der Projektleistung durchlaufen werden, sowie deren Leistungsbeziehungen identifiziert und analysiert werden. Dabei kann es sich sowohl um teilleistungsspezifische als auch teilleistungsübergreifende Prozesse handeln. Da vor allem die Höhe der Verbrauchs- und Leistungsmengen und die Leistungszeiten die Kosten des Projekts determinieren, sind die Prozesse besonders im Hinblick auf diese Größen zu optimieren. Eine Reduktion dieser Mengengrößen schlägt sich ceteris paribus unmittelbar in einer Verringerung der Kosten nieder.[480] Für eine effiziente Prozeßgestaltung sind überdies die Koordination der internen Prozesse und ihre Schnittstellen zum Kunden auf Verbesserungspotential zu prüfen.[481] Kritischer Faktor ist in diesem Zusammenhang der Informationsfluß. Damit die Projektabwicklung reibungslos ablaufen kann, müssen den Prozeßbeteiligten diejenigen Informationen vollständig, korrekt und zum relevanten Zeitpunkt vorliegen, die zur Ausführung der Prozesse nachgefragt wurden. Potentielle Informationslieferanten sind sowohl die Mitarbeiter des eigenen Unternehmens als auch die Kunden. Dies setzt eine funktionierende Kommunikation sowohl innerhalb des Projektteams als auch zwischen den Projektteams und dem Auftraggeber voraus. Andernfalls kann es zu Verzögerungen im Projektablauf und zur Verschwendung von Kapazitäten und Ressourcen kommen, z.B. durch zu spät erbrachte Vorleistungen des Kunden oder zu spät getroffene Projektentscheidungen.[482] Die Qualifikation und Motivation der Mitarbeiter haben ebenfalls erhebliche Auswirkungen auf die Qualität und den zeitlichen Umfang aller Teilleistungen. Qualifikationsverbesserungen und Motivationssteigerungen zeigen aber erst sukzessive Wirkung. Hier kommt jungen Unternehmen zugute, daß sie mit ihrem kooperativen Führungsstil und der offenen Kommunikation in flachen Hierarchien mit kurzen Entscheidungswegen ein Umfeld schaffen, das sich motivierend auf die Mitarbeiter auswirkt. Darüber hinaus gewinnen Mitarbeiter junger Unternehmen ihre Motivation neben dem finanziellen Anreiz z.B. in Form von Aktienoptionen - bei der Aussicht auf einen Börsengang - dadurch, daß sie durch ihren Arbeitseinsatz in dynamischen Strukturen Erfolge kreativ mitgestalten können.
Aus den erläuterten Maßnahmen, die teilweise schon kurzfristig, teilweise erst langfristig Wirkung zeigen, sind die für das jeweilige Projekt geeigneten auszuwählen. Die daraus resultierenden Kosteneffekte sind in die Projektplanung zu integrieren. Nach dieser Modifikation der Kostenplanung erhält man schließlich die endgültigen Plankosten des Projekts, welche zusammen mit den Planerlösen als Vorgabewerte für die projektbegleitende Steuerung und Kontrolle der Kosten und Erlöse fungieren.[483]

---

479 Vgl. Burghardt, M., [Projektmanagement], 1997, S. 266; Madauss, B.J., [Projektmanagement], 2000, S. 291f.

480 Vgl. Körfgen, R., [Prozessoptimierung], 1999, S. 46; Riezler, S., [Lebenszyklusrechnung], 1996, S. 35; Schimank, Chr., [Nutzungsvarianten], 1997, S. 179.

481 Vgl. Reiß, M./Grimmeisen, M., [Komplexitätsmanagement], 1998, S. 55.

482 Vgl. BDU, [Controlling], 2000, S. 129; Keßler, H./Winkelhofer, G.A., [Projektmanagement], 1999, S. 89; Madauss, B.J., [Projektmanagement], 2000, S. 298.

483 Vgl. Madauss, B.J., [Projektmanagement], 2000, S. 218f.; Sokolovsky, Z., [Projektcontrolling], 1987, S. 267.

4.4 Integrierte Projektsteuerung

4.4.1 Grundlagen

4.4.1.1 Der Kosten-Termin-Plan

Da davon auszugehen ist, daß die Erlöse der Teilleistungen gemäß der vertraglichen Vereinbarungen bei Auftragsabschluß fließen, richtet sich das Augenmerk der Projektsteuerung auf die Kosten.[484]
Die Kosten lassen sich auf Basis der Teilpläne der Projektplanung in Abhängigkeit von der Zeit darstellen. Je nach Gesamtdauer des Projekts werden Tage, Wochen, Monate oder Quartale als Zeitabschnitte gewählt. Aus der Kombination der Kosten- und Terminplanung wird der voraussichtliche zeitliche Kostenverlauf des Projekts deutlich, der die Basis für spätere Kostenkontrollen bildet.[485] Da es sich bei den Kosten um Zahlungsgrößen handelt, ist das Wissen um ihre zeitliche Verteilung zudem die Grundlage für die Finanzplanung und -disposition.[486] Die zeitbezogene Planung der Kosten kann für jedes Zeitintervall sowohl einzeln als auch kumuliert illustriert werden.[487] Damit die Zusammenhänge zwischen Zeit, Kosten und Leistung als wesentliche Parameter für die Projektsteuerung offenkundig werden, ist es notwendig, auch die Arbeitspakete, zumindest aber die Meilensteine der Projekte kenntlich zu machen. Der Vergleich zwischen Plan- und Istkosten ist nur dann aussagefähig, wenn auch der Fortschritt des Projekts berücksichtigt wird.[488] Deshalb werden die Arbeitspakete und Meilensteine als definierte Sachfortschrittspunkte inklusive ihrer Plantermine und -kosten nach zeitlicher Reihenfolge angeordnet und in Listenform dargestellt. Dieser Arbeitspaket- bzw. Meilensteinplan bildet die Grundlage für die spätere Termin- und Kostenkontrolle.[489]

Meilenstein	Arbeitspaket	Planstart (Datum)	Planende (Datum)	Aufwand (Std.)	Plankosten (€)	Σ Plankosten (€)

Abb. V.-29: Kombinierter Kosten-Termin-Plan der Arbeitspakete

In der Position Plankosten werden mit Ausnahme der projektbegleitenden Teilleistungen des Projektmanagements nur die Kosten derjenigen Teilleistungen erfaßt, die zur Erreichung des Abschlusses des Arbeitspakets beitragen und bis dahin abgeschlossen sind.

---

[484] Vgl. Helm, K.F., [Projekte], 1993, S. 53; Lachnit, L./Ammann, H., [Kosten- und Erfolgsmanagement], 1994, S. 566f.

[485] Vgl. Birker, K., [Projektmanagement], 1999, S. 105; Helm, K.F., [Projekte], 1993, S. 53; Madauss, B.J., [Projektmanagement], 2000, S. 266; Schmitz, H./Windhausen, M.P., [Projektplanung], 1986, S. 97.

[486] Zahlungsaufforderungen können z.B. an bestimmte Ereignisse wie Fertigmeldungen oder Termine geknüpft werden. Vgl. Franzen, W., [Liquidität], 1987, S. 38f.; Ramsauer, H., [Projektrechnung], 1994, S. 225.

[487] Vgl. Kagermann, H., [Projekt-Controlling], 1988, S. 329; Madauss, B.J., [Projektmanagement], 2000, S. 267; Schwarze, J., [Netzplantechnik], 1994, S. 195f.; Zielasek, G., [Projektmanagement], 1999, S. 127; Steinle, C./Lawa, D./Kraege, R., [Projektcontrolling], 1995, S 141.

[488] Vgl. Buch, J., [Projektrechnung], 1991, S. 159f.; Saynisch, M., [Projektkostenrechnung], 1979, S. 253.

[489] Vgl. Burghardt, M., [Projektmanagement], 1997, S. 300.

Die graphische Darstellung des Kosten-Termin-Plans erfolgt im Zusammenhang mit der terminorientierten Kostenkontrolle in Kapitel V. 4.4.4.1.

4.4.1.2 Die Messung und Bewertung des Projektfortschritts

In eine aussagekräftige projektbezogene und projektübergeordnete Kostenüberwachung während der Projektlaufzeit muß neben den Terminen auch der Projektfortschritt einbezogen werden.[490] Da die Unternehmenstätigkeit in der Abwicklung von Projekten liegt, wird die Quantifizierung des Arbeitsfortschritts auch zur Aktualisierung der Unternehmenspläne, der projekt- und periodenübergreifenden Zeitablaufrechnung sowie zur Ermittlung des periodischen Unternehmensergebnisses benötigt.[491] Sowohl für die Kontrolle bereits angefallener Kosten, für die Schätzung der zukünftigen Gesamtkosten und -erlöse des Unternehmens als auch für die zur Periodenerfolgsermittlung notwendige Periodenabgrenzung von Projektkosten und -erlösen muß festgelegt werden, welcher Realisierungsgrad Arbeitspaketen beizumessen ist, die am Stichtag noch in der Abwicklung begriffen sind. Erst dann kann der Projektfortschritt zum Zwecke vergangenheits- und zukunftsorientierter Rechnungen bewertet werden. Im Gegensatz zum Realisierungsgrad noch nicht begonnener und abgeschlossener Arbeitspakete, die den Wert 0 bzw. 1 besitzen, erweist sich die Erfassung des Abarbeitungsgrads für Arbeitspakete, die zum Kontrollzeitpunkt zwar schon begonnen, aber noch nicht beendet sind, als problematisch. In diesem Zeitraum kann der Realisierungsgrad theoretisch sämtliche Werte zwischen 0 und 1 annehmen.[492]
Für die Bestimmung des Realisierungsgrads der in Arbeit befindlichen Arbeitspakete existieren in der Literatur verschiedene Ansätze.[493]
Eine subjektive Schätzung durch die Projektverantwortlichen hat sich als problematisch erwiesen, da der Leistungsfortschritt tendenziell zu hoch beurteilt wird. In vielen Fällen wird das Projekt bzw. das Arbeitspaket entsprechend dem „90%-Syndrom" über weite Teile der Laufzeit als bereits zu 90% fertiggestellt gemeldet. Daher sind Verfahren, die sich an objektivierbaren Sachverhalten orientieren, wie

- dem Beginn und Ende der Erstellung des Arbeitspakets (0/100 und 50/50 Verfahren),
- den Meilensteinen, die mit Prozent-Fertigstellungswerten belegt werden (Meilenstein-Methode),
- der bereits realisierten Menge (Mengen-Proportionalität),
- dem Fortschritt eines primären Arbeitspakets (Sekundärleistungs-Proportionalität),
- dem Zeitverbrauch (Zeit-Proportionalität),
- den angefallenen oder realisierten Kosten (Kostenwert-Verfahren) oder
- der Restdauer, des Restaufwands und der Restkosten,

vorzuziehen.

---

490 Vgl. Burghardt, M., [Projektmanagement], 1997, S. 332.

491 Vgl. BDU, [Controlling], 2000, S. 127; Helm, K. F., [Projekte], 1993, S. 52f.

492 Vgl. Coenenberg, A.G., [Kostenrechnung], 1999, S. 436f.; Gunnar, G., [Kennzahlen], 1999, S. 101; Haas, M., [Projekten], 1996, S. 131.

493 Vgl. nachfolgend Balser, T.H., [Projektmanagement], 1998, S. 121; Burghardt, M., [Projektmanagement], 1997, S. 340f.; Coenenberg, A.G., [Kostenrechnung], 1999, S. 436f.; Gunnar, G., [Kennzahlen], 1999, S. 102; Haas, M., [Projekten], 1996, S. 131f.; Krüger, A./Schmolke, G./Vaupel, R., [Projektmanagement], 1999, S. 112f.; Rainalter, R./Hanschur, J., [Earned Value Methode], 1999, S. 459; Rattay, G., [Projektplanung], 1996, S. 388f.

Die Verfahrensauswahl ist nach der Anzahl der Berichtzeitpunkte innerhalb der Laufzeit, der Laufzeitlänge, der Proportionalität von Zeit und Kosten, dem Grad der Parallelität und dem zeitlichen Verlauf der Arbeitspakete individuell zu treffen. Denn alle Methoden weisen je nach Ausprägung dieser Kriterien spezifische Vor- und Nachteile auf. Generell läßt sich die Problematik der Messung des Projektfortschritts verkleinern, wenn die Zahl offener Arbeitspakete am Stichtag möglichst gering ist. Dies kann dadurch erreicht werden, daß Arbeitspakete mit möglichst kurzen Laufzeiten geplant werden.[494]
Der bewertete Fortschritt der Leistungserstellung wird als Fertigstellungs-, Arbeitswert oder Earned Value bezeichnet. Er entspricht den Sollkosten, die definitionsgemäß die geplanten Kosten für den realisierten Projektstatus beinhalten und damit den tatsächlichen Wert der bisher geleisteten Arbeit bestimmen.[495] Die Sollkosten eines einzelnen Arbeitspakets i werden durch Multiplikation des nach obigem Verfahren ermittelten Realisierungsgrads (RG_i) mit den gesamten Plankosten des jeweiligen Arbeitspakets (PK_i) berechnet. Addiert man die Werte aller Arbeitspakete, so erhält man die Sollkosten des Gesamtprojekts:[496]

$$SK = \sum_{i=1}^{n} \left(RG_i \cdot PK_i \right)$$

Legende:

SK: Sollkosten des Projekts
RG_i: Realisierungsgrad des Arbeitspakets i
Pk_i: geplante Gesamtkosten des Arbeitspakets i
n: Anzahl der Arbeitspakete des Projekts

4.4.1.3 Die Erfassung der Istdaten

Für eine gezielte integrierte Projektsteuerung, welche eine Gesamtbetrachtung von Zeit-, Kosten-, und Leistungsparametern erlaubt, müssen die technischen, zeitlichen und wirtschaftlichen Istmengengrößen und Istwertgrößen der Teilleistungen während der Projektlaufzeit zeitnah erfaßt werden. Dabei sind die gleichen Strukturen wie im Kosten- und Erlösplan zu verwenden und jeweils Beginn und Ende des Zeitintervalls, in dem die Kosten anfallen, anzugeben.[497]
Konkret sind nicht nur Kosten- und Erlösgrößen mit den zugrundeliegenden Mengen- und Kostensätzen bzw. Preisen, sondern auch der Terminstand (Realisierungsgrad) zu dokumentieren. Erst aus deren Kombination kann eine Leistungsbewertung vorgenommen werden. Diese Angaben sind für eine sinnvolle Projektsteuerung unerläßlich, da ein Vergleich zwischen Plankosten bzw. Planerlösen und Istkosten bzw. Ist-

---

494 Vgl. Gunnar, G., [Kennzahlen], 1999, S. 105f.; Haas, M., [Projekten], 1996, S. 135f.

495 Vgl. Balser, T.H., [Projektmanagement], 1998, S. 121; Coenenberg, A.G., [Kostenrechnung], 1999, S. 437.

496 Vgl. Coenenberg, A.G., [Kostenrechnung], 1999, S. 437; Rattay, G., [Projektplanung], 1996, S. 394.

497 Vgl. Bürgel, H.-D., [Projektcontrolling], 1996, S. 628; Rattay, G., [Projektplanung], 1996, S. 373, 384, 386; Rinza, P., [Projektmanagement], 1994, S. 34, 80; Studt, J., [Projektkostenrechnung], 1983, S. 174; Wischnewski, E, [Projektmanagement], 1996, S. 129f.

erlösen nur dann aussagefähig ist, wenn auch der Fortschritt des Projekts berücksichtigt wird.[498]

4.4.2 Zeitpunkt und Art projektbegleitender Kontrollen

Während der Projektdurchführung sollten wöchentlich Projektbesprechungen stattfinden, in denen der Projektstatus festgestellt, informell diskutiert und kommuniziert wird.[499]

Bei der Realisierung jedes Arbeitspakets werden im Zuge des Kosten- und Erlösmanagements der Projekte Soll-Ist- und Soll-Wird-Vergleiche, Kosten-Termin-Kontrollen, Abweichungsanalysen und die Aktualisierung der geplanten Kosten- und Erlösgrößen sowie ihrer Einflußgrößen vorgenommen.

Wird mit einem Arbeitspaket zugleich ein Meilenstein erreicht, sollen auch die Auswirkungen auf die Steuerungs- und Zielgrößen der Unternehmensebene aufgezeigt werden. Ebenso ist zu untersuchen, inwieweit die grundlegenden Annahmen des Projektumfelds, unter denen die Projektpläne erstellt wurden, noch Gültigkeit besitzen.[500]

Kontrollen, die zum Abschluß von Arbeitspaketen und Meilensteinen, also ergebnisbezogen durchgeführt werden, haben den Vorteil, daß sich sowohl das bereits bewältigte als auch das noch abzuarbeitende Arbeitsvolumen an diesen Punkten relativ gut eingrenzen läßt. Sie erweisen sich insbesondere für eine sequentielle Projektabwicklung als geeignet.[501]

Schließlich sollte der aktuelle Projektstand aller Projekte halbjährlich bestimmt werden, damit projektbezogene Informationen, die Auswirkungen auf die Unternehmensplanung und das Unternehmensergebnis haben, für die Aktualisierung und Revision des Business Plans sowie für die Ermittlung des Periodenergebnisses inklusive des realisierten Projekt-Deckungsbudgets zur Verfügung stehen.

Abgesehen von obigen Kontrollereignissen ist bei jedem wichtigen, unerwarteten Ereignis, das Störungen oder starke Abweichungen mit sich bringt oder bringen könnte, korrigierend einzugreifen.[502]

Mit diesem Vorgehen wird eine ablaufbegleitende Beurteilung der Projektdurchführung und des aktuellen Projektstatus sowie die Abschätzung des weiteren Projektverlaufs möglich. Diese sollen gewährleisten, daß bei Fehlentwicklungen frühzeitig Korrekturmaßnahmen ergriffen werden.[503]

---

[498] Vgl. Buch, J., [Projektrechnung], 1991, S. 159f.; Madauss, B.J., [Projektmanagement], 2000, S. 239f.; Saynisch, M., [Projektkostenrechnung], 1979, S. 253.

[499] Vgl. Burghardt, M., [Projektmanagement], 1997, S. 412.

[500] Vgl. Kost, W., [Prämissenverfolgung], 1992, S. 676; Krüger, A./Schmolke, G./Vaupel, R., [Projektmanagement], 1999, S. 196; Spalinger, B., [Kosten], 1992, S. 437.

[501] Vgl. Burghardt, M., [Projektmanagement], 1997, S. 347.

[502] Vgl. Krüger, A./Schmolke, G./Vaupel, R., [Projektmanagement], 1999, S. 126; Pradel, M., [Multi-Projektcontrolling], 1997, S. 105.

[503] Vgl. Bronner, T., [Projektcontrolling], 1995, 274; Kraus, G./Westermann, R., [Projektmanagement], 1995, S. 53-59; Schelle, H., [Projektmethoden], 1996, S. 22; Schmitz, H./Windhausen, M.P., [Projektplanung], 1986, S. 55; Steinle, C./Lawa, D./Kraege, R., [Projektcontrolling], 1995, S. 138f.; Zielasek, G., [Projektmanagement], 1999, S. 102.

Da es sich um operative Projekte mit einer Laufzeit von maximal 18 Monaten handelt, bleiben Zinswirkungen unberücksichtigt.[504]
Abbildung V.-30 gibt einen Überblick über Art und Zeitpunkt der durchzuführenden Kontrollen.

Kontrollergebnis bzw. -stichtag	Form der Kontrolle
(1) Wöchentlich	Projektmeeting (S. 137)
(2) Abschluß eines Arbeitspakets	- Soll-Ist-Vergleich (S. 138) - Soll-Wird-Vergleich (S. 140) - Kosten-Meilensteintrendanalyse (S. 141) - Kosten-Termin-Index (S. 142)
(3) Abschluß eines Meilensteins	- projektbezogene Kontrollen vgl. (2) und Prämissenkontrolle (S. 143) - projektübergreifende Hochrechnung auf das Projektbudget der Periode (S. 143)
(4) Alle 3 Monate am Abschluß eines Meilensteins	projekt- und periodenübergreifende Hochrechnung auf die kumulierten Projektbudgets (S. 143)
(5) Alle 6 Monate	Bestimmung des Projektstatus aller Projekte (S. 136)

Abb. V.-30: Zeitpunkt und Art projektbegleitender Kontrollen

4.4.3 Wöchentliche Projektmeetings

In wöchentlich stattfindenden Projektbesprechungen sollten die Projektbeteiligten untereinander und mit der Geschäftsführung die aktuelle Projektsituation und potentielle Schwierigkeiten bei der Abwicklung der Projekte besprechen. Hauptaspekte der Projektarbeit und Gegebenheiten, die Planabweichungen verursachen könnten, sind gemeinsam zu diskutieren und Prognosen über die Abwicklung der Arbeitspakete bis zur nächsten Projektbesprechung abzugeben. Voraussetzung dafür ist die Dokumentation des aktuellen Fortschritts der Arbeitspakete inklusive Termin- und Kostentreue sowie der Ergebnissituation durch die jeweiligen Verantwortlichen.
Die Projektmeetings schaffen ein Forum, in dem Probleme offengelegt und Lösungswege gemeinsam aufgezeigt und auch beschlossen werden. Es wird den Mitarbeitern die Möglichkeit eröffnet, Abweichungen zu erklären und Vorschläge zur Verbesserung einzubringen. Das Wissen um die aktuelle Situation und die Chance zur Mitgestaltung fördert die Motivation, die Integration in das Projekt und das unternehmerische Denken, was für den Projekterfolg förderlich ist. Diese informelle Kommunikation, die ohnehin die Unternehmenskultur junger Unternehmen prägt, birgt zwei Vorteile. Zum einen bringt sie Probleme häufig früher und detaillierter ans Tageslicht als formalisierte Soll-Ist- und Soll-Wird-Kontrollen, zum anderen werden Konsequenzen und geplante Maßnahmen, die das weitere Projektvorgehen beeinflussen, direkt an die Projektbeteiligten kommuniziert. Die Projektmitarbeiter werden damit in die Lage versetzt, die Planmäßigkeit ihrer Projektarbeit zeitnah und permanent zu überprüfen. Das Einstellen der Ergebnisse der Projektmeetings sowie aktueller Projektinformationen ins Intranet verbessert die Projekttransparenz, Koordination und Kommunikation

[504] Vgl. Alter, R., [Projektcontrolling], 1991, S. 334; Plinke, W., [Ansatzpunkte], 1986, S. 605; Riezler, S., [Lebenszyklusrechnung], 1996, S. 120.

der Projektgruppenmitglieder untereinander sowie mit den Funktionsbereichen und der Unternehmensleitung.[505]

4.4.4 Kontrollen zum Abschluß eines Arbeitspakets

4.4.4.1 Soll-Ist-Vergleich

Ziel des Soll-Ist-Vergleichs ist die frühzeitige Kontrolle der Kosten und Termine, um Kostenüberschreitungen festzustellen und möglichst gering zu halten.[506] Voraussetzung für eine aussagekräftige Kostenüberwachung der Arbeitspakete während der Projektlaufzeit ist die Berücksichtigung von Projektfortschritt und Projektterminen.[507] Deshalb bildet der Kosten-Termin-Plan in seiner Diagramm- und Listen-Darstellung die Informationsbasis der Kontrollen zu definierten Sachfortschrittspunkten. Die nachfolgende Graphik stellt alle möglichen Kombinationen der Kosten- und Terminsituationen, die während eines Projekts an den definierten Sachfortschrittspunkten (Arbeitspaket oder Meilenstein) auftreten können, beispielhaft dar.[508]

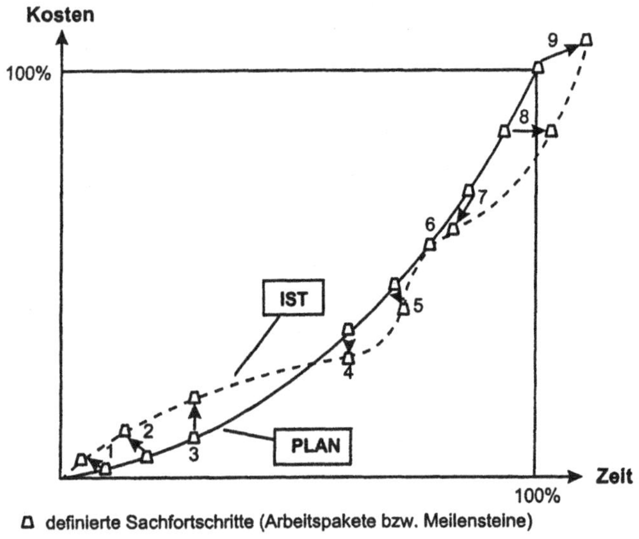

Abb. V.-31: Kosten-Termin-Diagramm

[505] Vgl. Anthony, R.N./Govindarajan, V., [Management], 1998, S. 833; Burghardt, M., [Projektmanagement], 1997, S. 412; Kraus, G./Westermann, R., [Projektmanagement], 1995, S. 131; Krüger, A./Schmolke, G./Vaupel, R., [Projektmanagement], 1999, S. 122f., 156; Litke, H.-D., [Projektmanagement], 1991, S. 106; Neumann, R., [Projektmanagement], 1998, S. 8; Peemöller, V.H., [Controlling], 1997, S. 53f.; Rinza, P., [Projektmanagement], 1994, S. 31; Schmelzer, H.J./Friedrich, W., [Projektcontrolling], 1997, S. 342; Winkler, W., [Controlling], 1991, S. 245.

[506] Vgl. Studt, J., [Projektkostenrechnung], 1983, S. 172.

[507] Vgl. Burghardt, M., [Projektmanagement], 1997, S. 332.

[508] Vgl. Burghardt, M., [Projektmanagement], 1997, S. 333.

1	Planmäßige Kosten bei Terminunterschreitung
2	Kosten über Plan bei Terminunterschreitung
3	Kosten über Plan bei Termineinhaltung
4	Kosten unter Plan bei Termineinhaltung
5	Kosten unter Plan bei Terminverzug
6	Kosten und Termin plangerecht
7	Kosten unter Plan bei Terminunterschreitung
8	Planmäßige Kosten bei Terminverzug
9	Kosten- und Terminüberschreitung

Ausgangspunkt der Kostenkontrolle ist die Realisierung von Teilergebnissen, also der Abschluß von Arbeitspaketen. Dabei gilt eine Teilleistung erst dann als fertiggestellt, wenn sie die gewünschten Funktions-, Leistungs- und Qualitätsanforderungen erfüllt.[509] Der Kontrollzeitpunkt variiert in Abhängigkeit der Realisation der Arbeitspakete und Meilensteine, d.h. des Leistungsstands. Der Leistungsstand ist also nicht zeit-, sondern ergebnisabhängig. Seine zeitliche Verschiebung signalisiert eine Terminabweichung, die durch das schnellere oder langsamere Abarbeiten der Teilleistungen im Vergleich zur Planung verursacht wird.[510]
In Analogie zu den Plankosten werden prinzipiell nur die Istkosten derjenigen abgeschlossenen Teilleistungen für den Kostenvergleich herangezogen, welche zur Erreichung des Abschlusses des Arbeitspakets beigetragen haben. Da der Realisierungsgrad zum Abschluß einer Teilleistung immer 1 ist, sind die Plan- und Sollkosten dieser Teilleistungen identisch. Daneben werden aber auch die Teilleistungen des projektbegleitenden, offenen Arbeitspakets Projektmanagement berücksichtigt, weil diese als unterstützend für jedes andere Arbeitspaket angesehen werden. Mit diesem Vorgehen soll einerseits die Anzahl offener Teilleistungen und Arbeitspakete minimiert werden, so daß sich das Problem der Bemessung des Fortschrittsgrads entschärft. Andererseits soll es nicht an Aktualität mangeln, weshalb offene Arbeitspakete des Projektmanagements miteinbezogen werden. Da diese Aktivitäten laufzeitbedingt sind - Projektdokumentation und -meetings finden in der Regel wöchentlich statt - und es sich ausschließlich um den Einsatz von Personalressourcen handelt, läßt sich deren Fertigstellungsgrad als Quotient aus Istdauer und Plandauer des Arbeitspakets bestimmen. Der Fertigstellungswert, d.h. ihre Sollkosten resultieren aus der Multiplikation des Fertigstellungsgrads mit den Plankosten des gesamten Arbeitspakets.[511]
Die Summe der Sollkosten abgeschlossener und offener Teilleistungen, die zum Abschluß des jeweiligen Arbeitspakets beigetragen haben, wird den dafür aufgelaufenen Istkosten im Soll-Ist-Vergleich gegenübergestellt.[512] Der Vergleich dieser Kosten ist aussagekräftig, weil sich beide Kosteninformationen auf den gleichen Leistungs-

509 Vgl. Litke, H.-D., [Projektmanagement], 1991, S. 105.

510 Vgl. Buch, J., [Projektrechnung], 1991, S. 160; Kraus, G./Westermann, R., [Projektmanagement], 1995, S. 98.

511 Vgl. Buch, J., [Projektrechnung], 1991, S. 161; Coenenberg, A.G., [Kostenrechnung], 1999, S. 437f.; Deinert, R.D./Meinders, R., [Software-Projekten], 1996, S. 265.

512 Zusätzlich kann auch noch ein Vergleich auf Basis kumulierter Werte vorgenommen werden.

stand, den Abschluß des Arbeitspakets, beziehen. Eine derartige Kostenabweichung kann als Mehr- oder Minderverbrauch interpretiert werden.[513]
Laufende Soll-Ist-Projektkontrollen der Arbeitspakete offenbaren Abweichungen von bzw. Übereinstimmungen zwischen den erzielten Ist- und den geplanten Solldaten der Kosten, Termine und Leistungen des Projekts. Um die richtigen Maßnahmen ergreifen zu können, muß ein Toleranzbereich für die Abweichungen festgelegt sowie deren Grad, Ursachen und Einflüsse analysiert werden. Als Gründe kommen eine unrealistische Planung, unvorhersehbare Änderungen im Projektablauf oder Fehler in der Durchführung der Teilleistungen in Betracht. Bei negativer Beurteilung der Arbeitspaketergebnisse, d.h. die aufgedeckten Abweichungen bzw. erkannten Abweichungstendenzen liegen außerhalb eines vorgegebenen Toleranzbereichs, werden geeignete Maßnahmen für eine Mängelbeseitigung diskutiert, durch die verantwortlichen Mitarbeiter ausgearbeitet und eine Entscheidung bezüglich der durchzuführenden Aktivitäten getroffen.[514] Hierbei sind vor allem vorbeugende oder korrigierende Maßnahmen anzustreben, die die Planerreichung ohne Änderung der Eckdaten der Planung sichern. Häufig resultieren aus der Ermittlung der Abweichungen und ihrer Ursachen auch neue Erkenntnisse und Projektsteuerungsmaßnahmen, die Konsequenzen für den weiteren Projektablauf haben, so daß die ursprünglichen Planungsunterlagen aktualisiert werden müssen. Im weiteren Projektverlauf können Vergleiche dann sowohl auf Basis des ursprünglichen als auch auf Basis des revidierten Plans gezogen werden.[515]
Die Erkenntnisse aus den Soll-Ist-Vergleichen, die auf Zahlungen basieren, unterstützen darüber hinaus die Liquiditätsrechnung und verbessern die Qualität der Planung neuer, ähnlicher Projekte.
Im Zusammenhang mit der Steuerung der Projektkosten ist auch die Termineinhaltung zu überwachen. Die Restdauer ist zu schätzen und Soll-Ist-Vergleiche anzustellen. Etwaige Abweichungen sind auf ihre Ursachen hin zu analysieren sowie korrigierende Maßnahmen einzuleiten. Dabei ist auf die Folge der Terminüberschreitungen zu achten, die Auswirkungen auf die Kosten haben, wie Konventionalstrafen, Imageverlust oder Maßnahmen zur Termineinhaltung.[516]

4.4.4.2 Soll-Wird-Vergleich

Neben den vergangenheitsbezogenen Soll-Ist-Vergleichen müssen auch die zukünftigen Kosten für nachfolgende Meilensteine und das Projektende abgeschätzt werden. Die Hochrechnungen sind unter Berücksichtigung des Fertigstellungsgrads auf der Basis des geschätzten Restaufwands bzw. der Restzeiten zu erstellen. Werden

---

513 Vgl. Buch, J., [Projektrechnung], 1991, S. 159; Coenenberg, A.G., [Kostenrechnung], 1999, S. 435.

514 Vgl. Baumöl, U., [Softwareentwicklung], 1999, S. 240; Buch, J., [Projektrechnung], 1991, S. 164; Burghardt, M., [Projektmanagement], 1997, S. 413; Corsten, H., [Projektmanagement], 2000, S. 230; Litke, H.-D., [Projektmanagement], 1991, S. 59.

515 Vgl. Anthony, R.N./Govindarajan, V., [Management], 1998, S. 834; Burghardt, M., [Projektmanagement], 1997, S. 303; Heeg, F.-J., [Projektmanagement], 1992, S. 223; Krüger, A./Schmolke, G./Vaupel, R., [Projektmanagement], 1999, S. 160f.; Litke, H.-D., [Projektmanagement], 1991, S. 59, 97; Rinza, P., [Projektmanagement], 1994, S. 30f.; Ziegenbein, K., [Controlling], 1998, S. 468; Zielasek, G., [Projektmanagement], 1999, S. 119, 134, 168f.

516 Für eine detaillierte Darstellung vgl. z.B. Krüger, A./Schmolke, G./Vaupel, R., [Projektmanagement], 1999, S. 134f., 158; Litke, H.-D., [Projektmanagement], 1991, S. 106f.; Rattay, G., [Projektplanung], 1996, S. 391f.; Zielasek, G., [Projektmanagement], 1999, S. 178f.

diese regelmäßig vorgenommen, so signalisieren sie frühzeitig drohende Störungen im Projektverlauf, so daß steuernde Korrekturmaßnahmen noch rechtzeitig Wirkung zeigen können.[517] Dazu ist es notwendig, die restlichen noch zu erwartenden Kosten je Arbeitspaket neu zu prognostizieren, wobei mögliche Verbesserungen initiierter oder zu initiierender Maßnahmen zu berücksichtigen sind. Die Schätzungen werden immer präziser, je kürzer der noch verbleibende Planungszeitraum ist. Deshalb sollten Hochrechnungen bezüglich des Projektendes erst durchgeführt werden, wenn entweder bereits 50% des Gesamtaufwands, der Gesamtkosten oder der Gesamtdauer erreicht sind. Die Entscheidung für die Erstellung von Hochrechnungen auf Meilensteine ist bei jedem Arbeitspaket unter Erwägung des notwendigen Aufwands und der Aussagefähigkeit der Schätzungen, des restlichen Zeitraums zu den Meilensteinen und deren Bedeutung zu treffen. Aus der Addition der noch zu erwartenden Kosten der Arbeitspakete, die bis zum Meilenstein bzw. dem Projektende zu erbringen sind, mit den bereits angefallenen und veranlaßten Kosten, resultieren die wahrscheinlichen Gesamtkosten zum Meilenstein bzw. bis zum Projektende. Diese werden mit den jeweiligen Plankosten verglichen.[518]

4.4.4.3 Kosten-Meilensteintrendanalyse

Zur integrierten, zukunftsorientierten, dynamischen Betrachtung von Terminen und Kosten kann bei Abschluß jedes Arbeitspakets (Berichtszeitpunkt) die Kosten-Meilensteintrendanalyse verwendet werden, welche die Termintrendanalyse und die Kostentrendanalyse kombiniert.[519]

Die Meilensteintrendanalyse stellt die Terminsituation der Meilensteine graphisch dar und sorgt damit für Transparenz. Es wird sowohl die Istsituation mit der ursprünglichen Plansituation am Meilenstein verglichen als auch eine Trendentwicklung für die nächsten Meilensteine des Projekts dargestellt. Auf der vertikalen Achse der Matrix werden die geplanten Meilensteintermine, auf der horizontalen Achse die Berichtszeitpunkte (= Abschluß der Arbeitspakete) eingetragen. Zu jedem Berichtszeitpunkt werden die voraussichtlichen Fertigstellungstermine der Meilensteine geschätzt und notiert. Aus der Verbindung der geschätzten Termindaten je Meilenstein und des Berichtszeitpunkts läßt sich ein Trend bezüglich der Terminentwicklung ableiten. Ein horizontaler Verlauf besagt, daß die bisherige Terminschätzung beibehalten wurde, bei einem fallenden Verlauf wird der Meilenstein voraussichtlich früher, bei einem steigenden Verlauf später erreicht.[520]

Die Kostentrendanalyse bietet einen schnellen, aktuellen Überblick über die Kostenentwicklung. Auf der Ordinate werden die geschätzten Projektkosten der Meilensteine, auf der Abszisse die Berichtszeitpunkte (Abschluß der Arbeitspakete) angetragen. Auf der Grundlage der bereits angefallenen Istkosten und dem Fertigstellungswert wird eine Extrapolation der Kosten vollzogen, die ansteigend, haltend oder fal-

---

[517] Vgl. Buch, J., [Projektrechnung], 1991, S. 131; Burghardt, M., [Projektmanagement], 1997, S. 302f.; Krüger, A./Schmolke, G./Vaupel, R., [Projektmanagement], 1999, S. 121, 132; Spalinger, B., [Kosten], 1992, S. 438.

[518] Vgl. Baumöl, U., [Softwareentwicklung], 1999, S. 238, 302; Burghardt, M., [Projektmanagement], 1997, S. 350; Corsten, H., [Projektmanagement], 2000, S. 228; Rattay, G., [Projektplanung], 1996, S. 395; Siepert, H.-M., [Projektcontrolling], 1992, S. 1004; Spalinger, B., [Kosten], 1992, S. 438.

[519] Vgl. Burghardt, M., [Projektmanagement], 1997, S. 336.

[520] Vgl. Alter, R., [Projektcontrolling], 1991, S. 299; Balser, T.H., [Projektmanagement], 1998, S. 123f.; BDU, [Controlling], 2000, S. 128; Rattay, G., [Projektplanung], 1996, S. 392.

lend verlaufen kann. Bei ansteigendem Trend ist mit einem weiteren Anstieg der Kosten im Projektverlauf zu rechnen, bei haltendem Trend werden die Kostenziele wahrscheinlich eingehalten, bei fallendem Trend werden die Kosten voraussichtlich unterschritten. Die Grundlage für die Beurteilung bilden die geplanten Kostenansätze pro Arbeitspaket, die laufend aktualisiert werden.[521]
Durch die Verbindung von Kosten- und Meilensteintrendanalyse wird es möglich, die Meilensteine sowohl hinsichtlich der veränderten Plantermine als auch der Plankosten zu verfolgen. Die Gegenüberstellung der Entwicklung der Termin- und Kostenziele hilft, Inkonsistenzen frühzeitig zu erkennen. Ein Terminverzug bringt in der Regel auch eine Erhöhung der Kosten mit sich. Wenn also die Terminplanung revidiert wird, die Kostenplanung aber nicht, ist das ein Anlaß, die Stimmigkeit der Pläne zu prüfen.[522]

4.4.4.4 Kosten-Termin-Analyse[523]

Ergänzend zu den kostenorientierten Soll-Ist- und Soll-Wird-Vergleichen sowie der Kosten-Meilensteintrendanalyse bietet es sich an, einen Kosten-Termin-Index zu bilden, der angibt, wieviel von den geplanten Kosten tatsächlich angefallen sind. Der Kosten-Termin-Index ist definiert als das Verhältnis der Quotienten aus aufgelaufenen Istwerten der Zeit und Kosten sowie deren voraussichtlichen Gesamtwerte.

$$I_{KT} = \frac{\frac{K_{Ist}}{T_{Ist}}}{\frac{K_{Wird}}{T_{Wird}}}$$

Legende:

- I_{KT}: Kosten-Termin-Index
- K_{Ist}: aufgelaufene Istkosten
- K_{Wird}: aktuell hochgerechnete Gesamtkosten
- T_{Ist}: aufgelaufene Zeit
- T_{Wird}: aktuell hochgerechnete Gesamtdauer

Der Kosten-Termin-Index läßt sich sowohl in Bezug auf Meilensteine als auch auf das gesamte Projekt definieren. Da die alternativ auf das Projektende oder die Meilensteine hochgerechneten Gesamtkosten bereits im Zuge der Soll-Wird-Vergleiche zu ermitteln sind, liegt es nahe, den Index zeitgleich dazu zu berechnen.
Bei einem Indexwert kleiner als 1 liegt ein guter Projektfortschritt im Hinblick auf das Verhältnis von Kosten und Zeit vor. Die auf den Sachfortschritt bezogenen Kosten liegen in bzw. unter den Planvorgaben. Bei einem Index größer als 1 besteht die Ge-

---

[521] Vgl. Alter, R., [Projektcontrolling], 1991, S. 299f.; Balser, T.H., [Projektmanagement], 1998, S. 124f.; Burghardt, M., [Projektmanagement], 1997, S. 336; Corsten, H. [Projektmanagement], 2000, S. 222f.; Neumann, R., [Projektmanagement], 1998, S. 8.

[522] Vgl. Corsten, H., [Projektmanagement], 2000, S. 224; Krüger, A./Schmolke, G./Vaupel, R., [Projektmanagement], 1999, S. 163f.

[523] Vgl. nachfolgend Burghardt, M., [Projektmanagement], 1997, S. 351f.

fahr, daß die fortschrittsbezogenen Projektkosten das Planniveau überschreiten. In seiner Funktion als Frühwarnindikator unterstützt der Kontrollindex das rechtzeitige Einleiten von Steuerungsmaßnahmen.
Die Maßnahmen des Kostenmanagements, die durch die Soll-Ist- und Soll-Wird-Vergleiche sowie den Kosten-Termin-Index zur projektbegleitenden Steuerung des Projekts angeregt werden, verfolgen das Ziel, die Plankosten des Projekts einzuhalten. Im Prinzip werden zu diesem Zweck die gleichen Instrumente verwendet wie vor der Projektdurchführung[524], so daß auf eine weitere Darstellung verzichtet wird.

4.4.5 Kontrollen am Meilenstein

4.4.5.1 Projektbezogene Kontrollen

Bei Erreichen eines Meilensteins werden grundsätzlich die gleichen Kontrollen wie beim Abschluß eines Arbeitspakets durchgeführt. Der einzige Unterschied besteht darin, daß bei der Ergebniskontrolle zum Abschluß eines Meilensteins Arbeitspakete die unterste Hierarchieebene für die Kontrolle bilden, beim Abschluß eines Arbeitspakets die Teilleistungen. Da die Methodik jedoch, abgesehen von dieser Modifikation, gleich bleibt, wird diesbezüglich auf eine weitere Beschreibung verzichtet.
Darüber hinaus ist an den Meilensteinen zu untersuchen, inwieweit die grundlegenden Annahmen des Projektumfelds, unter denen die Projektpläne erstellt wurden, gegenwärtig und vor allem zukünftig noch Gültigkeit besitzen. Wenn Änderungen und daraus resultierende negative Konsequenzen für den Projekterfolg identifiziert werden, ist korrigierend einzugreifen.[525]
Neu an der Meilensteinkontrolle ist zudem, daß neben den projektbezogenen Abweichungen, dem Kosten-Termin-Index und der Prämissenkontrolle zusätzlich projektübergreifende Kontrollen angestellt werden.

4.4.5.2 Projektübergreifende Kontrollen

4.4.5.2.1 Hochrechnung auf das Projekt-Deckungsbudget

An den Meilensteinen, die hinsichtlich Kosten, Dauer oder Aufwand in der zweiten Hälfte der Projektabwicklung liegen, ist auf der Basis des aktuell erwarteten Projektbeitrags durch Addition
(1) mit den Beiträgen bis dato bereits realisierter Projekte,
(2) den aktuellen periodenbezogenen Planbeiträgen bereits akquirierter Projekte und
(3) den erwarteten periodenbezogenen Beiträgen noch zu akquirierender Projekte
abzuschätzen, ob das Projektbudget der Periode innerhalb der zulässigen Toleranzgrenze erwirtschaftet werden kann.[526]
Das gleiche Verfahren wird am Ende jedes Projekts auf der Grundlage des tatsächlichen Projektbeitrags des betreffenden Projekts praktiziert.

---

[524] Vgl. Abschnitt V. 4.3.3. 4.

[525] Vgl. Kost, W., [Prämissenverfolgung], 1992, S. 676; Krüger, A./Schmolke, G./Vaupel, R., [Projektmanagement], 1999, S. 196; Spalinger, B., [Kosten], 1992, S. 437.

[526] Vgl. Helm, K. F., [Projekte], 1993, S. 53; Riebel, P., [Deckungsbeitragsrechnung], 1994, S. 191, 491, 502, 513.

4.4.5.2.2 Periodenübergreifende Zeitablaufrechnung

Während des gesamten Zeitraums bis zur Break-even-Periode sollte projekt- und periodenübergreifend eine Kumulation der Istbeiträge der bis zum jeweiligen Betrachtungszeitpunkt realisierten Teilleistungen aller Projekte durchgeführt werden.

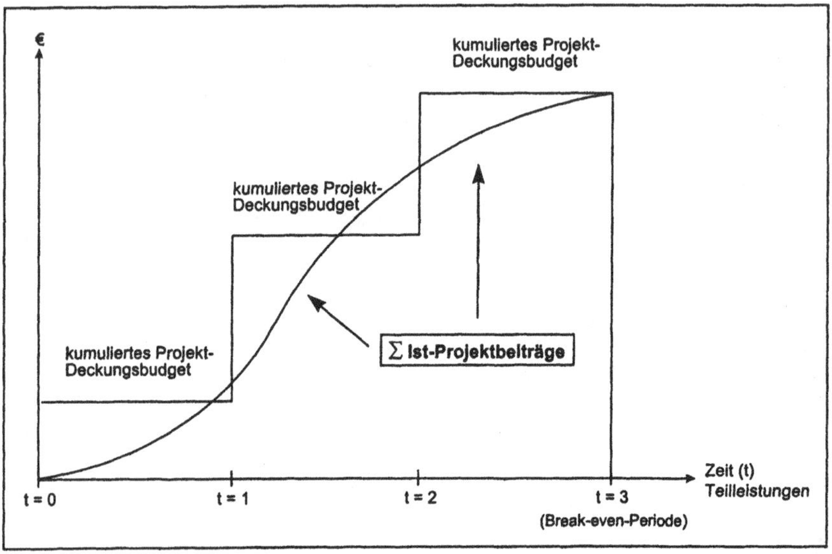

Abb. V.-32: Zeitablaufrechnung der Projekte[527]

Parallel dazu werden auch die Projektbudgets der einzelnen Perioden zu einem kumulierten Gesamtbetrag pro Jahr zusammengefaßt. Die fortlaufende Leistungserfolgsrechnung soll die Orientierung am strategischen Ziel sicherstellen. Zielwert ist die Summe aller geplanten periodischen Projekt-Deckungsbudgets bis zur Break-even-Periode. Als operative Richtwerte werden zusätzlich die kumulierten Projektbudgets der einzelnen Perioden innerhalb des Betrachtungszeitraums ausgewiesen, die sozusagen als Etappenziele fungieren. Der Vergleich zwischen den kumulierten Projektbeiträgen und dem jeweiligen kumulierten Projektbudget liefert eine momentane Bestandsaufnahme darüber, welcher Betrag der kumulierten Deckungsbudgets bis dato bereits erfüllt wurde bzw. welcher Betrag noch offen ist.[528] Im nächsten Schritt ist unter Einbeziehung aller erwarteten Wird-Projektbeiträge der laufenden, geplanten und noch zu akquirierenden Projekte hochzurechnen, ob das kumulierte Projektbudget der jeweiligen Periode bzw. der Break-even-Periode noch planmäßig erreicht werden kann. Die dazu notwendigen Informationen stammen vor allem aus dem Projektmanagement der einzelnen Projekte. Es ist je nach zeitlicher Distanz zur Break-even-Periode und der Datenlage zu entscheiden, ob eine Hochrechnung auf

[527] Graphik in Anlehnung an Buch, J., [Projektrechnung], 1991, S. 192; Ihde, G.B., [Kapazitätsmanagement], 1993, S. 116; Riebel, P., [Deckungsbeitragsrechnung], 1994, S. 573.

[528] Vgl. Krüger, A./Schmolke, G./Vaupel, R., [Projektmanagement], 1999, S. 193; Riebel, P., [Deckungsbeitragsrechnung], 1994, S. 191, 491, 502, 513.

das kumulierte Projektbudget der Break-even-Periode sinnvoll erscheint. Mit der vorgestellten Betrachtungsweise erhält man eine kontinuierliche Vorschaurechnung, die Fehlentwicklungen schon frühzeitig anzeigt. Sie ermöglicht damit ein Gegensteuern, um das geplante Volumen an Projektbeiträgen zu erwirtschaften. Analog zur Unternehmensebene sind auch hierfür zulässige Toleranzgrenzen zu formulieren.
Der Einsatz der Zeitablaufrechnung als Instrument der projektübergeordneten Kontrolle und deren Aktualisierung hat ca. alle drei Monate an einem Projektmeilenstein zu erfolgen. Handelt es sich zugleich um das Periodenende, so ist zudem ein Vergleich zwischen realisiertem und geplantem Projektbudget der Periode zu ziehen.[529] Hierbei ist zu beachten, daß etwaige Planrevisionen bezüglich Projekt-Einzelkosten bzw. Projekt-Einzelerlösen sowie bezüglich projektspezifisch verrechenbarer Projektgruppen-Einzelkosten, die im Zuge des Planungs- und Kontrollzyklus auf Unternehmensebene initiiert werden, auch zu Anpassungen der Projekt-Deckungsbudgets führen.
Wenn die Hochrechnung auf den operativen bzw. strategischen Zielwert ergibt, daß ihre Einhaltung gefährdet ist, sind geeignete Maßnahmen zu ergreifen. Diese können sich auf bereits in Abwicklung befindliche oder zukünftige Projekte beziehen. Dabei ist zwischen Maßnahmen, die Wirkung auf einzelne Projekte, und solchen, die Wirkung auf alle Projekte haben, zu unterscheiden. Für den ersten Fall sei auf die Vorstellung möglicher projektspezifischer[530], für den zweiten Fall auf die Beschreibung der Maßnahmen auf Unternehmensebene[531] verwiesen.

4.5 Projektabschlußanalyse

4.5.1 Nachkalkulation

Mit Ende des Projekts stehen die endgültigen Istwerte fest. Durch die Gegenüberstellung von Plan- und Istdaten lassen sich Termin-, Aufwands-, Kosten-, Erlös- und Ergebnisabweichungen auf der Ebene der Teilleistungen, Arbeitspakete, Meilensteine sowie des Projekts als Ganzem feststellen. Zu diesem Zeitpunkt ist zwar keine Einflußnahme mehr auf das Projekt möglich, aber aus der abschließenden Überprüfung und Auswertung der Kosteninformationen können wertvolle Erfahrungsdaten für die Kostenplanung, -steuerung und -kontrolle von Folgeprojekten sowie für die Aktualisierung laufender Projekte gewonnen werden.[532] Berechnet man im Zuge der Kostenanalyse Kennzahlen, die sich für jedes Projekt ermitteln lassen, so ist die Voraussetzung für einen späteren Kostenvergleich zwischen einzelnen Projekten erfüllt.[533]

---

[529] Vgl. Ihde, G.B., [Kapazitätsmanagement], 1993, S. 116f.

[530] Vgl. Abschnitt V. 4.3.3.4.

[531] Vgl. Abschnitt V. 3.3.6 und 3.3.7.

[532] Vgl. BDU, [Controlling], 2000, S. 125; Buch, J., [Projektrechnung], 1991, S. 180; Burghardt, M., [Projektmanagement], 1997, S. 273, 428; Franzen, W., [Liquidität], 1987, S. 37; Helm, K.F., [Projekte], 1993, S. 54; Krüger, A./Schmolke, G./Vaupel, R., [Projektmanagement], 1999, S. 133f.; Madauss, B.J., [Projektmanagement], 2000, S. 252, 259; Michel, R.M., [Projektcontrolling], 1996, S. 204; Rattay, G., [Projektplanung], 1996, S. 405; Senti, R., [Erlösmanagement], 1994, S. 189.

[533] Vgl. Madauss, B.J., [Projektmanagement], 2000, S. 259; Wasielewski, E.v., [Projektvergleichstechnik], 1979, S. 374.

Allgemein formulierte Kennzahlen, die für den Vergleich mit neuen Projekten verwendet werden können, sind die Planabweichung und Plantreue bezüglich der Termine, Projektkosten und des Zeitaufwands, die für Teilleistungen, Arbeitspakete, Meilensteine oder das Projekt als Ganzes bestimmt werden können.[534]

$$\text{Planabweichung} = \frac{\text{Istwert} - \text{Planwert}}{\text{Planwert}} \cdot 100\%$$

$$\text{Plantreue} = \frac{\text{Istwert}}{\text{Planwert}} \cdot 100\%$$

Eine speziell kostenorientierte Kennzahl ist der Kostenanteil, der alternativ für eine einzelne Teilleistung, ein Arbeitspaket oder einen Meilenstein quantifiziert werden kann.

$$\text{Kostenanteil} = \frac{\text{Kosten eines Kostenelements}}{\text{Gesamtkosten}} \cdot 100\%$$

Der Zeitanteil ist eine aus Zeitinformationen gebildete Aufwandskennzahl.

$$\text{Zeitanteil} = \frac{\text{Zeitaufwand eines Projektelements}}{\text{Gesamter Zeitaufwand}} \cdot 100\%$$

Beim Projektelement kann es sich um eine Teilleistung, ein Arbeitspaket oder einen Meilenstein handeln. Die Bezugsbasis läßt sich zwischen dem gesamten Zeitaufwand des Projekts, des übergeordneten Meilensteins und des Arbeitspakets variieren.[535]

Um Konsequenzen aus der Kostenanalyse ziehen zu können, sind die Erfolgs- bzw. Mißerfolgsfaktoren des Projektablaufs zu identifizieren und die Wirksamkeit der Maßnahmen, die während der Abwicklung des Projekts ergriffen wurden, zu beurteilen. Vor allem aber müssen die Kostenabweichungen analysiert werden, denn nur, wenn man ihre Ursachen ermittelt, können Fehler und Fehleinschätzungen in Zukunft vermieden werden.[536]

Da sich der vereinbarte Erlös bei Projektabschluß realisiert und alle Kosten der Leistungserstellung bis dahin entstanden sind, kann zu diesem Zeitpunkt endgültig festgestellt werden, welcher Projektbeitrag im Vergleich zur Planung tatsächlich realisiert wurde.[537] Nach dessen periodenbezogener Modifikation ist eine projektübergreifende Hochrechnung für das Projektbudget der aktuellen Periode aufzustellen.[538]

[534] Vgl. Burghardt, M., [Projektmanagement], 1997, S. 442; Gunnar, G., [Kennzahlen], 1999, S. 234f.; Haas, M., [Projekten], 1996, S. 150, 156; Wasielewski, E.v., [Projektvergleichstechnik], 1979, S. 376, 383.

[535] Vgl. Burghardt, M., [Projektmanagement], 1997, S. 442f.; Gunnar, G., [Kennzahlen], 1999, S. 82.

[536] Vgl. Helm, K.F., [Projekte], 1993, S. 54; Krüger, A./Schmolke, G./Vaupel, R., [Projektmanagement], 1999, S. 133f.; Michel, R.M., [Projektcontrolling], 1996, S. 204; Steinle, C./Lawa, D./Kraege, R., [Projektcontrolling], 1995, S. 143.

[537] Vgl. Buch. J., [Projektrechnung], 1991, S. 179; Franzen, W., [Liquidität], 1987, S. 37.

[538] Die Vorgehensweise wurde bereits im Rahmen der integrierten Projektsteuerung dargelegt.

4.5.2 Projektrückschau

Sobald die Ergebnisse der Kontrolle am Projektende vorliegen, sollte eine Projektrückschau in Form eines Abschlußmeetings stattfinden. Die Projektbeteiligten haben die Gelegenheit, den Projektablauf (aufgetretene Probleme und ihre Auslöser), das Projektergebnis (Abweichungen und ihre Gründe) sowie die Zusammenarbeit mit Kunden und innerhalb des Unternehmens - insbesondere im Projektteam - in kooperativer Atmosphäre zu diskutieren. Ziel dieser Rückschau ist es, den Projektbeteiligten Feedback für die erbrachte Projektleistung zu geben. Außerdem sollen sie durch die intensive Auseinandersetzung mit dem Projektergebnis dazu befähigt und motiviert werden, ihre neu gewonnenen Erfahrungen und Erkenntnisse in ihre zukünftige Projektarbeit einzubringen. Erkanntes Fehlverhalten sollte sich nicht wiederholen, um das Ergebnis nachfolgender Projekte zu steigern.[539]
Damit die Projektleistung im Sinne der Projektauftraggeber kontinuierlich verbessert wird, muß auch von den Projektbeteiligten auf seiten des Kunden Feedback eingeholt werden. Das Urteil des Kunden[540] über die Qualität der Leistung, die Termintreue und die Zusammenarbeit während der Projektarbeit liefert wertvolle Informationen über wahrgenommene Stärken und Schwächen in der Projektabwicklung, aus denen man für die Zukunft lernen kann und muß.[541]
Die Auswertung der Projektresultate muß schließlich in die operativen und strategischen Planungsrechnungen auf Unternehmensebene, wie die Aktualisierung und die Revision des Business Plans, eingebunden werden. Projektbezogene Maßnahmen können Kosten- und Nutzeneffekte für das gesamte Unternehmen haben.[542]

5. Erweiterungsspektrum des Controlling-Instrumentariums

5.1 Balanced Scorecard

Da der Informations- und Koordinationsbedarf aufgrund des Unternehmenswachstums steigt, muß das bestehende Controllingsystem mit zunehmender Größe und Komplexität des Unternehmens weiterentwickelt werden, um die gestiegenen Anforderungen erfüllen zu können.[543]
Informationen mit Steuerungs- und Kontrollcharakter sollten auf entscheidungsrelevante Kennzahlen komprimiert werden, um komplizierte Zusammenhänge auf einfache Weise darzustellen und somit die Transparenz im Unternehmen zu erhalten.

---

539 Vgl. Burghardt, M., [Projektmanagement], 1997, S. 413, 459; Hofstetter, P.A., [Informationssystem], 1993, S. 315f.; Krüger, A./Schmolke, G./Vaupel, R., [Projektmanagement], 1999, S. 172; Spalinger, B., [Kosten], 1992, S. 444; Zielasek, G., [Projektmanagement], 1999, S. 188f.

540 Bei vielen Unternehmen der „New Economy" hängt ein Gehaltsanteil der Projektbeteiligten von der Zufriedenheit des Kunden ab. Diese wird von einem unabhängigen Unternehmen nach Projektende beim Kunden ermittelt.

541 Vgl. Krüger, A./Schmolke, G./Vaupel, R., [Projektmanagement], 1999, S. 173, 198; Michel, R.M., [Projektcontrolling], 1996, S. 203.

542 Vgl. Lachnit, L./Ammann, H., [Kosten- und Erfolgsmanagement], 1994, S. 567f.

543 Vgl. Bischoff, J.G., [Controlling bei jungen Unternehmungen], 1993, S. 105; Gushurst, K-P., [Implementierung], 1990, S. 73; Ihring, H.Chr., [Controlling], 1986, S. 128; Kosmider, A., [Controlling], 1991, S. 190; Serfling, K., [Controlling], 1992, S. 12f.

Kennzahlensysteme erleichtern es der Unternehmensführung, Aussagen über die aktuelle Entwicklung des Unternehmens und seiner Projekte zu treffen und darauf aufbauend Steuerungsentscheidungen zur Erreichung der strategischen Ziele zu treffen.[544]
Deshalb ist von der Unternehmens- bis zur Projektebene ein mehrdimensionales strategieorientiertes Kennzahlensystem nach dem Vorbild einer Balanced Scorecard einzuführen, das insbesondere die Interessen der Kapitalgeber in die Finanz-, Kunden-, Prozeß-, Lern- und Wachstumsperspektive integriert.[545] Dieser Aspekt darf in jungen Unternehmen nicht vernachlässigt werden, da sie in hohem Maße von den Kapitalgebern abhängig sind, die ihrerseits ein großes Informationsbedürfnis haben.
Alle Planungen der Kunden-, Prozeß-, Lern und Wachstumsperspektive müssen einen strikten Bezug zu einem monetären Oberziel der Finanzperspektive aufweisen. Diese Vernetzung zeigt, daß alle Strategien und Initiativen letztlich dazu dienen sollen, die finanzwirtschaftlichen Ziele zu erreichen.[546]
Während durch die finanzielle Perspektive das Interesse an kurzfristig orientierter Leistung aufrecht erhalten wird, offenbaren die restlichen Perspektiven die Werttreiber für wichtige langfristige und wettbewerbsfähige Leistungen.
Im Mittelpunkt der übergeordneten Finanzperspektive steht die Frage: Welche Ziele leiten sich aus den Erwartungen der Kapitalgeber ab? Wie sehen uns die Anteilseigner?
Die Kundenperspektive befaßt sich mit den Markt- und Kundensegmenten, in denen sich das Unternehmen dem Wettbewerb stellt bzw. stellen möchte, und deren Leistungsmaßstäbe.
In der Prozeßperspektive werden die Geschäftsprozesse identifiziert, die beherrscht werden müssen, um die Anforderungen der Kunden und die Erwartungen der Kapitalgeber hinsichtlich ihrer finanziellen Rückflüsse zu erfüllen.
Die Lern- und Wachstumsperspektive bestimmt die betriebliche Infrastruktur, die für langfristiges Wachstum und Verbesserungen im Unternehmen bezüglich des Potentials an Menschen, Systemen und Prozessen geschaffen werden muß.[547]
Die treibenden Größen für den Geschäftserfolg im Wettbewerb sind als Kennzahlen zu erfassen und über Ursache-Wirkungsbeziehungen miteinander zu verknüpfen. Alle Ziele und Kennzahlen müssen mit einem finanzwirtschaftlichen Ziel verknüpft sein.[548] Es müssen Soll- und Ist-Kennzahlen enthalten sein, um Vorgaben setzen und ihre Einhaltung überprüfen zu können. Frühindikatoren sind erforderlich, um rechtzeitig zu erkennen, wie geplante Ergebnisse zu erreichen sind; Spätindikatoren, um

---

[544] Vgl. Baier, P., [Controlling], 2000, S. 209; Gushurst, K.-P., [Implementierung], 1990, S. 260; Krüger, A./Schmolke, G./Vaupel, R., [Projektmanagement], 1999, S. 217; Witt, F.-J., [Controlling 1], 1997, S. 81.

[545] Vgl. Horváth, P., [Controlling], 1998, S. 567f.; Kaplan, R.S./Norton, D.P., [Balanced Scorecard], 1997, S. 23.

[546] Vgl. Weber, J./Schäffer, U., [Balanced Scorecard], 1999, S. 7, 27.

[547] Vgl. Bernhard, M.G., [Grundprinzipien], 2001, S. 30; Kaplan, R.S./Norton, D.P., [Balanced Scorecard], 1997, S. 8, 27; Kaplan, R.S./Norton, D.P., [Strategieumsetzung], 1997, S. 321ff.; Probst, H.-J., [Balanced Scorecard], 2001, S. 83.

[548] Vgl. Kaplan, R.S./Norton, D.P., [Balanced Scorecard], 1997, S. 32, 46; Weber, J./Schäffer, U., [Balanced Scorecard], 1999, S. 7.

festzustellen, ob es zu Verbesserungen in der Gesamtleistung gekommen ist.[549] Mit Hilfe der vier Perspektiven wird Ausgewogenheit zwischen kurz- und langfristigen Zielen, geplanten Ergebnissen und deren Leistungstreibern, monetären und nicht monetären sowie internen und externen Kennzahlen hergestellt.[550]

Als strukturelle Rahmenbedingungen für den Einsatz einer Balanced Scorecard müssen

(1) eine offene Unternehmenskultur - ideal wäre Erfahrung im Projektmanagement - und

(2) die Existenz von Vision und Strategie vorliegen.[551]

Da junge Unternehmen an Projektarbeit gewöhnt sind, flache Hierarchien besitzen und einen kooperativen Führungsstil, der auf Vertrauen und Motivation ausgerichtet ist, pflegen, erfüllen sie Voraussetzung (1) für die Einführung und Umsetzung einer Balanced Scorecard, die Projektcharakter besitzt.

Die Visionen und Strategien junger Unternehmen sind bereits im Business Plan formuliert und werden im Rahmen seiner Aktualisierung halbjährlich weiterentwickelt, so daß auch Voraussetzung (2) entsprochen wird.[552]

Die in der Literatur veröffentlichten Beispiele belegen, daß der Einsatz einer Balanced Scorecard bei ausgeprägtem Unternehmenswachstum vorteilhaft ist, was ebenfalls für die Anwendung in jungen Unternehmen spricht.[553]

Mit einer Scorecard auf Unternehmensebene und für die einzelnen Projekte steht jungen Unternehmen ein Instrument zur Verfügung, mit dem sie die Operationalisierung ihrer strategischen Zielsetzungen visualisieren, steuern und kontrollieren können.[554] Ihr Einsatz kommt den Interessen der Kapitalgeber entgegen, da sie sich einerseits stark auf finanzwirtschaftliche Ergebnisse konzentriert und andererseits die strategischen Ziele, Meßgrößen, Zielwerte und Initiativen, die letztendlich zu deren Realisation führen sollen, aufzeigt.[555]

Junge Unternehmen befinden sich in der Wachstumsphase, so daß für ihre Finanzperspektive vor allem die Umsätze bzw. das Umsatzwachstum in neuen Märkten, mit neuen Produkten oder neuen Kunden unter Einhaltung eines adäquaten Ausgabenniveaus für die Entwicklung von Produkten, Abläufen, Mitarbeitern und den Aufbau von Marketing und Vertrieb von vorrangigem Interesse sind.[556]

Außerdem werden Deckungsbeitrags- und Cash Flow-Ziele, Umsatz- und Kapitalrenditen sowie die Schaffung von Unternehmenswert verfolgt.[557]

---

[549] Vgl. Kaplan, R.S./Norton, D.P., [Strategieumsetzung], 1997, S. 328, 331; Ehrmann, H., [Balanced Scorecard], 2000, S. 50, 94.

[550] Vgl. Horváth, P./Kaufmann, L., [Balanced Scorecard], 1998, S. 41; Kaplan, R.S./Norton, D.P., [Balanced Scorecard], 1997, S. 24.

[551] Vgl. Bernhard, M.G., [Grundprinzipien], 2001, S. 270ff.; Gehringer, J./Michel, W.J., 2000, S. 34f.

[552] Vgl. Bernhard, M.G., [Grundprinzipien], 2001, S. 32; Probst, H.-J., [Balanced Scorecard], 2001, S. 169.

[553] Vgl. Friedag, H.R./Schmidt, W., [Balanced Scorecard], 2000, S. 89.

[554] Vgl. Bernhard, M.G./Hoffschröer, S., [Ausblick], 2001, S. 328; Ehrmann, H., [Balanced Scorecard], 2000, S. 159f.

[555] Vgl. Bernhard, M.G., [Grundprinzipien], 2001, S. 27; Ehrmann, H., [Balanced Scorecard], 2000, S. 140, 146; Kaplan, R.S./Norton, D.P., [Balanced Scorecard], 1997, S. 32, 46.

[556] Vgl. Kaplan, R.S./Norton, D.P., [Strategieumsetzung], 1997, S. 319.

[557] Vgl. Kralicek, P./Böhmdorfer, F./Kralicek, G., [Kennzahlen], 2001, S. 466ff.; Weber, J./Schäffer, U., [Balanced Scorecard], 1999, S. 7, 27.

Zur Analyse der Kundenperspektive sollten die Preisstrategien, Schlüssel- und Neukunden, der Anteil neuer Produkte und Dienstleistungen, die Erschließung neuer Marktsegmente, Kooperationen und strategische Partner als Kriterien in jungen Unternehmen herangezogen werden.
Der Projekt- bzw. Projektgruppendeckungsbeitrag, das Projektdeckungsbudget, die Anzahl und das Risiko der Projekte sind sowohl der Finanz- als auch der Kundenperspektive zuordenbar, wobei eine eindeutige Kategorisierung von Meßgrößen generell schwerfällt.
Zu den erfolgskritischen Prozessen zählen vor allem die Innovation, das Marketing und der Vertrieb. Für den Innovationsprozeß sind der Status von Neuentwicklungen und Technologie inklusive Kosten und „time to market" zu beobachten. Maßnahmen zur Verbesserung der kritischen Prozesse müssen an der Verwendung und Auslastung der Ressourcen, der Qualität der Mitarbeiter, den Kostensenkungspotentialen (z.B. Outsourcing) und den gewählten Technologiestrategien (z.B. Kooperationen) ansetzen.[558]
Um das Informationsbedürfnis der Kapitalgeber zu befriedigen, sollten die Meilensteineinhaltung, die Break-even-Time, der Zeithorizont eines Börsengangs und der Gewinn je Aktie als zusätzliche Zielgrößen aufgenommen werden.[559]
Da die grundlegende Gestaltung der Balanced Scorecard unternehmensspezifisch erfolgen muß, wird an dieser Stelle auf eine weitere Konkretisierung verzichtet.[560] In der Fallstudie werden Kennzahlen für die Optima AG formuliert. Allerdings geschieht dies nicht im Rahmen einer Balanced Scorecard, sondern zur Quantifizierung und Beobachtung der Einflußgrößen ihrer Projektkosten.[561]

5.2 Multiprojektcontrolling

Je stärker das Unternehmen wächst, desto mehr Projekte sind parallel zu bearbeiten und somit zu koordinieren.
Die Aufnahme in das Projektprogramm wird grundsätzlich nach dem Kriterium des höchsten erwarteten Projektbeitrags der Kundenaufträge getroffen. Soll ein Projekt allerdings dem Eintritt in ein neues Marktsegment oder der langfristigen Bindung eines neuen Kunden, von dem Wiederholungsprojekte erwartet werden, dienen, sind auch strategische Motive, Markt- und Wettbewerbsgesichtspunkte, Imageaspekte oder vermutete Lern- und Synergieeffekte zu berücksichtigen. In diesem Fall kann der kumulierte Erfolg innerhalb eines mehrjährigen Planungshorizonts als Auswahlkriterium herangezogen werden.[562]
Die Projekte des Programms rivalisieren um die vorhandenen Ressourcen und beeinflussen sich gegenseitig, so daß, ergänzend zu den Controllingtätigkeiten auf Projekt- und Unternehmensebene, eine übergreifende Multiprojektplanung, Multiprojektsteuerung und -kontrolle der Termine, Kosten und Kapazitäten notwendig wird,

---

558 Vgl. Kaplan, R.S./Norton, D.P., [Strategieumsetzung], 1997, S. 320.

559 Vgl. Witt, F.-J., [Targetcosting], 1999, S. 231; Witt, F.-J., [Controlling 1], 1997, S. 81.

560 Vgl. Weber, J./Schäffer, U., [Balanced Scorecard], 1999, S. 108f.

561 Vgl. Kapitel VI. 4.2.4.

562 Vgl. Alter, R., [Projektcontrolling], 1991, S. 309; Pradel, M., [Multi-Projektcontrolling], 1997, S. 105; Rattay, G., [Projektplanung], 1996, S. 373.

um mehrere Projekte erfolgreich nebeneinander durchführen zu können.[563] Die gemeinsame Inanspruchnahme der bereitgestellten Ressourcen muß in Abhängigkeit von den Startterminen, den Phasen und dem jeweiligen Fortschritt der Projekte zeitlich, örtlich sowie nach Art und Menge aufeinander abgestimmt werden, um die Kapazitäten optimal auszulasten.[564] Übersteigt die Summe der Kosten oder Kapazitätsanforderungen der Projekte die verfügbaren Ressourcen, müssen Überlegungen angestellt werden, wo und wieviel Ressourcen noch zusätzlich beschafft, welche Projekte zeitlich angepaßt werden können und welche Projekte unter monetären und zeitlichen Gesichtspunkten vorrangig abzuwickeln sind.[565]
Alle Projekte sind auf die strategischen und operativen Ziele des Unternehmens hin auszurichten.[566] Die projektübergreifend-periodenbezogene Betrachtung von Kosten und Erlösen der Projekte zur Integration von Projekt- und Unternehmensebene ist aufgrund der steigenden Projektanzahl pro Periode zu intensivieren.[567] Zur besseren Koordination empfiehlt es sich, das Projekt-Deckungsbudget, das von allen aktuellen Projekten gemeinsam zu tragen ist, nach Projektgruppen zu differenzieren. Dies gilt vor allem, wenn vermehrt Projekte unterschiedlicher Projektgruppen abgewickelt werden. Die neu gebildeten Deckungsbudgets sind ausschließlich von denjenigen Projekten zu erwirtschaften, die der jeweiligen Projektgruppe angehören.[568]

563 Vgl. Lachnit, L., [Projektleistungstätigkeit], 1994, S. 51; Reiß, M./Grimmeisen, M., [Kostentransparenz], 1994, S. 320; Schmelzer, H.J./Friedrich, W., [Projektcontrolling], 1997, S. 342f.; Schmitz, H./Windhausen, M.P., [Projektplanung], 1986, S. 41f.

564 Vgl. Alter, R., [Projektcontrolling], 1991, S. 173, 175; Balser, T.H., [Projektmanagement], 1998, S. 125; Diethelm, G., [Projektmanagement], 2000, S. 69f.; Krüger, A./Schmolke, G./ Vaupel, R., [Projektmanagement], 1999, S. 217.

565 Vgl. Alter, R., [Projektcontrolling], 1991, S. 310f.; BDU, [Controlling], 2000, S. 132f.; Pradel, M./ Südmeyer, V., [Portfolioplanung], 1997, S. 307.

566 Vgl. Krüger, A./Schmolke, G./Vaupel, R., [Projektmanagement], 1999, S. 189.

567 Vgl. Lachnit, L., [Projektleistungstätigkeit], 1994, S. 51.

568 Vgl. Riebel, P., [Deckungsbeitragsrechnung], 1994, S. 641.

VI. FALLSTUDIE „OPTIMA AG"

1. Situationsanalyse

Während der Erstellung der vorliegenden Arbeit wurde ein junges Unternehmen, das sich mit der Optimierung der Transportlogistik beschäftigt, bei der Einführung eines Controllings beraten. Auf den dabei gemachten Erfahrungen baut der Fall der - nicht real existierenden - Optima AG auf. Die qualitativen Charakteristika des begleiteten Unternehmens wurden übernommen, alle betriebswirtschaftlichen Daten der Optima AG sind jedoch fiktiv.
An diesem Fall soll demonstriert werden, welchen Chancen und Problemen sich ein junges Unternehmen im Wachstum gegenüber sieht. Die theoretisch entwickelten Gestaltungsvorschläge für das Kosten- und Erfolgscontrolling werden auf das Fallbeispiel übertragen, um Schwierigkeiten und notwendige Modifikationen aufzuzeigen, die mit der Umsetzung in die Praxis verbunden sein können.
Die Optima AG wurde von sechs Physikern gegründet, die damit den Wissenstransfer von der Universität in die Wirtschaft vollzogen. Sie läßt sich anhand folgender Eckdaten charakterisieren:

Produkt	Leistungspaket zur Optimierung der Transportlogistik *Variante 1 (Lizenzpaket)* • Programmlizenz für die branchen- und kundenspezifisch angepaßte Software ToptiTool zur Tourenoptimierung • kostenlose Wartung für ein Jahr (Software-Updates, Hotline, Support, Produktinformationen). *Variante 2 (Projekt)* • Einführung der branchen- und kundenspezifisch angepaßten Software ToptiTool zur Tourenoptimierung beim Kunden (inklusive Lizenz) • kostenlose Wartung für ein Jahr (Software-Updates, Hotline, Support). Nach Ablauf eines Jahrs besteht bei beiden Varianten die Option auf Verlängerung des Wartungsvertrags gegen Servicegebühr.
Zielgruppe	große und mittelständische Unternehmen mit komplexen Transportplanungsaufgaben, insbesondere in den Bereichen Mineralölhandel, Entsorgungswirtschaft, Kurier-, Express- und Paketdienste
Distribution	Direktvertrieb
Unternehmensgröße	300 T€ Umsatz; 15 Mitarbeiter
Organisation	funktionale Organisationsstruktur mit integrierten Projektteams (Projekt-Matrixorganisation)

Abb. VI.-1: Unternehmensprofil der Optima AG

Die Produktpalette sieht im Detail wie folgt aus:

Variante 1 (Lizenzpaket)
I. Software ToptiTool 1. Lizenz für die Optimierungssoftware 2. Digitale Landkarten (Lizenz zur Nutzung der Karte) II. Kundenspezifische Anpassungen der Software 1. Aufbereitung der Karten (Konvertierung, Nachdigitalisierung, Kodierung) 2. Auf Wunsch kundenspezifische Anwendungsentwicklung (z.B. Schnittstellen zu anderen Programmen, spezielle Reportfunktionen) III. Kostenlose Wartung für ein Jahr und Option auf Verlängerung gegen Gebühr (Software-Updates, Hotline, Support, Produktinformationen)
Variante 2 (Projekt)
• Leistungspaket Variante 1 (I.-III.)
• Projektleistungen IV. Konzeption 1. Analyse der logistischen, organisatorischen und technischen Gegebenheiten 2. Beratung bezüglich Hardwareeinsatz und interner Strukturanpassungen 3. Planung des Projektablaufs V. Implementierung 1. Installation der Software 2. Aufbereitung der Stammdaten 3. Schulung

Abb. VI.-2: Produktpalette der Optima AG

Aus der Darstellung der Leistungsbestandteile wird deutlich, daß die Produktvariante 1 integraler Bestandteil der Produktvariante 2 ist, auf deren Vermarktung sich das Unternehmen auch überwiegend konzentriert.
Das kombinierte Leistungspaket aus Lizenz und Projektleistungen wird von der Unternehmung als Projekt abgewickelt, da es typische Charakteristika eines Projekts[569] aufweist.[570] Während KRAUS / WESTERMANN[571] allgemein auf den Projektcharakter von Produktanpassungen hinweisen, führt BALSER[572] die Anpassung eines bestehenden Softwareprodukts explizit als Beispiel für ein Projekt an. Im vorliegenden Fall handelt es sich um Kundenprojekte, die den Charakter von Einzelaufträgen aufweisen und sich in Dauer, Umfang und Branche voneinander unterscheiden. Der Grad der Neu- bzw. Andersartigkeit der Projekte hängt vom Umfang der Anpassungsaktivitäten und den individuellen Modifikationen für den einzelnen Kunden ab und fällt bei

---

569 Z.B. projektspezifische Organisation (Projektgruppen), Beteiligung mehrerer Personen unterschiedlicher Kernkompetenz (Entwickler, Consultant) bzw. Funktionsbereiche (F&E, Vertrieb). Zur ausführlichen Darstellung von Projekteigenschaften vgl. Abschnitt III. 3.

570 Vgl. Mörsdorf, M., [Projektcontrolling], 1998, S. 56.

571 Vgl. Kraus, G./Westermann, R., [Projektmanagement], 1995, S. 15.

572 Vgl. Balser, T.H., [Projektmanagement], 1998, S. 116.

Pilotprojekten oder branchenunterschiedlichen Projekten im Vergleich zu Nachfolge- oder branchengleichen Projekten deutlich höher aus.[573]
Die Projektabwicklung birgt zwei Risiken: zum einen das Angebotsrisiko, das sich in hohen Angebotskosten einer langen Verhandlungsdauer widerspiegelt, und zum anderen das Kalkulationsrisiko durch schwierige Mengen- und Preisermittlung. Speziell bei Software ist eine sachgerechte Kalkulation kundenspezifischer Anpassungen schwierig.[574]
Da das operative Geschäft vornehmlich in Projektform durchgeführt wird, läßt sich die Optima AG als projektorientiertes Unternehmen einordnen. Die Abwicklung von Projekten weist keinen Seltenheitscharakter auf, sondern prägt das Leistungsbild der Unternehmung.[575] Dementsprechend handelt es sich um operative Projekte, bei denen die Erfahrung in der Projektarbeit relativ schnell zunimmt, was die Komplexität und das Risiko vor allem für Projekte gleicher Branche, reduziert.
Die Optima AG gliedert sich in die Funktionsbereiche Forschung & Entwicklung, Marketing & Vertrieb, Implementierung, Finanzen, Personal und Administration.

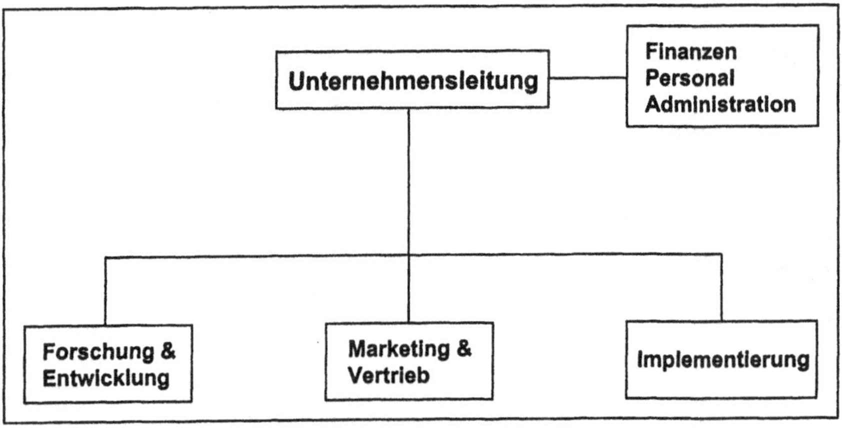

Abb. VI.-3: Organigramm der Optima AG

Für die Abwicklung der Kundenaufträge werden Projektteams aus Mitgliedern der Bereiche Vertrieb, Entwicklung und Implementierung gebildet. Da die Projekte im Mittelpunkt der Unternehmenshierarchie stehen, besteht die Hauptaufgabe der Fachbereiche in der Unterstützung der laufender Projekte, so daß folgende projektorientierte Matrixstruktur entsteht (vgl. Abb. VI.-4.).

573 Vgl. Krüger, A./Schmolke, G./Vaupel, R., [Projektmanagement], 1999, S. 221.
574 Vgl. Schad, G./Schenck, I.,[Projekt-Controlling], 1991, S. 256.
575 Vgl. Krüger, A./Schmolke, G./Vaupel, R., [Projektmanagement], 1999, S. 179.

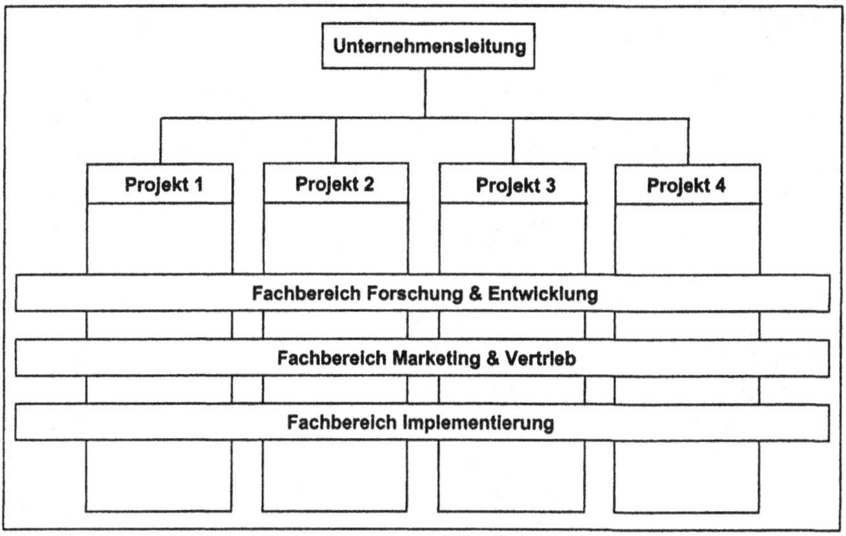

Abb. VI.-4: Matrix-Projektorganisation der Optima AG[576]

In den Bereich der Forschung & Entwicklung fallen die Grundlagenentwicklung sowie branchen- und kundenspezifische Anwendungsentwicklung und Anpassung der Optimierungssoftware.
Aufgabe der Abteilung Marketing & Vertrieb sind die Kommunikation der Fähigkeiten der Produktvarianten, die Erhöhung des Bekanntheitsgrads, die Etablierung des Firmen- bzw. Markennamens sowie die Kundenakquise und der Verkauf der Leistungspakete.
Die Mitarbeiter des Fachbereichs Implementierung (technische Kundenbetreuer) erstellen zusammen mit den Entwicklern die Konzeption der Projekte. Vornehmlich befassen sie sich mit der Systeminstallation beim Kunden, der Aufbereitung der Stammdaten und der ausführlichen Schulung der Anwender vor Ort. Neben diesen Leistungen sind die technischen Kundenbetreuer (sog. Consultants) für die im Wartungsvertrag beider Leistungspakete zugesicherte Kundenbetreuung zuständig (Hotline, Software-Updates, Support).
Der Unternehmensleitung obliegt die Koordination, Kontrolle und strategische Ausrichtung des Unternehmens. Außerdem werden die Personalangelegenheiten, die Finanzaufgaben (Finanzbuchhaltung, Jahresabschluß[577], kurzfristige Erfolgrechnung) sowie die Administration von der Unternehmensleitung in Zusammenarbeit mit einem Steuerberater wahrgenommen.
Im Unternehmen wird ein kooperativer Führungsstil mit direktem Kontakt zum Mitarbeiter gepflegt, wobei Aufgaben und Kompetenzen delegiert werden. Die Wahrnehmung der Funktionen Forschung & Entwicklung, Implementierung und Verkauf erfolgt im Team; formale Strukturen und Systeme existieren bis dato nicht.

---

[576] Graphik in Anlehnung an Krüger, A./Schmolke, G./Vaupel, R., [Projektmanagement], 1999, S. 185.

[577] Das Geschäftsjahr endet zum 30. September.

Das Unternehmen befindet sich in den Verhandlungen zur ersten Finanzierungsrunde mit einem Risikokapitalgeber als „Leadinvestor" und zwei kooperierenden, öffentlich geförderten Kapitalbeteiligungsgesellschaften als Cofinanziers. Im Phasenmodell der Finanzierung[578] ist die Aktiengesellschaft an der Schwelle zwischen „Early Stage Financing" und „Expansion Stage Financing" auf dem Sprung von der „First Stage" zur „Second Stage" anzusiedeln. Einerseits ist der Break-even-Punkt noch nicht erreicht, andererseits zeichnet sich bereits ein rasches Umsatzwachstum und der Auf- bzw. Ausbau der Vertriebskanäle ab.
Das Unternehmen erlebt gerade seinen ersten Wachstumsschub. Indiz dafür ist die Verdreifachung des Umsatzes innerhalb eines Jahrs und die Verdoppelung der Mitarbeiterzahl.
Die Einführung des Controllings bei der Optima AG wird vom Risikokapitalgeber (als Nebenbedingung für die erste Finanzierungsrunde) forciert. Zielsetzung des Unternehmens bei der Implementierung des Controllings ist die Verbesserung der Unternehmenssteuerung durch

- mehr Transparenz (bei zunehmender betriebswirtschaftlicher Komplexität im Unternehmen),
- die Bereitstellung fundierter Informationen zur Bestimmung der Preisuntergrenzen der Unternehmensleistungen,
- eine (Vor-)Kalkulation als rationale Basis für die Angebotsabgabe beim Kunden und
- Wirtschaftlichkeitsüberlegungen und -kontrollen bezüglich einzelner Projekte, Fachbereiche und Aktivitäten.

Mit ihrer Controllinginitiative haben die Kapitalgeber implizit die Transformation vom „entrepreneurial" zum „professional" Management in die Wege geleitet. Im Zuge der Systementwicklung des Controllings erhöht sich der Formalisierungsgrad der Unternehmensführung zusehends; das betriebswirtschaftliche Instrumentarium wird auf- bzw. ausgebaut. Der Vorstand, bestehend aus drei Physikern ohne jegliche Erfahrung auf dem Gebiet des Controllings, wird dazu gezwungen, sich entweder Know-how auf diesem Gebiet anzueignen oder einen neuen Mitarbeiter mit der entsprechenden Qualifikation zu engagieren, was die Managementqualität erheblich verbessern wird.

2. Kosten- und Erlösrechnung als Informationsinstrument

2.1 Vorbemerkung

Im Zuge der Vertragsverhandlungen wurde die Optima AG vom Risikokapitalgeber dazu angehalten, eine Kostenrechnung zu installieren.
Der Nutzen der Einführung einer Kostenrechnung besteht darin, daß dieses Informationsinstrument die Erlös- und Kostensituation im Unternehmen transparent macht. Dadurch erst wird eine professionelle Unternehmensführung möglich. In Anbetracht der Wachstumsziele junger Unternehmen und dem damit verbundenen Anstieg der Komplexität ist dies gerade in einem solchen Unternehmensstadium dringend erforderlich. Mit dem Einsatz der Kostenrechnung gewinnt der Vorstand der Optima AG

578 Vgl. Abschnitt III. 6.6.2.

einen besseren Einblick in die wirtschaftliche Situation des Unternehmens (Kosten, Erfolg, Wirtschaftlichkeit). Auf dieser Basis ist er in der Lage, auf Unternehmens- und Projektebene ein Kosten- und Erlösmanagement zu betreiben, das für den langfristigen Erfolg des Unternehmens wesentlich ist. Denn erst die Planung, Gegenüberstellung, Steuerung und Kontrolle der Kosten und Erlöse erlaubt der Aktiengesellschaft eine fundierte Unternehmens- bzw. Projektplanung, -steuerung und -kontrolle.

2.2 Vorhandenes Informationsmaterial

2.2.1 Business Plan

Die Optima AG verfügt über einen aussagekräftigen Business Plan. Eine Aktualisierung des Business Plans fand bislang nur begrenzt, d.h. nicht im Sinne einer in Kapitel V. 2.2.4 beschriebenen Aktualisierung, statt. Zum einen sind die Zeitabstände zwischen den Updates bei der Optima AG relativ groß, zum anderen kann von einem dezidierten Review-Prozeß keine Rede sein. Lediglich einzelne Plandaten, wie die Personalkosten oder sonstige betriebliche Aufwendungen werden modifiziert. Eine Überarbeitung des gesamten Business Plans jedoch, z.B. im Hinblick auf den Realisierungsfahrplan, das aktuelle Unternehmerteam oder auf geplante und tatsächlich umgesetzte Strategien der Preis-, Distributions- oder Kommunikationspolitik, unterbleibt bisher völlig. Eine Analyse der Planabweichungen mit etwaigen Korrekturmaßnahmen, um die formulierten Ziele zu erreichen, wird nicht durchgeführt. Insofern werden die Möglichkeiten des Business Plans als Management- und Controllingtool bislang nicht ausgeschöpft. De facto wird zum gegenwärtigen Zeitpunkt kein Controlling praktiziert.
Anläßlich der Einführung der Kosten- und Erlösrechnung mußte die Optima AG die Aktualisierung des Business Plans, die bisher von der Unternehmensleitung vernachlässigt bzw. nicht in der geforderten Intensität und Qualität betrieben wurde, in adäquaten Form durchführen. Dies war unerläßlich, da vor allem die Erstellung eines aktuellen Finanz- und Marketingplans eine unverzichtbare Vorleistung für die Kosten- und Erlösrechnung darstellt. Im Verlauf seiner Entwicklung werden nämlich die Prämissen und Planungen, die der Kosten- und Erlösplanung zugrunde liegen, plausibilisiert und festgeschrieben.
Im weiteren wird der aktualisierte Business Plan der Optima AG zugrunde gelegt. Die Plankosten und -erlöse stammen aus dem aktualisierten Finanzplan, der gemäß den Anforderungen des Kostenrechnungssystems von RIEBEL ergänzt bzw. modifiziert wurde.

2.2.2 Dokumentationsunterlagen

Bisher erstellte Angebote und die quartalsweise Erfassung der (Anschaffungs-) Auszahlungen und Einzahlungen (gegliedert nach Kosten- und Erlösarten) können als Informationsquelle herangezogen werden.
Bei der Optima AG existiert bereits eine fünf Minuten genaue Zeiterfassung der durchgeführten Tätigkeiten („Wochenbericht"), die einerseits eine wichtige Grundlage für die Kostenplanung bildet, andererseits Bestandteil der Istkostenrechnung ist. Im Zuge der Einführung der Kostenrechnung sollte die vorliegende Zeiterfassung um die Zuordnung zu den Bezugsobjekten der Kostenträger-Hierarchie[579] ergänzt werden.

[579] Siehe Abschnitt VI. 3.2.2.1.

Um die Wartungsleistungen zu belegen, wird ein Hotline-Buch geführt, in dem die Telefonate mit und für die einzelnen Kunden aufgelistet werden. Interner Zweck dieser Dokumentation ist die Kostenkontrolle, Abweichungsanalyse und Kalkulation, externer Zweck die Information und Abrechnung für die Kunden. Eine generelle Erfassung von Telefonaten wird als zu aufwendig angesehen. Die restlichen Telefonate werden hinsichtlich Umfang und damit entstandenen Kosten abgeschätzt.[580]

3. Kosten- und Erlösmanagement auf Unternehmensebene

3.1 Ermittlung des Sollpfads der Deckungslücken

Das Erreichen der Gewinnzone als strategisches Ziel des Steuerungskonzepts mittels Deckungslücken ist im aktualisierten Business Plan, der für einen Zeitraum von fünf Jahren erstellt wird, für Periode 3 geplant. Dieser Plan fungiert als Basis Plan. Seine Kosten und Erlöse bilden die Grundlage für die Entwicklung des Soll-Deckungspfads der strategischen Steuerung.
Die Ermittlung der kumulierten Soll-Deckungslücken bzw. -überschüsse der Perioden t = 1,...,5 vollzieht sich in zwei Schritten:
1. Schritt: Bildung der Soll-Deckungslücken der Perioden t = 1,...,5 aus der Differenz der Planerlöse und -kosten der einzelnen Perioden;
2. Schritt: Addition der jährlichen Soll-Deckungslücken bzw. -überschüsse bis zur jeweiligen Betrachtungsperiode.

Zu entscheiden ist hier, ob die Steuerung mit der statischen oder dynamischen Methode arbeitet. Da die Optima AG sich bereits das dritte Jahr der Planung als Ziel für die Gewinnzone gesetzt hat, kann in Anbetracht der Kürze des Zeithorizonts und der ohnehin großen Probleme bei der Wahl des korrekten Zinssatzes auf die Berücksichtigung der Verzinsung verzichtet werden.[581]
Die folgende Abbildung zeigt die Bestimmung des Sollpfads der Deckungslücken nach der statischen Methode.

	Periode				
	t = 1	t = 2	**t = 3**	t = 4	t = 5
Erlöse	1.019,00	4.034,50	10.049,65	21.621,00	37.103,55
- Kosten	- 2.290,00	- 5.033,80	- 6.673,60	- 15.564,45	- 25.566,95
= Deckungslücke / Deckungsplus	- 1.271,00	- 999,30	3.376,05	6.056,55	11.536,60
kumulierte Deckungslücke / Deckungsplus	- 1.271,00	- 2.270,30	**1.105,75**	7.162,30	18.698,90

Abb. VI.-5: Sollpfad der Deckungslücken der Optima AG[582]

Die kumulierten Deckungsgrößen kennzeichnen den Soll Pfad.

---

[580] Ein Vermerk bei auffällig vielen oder langen Telefonaten im Rahmen der Zeiterfassung ist allerdings sinnvoll.

[581] Vgl. Abschnitt V. 3.1.7.

[582] Alle Größen in Tausend €.

3.2 Kostenplanung

3.2.1 Planung der Kostenarten

Die nachfolgende Planung der Kostenarten gibt einen allgemeinen Überblick über die Betriebskosten im Unternehmen und dient somit als Informationsquelle für das Kosten- und Erfolgscontrolling. Die Kostensituation für die Planperiode kann zwar aufgrund der Einzelfertigung nicht für jede, aber zumindest für den überwiegenden Teil der Kostenarten aussagekräftig prognostiziert werden.

KOSTENART	BETRAG (in €)
Digitale Landkarten	80.000,00
Personalkosten	**1.459.050,00**
Entwickler (12)	698.700,00
Technische Kundenbetreuer (5)	376.750,00
Vertrieb (1)	102.750,00
Geschäftsführung (3)	246.600,00
Verwaltung (1)	34.250,00
Raumkosten	41.040,00
Reisekosten gesamt	**74.760,00**
Reisekosten Vertrieb	39.200,00
Reisekosten Geschäftsführung	35.560,00
Telefon gesamt	**45.765,00**
Handy	11.115,00
Telefon (fest)	34.650,00
Zinsen gesamt	**58.800,00**
Zinsen BayernKapital	29.400,00
Zinsen TBG	29.400,00
Abschreibung (AfA) gesamt	**38.400,00**
AfA Büroausstattung	6.150,00
AfA Software	6.100,00
AfA Hardware	26.150,00
Sonstige Rückstellungen	41.006,25
Rechts- u. Steuerberatung	24.600,00
Werbemittel	275.000,00
Fortbildung	88.000,00
Provisionen	46.050,00
Versicherungen	10.190,00
Gebühren / Beiträge	7.343,75
Betriebliche Steuern	0,00
Gesamtkosten	**2.290.005,00**

Abb. VI.-6: Planung der Kostenarten

Im nächsten Schritt erfolgt die Kostenplanung in Form der Grundrechnung als kombinierte Kostenarten- und Kostenträgerrechnung.

3.2.2 Charakteristika der Grundrechnung der Plankosten

3.2.2.1 Bezugsobjekthierarchie

Die Optima AG vertreibt, wie in der Situationsanalyse des Unternehmens bereits dargestellt wurde, zwei Leistungspakete für die Branchen „Mineralöl“, „Entsorgung“ und „Kurier-, Express- und Paketdienste“, die zugleich als Bezugsobjekt Projektgruppe fungieren. Eine Besonderheit dabei ist, daß die Produktvariante 1 (Lizenzpaket) Teilmenge der Produktvariante 2 ist, aber auch einzeln veräußert werden kann (vgl. Abb. VI.-2). Der Schwerpunkt der Geschäftstätigkeit liegt allerdings auf dem Verkauf der kombinierten Produktvariante, dem Projekt.
Auf der Projektebene wird eine Untergliederung in die Teilleistungen Lizenz (= Lizenzpaket) und Projektleistungen vorgenommen. Zwischen diesen besteht eine einseitige Verbundbeziehung: Die Teilleistung Lizenz ist eine notwendige Bedingung für die Projektleistungen. D.h. die Projektleistungen können ohne Lizenz nicht erbracht werden, eine Lizenz (Lizenzverkauf) ohne Projektleistungen allerdings schon (der Umkehrschluß gilt nicht). Diese Aufsplittung soll die Möglichkeit der getrennten Kalkulation der beiden Produktpakete bzw. Teilleistungen sowie eine korrekte und transparente Zuordnung der Einzelkosten gewährleisten. Außerdem werden auf diesem Wege bereits Informationen und Strukturen für das Projektcontrolling in der Planungsperiode bereitgestellt.
Für die Planungsperiode rechnet die Optima AG mit einer Absatzmenge von vier Projekten und einer Lizenz im Bereich Mineralöl. Auf den Sektoren Entsorgung und Kurier-, Express- und Paketdienste wird in der vorliegenden Planperiode nur Entwicklungsarbeit geleistet. Von einer Markteinführung ist noch nicht auszugehen.
Nachfolgende Abbildung VI.-7 visualisiert die Bezugsobjekthierarchie der Optima AG.

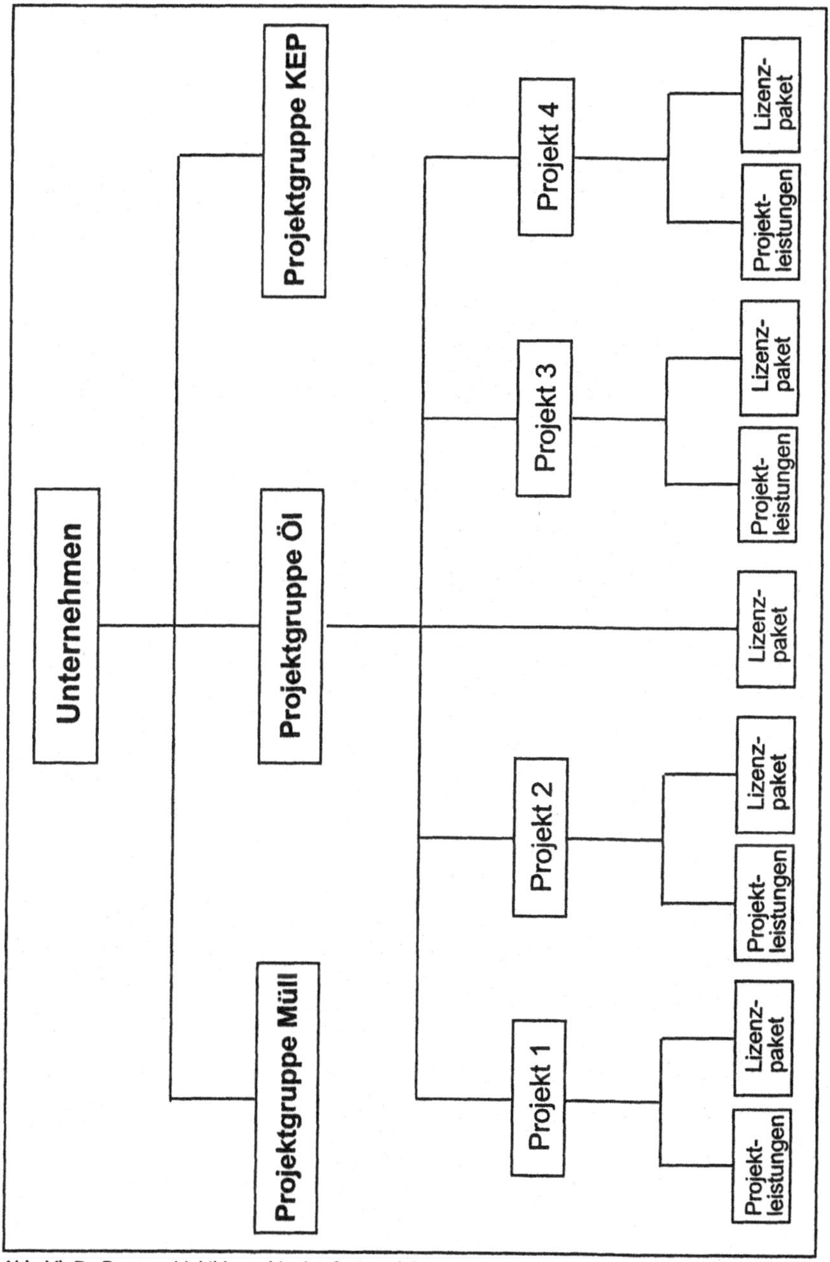

Abb. VI.-7: Bezugsobjekthierarchie der Optima AG

3.2.2.2 Klassifizierung der Kosten

Die digitalen Landkarten, die Bestandteil der Software zur Tourenoptimierung sind, werden als kurzfristig variable Perioden-Einzelkosten des Bezugsobjekts Lizenz eingestuft.
Die Raumkosten gehören zu den kurzfristig nicht variablen Kosten (Bereitschaftskosten), da ihre Höhe unabhängig von Art, Menge und Wert der erzeugten oder abgesetzten Leistungen nur beim Auf- oder Abbau der Betriebsbereitschaft in Relation zum erwarteten, künftigen Leistungsvolumen variiert.[583] Man könnte sie noch weiter aufspalten, z.B. in Miete, Mietnebenkosten, Reinigung, Instandhaltung und Energie. Da man aber für die Darstellung der Idee der Kostenzuordnung, um die es hier letztlich geht, dadurch keine zusätzlichen Informationen gewinnt, wird davon Abstand genommen. Die Raumkosten können nur auf der Unternehmensebene als Einzelkosten erfaßt werden, da sie auf der generellen Entscheidung, ein Unternehmen zu führen, beruhen. Sie werden zudem als Perioden-Einzelkosten angesehen, da sie der Planungsperiode (1 Jahr) eindeutig zugerechnet werden können.[584]
Telefonkosten entstehen mit der Existenz eines Unternehmens - unabhängig von dessen Leistungsprogramm. Eine bezugsobjektorientierte Erfassung der Telefonate auf einer untergeordneten Hierarchiestufe als der Unternehmensebene ist - mit Ausnahme des Hotline-Buchs für Wartungsleistungen - in aller Regel nicht durchführbar. Zum einen ist die Möglichkeit einer eindeutigen Zuordnung zu bezweifeln, zum anderen wäre eine solche Zuordnung mit einem unverhältnismäßig hohen Aufwand verbunden. Telefonkosten werden deshalb zu den kurzfristig nicht variablen Perioden-Einzelkosten des Unternehmens gerechnet.[585]
Zinszahlungen gelten aufgrund der vertraglich fixierten Bindungsdauer als kurzfristig nicht variable Perioden-Einzelkosten. Sie lassen sich in der Bezugsobjekthierarchie nur dem Gesamtunternehmen als Einzelkosten zurechnen.
Auch Beratungskosten, wie Rechts- und Steuerberatungskosten, werden nicht durch einzelne Projekte und deren Teilleistungen bzw. Projektgruppen verursacht, sondern ihr originärer Ursprung liegt in der Existenz des Unternehmens begründet. Buchführungskosten fallen z.B. an, weil die Aktiengesellschaft gesetzlich zur Buchführung (§ 238 HGB) und Aufstellung des Jahresabschlusses verpflichtet ist (§§ 242, 264 HGB). Die Beratungskosten werden von RIEBEL als Perioden-Gemeinkosten eingestuft. Er begründet seine Klassifizierung damit, daß ihr zeitlicher Wirkungsbereich über die Abrechnungsperiode hinausgeht. Gleichzeitig schlägt er jedoch vor, diese Kosten dennoch in voller Höhe für die Periode anzusetzen, da diese Kosten in jeder Periode anfallen und sich der Wirkungsbereich zeitlich nur unzureichend abgrenzen läßt. Folgt man dieser Argumentation, gehen sämtliche Kosten, die in den sich anschließenden Ausführungen zur Klasse der Perioden-Gemeinkosten gezählt werden, in voller Höhe in die Kostenplanung der Periode ein. Auf diesen Sachverhalt wird im weiteren nicht mehr explizit hingewiesen.[586]
Die Begründung der Kategorisierung der Werbemittel als kurzfristig nicht variable Perioden-Gemeinkosten stimmt mit derjenigen der Kostenart Beratungskosten überein. Da die Kommunikationspolitik laut Business Plan vornehmlich darauf ausgerich-

---

[583] Vgl. Manz, K./Breid, V./Bronner, T./Daschmann, H.-A., [Kostenrechnung], 1993, S. 66f.

[584] Vgl. Coenenberg, A.G., [Kostenrechnung], 1999, S. 266.

[585] Vgl. Schweitzer, M./Küpper, H.-U., [Systeme], 1995, S. 500.

[586] Vgl. Riebel, P., [Deckungsbeitragsrechnung], 1994, S. 168.

tet ist, den Bekanntheitsgrad des Unternehmens zu steigern und einen Markennamen zu etablieren, sollte das Unternehmen als Ebene der Zuordnung gewählt werden.
Ebenfalls zur Gruppe der kurzfristig nicht variablen Perioden-Gemeinkosten zu rechnen sind die unregelmäßigen Ausgaben für die Fortbildung der Mitarbeiter. Mit ihrer Hilfe soll die Qualität des Leistungsangebots gesichert bzw. verbessert werden. Es werden also zeitungebundene Nutzungspotentiale geschaffen.[587] Da die Fortbildung dem gesamten Unternehmen zugute kommt und sich aus der Entscheidung, das Unternehmen zu führen, ableiten läßt, werden die Fortbildungskosten als Einzelkosten des Bezugobjekts Unternehmen angesetzt.
RIEBEL nimmt Abschreibungen als ausgabenferne Perioden-Gemeinkosten in die Grundrechnung auf. Bis zur Entscheidung über die Ausmusterung des Anlagenguts charakterisiert er sie als Gemeinkosten einer noch unbestimmten, offenen Anzahl von Perioden. Eine periodenweise Zurechnung von Abschreibungen lehnt er ab.[588] Er bezeichnet Abschreibungen als „Amortisationsraten" und weist ihnen den speziellen Charakter vorgegebener Mindestdeckungsbeiträge und Deckungslasten zu. RIEBEL weist darauf hin, daß Abschreibungen strenggenommen nicht zu den reinen Kostenarten gehören, sondern daß es sich bei ihnen um eine Ausgabenverteilung handelt.[589]
Der Auffassung RIEBELs entsprechend werden die Abschreibungen der Optima AG als ausgabenferne, kurzfristig nicht variable Perioden-Gemeinkosten kategorisiert.[590] Sie stellen Einzelkosten des Unternehmens dar. Denn die abzuschreibende Büroausstattung, Hard- und Software wird für verschiedene Lizenzen, Projektleistungen, Projekte, Projektgruppen und Tätigkeitsbereiche, wie Rechnungswesen, Controlling und Verwaltung, die keinem der genannten Kalkulationsobjekte einzeln zuordenbar sind, eingesetzt.
Anders als bei RIEBEL wird eine Schlüsselung auf die berührten Teilperioden jedoch vorgenommen.[591] Die Abschreibungen werden auf Basis der Anschaffungsauszahlungen auf die geplanten Perioden der Nutzung verteilt.[592] Mit diesem Vorgehen wird gewährleistet, daß die Grundrechnung auch Informationen für die Aufstellung des Jahresabschlusses[593] liefern kann.[594]
Die Rückstellungen sind als kurzfristig nicht variable Einzelkosten des Unternehmens einzustufen, da sie aufgrund des Geschäftsbetriebs unter Berücksichtigung des Umsatzvolumens und basierend auf Erfahrungswerten als Pauschalbetrag angesetzt werden. Aus dem Business Plan geht hervor, daß die sonstigen Rückstellungen als prozentualer Anteil vom Umsatz geplant werden. Um die Rückstellungen nach obigem Verfahren abschätzen zu können, müssen die Umsätze bzw. Erlöse somit bereits prognostiziert sein. RIEBEL spricht hier von Rückstellungsraten und klassifiziert

---

587 Vgl. Coenenberg, A.G., [Kostenrechnung], 1999, S. 266.

588 Vgl. Riebel, P., [Deckungsbeitragsrechnung], 1994, S. 92.

589 Vgl. Riebel, P., [Deckungsbeitragsrechnung], 1994, S. 168, 627.

590 Vgl. Riebel, P., [Deckungsbeitragsrechnung], 1994, S. 92.

591 Vgl. Scherrer, G., [Kostenrechnung], 1999, S. 273.

592 Geschätzte Nutzungsdauern und Annahmen über den Zeitverschleiß der Betriebsmittel werden im Finanzteil des Business Plans erläutert.

593 Z.B. Bestandsbewertung vgl. §§ 275 (2), 277(2) HGB.

594 Zur Argumentation vgl. auch Abschnitt V.3.2.3.4.

sie analog zu den Abschreibungen als ausgabenferne Perioden-Gemeinkosten.[595] Für ihre Aufnahme in die Grundrechnung spricht, daß mit den Rückstellungen zukünftige Zahlungsverpflichtungen verbunden sein können.
Die Versicherungsbeiträge, Provisionen sowie Steuern (Einkommens- und Ertragssteuern) werden bei der Optima AG - laut Business Plan - ebenfalls als prozentualer Anteil vom erwarteten Umsatz angesetzt.
Obwohl die Versicherungsbeiträge umsatzabhängig[596] sind, werden sie in die Kategorie der kurzfristig nicht variablen Kosten eingeordnet. Sie bilden im Sinne der Bereitschaftskosten eine Voraussetzung für die Realisierung des gesamten Leistungsprogramms.[597] Demzufolge ist eine Zuordnung als jahresdisponible Perioden-Einzelkosten nur auf Unternehmensebene zulässig.
Für die Kostenart Steuern gilt exakt die gleiche Klassifizierung.[598]
Provisionen sind als umsatzwertabhängige Kosten[599] kurzfristig variabel und jedem einzelnen Projekt als Perioden-Einzelkosten zuordenbar.
Gebühren und Beiträge bringt der allgemeine Geschäftsbetrieb eines Unternehmens mit sich, so daß sie zu den kurzfristig nicht variablen Einzelkosten des Unternehmens gehören, die sich der Periode direkt zurechnen lassen.[600]
Im Prinzip beruhen die geplanten Kosten für das Personal auf der Disposition der Geschäftsleitung, die sich in ihrer Personalplanung auf die mittel- und langfristig erwarteten Absatzmengen stützt. Insofern werden die Arbeitskräfte nicht direkt für einzelne Produkte oder Aufträge, sondern für die Herstellung des gesamten Leitungsprogramms eingestellt. Die Konsequenz ist, daß sie als kurzfristig nicht variable Perioden-Einzelkosten anzusehen sind. Untermauert wird diese Argumentation zudem durch die Laufzeit der Arbeitsverträge, die für gewöhnlich auf mehr oder weniger lange Zeitabschnitte abgeschlossen werden.[601] Bei den Gehältern der Entwickler handelt es sich eigentlich um Unternehmens-Einzelkosten, da die Einstellungsentscheidung darauf beruht, daß das Lizenzpaket hergestellt wird, das seinerseits Voraussetzung für die Projektleistungen, d.h. den Projektverkauf, ist. Die zweite Produktvariante (Projekt), die das Lizenzpaket mit der ursprünglichen Basisinnovation einer neu entwickelten Optimierungsoftware „lediglich" um die Projektleistungen ergänzt, ist ohne Lizenzpaket, respektive Software, überhaupt nicht existent.[602]
Trotzdem werden die Personalkosten für die Entwickler, ihren Aufgaben entsprechend, den Hierarchieebenen Lizenz, Projektgruppe und Unternehmen zugeordnet. Vor allem die Selbstinformationsfunktion als wesentliche Zielsetzung der Kostenrechnung junger Unternehmen macht diese Aufspaltung erforderlich. Denn die Aufteilung der Entwicklungskosten in aufgabenbezogene Kostenblöcke erhöht den In-

---

595 Vgl. Riebel, P., [Deckungsbeitragsrechnung], 1994, S. 168.

596 1% vom geschätzten Umsatz.

597 Vgl. Riebel, P., [Deckungsbeitragsrechnung], 1994, S. 371.

598 Vgl. Schweitzer, M./Küpper, H.-U., [Systeme], 1995, S. 500.

599 5% aus dem Verkauf der Projekte.

600 Vgl. Riebel, P., [Deckungsbeitragsrechnung], 1994, S. 167.

601 Vgl. Coenenberg, A.G., [Kostenrechnung], 1999, S. 266f.; Manz, K./Breid, V./Bronner, T./Daschmann, H.-A., [Kostenrechnung], 1993, S. 70; Riebel, P., [Deckungsbeitragsrechnung], 1994, S. 167, 279f.; Schweitzer, M./Küpper, H.-U., [Systeme], 1995, S. 500.

602 Eine ähnliche Abhängigkeitsbeziehung herrscht bei der kostenpflichtigen Wartung von Lizenzpaketen im zweiten Jahr nach ihrem Verkauf.

formationsgehalt und die Transparenz. Diese Aufteilung rechtfertigen zwei Gründe: Zum einen ergeben sich die Entwicklungskosten als Summe der auf die einzelnen Bezugsobjekte verteilten Teilbeträge. Zum anderen beruht die Zurechnung auf dem Schlüssel „Zeit“, der aufgrund der Zeiterfassung im Unternehmen auf einer rationalen Basis fußt.[603] Allerdings ist die Qualität der Vergangenheitswerte als Basis für die Prognose angesichts der oftmals dynamischen Unternehmensentwicklung junger Unternehmen kritisch zu prüfen.
Das Aufgabengebiet der Entwickler umfaßt die Kernentwicklung im Sinne der Grundlagenforschung (20%[604]), die branchenspezifische Entwicklung (Branchenentwicklung) (40%) und die kundenspezifischen Tätigkeiten der Entwickler (Kundenentwicklung) sowohl im Rahmen des Lizenzpakets als auch der Projektleistungen (40%). Es ist davon auszugehen, daß diese prozentuale Aufteilung während des zu planenden Jahrs konstant bleibt. Die Entwicklungstätigkeiten unterscheiden sich bei differenzierter Aufteilung sowohl in ihrer sachlichen als auch zeitlichen Zuordnung:

- Die Kernentwicklung kommt dem gesamten Unternehmen zugute und wird deshalb betrieben, da das Unternehmen besteht. Zeitlich gesehen werden die Aufwendungen für die Grundlagenforschung als Gemeinkosten der Periode betrachtet, weil sie über die einzelne Periode hinaus Wirkung entfalten.[605]
- Die branchenspezifischen Entwicklungskosten der Software gehören zu den Kosten der Projektgruppenebenen, die die einzelnen Branchen repräsentieren. Würde eine Projektgruppe eliminiert, so fielen automatisch auch die Kosten der Branchenentwicklung dieser Projektgruppe weg. Ihr periodenübergreifendes Nutzungspotential fließt in beide Produktvarianten der jeweiligen Projektgruppe ein und hat die Einordnung als Perioden-Gemeinkosten zur Folge. Die Existenz zukünftiger Synergieeffekte (z.B. in Form von Know-how aus der Branchenentwicklung der Projektgruppe Öl[606], das sich bei der branchenspezifischen Entwicklung der übrigen Projektgruppen hinsichtlich Zeit und Kosten positiv auswirkt) gilt als sehr wahrscheinlich. Diese Überlegung muß bei der Erfolgsbeurteilung der einzelnen Projektgruppen beachtet werden, damit die Ergebnisse korrekt interpretiert werden.

Da die Höhe dieser beiden Kostenarten nicht von der Art, Menge, Reihenfolge und dem Wert der Leistungsalternativen beeinflußt wird, sind sie in die Klasse der kurzfristig nicht variablen Kosten einzugliedern.[607]

- Die Kosten der kundenspezifischen Entwicklung werden dem Lizenzpaket als Einzelkosten zugerechnet, da die kundenspezifische Anpassung der Software im Rahmen der Lizenzleistung durchgeführt wird. Würde das Lizenzpaket nicht als alleiniges oder mit den Projektleistungen kombiniertes Produkt angeboten, entstünden auch keine kundenspezifischen Entwicklungskosten; ein Abbau der Personalkapazität würde ausgelöst.[608] Der gleiche dispositive Ursprung als Voraussetzung für die Zuordnung liegt also vor. Unberücksichtigt bleibt dabei allerdings,

---

[603] Vgl. Riebel, P., [Deckungsbeitragsrechnung], 1994, S. 744.

[604] Die Prozentangaben beziehen sich auf die Arbeitszeit der Entwickler.

[605] Vgl. Riebel, P., [Deckungsbeitragsrechnung], 1994, S. 744; Coenenberg, A.G. [Kostenrechnung], 1999, S. 266.

[606] Mit der Projektgruppe Öl gelang der Markteintritt.

[607] Vgl. Scherrer, G., [Kostenrechnung], 1999, S. 157.

[608] Vgl. Studt, J., [Projektkostenrechnung], 1983, S. 125.

daß eine ursprüngliche kundenspezifische Anpassung unter Umständen als Funktionalität in das allgemeine branchenspezifische Lizenzpaket einer Projektgruppe eingehen kann. Eine derart detaillierte Differenzierung ist jedoch angesichts der Prognoseunsicherheit der Kostenplanung nicht sinnvoll. Analog zur Branchenentwicklung besteht auch hier die Gefahr der Fehlinterpretation des Erfolgs einzelner Projekte bzw. Projektgruppen. Die Kosten der kundenspezifischen Entwicklung ändern sich nicht unmittelbar mit der Art der Projekte und sind damit kurzfristig nicht variabel. Da eine überjährige Wirkung zwar denkbar ist, aber nicht zwingend auftreten muß, ist eine Einordnung als Perioden-Einzelkosten angemessen.[609]

Die Consultants sind als technisch versierte Kundenbetreuer fast ausschließlich mit Projektleistungen beschäftigt. Daneben obliegt ihnen die Wartung der Software, welche allerdings nach Schätzungen der Optima AG insgesamt höchstens ein Zehntel ihrer Arbeitszeit in Anspruch nimmt. Demzufolge ist für die Entscheidung, einen Consultant einzustellen, der Entschluß der Optima AG, zusätzlich zur Softwarelizenz Projektleistungen anzubieten, ursächlich verantwortlich. Da aber kein Consultant nur speziell für Leistungen innerhalb eines einzelnen Projekts vertraglich an das Unternehmen gebunden wird, ist eine Zuordnung auf der Projektgruppenebene - in unserem Fall der Projektgruppe Öl[610]- als sinnvoll zu erachten. Eine Gliederung in Wartungs- und Projektleistungsanteil unterbleibt, da der Wartungsanteil sehr gering ausfällt (max. 10%) und sich zudem aus der Wartung geplanter sowie bereits realisierter Lizenz- und Projektverkäufe zusammensetzt.

Die Personalkosten für den Vertrieb, die Geschäftsführung und die Verwaltung können nur dem Unternehmen als Einzelkosten zugerechnet werden. Eine weitere Untergliederung wäre eine willkürliche Schlüsselung von Gemeinkosten, die unter allen Umständen zu vermeiden ist. Damit würde eine dezidierte Prognose- und Zuteilungsmöglichkeit und -genauigkeit vorgetäuscht, die nicht vorhanden ist. Vor allem die Tätigkeiten der Geschäftsführung und der Verwaltung gehen auf die Existenz des Unternehmens zurück. Ihre Kosten fallen auch dann an, wenn eine Projektgruppe aus dem Leistungsprogramm genommen wird oder ein Projekt nicht zustande kommt.

Die kurzfristig nicht variablen Reisekosten für den Vertrieb und die Geschäftsführung lassen sich nur als Perioden-Einzelkosten der Unternehmensebene planen.[611] Eine Aufteilung auf Kalkulationsobjekte niedrigerer Ebene ist für die Reisekosten des Vertriebs und der Geschäftsführung unzulässig, weil beide Bereiche ursächlich auf der Entscheidung des Unternehmensbetriebs beruhen.

3.2.3 Darstellung der Grundrechnung der Plankosten

Die folgenden Abbildungen visualisieren die Klassifizierung der Kostenarten auf Basis der Bezugsobjekte der Bezugsobjekthierarchie (vgl. Abb. VI.-7). Dabei werden die Hierarchieebenen von unten nach oben durchlaufen. Die Komponenten der Projekte - Lizenz und Projektleistungen[612] - werden unter dem jeweiligen Bezugsobjekt

[609] Das Problem periodenübergreifender Projekte wird in Kapitel VI. 4.2.5 erläutert.

[610] Sowohl die bis dato realisierten als auch die geplanten Lizenz- und Projektverkäufe betreffen ausschließlich die Mineralölbranche.

[611] Vgl. Riebel, P., [Deckungsbeitragsrechnung], 1994, S. 167.

[612] Auf die Kosten der Projektleistungen wird im Abschnitt VI 4.2.3 eingegangen.

„Projekt" ausgewiesen (Abb. VI.-8 bis VI.-11). Die drei Projektgruppen werden in einer Graphik (Abb. VI.-13) zusammengefaßt.
Es werden folgende Symbole verwendet:

M: Menge (inklusive Zeitgrößen)
P: Preis (in €)
K: Kosten (M·P in €)
B: Bemerkung

Innerhalb der Rubrik Bemerkung erfolgt die Kennzeichnung bzw. Charakterisierung der Kosten als Perioden-Einzel- (PEK) und Perioden-Gemeinkosten (PGK) sowie nach ihrer Ausgabenwirksamkeit als ausgabennah (an) und ausgabenfern (af).

KOSTEN-KATEGORIE	KOSTEN-ART	BEZUGSOBJEKT							
		LIZENZPAKET				PROJEKTLEISTUNGEN			
		M	P	K	B				
kurzfristig variable Kosten	digitale Landkarte	1	20.000	10.000,00	PEK, an				
	Kunden-entwicklung	-	-	45.990,00	PEK, an				
Σ kurzfristig variable Einzelkosten		55.990,00							
kurzfr. nicht variable Kosten									
Σ kurzfristig nicht variable Einzelkosten									
Σ (originäre) Einzelkosten		55.990,00							

		PROJEKT 1 (ÖI)			
		M	P	K	B
kurzfristig variable Kosten	Provision	-	-	8.400,00	PEK, an
Σ kurzfristig variable Einzelkosten		8.400,00			
kurzfr. nicht variable Kosten					
Σ kurzfristig nicht variable Einzelkosten		-			
Σ (originäre) Projekt-Einzelkosten		8.400,00			
Aggregierte Einzelkosten des Projekts[613]		64.390,00			

Abb. VI.-8: Einzelkosten von Projekt 1

[613] Die aggregierten Einzelkosten eines Projekts resultieren aus der Summe der originären Lizenz-, Projektleistungs- und Projekt-Einzelkosten.

KOSTEN-KATEGORIE	KOSTEN-ART	BEZUGSOBJEKT							
		LIZENZPAKET				PROJEKTLEISTUNGEN			
		M	P	K	B				
kurzfristig variable Kosten	digitale Landkarte	1	20.000	20.000,00	PEK, an				
	Kunden-entwicklung	-	-	62.500,00	PEK, an				
Σ kurzfristig variable Einzelkosten		82.500,00							
kurzfr. nicht variable Kosten									
Σ kurzfristig nicht variable Einzelkosten		-							
Σ (originäre) Einzelkosten		82.500,00							

		PROJEKT 2 (Öl)			
		M	P	K	B
kurzfristig variable Kosten	Provision	-	-	12.550,00	PEK, an
Σ kurzfristig variable Einzelkosten		12.550,00			
kurzfr. nicht variable Kosten	Personal				
Σ kurzfristig nicht variable Einzelkosten		-			
Σ (originäre) Projekt-Einzelkosten		12.550,00			
Aggregierte Einzelkosten des Projekts		95.050,00			

Abb. VI.-9: Einzelkosten von Projekt 2

KOSTEN-KATEGORIE	KOSTEN-ART	BEZUGSOBJEKT							
		LIZENZPAKET				PROJEKTLEISTUNGEN			
		M	P	K	B				
kurzfristig variable Kosten	digitale Landkarte	1	20.000	20.000,00	an, PEK				
	Kunden-entwicklung	-	-	62.500,00	an, PEK				
Σ kurzfristig variable Einzelkosten		82.500,00							
kurzfr. nicht variable Kosten									
Σ kurzfristig nicht variable Einzelkosten									
Σ (originäre) Einzelkosten		82.500,00							
		PROJEKT 3 (Öl)							
		M	P	K	B				
kurzfristig variable Kosten	Provision	-	-	12.550,00	PEK, an				
Σ kurzfristig variable Einzelkosten		12.550,00							
kurzfr. nicht variable Kosten									
Σ kurzfristig nicht variable Einzelkosten		-							
Σ (originäre) Projekt-Einzelkosten		12.550,00							
Aggregierte Einzelkosten des Projekts		95.050,00							

Abb. VI.-10: Einzelkosten von Projekt 3

KOSTEN-KATEGORIE	KOSTEN-ART	BEZUGSOBJEKT							
		LIZENZPAKET				PROJEKTLEISTUNGEN			
		M	P	K	B				
kurzfristig variable Kosten	digitale Landkarte	1	20.000	20.000,00	PEK, an				
	Kunden-entwicklung	-	-	62.500,00	PEK, an				
Σ kurzfristig variable Einzelkosten		82.500,00							
kurzfr. nicht variable Kosten									
Σ kurzfristig nicht variable Einzelkosten		-							
Σ (originäre) Einzelkosten		82.500,00							
		PROJEKT 4 (ÖL)							
		M	P	K	B				
kurzfristig variable Kosten	Provision	-	-	12.550,00	PEK, an				
Σ kurzfristig variable Einzelkosten		12.550,00							
kurzfr. nicht variable Kosten									
Σ kurzfristig nicht variable Einzelkosten		-							
Σ (originäre) Projekt-Einzelkosten		12.550,00							
Aggregierte Einzelkosten des Projekts		95.050,00							

Abb. VI.-11: Einzelkosten von Projekt 4

KOSTEN-KATEGORIE	KOSTEN-ART	BEZUGSOBJEKT			
		LIZENZPAKET (ÖL)			
		M	P	K	B
kurzfristig variable Kosten	digitale Landkarte	1	10.000,00	10.000,00	PEK, an
	Kunden-entwicklung	-	-	45.990,00	PEK, an
Σ kurzfristig variable Einzelkosten		55.990,00			
kurzfr. nicht variable Kosten					
Σ kurzfristig nicht variable Einzelkosten		-			
Σ (originäre) Lizenz-Einzelkosten		55.990,00			

Abb. VI.-12: Einzelkosten des Lizenzpakets

KOSTEN-KATEGORIE	KOSTEN-ART	BEZUGSOBJEKT											
		Projekt-gruppe Müll				Projektgruppe Öl				Projekt gruppe KEP			
		M	P	K	B	M	P	K	B	M	P	K	B
kurzfristig variable Kosten													
Σ kurzfristig variable Einzelkosten													
kurzfr. nicht variable Kosten	Branchen-entwicklung					-	-	279.480,00	an, PGK				
	Consultants					5	75.350,00	376.750,00	an, PEK				
Σ kurzfristig nicht variable Einzelkosten						656.230,00							
Σ (originäre) Projektgruppen-Einzelkosten						656.230,00							
Aggregierte Einzelkosten der Projektgruppen[614]						1.061.760,00							

Abb. VI.-13: Einzelkosten der Projektgruppen

[614] Die aggregierten Einzelkosten einer Projektgruppe resultieren aus der Summe der originären Einzelkosten der Lizenzen, die separat veräußert werden, der aggregierten Projekt- und originären Projektgruppen-Einzelkosten der jeweiligen Projektgruppe.

KOSTEN-KATEGORIE	KOSTENART	BEZUGSOBJEKT			
		UNTERNEHMEN			
		M	P	K	B
kurzfristig variable Kosten					
Σ kurzfristig variable Einzelkosten					
kurzfristig nicht variable Kosten	Raumkosten	342 qm	10 €/qm im Monat	41.040,00	PEK, an
	Kernentwicklung	-	-	139.740,00	PGK, an
	Personalkosten des Vertriebs	1		102.750,00	PEK, an
	Gehälter der Geschäftsführung	3		246.600,00	PEK, an
	Personalkosten der Verwaltung	1		34.250,00	PEK, an
	Reisekosten gesamt			74.760,00	PEK, an
	Vertrieb	80.000 km 160 Tage	0,40 € / km 45 € / Tag	32.000,00 7.200,00	
	Geschäftsführung	70.000 km 168 Tage	0,40 € / km 45 € / Tag	28.000,00 7.560,00	
	Telefon gesamt			45.765,00	PEK, an
	Telefon (fest)	22 Apparate	1575 € / Jahr	34.650,00	
	Handy	9 Stück	1235 € / Jahr	11.115,00	
	Werbemittel	-	-	275.000,00	PGK, an
	Rechts- und Steuerberatung	-	-	24.600,00	PGK, an
	Fortbildung	-	-	88.000,00	PGK, an
	Versicherungen	-	-	10.190,00	PEK, an
	Gebühren / Beiträge	-	-	7.343,75	PEK, an
	Zinsen	-	-	58.800,00	PEK, an
	Steuern	-	-	00,00	PEK, an
	Abschreibungen gesamt	-	-	38.400,00	PGK, af
	AfA Büroaustattung	-	-	6.150,00	
	AfA Software	-	-	6.100,00	
	AfA Hardware	-	-	26.150,00	
	Rückstellungen	-	-	41.006,25	PGK, af
Σ kurzfr. nicht variable Einzelkosten		1.228.245,00			
Σ (originäre) Unternehmens-Einzelkosten		1.228.245,00			
Aggregierte Einzelkosten des Unternehmens[615]		2.290.005,00			

Abb. VI.-14: Einzelkosten des Unternehmens

[615] Die aggregierten Einzelkosten des Unternehmens resultieren aus der Summe der Einzelkosten aller Lizenzen, Projektleistungen-, Projekte, Projektgruppen und des Unternehmens.

3.3 Erlösplanung

3.3.1 Charakteristika der Grundrechnung der Planerlöse

Der Aufbau der Bezugsobjekthierarchie der Plangrundrechnung der Erlöse korrespondiert mit derjenigen der Kosten.
Zu den Erlösträgern der Optima AG gehören:
(1) das Lizenzpaket, bestehend aus der Software ToptiTool und seiner kundenspezifischen Anpassung,
(2) die Projektleistungen im Rahmen eines Projektverkaufs, die sich aus der Projektkonzeption und Implementierung zusammensetzen und
(3) die Wartung der separat oder im Projekt integriert verkauften Software bei Verlängerung des Wartungsvertrags über das erste Jahr hinaus.[616]

Die Unterteilung in die Erlösträger Lizenzpaket und Projektleistungen, die zusammen die Projekte der Optima AG bilden, beruht darauf, daß die Optima AG die Komponente Lizenzpaket auch isoliert verkauft. Sämtliche Erlöse dieser Erlösträger sind absatzmengenabhängig.
Bei dem Leistungsangebot der Optima AG (Lizenzpaket, Projektleistungen) handelt es sich um Sach- und Dienstleistungen, die in ihrer Kombination als Leistungspaket angeboten werden. Symptomatisch für ein auf diese Art und Weise kombiniertes Angebot, das RIEBEL als bedarfsverbundene Angebotskopplung bezeichnet, ist die zwangsläufige Erlösverbundenheit der einzelnen Komponenten.[617] So stellen die Erlöse aus dem Lizenzpaket und den Projektleistungen auf der Projektebene Gemeinerlöse dar, da sie bereits dann wegfallen, wenn eine der Teilleistungen nicht erbracht wird. Allerdings gilt das nur für das Lizenzpaket, denn ohne Softwareverkauf erübrigen sich zwar die Projektleistungen, ohne Projektleistungen aber nicht die Lizenzleistung. Diese kann auch ohne die Verbindung zur Projektleistung einzeln abgesetzt werden (Produktvariante 1). Der daraus resultierende Erlös ist sodann aber dem Bezugsobjekt Lizenz nicht in seiner Funktion als Bestandteil eines Projekts, sondern als eigenständiges Absatzobjekt als Einzelerlös zuzurechnen.[618]
Um die Erlöse vorsichtig zu planen, also die Gefahr einer Überschätzung möglichst gering zu halten, werden alle optionalen Leistungen als nicht in Anspruch genommen angesehen. Das betrifft konkret die kundenspezifische Anwendungsentwicklung als Teilleistung des Lizenzpakets und die Beratung bezüglich Hardwareeinsatz und interner Strukturanpassungen an die Software im Rahmen der Projektleistungen.
Die Projektleistungen der einzelnen Projekte differieren sehr stark. Da die Projekte zum Zeitpunkt der Unternehmensplanung aber noch nicht im Detail konkretisiert sind, fällt es sehr schwer, sie einzeln zu prognostizieren. Deshalb werden die Erlöse der Projektleistungen ohne weitere Untergliederung zugerechnet. Theoretisch läßt sich die ungeteilte Zurechnung des Gesamterlöses mit der absatzwirtschaftlichen Verbundenheit zwischen den Teilleistungen begründen.[619] Die detaillierte Planung nach Teilleistungen erfolgt erst im Rahmen der Projektplanung (Kapitel VI. 4.2.2).

---

[616] Im ersten Jahr ist die Wartung kostenlos (Bestandteil des Lizenzpakets).

[617] Vgl. Riebel, P., [Deckungsbeitragsrechnung], 1994, S. 120f.

[618] Vgl. Riebel, P., [Deckungsbeitragsrechnung], 1994, S. 123; Schweitzer, M./Küpper, H.-U., [Systeme], 1995, S. 100.

[619] Vgl. Riebel, P., [Deckungsbeitragsrechnung], 1994, S. 125.

Die Wartungserlöse, die aus der Verlängerung des im Lizenzpaket enthaltenen Wartungsvertrags resultieren, verkörpern aufgrund ihrer absatzwirtschaftlichen Verbundenheit mit dem Lizenzpaket Gemeinerlöse desselben.[620] Dies gilt unabhängig davon, ob das Lizenzpaket einzeln oder als Teilleistung eines Projekts abgesetzt wurde. Die Erlöse aus den verlängerten Wartungsverträgen werden nicht nach Teilleistungen wie Hotline und Software-Update differenziert, sondern in Summe erfaßt. Sie fallen nämlich unabhängig von der Inanspruchnahme der Teilleistungen pauschal an. Aus diesem Grund werden sie auch als absatzmengenunabhängig in bezug auf die Periode klassifiziert.[621] Die Wartungserlöse sind schwer in die Bezugsobjekthierarchie einzuordnen. Es handelt sich dabei um Erlösarten, die ihren dispositiven Ursprung nicht in den für die Planperiode prognostizierten, sondern in den bereits in früheren Jahren realisierten Absatzmengen haben. Solche Erlöse stellen zwar auch Plangrößen dar, sind aber im Sicherheitsgrad nicht mit den restlichen Erlösen zu vergleichen. Ihre Realisierung ist lediglich von der Verlängerung bereits bestehender Wartungsverträge abhängig. Da die Perioden-Einzelerlöse der Wartung (monatlich 1,5% des Lizenzpreises) ausschließlich auf frühere Projektverkäufe in der Mineralölbranche zurückgehen, werden sie unter die Erlöse der Projektgruppe Öl eingeordnet. Weitere Bezugsobjekte, wie z.B. realisierte Projekte, mit einer Hierarchieebene für einzelne Projekte oder sogar Lizenzen werden als überflüssige Detaillierung angesehen. Zudem steht diese Vorgehensweise im Einklang mit der Kategorisierung der Kosten, bei der ebenfalls auf eine detaillierte Aufsplittung verzichtet wird.
Es ist davon auszugehen, daß alle Erlöse der Planperiode in Deutschland erzielt werden, so daß sich eine Unterscheidung nach Regionen erübrigt. Außerdem stammen sämtliche Erlöse aus dem Mineralölsektor, d.h. der Projektgruppe Öl.
Die Einteilung in Perioden-Einzel- und Perioden-Gemeinerlöse ist zum Zeitpunkt der Unternehmensplanung relativ schwierig. Tendenziell dürften wohl Leistungen von Projekten, die für die ersten Quartale der Planperiode erwartet werden, eher zu den Perioden-Einzelerlösen zu zählen sein als Leistungen des letzten Quartals.[622]

3.3.2 Darstellung der Grundrechnung der Planerlöse

Abbildung VI.-15 zeigt die geplanten Erlöse des Unternehmens gegliedert nach Erlösarten und Bezugsobjekten. Ein Projekt-Einzelerlös entspricht genau der Summe der Erlöse aus einem Lizenzpaket und diverser Projektleistungen. Die Projekt-Gesamterlöse ergeben sich als Summe der Projekt-Einzelerlöse aller vier Projekte. Die Projektgruppen-Einzelerlöse resultieren aus der Summe der Erlöse des separat abgesetzten Lizenzpakets und der Wartungsleistungen bereits realisierter Projekte. Durch Addition der Projekt-Gesamterlöse und der Projektgruppen-Einzelerlöse erhält man den Gesamterlös des Unternehmens.
In der Grundrechnung werden folgende Symbole verwendet:

E: Erlös (Marktpreis in €)
A: Absatzmengenabhängigkeit mit den Alternativen „ja" / „nein"
Z: Zeitdimension: Perioden-Einzelerlöse (PE) oder Perioden-Gemeinerlöse (PG)

---

620 Vgl. Riebel, P., [Deckungsbeitragsrechnung], 1994, S. 126; Schweitzer, M./Küpper, H.-U., [Systeme], 1995, S. 100.

621 Vgl. Riebel, P., [Deckungsbeitragsrechnung], 1994, S. 114.

622 Zur Periodenabgrenzung vgl. Abschnitt VI 4.2.5.

ERLÖSART	BEZUGSOBJEKT											
	PROJEKT 1			PROJEKT 2			PROJEKT 3			PROJEKT 4		
	E	A	Z	E	A	Z	E	A	Z	E	A	Z
Lizenzpaket												
Software	50.000,00	ja	PE	70.000,00	ja	PE	70.000,00	ja	PE	70.000,00	ja	PE
digitale Landkarte	13.500,00	ja	PE	27.000,00	ja	PE	27.000,00	ja	PE	27.000,00	ja	PE
Aufbereitung der Karte	3.000,00	ja	PE	4.000,00	ja	PE	4.000,00	ja	PE	4.000,00	ja	PE
Σ Lizenzpaket-Einzelerlöse	66.500,00			101.000,00			101.000,00			101.000,00		
Projekt-leistungen	101.500,00	ja	PE	150.000,00	ja	PE	53.250,00	ja	PG	53.250,00	ja	PG
Σ Projekt-Einzelerlöse	168.000,00			251.000,00			251.000,00			251.000,00		
Projekt-Gesamterlöse	921.000,00											
	Projektgruppe Öl											
	E	A	Z									
Lizenzpaket												
Software	50.000,00	ja	Perioden-Einzelerlös									
digitale Landkarte	13.500,00	ja	Perioden-Einzelerlös									
Aufbereitung der Karte	3.000,00	ja	Perioden-Einzelerlös									
Σ Lizenzpaket-Einzelerlöse	66.500,00											
Wartung												
Projekt Arial	13.500, 00	nein	Perioden-Einzelerlös									
Projekt Stern	9.000, 00	nein	Perioden-Einzelerlös									
Projekt Rostol	9.000, 00	nein	Perioden-Einzelerlös									
Σ Wartungs-Einzelerlöse	31.500,00											
Projektgruppe-Einzelerlöse	98.000,00											
	UNTERNEHMEN											
Gesamterlöse des Unternehmens	1.019.000,00											

Abb. VI.-15: Grundrechnung der Planerlöse

3.4 Bestimmung der kumulierten Soll-Deckungslücke

Die Einzelerlöse der vier Projekte und der Projektgruppe Öl werden den jeweiligen Einzelkosten gegenübergestellt.[623] Addiert man die daraus resultierenden Deckungslücken bzw. -überschüsse und subtrahiert anschließend die Einzelkosten auf Unter-

[623] Vgl. Riebel, P., [Deckungsbeitragsrechnung], 1994, S. 133.

nehmensebene, so erhält man die Soll-Deckungslücke des Unternehmens für das erste Planjahr. Die für die Steuerung relevante kumulierte Deckungslücke entspricht der Summe der Perioden-Deckungslücken bis zur jeweiligen Planperiode. Im vorliegenden ersten Planjahr sind die Soll-Deckungslücke dieser Periode und die kumulierte Soll-Deckungslücke identisch.

Hierarchieebene Projekt			
Projekt	Einzelerlös	Einzelkosten	Deckungslücke / -überschuß[624]
1	168.000,00	64.390,00	103.610,00
2	251.000,00	95.050,00	155.950,00
3	251.000,00	95.050,00	155.950,00
4	251.000,00	95.050,00	155.950,00
Σ	921.000,00	349.540,00	*571.460,00*
Hierarchieebene Projektgruppe			
Projektgruppe	Einzelerlös	Einzelkosten	Deckungslücke / -überschuß
Öl	98.000,00	712.220,00	- 614.220,00
Gesamtsumme	1.019.000,00	1.061.760,00	*- 42.760,00*
./. Einzelkosten auf Unternehmensebene			- 1.228.245,00
= Soll-Deckungslücke des Planjahrs (t = 1)			***- 1.271.005,00***

Abb. VI.-16: Ermittlung der Soll-Deckungslücke der Optima AG[625]

Die Ermittlung der Ist-Deckungslücken erfolgt analog.

3.5 Soll-Ist- und Soll-Wird-Vergleich

Auf die Handhabung der Soll-Ist- und Soll-Wird-Vergleiche wird im Punkt „Kosten- und Erlösmanagement auf Projektebene“ (Abschnitt VI. 4) im Detail eingegangen, so daß auf die Darstellung für das gesamte Unternehmen verzichtet wird. Da aber jedes Unternehmen unabhängig vom Resultat der Soll-Ist- oder Soll-Wird-Vergleiche grundsätzlich ein Interesse daran hat, seine Kosten- und Erlössituation kontinuierlich zu verbessern, werden im folgenden mögliche Ansatzpunkte des Kosten- und Erlösmanagements für die Optima AG aufgezeigt.

3.6 Potentiale und Maßnahmen zur Kostensenkung

Da 53% aller geplanten Kosten in der Optima AG nur auf Unternehmensebene als Einzelkosten eingeordnet werden können, besteht im Bereich der Gemeinkosten Handlungsbedarf. Zu diesem Zweck könnte zum Beispiel eine Prozeßanalyse durchgeführt werden, die dazu dient, die Tätigkeiten im Unternehmen zu identifizieren und zu strukturieren. Ziel dabei ist, durch die interne Analyse einzelner Aktivitäten Kostensenkungs-, Zeitreduzierungs- und Qualitätssteigerungspotentiale festzustellen,

---

624 Die Deckungslücke ist definiert als Einzelerlös ./. Einzelkosten < 0, der Deckungsüberschuß analog als Einzelerlös ./. Einzelkosten > 0. Bei Deckung entsprechen die Einzelerlöse genau den Einzelkosten.

625 Alle Beträge in €

die durch eine Optimierung z.B. bezüglich Ablauf und Koordination realisierbar sind.[626] Mit Hilfe der Prozeßanalyse gewinnt man detaillierte Kenntnisse der eigenen Abläufe, Methoden, Dienstleistungen und Produkte, so daß Benchmarking in Form des externen Unternehmensvergleichs zu ihrer Verbesserung gezielt eingesetzt werden kann.[627]
Kritisch sind bei der Optima AG vor allem die Bereiche Finanzen und Vertrieb. Da bei der Optima AG mangels Erfahrung und Know-hows der Vertriebsmitarbeiter das vorhandene Marktpotential nicht ausreichend genutzt wird, sollte ein Outsourcing des Vertriebs in Erwägung gezogen werden. Alternativ dazu könnten neue, qualifizierte Vertriebsmitarbeiter im Unternehmen beschäftigt werden.
Im Bereich Finanzen fehlt es an professioneller Planung, Steuerung und Kontrolle. Dies betrifft beispielsweise die exakte Ermittlung von Projektkosten, die Formulierung und Kommunikation von Kostenzielen sowie die Steuerung des Unternehmens mittels dieser Größen. Damit diese erfolgsrelevanten Aufgaben im Unternehmen möglichst bald leistungsfähiger wahrgenommen werden, muß geeignetes Personal eingestellt werden.
Zur Optimierung der bestehenden Abläufe und Strukturen unter Kostengesichtspunkten ist auch der Einsatz von Kaizen Costing hilfreich. Im Gegensatz zum Target Costing konzentriert man sich beim Kaizen Costing vor allem auf die Anregung, Planung und Umsetzung von Kostensenkungsaktivitäten in der Marktphase.[628] Im Fall der Optima AG erstreckt sich das Wirkungsfeld auf alle Tätigkeiten, die den kundenindividuellen Anpassungen der branchenspezifischen Optimierungssoftware für den Mineralölhandel sowie ihrer Implementierung dienen. Eine Initiative, die sich sofort positiv im Verhältnis der Erlöse zu den Kosten niederschlagen würde, wäre, erneut in Verhandlungen mit dem Lieferanten der digitalen Karten zu treten. Wenn die Optima AG in ihrer Funktion als Wiederverkäufer erfolgreich hinsichtlich der bislang gewährten Rabatte nachverhandelt, könnte sie ihre Materialkosten senken. Bei gleichbleibender Preispolitik steigt dann die Differenz zwischen Erlösen und Kosten.[629]
Im Bereich Forschung und Entwicklung muß der Gedanke der Markt- und Kundenorientierung des Kostenmanagements bei der Optima AG noch ausgebaut werden. Dies könnte bei der Softwareentwicklung für den geplanten Einstieg in die Branchen Entsorgung und Kurier, Express- und Paketdienste durch die Integration der Denkweise des Target Costings realisiert werden. Dazu müßten die Kosten der branchenspezifisch neu zu gestaltenden Software vom erzielbaren Marktpreis abgeleitet und den voraussichtlichen Kosten bei vorhandener Technologie und Verfahren gegenübergestellt werden. Außerdem sind die Anforderungen der Kunden entsprechend ihrer Bedeutung im Entwicklungsprozeß zu berücksichtigen.[630]
Da ca. 82 % der gesamten geplanten Kosten kurzfristig nicht variabel sind, bedarf auch dieser Kostenblock einer genaueren Analyse. Die Möglichkeiten zur Umwandlung kurzfristig nicht variabler in variable Kosten sind zu prüfen (Stichwort Outsourcing), ebenso die Dimension der Kapazitäten und deren Auslastungsgrad. Speziell

---

[626] Vgl. Wildemann, H., [Produktionscontrolling], 1995, S. 174, 178.

[627] Vgl. Franz, K.-P., [Entwurf], 1997, S. 190; Listl, A., [Target Costing], 1998, S. 135.

[628] Vgl. Lingscheid, A., [Kaizen Costing], 1998, S. 14, 19; Listl, A., [Target Costing], 1998, S. 231; Monden, Y., [Kostensenkung], 1999, S. 328.

[629] Vgl. Klett, Ch./Amen, M./Klein, H./Pivernetz, M., [Controlling 2], 2000, S. 91.

[630] Vgl. Franz, K.-P., [Entwurf], 1997, S. 188, 191; Listl, A., [Target Costing], 1998, S. 99.

bei jungen Unternehmen besteht jedoch eine hohe Bedarfsunsicherheit. Um den möglicherweise eintretenden Veränderungen flexibel begegnen zu können sind hier durchaus adäquat dimensionierte Potentialreserven einzuplanen.[631]
Je nach Länge des Planungs- und Beobachtungszeitraums bis zur Break-even-Periode ist in Abhängigkeit von der Disponibilität auch über Kapazitätsanpassungen nachzudenken.[632]
Besonders das Niveau und die Struktur des größten Kostenfaktors - der Personalkosten - ist zu untersuchen. Hier ist beispielsweise die Beschäftigung freier Mitarbeiter und die Einführung einer an Unternehmensziele bzw. -erfolge gekoppelten variablen Vergütung kritisch zu beleuchten.

3.7 Ansatzpunkte zur Verbesserung der Erlössituation

Der folgende Abschnitt zeigt mögliche Ansatzpunkte für Maßnahmen des Erlösmanagements auf. Es wird darin ausschließlich auf absatzpolitische Instrumente und die strategische Ausrichtung der Aktiengesellschaft eingegangen.

- Preispolitik

Die Optima AG hatte beim Eintritt in den Wettbewerb die Vorstellung, sich bei der Preisfestsetzung ausschließlich an den Einsparungsmöglichkeiten, die der Einsatz ihrer Optimierungssoftware beim Anwender induziert, zu orientieren. Angestrebt wurde, einen Preis in Höhe der ersten potentiellen Jahreseinsparung zu erreichen. Bei dieser Preisstrategie traten aber sehr schnell Probleme auf. Zum einen fehlte es an der Bereitschaft der potentiellen Kunden, umfassende fundierte Analysen des Einsparungspotentials im Unternehmen durchzuführen bzw. durchführen zu lassen. Zum anderen wollten die Kunden die notwendigen Unternehmensinformationen nicht zur Verfügung stellen. Dieses Verhalten war insofern strategisch, als der Kunde um so mehr bezahlen muß, je größer das Einsparungspotential beziffert wird. Denn das potentielle Einsparungspotential des ersten Jahrs sollte ja die Basis für den Preis bilden. Jeder Kunde wollte also sein Unternehmen ohne große Rationalisierungsmöglichkeiten erscheinen lassen. Der Grund für das Scheitern dieser Preisstrategie war aber letztendlich, daß der Optima AG nicht die Kompetenz zugebilligt wurde, das Einsparungspotentials korrekt abzuschätzen. Die potentiellen Kunden waren nicht bereit, das berechnete Einsparungspotential als Preis zu akzeptieren.
Die Idee der Berücksichtigung des Einsparungspotentials kommt in der neuen, am Markt durchsetzbaren Preisbildung insofern zum Ausdruck, als die Preise der Optimierungssoftware mit zunehmender Unternehmensgröße (gemessen an der Zahl der Tankkraftwagen) steigen. Damit soll der Tatsache Rechnung getragen werden, daß sich der Nutzen für den Abnehmer in Abhängigkeit von der Unternehmensgröße erhöht. Dabei wurde ursprünglich über eine stufenweise Staffelung nach Intervallen nachgedacht, z.B. 50.000 € für das Basispaket der Software bei 10 - 15 Tankkraftwagen, 60.000 € bei 16 - 20, usw. Diese Idee setzte sich jedoch nicht durch, da der sprunghafte Anstieg des Preises an den Übergängen zu vielerlei Diskussionen Anlaß gab („muß ich jetzt für nur einen zusätzlichen Tankkraftwagen gleich 10.000 € mehr

[631] Vgl. Reiß, M./Grimmeisen, M., [Komplexitätsmanagement], 1998, S. 59; Weidermann, P.H., [Management], 1984, S. 103.
[632] Vgl. Ihde, G.B., [Kapazitätsmanagement], 1993, S. 117.

bezahlen?"). Hinzu kam, daß Kunden, die bei Einsparungen von Tankkraftwagen durch die Software in eine niedrigere Größenklasse fielen, nur diesen geringeren Preis bezahlen wollten. Deshalb soll die Software in Zukunft als Basispaket zu einem Pauschalbetrag plus einem festen Satz pro Anzahl der zu disponierenden Laster abgesetzt werden. Bei den digitalen Landkarten, die für die Tourenplanung erforderlich sind, tritt die Optima AG nur als Wiederverkäufer auf. Die kundenindividuellen Anpassungen der Software und die Projektleistungen werden über branchenübliche Tagessätze von Consultants und Entwicklern extra berechnet.
Im Vergleich zur Konkurrenz hat die Optimierungssoftware der Optima AG ein überlegenes Optimierungsverfahren, eine starke Branchenanpassung sowie geringe Implementierungszeiten (zwischen 2 Wochen und maximal sechs Monaten) zu bieten. Hier macht sich der Know-how-Vorsprung in der Optimierung bemerkbar, der durch jahrelange Forschung an der Universität aufgebaut und bis heute weiterentwickelt wurde. Die Optima AG strebt deshalb in diesem Leistungsbereich eine Abschöpfungsstrategie an. Speziell die Preisbestandteile der Software bewegen sich am oberen Ende der am Markt überhaupt durchsetzbaren Preise für Optimierungssoftware.

Leistungsangebot der Optima AG	
Komponente	**Preis**
I. Software ToptiTool	
1. Lizenz für die Optimierungssoftware	Pauschalpreis für das Basispaket plus branchenspezifischer Satz pro Tankkraftwagen
2. Digitale Landkarten (Lizenz zur Nutzung der Karte)	Listenpreise der digitalen Landkarten (ohne Rabatt)
II. Kundenspezifische Anpassungen der Software	Markt- und branchenübliche Tagessätze der Entwickler und Consultants
III. Projektleistungen	Markt- und branchenübliche Tagessätze der Entwickler und Consultants (Reisekosten werden extra abgerechnet.)
IV. Kostenlose Wartung für ein Jahr	-
V. Verlängerung des Wartungsvertrags nach dem ersten Jahr	Branchenüblicher prozentualer Anteil am Preis der Software pro Monat (Telefon und etwaige Spesen werden extra berechnet.)

Abb. VI.-17: Preise der Leistungen der Optima AG

Die Optima AG hat es erst nach einer Phase des Lernens geschafft, sich durch kontinuierliche Marktbeobachtung und die gewonnene Erfahrung an den erzielbaren Verkaufspreis heranzutasten.

- Distributionspolitik

Da der Optimierungssoftware von Fachleuten immer wieder beste Qualität bescheinigt wird, sich diese aber bisher nicht in den angestrebten hohen Verkaufszahlen niederschlägt, liegt der Schluß nahe, daß es bei der Optima AG am Vertrieb hapert. Um die aggressiven Wachstumsziele zu erreichen, muß die Akquisitionsquote erhöht werden. Zu diesem Zweck sollte die schon im Business Plan geplante Anstellung eines kompetenten und erfahrenen externen Verkäufers mit Affinität zum Logistikbereich schnell in die Tat umgesetzt werden.

- Servicepolitik

Marktanalysen haben gezeigt, daß die Erhebung von Gebühren für Wartungsleistungen der Software - auf Basis eines Wartungsvertrags - auch schon im ersten Jahr nach dem Verkauf vom Markt akzeptiert wird. Dies eröffnet eine zusätzliche Einnahmequelle. Zudem sollte der Abschluß der Wartungsverträge forciert werden, da dadurch nach Abschluß des Projekts bzw. Verkauf der Software weiterhin eine Kundenbindung an das Unternehmen besteht, die Folgeerlöse mit sich bringt.

- Produktpolitik

Es sollen zusätzliche Leistungen, die mit den vorhandenen Kapazitäten und dem vorhandenen Know-how unabhängig vom Lizenzpaket oder den Projekten angeboten werden können und für die ein Bedarf festgestellt wurde, ins Programm aufgenommen werden. Möglich wären Analysen zur Lokalisation der Kunden auf Basis des digitalen Kartenmaterials oder Strukturberatungen im Bereich der Tourenoptimierung.

- Kommunikationspolitik

Für die Optimierungssoftware ist eine Vergleichbarkeit mit anderen Produkten aufgrund unterschiedlicher Optimierungsverfahren, Grad der Anpassung an die Branche und Implementierungsqualität schwer möglich.
Da die Optima AG aber gerade in diesen Punkten eine überlegene Lösung bietet, sollte sie ihre Bemühungen forcieren, ihren tatsächlich vorhandenen Vorsprung in der Leistungsfähigkeit potentiellen Kunden überzeugend zu kommunizieren. Eine Strategie hierzu könnte sein, eine Adressenliste aller relevanten Händler im Ölbereich zu erstellen, einen ersten Kontakt herzustellen und zu versuchen einen Präsentationstermin für die Optimierungssoftware zu erhalten. Zudem könnte das Auftreten bei Branchenverbänden hilfreich sein.

- Strategische Ziele und Ausrichtung

Der größte Wettbewerbsvorteil der Optima AG ist in dem überlegenen Optimierungsverfahren, der starken Branchenanpassung, der Benutzerfreundlichkeit sowie den kurzen Implementierungszeiten der Optimierungssoftware zu sehen. Diese gründen sich auf den Know-how-Vorsprung der Optima AG. Diesen gilt es zu erhalten und auszubauen, indem weiterhin Forschungsprojekte in Zusammenarbeit mit dem Fachbereich Physik der Universität durchgeführt werden. Auf diese Art und Weise wird Kontakt zur aktuellen Forschung und zu Studenten als potentiellen zukünftigen Mitarbeitern für den Entwicklungsbereich gehalten.
Zu überlegen ist außerdem, Kooperationen mit anderen Unternehmen einzugehen. So kann z.B. ein Vertriebspartner die Vermarktung der Software im In- und Ausland erleichtern. Auch der Einstieg in neue Branchen kann über die Zusammenarbeit mit Unternehmen, die sich auf bestimmte Branchen spezialisiert haben, schneller gelingen.

4. Kosten- und Erlösmanagement auf Projektebene

4.1 Grundlagen

4.1.1 Projektcharakteristika

Bei den Projekten der Optima AG handelt es sich um Dienstleistungsprojekte mit einem konkreten, externen Kunden als Auftraggeber. Die operative, zeitlich befristete Projektleistung besteht in der Koppelung eines bereits existierenden Produkts, der Software ToptiTool, mit speziell auf den Kunden abgestimmten Dienstleistungen (z.B. kundenindividuelle Anpassungen der Software, Beratung, Schulung und Wartung).[633] Die Dienstleistung der Optima AG erstreckt sich dabei sowohl auf die Person als auch auf das Objekt des Nachfragers.[634] Für die Abwicklung eines Projekts ist die abteilungsübergreifende Zusammenarbeit von Vertriebsmitarbeitern, technischen Kundenbetreuern (sog. Consultants), Programmierern und der Geschäftsleitung erforderlich.[635] Da die überwiegende Mehrheit aller Kundenaufträge der Optima AG in Projektform durchgeführt wird, sind permanent Projektteams vorhanden, die das Erscheinungsbild des Unternehmens prägen.[636]

Die Projekte umfassen alle Leistungen, die im Zuge der Einführung der Optimierungssoftware beim Kunden erforderlich sind. Diese werden in bereichsübergreifender Projektarbeit erbracht. Nachdem ein Auftrag zur Einführung der Software ToptiTool von den Mitarbeitern des Vertriebs akquiriert wurde, werden die technischen Kundenbetreuer über die speziellen Anforderungen informiert, die der Kunde an die Software stellt. Diese analysieren dann in Kooperation mit den Projektentwicklern die logistischen, technologischen und organisatorischen Rahmenbedingungen des Kunden und planen das Projekt unter Berücksichtigung der gewonnenen Informationen.[637] Das digitale Kartenmaterial, welches zur Routenoptimierung notwendig ist, wird extern beschafft und von Projektentwicklern aufbereitet. Diese führen die kundenspezifische Entwicklung und Anpassung der Software durch. Im nächsten Schritt erfolgt die Installation der modifizierten Software durch technische Kundenbetreuer sowie die Aufbereitung der Stammdaten des Kunden. Anschließend wird eine ausführliche Schulung der Mitarbeiter des Kunden durchgeführt. Nach der Implementierung sind die im Wartungsvertrag zugesicherten Serviceleistungen von den technischen Kundenbetreuern und den Entwicklern zu erbringen. Je nach Umfang der Anwendungsentwicklung fungiert ein Entwickler oder technischer Kundenbetreuer als Projektleiter.

---

[633] Vgl. Koreimann, D.S., [Projektmanagement], 1995, S. 50f.; Krüger, A./ Schmolke, G./Vaupel, R., [Projektmanagement], 1999, S. 6.

[634] Vgl. Berekoven, L., [Dienstleistungsmarkt], 1983, S. 24f.

[635] Vgl. Birker, K., [Projektmanagement], 1999, S. 8.

[636] Vgl. Heeg, F.-J., [Projektmanagement], 1992, S. 157.

[637] Vgl. Niemand, S., [Dienstleistungen], 1996, S. 77f.

4.1.2 Projektstruktur

Da sich die Projekte der Optima AG in Aufbau und Ablauf der auszuführenden Tätigkeiten ähneln, bietet es sich an, einen Standard-Projektstrukturplan zu entwerfen, der die maximale Ausprägung an Verrichtungen enthält. Der individuelle Strukturplan eines Projekts wird aus dem Standard-Strukturplan abgeleitet, indem zutreffende Teilleistungen übernommen, nicht relevante - insbesondere die als optional gekennzeichneten - gegebenenfalls aus dem Standard-Projektplan eliminiert werden.[638] Das Vorliegen eines Standard-Strukturplans vereinfacht und beschleunigt die Erstellung des projektspezifischen Strukturplans, verbessert die Vergleichbarkeit der Projekte und ermöglicht den Einsatz von Projektdatenbanken, in denen das Erfahrungswissen vergangener Projekte gespeichert ist.[639] Die Standardstrukturen der Projekte sind in Abbildung VI.-18 in Listenform dargestellt.

[638] Vgl. Burghardt, M., [Projektmanagement], 1997, S. 134; Hirzel, M., [Standard-Struktur-Plänen], 1985, S. 395; Litke, H.D., [Projektmanagement], 1991, S. 70.

[639] Vgl. Alter, R., [Projektcontrolling], 1991, S. 239; Hirzel, M., [Standard-Struktur-Plänen], 1985, S. 396; Krüger, A./Schmolke, G./Vaupel, R., [Projektmanagement], 1999, S. 73.

STANDARD-PROJEKTSTRUKTURPLAN	
TEILLEISTUNG	**AUSFÜHRENDE EINHEIT**
A. Vorbereitungsphase	
Akquisition (Werbung, Messe, Besuche)	Marketing & Vertrieb
B. Projektphasen	
I. Projektkonzeption	
1. Projektanalyse	
1.1 Analyse der logistischen, organisatorischen und technischen Gegebenheiten beim Kunden (Datenfluß, Abläufe, Hardware)	Entwickler / technischer Kundenbetreuer
1.2 Auswertung der Analyseergebnisse mit dem Kunden und in der Projektgruppe	Entwickler / technischer Kundenbetreuer
2. (optionale) Beratungsleistungen	
2.1 bzgl. Hardware (Computer für die Disposition, Bord-Computer für die LKWs)	technischer Kundenbetreuer
2.2 bzgl. Software ToptiTool (interne Strukturanpassungen, Organisation der Disposition, Depotstandortplanung)	technischer Kundenbetreuer
2.3 Unterstützung der Beratungstätigkeit der technischen Kundenbetreuer	Entwickler
3. Projektplanung	
3.1 interner Datenabgleich für die Projektplanung	Entwickler / technischer Kundenbetreuer
3.2 Planerstellung	technischer Kundenbetreuer
II. Anpassungen von ToptiTool	
1. Material 1.1 Software ToptiTool 1.2 Fernwartungssoftware 1.3 Digitale Landkarten 1.4 CD-Rohlinge	Entwickler
2. Aufbereitung der Karten 2.1 Konvertierung 2.2 Kodierung	Entwickler
3. (optionale) kundenspezifische Anwendungsentwicklung von ToptiTool (z.B. Anbindung zu vor- oder nachgelagerten Fremdsystemen bzw. Programmen oder spezielle Reportfunktionen) 3.1 Konzeption 3.2 Programmierung (Neuentwicklung, Modifikation) 3.3 Test 3.4 Dokumentation 3.5 CD-Herstellung	Entwickler

STANDARD-PROJEKTSTRUKTURPLAN	
III. Implementierung 1. Installation der Software ToptiTool	technischer Kundenbetreuer
2. Aufbereitung der Stammdaten	technischer Kundenbetreuer
3. Schulung 3.1 Erstellen von Schulungsunterlagen 3.2 Durchführung der Schulung	technischer Kundenbetreuer
4. Know-how Unterstützung der technischen Kundenbetreuer bei der Implementierung	Entwickler
IV. Wartung / Kundenbetreuung 1. Fernwartung 1.1 Installation der Fernwartungssoftware 1.2 Wartung über DFÜ	 technischer Kundenbetreuer Entwickler / technischer Kundenbetreuer
2. Telefon- / Servicehotline	technischer Kundenbetreuer
3. Updating 3.1 Updates und Bugfixes 3.2 Newsletters	Entwickler
4. Versand 4.1 CDs mit Updates, Releases 4.2 Newsletters / Infobroschüren	Verwaltung
VI. Projektmanagement 1. Projektdokumentation	Entwickler / technischer Kundenbetreuer
2. Projektmeetings 2.1 der Projektgruppe 2.2 mit der Geschäftsführung	Entwickler / technischer Kundenbetreuer

Abb. VI.-18: Standard-Projektstrukturplan in Listenform

Als planerischer Beginn der Projekte wird die Projektkonzeption betrachtet, da sich die Nutzen- und Kostenwirkungen der typischen Aktivitäten zur Akquisition eines Projekts (Werbung, Messebeteiligung und Kundenbesuche) in Umfang und Zuordenbarkeit nicht für ein einzelnes Projekt isolieren lassen. Die Kosten für diese Akquisitionsaktivitäten fallen zudem unabhängig von ihrem Erfolg an.[640]

Da im Rahmen der Angebotsabgabe bereits Planungen für die spätere Projektdurchführung vorgenommen und bereits in dieser Phase technische Kundenbetreuer einbezogen werden, welche später an der Implementierung der Software als Bestandteil des Projekts beteiligt sind, wird die Angebotserstellung als Teilleistung des Projektmanagements in das Projekt aufgenommen.[641]

---

640 Vgl. Baumöl, U., [Softwareentwicklung], 1999, S. 131; Riezler, S., [Lebenszyklusrechnung], 1996, S. 133.

641 Vgl. Birker, K., [Projektmanagement], 1999, S. 8.

Das Projekt wird ein Jahr nach der Implementierung der Software als beendet angesehen. Zukünftige Erlöse aus der Verlängerung des Wartungsvertrags werden mangels Erfahrungswerten nicht berücksichtigt.
Die Tätigkeiten des Projektmanagements (Phase VI) begleiten den gesamten Projektablauf. Sie unterstützen und steuern die Abwicklung aller übrigen Teilleistungen (Phase I-V) während des Projektablaufs und werden deshalb separat im Block aufgeführt.
Meilensteine der Projekte der Optima AG sind die Projektkonzeption, die Anpassung der Software, die Implementierung und das Ende des einjährigen kostenlosen Wartungsvertrags. Die nächste Gliederungsstufe mit den Ziffern 1-4 bezeichnet die Arbeitspakete.

In Abbildung VI.-19 ist der gemischt orientierten Standard-Projektstrukturplan der Optima AG als Struktogramm dargestellt.[642] Der Projektstrukturplan der Optima AG gliedert das Projekt auf der oberen Ebene ablauforientiert in einzelne Tätigkeiten, die gemäß dem Abwicklungsprozeß des Projekts sukzessive zu verrichten sind. Die untere Ebene ist teilweise funktionsorientiert. Hier sind Verrichtungen enthalten, die nicht immer nach einem streng sequentiellen Prozeßablauf durchgeführt werden müssen.[643]

[642] Darstellung in Anlehnung an Schulte, H./Stumme, G., [Projektmanagement], 1997, S. 241.

[643] Vgl. Litke, H.D., [Projektmanagement], 1991, S. 66; Burghardt, M., [Projektmanagement], 1997, S. 132f.

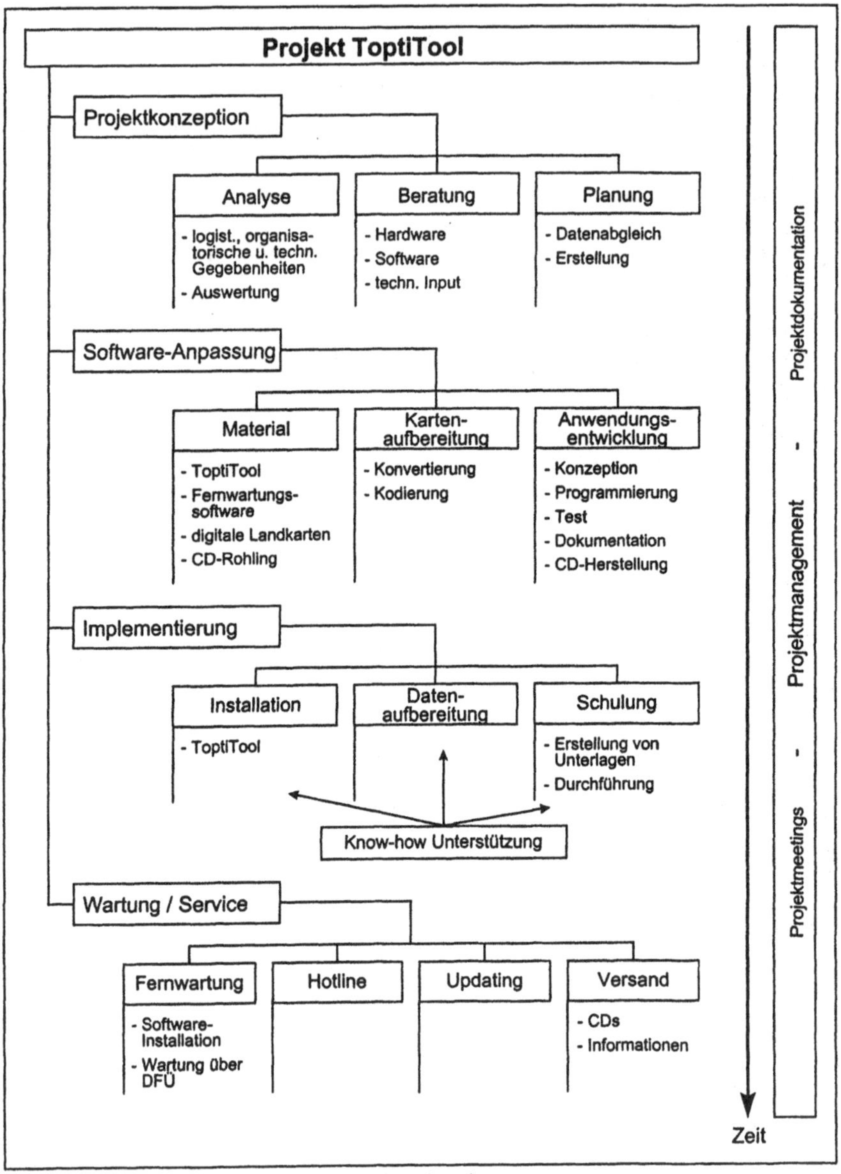

Abb. VI.-19: Struktogramm des Standard-Projektstrukturplans

4.2 Projektplanung für Projekt 2

4.2.1 Projektbeschreibung

Die Projektplanung, -steuerung und -kontrolle wird im folgenden am Projekt 2 der Optima AG dargestellt. Dabei handelt es sich um ein Projekt der Mineralölbranche.[644] Der Kunde hat 50 Tankkraftwagen zu disponieren, die im gesamten Bundesgebiet zum Einsatz kommen. Er wünscht Beratung zur Anpassung der internen Betriebsstruktur an die Software und für den Einkauf zusätzlicher Hardware. Zudem sollen Wirtschaftlichkeitsanalysen erstellt und die Planung der Depotstandorte verbessert werden. Für die Optimierungssoftware soll eine Schnittstelle zur genutzten, betriebswirtschaftlichen Software des Kunden generiert werden. Ferner ist der Kunde an einer standardmäßig nicht enthaltenen Reportfunktion interessiert. Fertiggestellte Teilleistungen bzw. Arbeitspakete können einzeln abgerechnet werden. Planmäßiger Projektstart ist der 1. März, geplantes Projektende der 31. Mai des darauffolgenden Jahrs.

4.2.2 Ermittlung des Angebotspreises

Da die neuartige Optimierungssoftware der Optima AG für jeden Kunden individuell angepaßt wird und ihre Implementierung von den Gegebenheiten beim einzelnen Kunden abhängt (kundenindividueller Auftrag), ist für jeden Kunden ein gesondertes Angebot zu erstellen, d.h. ein Marktpreis ist nicht existent. Mit Hilfe der Analyse von Vergleichsdaten ähnlicher Produkte von Mitbewerbern wurden allerdings für alle Teilleistungen marktübliche Preise identifiziert, die vom Markt höchstens bezahlt werden, so daß eine retrograde Kalkulation möglich ist.[645]
Abbildung VI.-20 beinhaltet die Ermittlung des Angebotspreises für Projekt 2. Dabei kommt es in erster Linie auf die korrekte Schätzung der Mengengrößen an, die sodann mit den exogen vorgegebenen Preisen multipliziert werden. Da die erlösbringenden Teilleistungen des Projekts selbst bei vorsichtiger Schätzung maximal sechs Monate in Anspruch nehmen, geht der gesamte Projekterlös in das Ergebnis der Planperiode ein.

---

[644] Vgl. Bezugsobjekthierarchie in Kapitel VI. 3.2.2.1.

[645] Vgl. Baumöl, U., [Softwareentwicklung], 1999, S. 127.

ANGEBOTSPREIS PROJEKT 2			
Projektkomponente	**Menge**	**Preis / Tagesatz**[646]	**Σ**[645]
I. Software			
1. Basispaket ToptiTool	1	20.000	20.000
2. Software für TKW's	50 TKWs	1.000	50.000
			70.000
II. Projektkonzeption			
1. Projektplanung	7 Tage	1.750	**12.250**
2. Beratungsleistungen			
2.1 Organisation der Disposition	5 Tage	1.750	8.750
2.2 Depotstandortplanung	5 Tage	1.750	8.750
2.3 Computer für die Disposition	4 Tage	1.750	7.000
2.4 Bord-Computer der LKWs	4 Tage	1.750	7.000
2.5 Wirtschaftlichkeitsanalysen	3 Tage	1.750	5.250
			36.750
III. Anpassungen von ToptiTool			
1. Digitales Kartenmaterial	-		**27.000**
2. Aufbereitung der Karten			
2.1 Konvertierung	3 Tage	1.000	3.000
2.2 Kodierung	1 Tag	1.000	1.000
			4.000
3. kundenspezifische Anwendungs-entwicklung von ToptiTool			
3.1 Schnittstellen			
– Konzeption	6 Tage	1.000	6.000
– Programmierung	12 Tage	1.000	12.000
– Test	5 Tage	1.000	5.000
– Dokumentation	4 Tage	1.000	4.000
3.2. Reportfunktion			
– Konzeption	6 Tage	1.000	6.000
– Programmierung	11 Tage	1.000	11.000
– Test	5 Tage	1.000	5.000
– Dokumentation	4 Tage	1.000	4.000
			53.000
IV. Implementierung			
1. Installation der Software	15 Tage	1.500	22.500
2. Aufbereitung der Stammdaten	7 Tage	1.500	10.500
3. Schulung	10 Tage	1.500	15.000
			48.000
			251.000

Abb. VI.-20: Planerlöse von Projekt 2

[646] Angaben in €.

4.2.3 Ermittlung der Plankosten

Jedes Projekt der Optima AG ist unterschiedlich ausgestaltet, so daß eine projektbezogene Kostenplanung auf Basis der Projektstruktur erst beim Vorliegen konkreter Anfragen und der entsprechenden Informationen von seiten der Kunden (Anzahl der Laster, Anpassungswünsche) durchgeführt werden kann.[647] Nicht nur die Projekt-Einzelkosten der Unternehmensplanung, wie digitale Landkarten und Provision, werden auf die Projekte verteilt, sondern auch die Kosten für die technischen Kundenbetreuer (Consultants) und Entwickler, die eigentlich als Projektgemeinkosten einzustufen sind. Das Einrechnen von Gemeinkosten ist grundsätzlich problematisch, im Rahmen des Projektcontrollings aber gerechtfertigt.[648] Diese Personalkosten können auf der Basis der Zeiterfassung der Mitarbeiter dem Projekt direkt zugeordnet und im Rahmen der Projektarbeit beeinflußt werden. Die Zahl der Consultants und Entwickler würde zudem reduziert werden, wenn die von ihnen durchzuführende Projektkonzeption und Implementierung nicht als Projektleistungen erbracht würden.[649]

Die Projektkosten werden im wesentlichen durch die geschätzte Zeitdauer des Personaleinsatzes für die einzelnen Tätigkeiten bestimmt. Deshalb wird die Planung des Zeitbedarfs, die hauptsächlich auf der im Unternehmen praktizierten Zeiterfassung beruht, als Grundlage für die Kostenplanung herangezogen.[650]

Die Kosten für das Personal als knappem Produktionsfaktor stellen den überwiegenden Teil der Projektkosten dar. Für die technischen Kundenbetreuer und Entwickler sind demnach Stundensätze zu bilden, um die Plankosten der einzelnen Teilleistungen, entsprechend der geplanten Inanspruchnahme der Personalstunden, bestimmen zu können.[651]

Der Berechnung der Plan-Stundensätze der am Projekt beteiligten Consultants und Entwickler liegen folgende Annahmen zugrunde:

Annahmenkranz:[652]
(1) 6 Wochen Urlaub im Jahr
(2) 2 Wochen Feiertage
(3) 1 Krankheitswoche
⇒ Tatsächliche Arbeitswochen: 43

Weiterhin wird die Annahme getroffen, daß alle Consultants bzw. Entwickler bei obigem Annahmenkranz das gleiche Gehalt beziehen. Die Consultants haben eine 40 Stunden Woche, die Entwickler eine 35 Stunden Woche.

Bei 40 Arbeitsstunden in der Woche ergibt sich eine Stundenzahl von 1720 Stunden pro Jahr und Consultant.

---

[647] Vgl. Schmitz, H./Windhausen, M.P., [Projektplanung], 1986, S. 83f.

[648] Zur Begründung vgl. Kapitel V. 4.3.1.2 Kostenplanung auf Projektebene.

[649] Vgl. Baumöl, U., [Softwareentwicklung], 1999, S. 130f.; Studt, J., [Projektkostenrechnung], 1983, S. 125.

[650] Vgl. Campagna, C., [Anwendungssoftware], 1998, S. 83; Deinert, R.D./Meinders, R., [Software-Projekten], 1996, S. 266; Studt, J., [Projektkostenrechnung], 1983, S. 33.

[651] Zur Begründung vgl. Abschnitt V. 4.3.1.2.

[652] Vgl. Ederer, F., [Operative Planung], 1995, S. 366f.; Swoboda, P., [Kostenrechnung], 1999, S. 20f.

Der Plan-Stundensatz eines Consultants im Planjahr berechnet sich wie folgt:

$$\frac{\text{Gesamte Plan-Personalkosten}}{\text{Plan-Stundenanzahl}} = \frac{75.350\,\text{DM}}{1720\ \text{Std}} = 43{,}81 \quad €\,/\,\text{Std.}$$

Zur besseren Rechnung wird aufgerundet auf 44 € / Std.
Bei 35 Arbeitsstunden in der Woche ergibt sich eine Stundenzahl von 1505 Stunden pro Jahr und Entwickler.
Der Plan-Stundensatz eines Entwicklers im Planjahr ist das Ergebnis folgender Division:

$$\frac{\text{Gesamte Plan-Personalkosten}}{\text{Plan-Stundenanzahl}} = \frac{58.225\,\text{DM}}{1505\ \text{Std}} = 38{,}69 \quad €\,/\text{Std.}$$

Zur besseren Rechnung wird abgerundet auf 38,50 € / Std.
Da es sich um lohnintensive Projekte handelt, sind etwaige Veränderungen bezüglich Stundenzahl oder Gehaltshöhe zeitnah in den Planwerten zu berücksichtigen.[653] Die Tätigkeiten des Kosten- und Erlösmanagements der Projekte, die in den Zuständigkeitsbereich der projektorientierten Geschäftsführung fallen, wie z.B. die noch zu beschreibende Projektfortschrittskontrolle oder Projekt-Deckungsbudget-Abstimmung, werden nicht auf die einzelnen Projekte verrechnet (keine Zeiterfassung).[654]
Die Provision ist die einzige Kostenart, die für die Akquisition des betrachteten Projekts durch den Vertrieb angesetzt wird. Alle übrigen Vertriebskosten zur Kontaktanbahnung, wie z.B. Reisekosten und Besuche potentieller Abnehmer vor Vertragsabschluß, entstehen unabhängig davon, ob das Projekt tatsächlich akquiriert werden kann. Die Kostenart Provision weist den Charakter von Projekt-Einzelkosten auf, wird aber bereits auf Unternehmensebene disponiert.[655]
Als Kosten für das Material sind die erwarteten Beschaffungskosten anzusetzen. Die Kosten für das digitale Kartenmaterial, das auftragsbezogen geordert wird[656], bestimmen sich aus der Anzahl der digitalen Landkarten multipliziert mit ihrem Einkaufspreis. Für die Datenträger Compact Discs ist der Einkaufspreis der Rohlinge anzusetzen. Die Versandkosten entsprechen den Portokosten. Etwaige Kosten für Telefon oder Personal der Verwaltung werden nicht auf das einzelne Projekt verrechnet, da die Erfassung der jeweils für ein Projekt benötigten Arbeitszeit im Vergleich zur geringen Kostenhöhe als zu aufwendig erscheint.
Abbildung VI.-21 illustriert die Ermittlung der Plankosten des Projekts. Dabei werden folgende Abkürzungen verwendet:

V: Vertriebsmitarbeiter
E: Entwickler
C: Consultant (technischer Kundenbetreuer)

---

[653] Vgl. Studt, J., [Projektkostenrechnung], 1983, S. 164.

[654] Vgl. Madauss, B.J., [Projektmanagement], 2000, S. 194.

[655] Vgl. Buch, J., [Projektrechnung], 1991, S. 51; Schmitz, H./Windhausen, M.P., [Projektplanung], 1986, S. 85.

[656] Vgl. Birker, K., [Projektmanagement], 1999, S. 8.

KOSTENPLAN PROJEKT 2				
Teilleistung	**Leistender**	**Menge (Std.)**	**Preis / Stundensatz (€)**	**Kosten (€)**
I. Akquisition	V	-	-	12.550,00
II. Projektkonzeption	C / E			
1. Projektanalyse				
1.1 Analyse der				
– logistischen	E	60	38,50	2.310,00
– organisatorischen	C	120	44,00	5.280,00
– technischen Gegebenheiten (Datenfluß, Ablauf, Hardware)	E	60	38,50	2.310,00
				9.900,00
1.2 Auswertung der Analyseergebnisse				
– mit dem Kunden	C	90	44,00	3.960,00
– in der Projektgruppe	E	42	38,50	1.617,00
	C	90	44,00	3.960,00
				9.537,00
2. Beratungsleistungen	C		44,00	
2.1 Organisation der Disposition		40		1.760,00
2.2 Depotstandortplanung		40		1.760,00
2.3 Computer für die Disposition		32		1.408,00
2.4 Bord-Computer der LKWs		32		1.408,00
2.5 Wirtschaftlichkeitsanalysen		24		1.056,00
				7.392,00
2.6 Unterstützung der Beratungstätigkeit der Consultants	E	150	38,50	**5.775,00**
3. Projektplanung				
3.1 Interner Datenabgleich für die Projektplanung (Zeit, Technik)	C	100	44,00	4.400,00
	E	100	38,50	3.850,00
3.2 Planerstellung	C	56	44,00	2.464,00
				10.714,00
III. Anpassungen von ToptiTool	E		38,50	
1. Material				
1.1 Software ToptiTool				-
1.2 Fernwartungssoftware				-
1.3 Digitale Landkarten				20.000,00
1.4 CD-Rohlinge				15,00
				20.015,00
2. Aufbereitung der Karten				
2.1 Konvertierung		21		808,50
2.2 Kodierung		7		269,50
				1.078,00

Teilleistung	Leisten-der	Menge (Std.)	Preis / Stundensatz (€)	Kosten (€)
3. kundenspezifische Anwendungsentwicklung von ToptiTool				
3.1 Schnittstellen				
– Konzeption		42		1.617,00
– Programmierung		84		3.234,00
– Test		35		1.347,50
– Dokumentation		28		1.078,00
				7.276,50
3.2 Reportfunktion				
– Konzeption		42		1.617,00
– Programmierung		77		2.964,50
– Test		35		1.347,50
– Dokumentation		28		1.078,00
				7.007,00
3.3 CD-Herstellung		12		**462,00**
IV. Implementierung	**C / E**			
1. Installation Software ToptiTool	C	120	44,00	**5.280,00**
2. Aufbereitung der Stammdaten (Datenübernahme)	C	56	44,00	**2.464,00**
3. Schulung				
3.1 Erstellung von Schulungsunterlagen	C	80	44,00	3.520,00
3.2 Durchführung der Schulung	C	80	44,00	3.520,00
				7.040,00
4. Know-how Unterstützung der Consultants bei der Implementierung	E	218	38,50	**8.393,00**
V. Wartung / Kundenbetreuung	**C / E**			
1. Fernwartung				
1.1 Installation der Fernwartungssoftware	C	60	44,00	2.640,00
1.2 Fernwartung über DFÜ	C	240	44,00	10.560,00
				13.200,00
2. Telefon- / Servicehotline	C	240	44,00	**10.560,00**
3. Nachkorrekturen	E	312	38,50	**12.012,00**
4. Updating	E			
4.1 Updates und Bugfixes		150	38,50	5.775,00
4.2 Newsletters		120	38,50	4.620,00
				10.395,00
5. Versand				
5.1 CDs mit Updates, Releases				25,00
5.2 Newsletters / Infobroschüren				20,00
				45,00

Teilleistung	Leistender	Menge (Std.)	Preis / Stundensatz (€)	Kosten (€)
VI. Projektmanagement	C / E			
1. Projektdokumentation	C	140	44,00	6.160,00
	E	70	38,50	2.695,00
				8.855,00
2. Projektmeetings				
2.1 der Projektgruppe	C	120	44,00	5.280,00
	E	120	38,50	4.620,00
2.2 mit der Geschäftsführung	C	250	44,00	11.000,00
	E	150	38,50	5.775,00
				26.675,00
				196.625,50

Abb. VI.-21: Plankosten von Projekt 2

4.2.4 Identifikation der Kosteneinflußgrößen

Die Projektkosten hängen von der Ausprägung der als Haupteinflußgrößen[657] identifizierten Faktoren ab, die sich vor allem in dem geplanten Zeitbedarf widerspiegeln.
Je besser

- die Unterstützung durch die Geschäftsleitung des Kunden,
- die Kooperation und Informationspolitik des Kunden,
- die Qualifikation der eigenen Mitarbeiter und derjenigen des Kunden,
- die Kommunikation sowohl zwischen Kunden und Unternehmen als auch innerhalb des Unternehmens,
- die Koordination zwischen den Teilleistungen,
- die Qualität der eigenen Leistungen und Produkte (z.B. Hardware- und Softwarezuverlässigkeit, Anzahl der fehlerhaften CDs etc.),
- die Anwenderfreundlichkeit der kundenspezifischen Anpassungen der Software

und je geringer

- die Komplexität der Gegebenheiten im Unternehmen des Kunden,
- die technischen Anforderungen der Kundenwünsche und
- der Umfang, Neuheits- und Individualitätsgrad sowie die Komplexität der kundenspezifischen Anpassungen der Software und des Projekts insgesamt,

um so geringer sind die Projektkosten.
Mit der Häufigkeit der Projektdurchführung steigt insbesondere die Erfahrung in den Know-how-intensiven Prozessen, die im Rahmen der Projektabwicklung durchlaufen werden (vgl. Abb. VI.-19). In Anbetracht der großen Ähnlichkeit zwischen den Projekten vor allem innerhalb einer Projektgruppe der Optima AG, sinken also die Projektkosten im Zeitablauf. Je geringer der Grad der Neuheit eines Projekts ist - viele Teilleistungen wurden in der Vergangenheit schon in der geforderten Form erbracht (es handelt sich also um eine modifizierte Wiederholung), desto mehr Komponenten des Projektplans sind mit dem Standard-Projektstrukturplan identisch und desto ge-

[657] Vgl. BDU, [Controlling], 2000, S. 129; Keßler, H./Winkelhofer, G.A., [Projektmanagement], 1999, S. 89; Lehner, F., [Software], 1989, S. 55f.; Madauss, B.J., [Projektmanagement], 2000, S. 292f.; Reiß, M./Grimmeisen, M., [Komplexitätsmanagement], 1998, S. 55.

ringer sind deshalb die Kosten. Der gewachsene Erfahrungsvorsprung stellt einen Wettbewerbsvorteil dar.[658]
Da weitgehend die gleichen Einflußgrößen für die Kosten der Projekte Relevanz besitzen, wird, um sie besser beobachten zu können, versucht, diese mittels Kennzahlen zu quantifizieren. Als Bezugsobjekte werden Kunde, Leistung, Lieferant, Prozeßzeiten, Mitarbeiter und Qualität gewählt, die sich ihrerseits gegenseitig beeinflussen. Diese Faktoren werden anhand folgender Aufstellung verdeutlicht:

Bezugsobjekt Kunde:
- Rang des Ansprechpartners beim Kunden (Machtpromotor)
- Stellenwert des Projekts beim Kunden
- Anzahl und Dauer der Projektmeetings
- verspätetes Eintreffen der Daten vom Kunden

Bezugsobjekt Leistung:
- Anzahl der innovativen Arbeitspakete im Verhältnis zur Anzahl aller Arbeitspakete
- Anzahl an Spezifikationsänderungen
- Anzahl zu entwickelnder Zusatzfunktionen

Bezugsobjekt Lieferant:
- Einkaufspreis des Kartenmaterials

Bezugsobjekt Prozesszeiten
- durchschnittliche Entwicklungszeit
- durchschnittliche Zeit je Spezifikationsänderung
- durchschnittlicher Zeitaufwand pro Fehlerbehebung
- durchschnittlicher Zeitaufwand für Tätigkeiten des Projektmanagements
- durchschnittliche Testzeit

Bezugsobjekt Mitarbeiter:
- Teilnahme an Weiterbildungsveranstaltungen pro Periode
- Fehlzeiten bzw. -tage der Projektmitarbeiter
- Anzahl der Projekte pro Mitarbeiter

Bezugsobjekt Qualität:
- Anzahl gefundener Fehler je Arbeitspaket bzw. Meilenstein
- Anzahl beim Kunden entdeckter Fehler
- Anzahl an Hotline-Anrufen
- Erfüllungsgrad der Benutzerfreundlichkeit
- Erfüllungsgrad der Integrierbarkeit
- Erfüllungsgrad der Funktionalität
- Zahl und Art der Wartungsaktivitäten

Abb. VI.-22: Kennzahlen der Einflußgrößen[659]

Die Erhebung dieser Kennzahlen und die daraus gewonnen Informationen entfalten ihren Nutzen in aller Regel erst für zukünftige Projekte und deren Koordination.

---

[658] Vgl. Brokemper, A., [Strategieorientiertes], 1998, S. 283; Buch, J., [Projektrechnung], 1991, S. 31.

[659] Vgl. Baumöl, U., [Softwareentwicklung], 1999, S. 240, 289, 292, 307; Gunnar, G., [Kennzahlen], 1999, S. 136f., 153f., 162, 167-170, 173, 231, 235, 239; Rinza, P., [Projektmanagement], 1994, S. 35.

4.2.5 Periodische Abgrenzung der Kosten

Im Vergleich zur Kostenplanung des Projekts auf Unternehmensebene fällt auf, daß die Kosten der kundenspezifischen Tätigkeiten der Entwickler mit 75.575,50 € jetzt höher ausfallen, als auf Unternehmensebene für das Planjahr veranschlagt wurde (62.500 €). Zum Zeitpunkt der Projektplanung verfügt man über umfangreichere und detailliertere Informationen, so daß daraus durchaus andere Plandaten resultieren können. Außerdem werden nicht alle Projektleistungen der Entwickler während der aktuellen Planperiode[660] erbracht, d.h. die dafür anfallenden Kosten betreffen erst die nächste Planperiode. Da die Teilleistungen Akquisition, Projektkonzeption, Anpassung der Software und Implementierung sowie ihre unterstützenden Abstimmungs- bzw. Koordinationstätigkeiten planmäßig am 31. Mai mit der Implementierung abgeschlossen sind, gehören sie sowohl zeitlich als auch kostenrechnerisch zur Planperiode. Ihre Planung, Steuerung und Durchführung ist wesentlich kritischer als die einjährige Wartungsphase der Projekte, so daß auch die Projektdokumentation und Projektkommunikation in dieser Zeit intensiver betrieben werden muß. Demzufolge ist davon auszugehen, daß dem Realisierungsgrad entsprechend 75% dieser Kosten auf die Planperiode entfallen. Kurz nach Abschluß der Implementierung ist der Aufwand für die Wartung, die mit der Installation der Fernwartungssoftware (Phase V.1.1) startet, erfahrungsgemäß am höchsten. Der Wartungsaufwand sinkt aber rasch im Zeitablauf, so daß 50% der Zeit bzw. der Kosten der Wartungsleistungen V.1.2., V.2 und V.3 im Planjahr entstehen. Die Update- und Versandkosten fallen dagegen im Schnitt regelmäßig alle drei Monate an, so daß sie sich gleichmäßig über das Wartungsjahr verteilen. Unter Berücksichtigung obiger Informationen ergibt sich für die betrachtete Planperiode ein relevanter Gesamtbetrag der Projektkosten von 164.217 €.

[660] Die Planperiode entspricht dem Geschäftsjahr, das zum 30. September endet.

Teilleistung	Leisten-der	Menge (Std.)	Stundensatz (€)	Kosten (€)
I. Akquisition	V			12.550,00
II. Projektkonzeption[661]	C / E			43.318,00
III. Anpassungen von ToptiTool	E			35.838,50
IV. Implementierung	C / E			23.177,00
V. Wartung / Kundenbetreuung	C / E			
1. Fernwartung				
1.1 Installation der Fernwartungssoftware	C			2.640,00
				117.523,50
Kostenabgrenzungen				
V. Wartung / Kundenbetreuung	C / E			
1.2 Fernwartung über DFÜ	C	120	44,00	5.280,00
2. Telefon- / Servicehotline	C	120	44,00	5.280,00
3. Nachkorrekturen	E	156	38,50	6.006,00
4. Update	E			
4.1 Updates und Bugfixes		50	38,50	1.925,00
4.2 Newsletters		40	38,50	1.540,00
5. Versand				15,00
				20.046,00
VI. Projektmanagement	C / E			
1. Projektdokumentation	C	105	44,00	4.620,00
	E	52,5	38,50	2.021,25
				6.641,25
2. Projektmeetings				
2.1 der Projektgruppe	C	90	44,00	3.960,00
	E	90	38,50	3.465,00
2.2 mit der Geschäftsführung	C	187,5	44,00	8.250,00
	E	112,5	38,50	4.331,25
				20.006,25
				164.217,00

Abb. VI.-23: Projektkosten der Planperiode

[661] Zur detaillierten Aufstellung der Stundenzahlen der Teilleistungen II.- V.1.1 vgl. Abb. VI.-21.

4.2.6 Ermittlung des Projekt-Deckungsbudgets der Planperiode

Das Projekt-Deckungsbudget für die Planperiode berechnet sich wie folgt:[662]

Σ	Projekt-Einzelerlöse der Unternehmensplanung	921.000,00
- Σ	Projekt-Einzelkosten der Unternehmensplanung	- 349.540,00
=	geplanter Projekt-Deckungsüberschuß	571.460.00
-	projektspezifisch verrechenbare Projektgruppen-Einzelkosten der Unternehmensplanung	- 376.750,00
=	**Plan-Projekt-Deckungsbudget**	**194.710,00**

Abb. VI.-24: Bestimmung des Projekt-Deckungsbudgets der Optima AG

Bei den als projektspezifisch verrechenbar angesehenen Projektgruppen-Einzelkosten der Unternehmensplanung handelt es sich um die Personalkosten der technischen Kundenbetreuer. Obwohl neben der Projektkonzeption, Implementierung und Wartung der geplanten Projekte auch noch der Kundenservice bereits abgeschlossener Projekte zu ihren Aufgaben zählt, wird trotzdem der Gesamtbetrag ihrer Personalkosten abgezogen, was angesichts eines geschätzten Arbeitsaufwands von lediglich ca. 2% der gesamten Arbeitszeit aller Kundenbetreuer als akzeptable Ungenauigkeit erscheint. Die Kosten der Branchenentwicklung, der zweiten Komponente der Projektgruppen-Einzelkosten in der Unternehmensplanung, sind meines Erachtens nicht projektspezifisch verrechenbar. Es handelt sich dabei nämlich um branchenspezifische Entwicklungskosten der Software an sich, deren Nutzungspotential sowohl in alle Lizenzpakete als auch in alle Projekte einfließt. Der Zeitaufwand der Entwickler entsteht demnach nicht ursächlich aufgrund eines speziellen Kundenauftrags, wie es bei der Kundenentwicklung der Fall ist, und kann damit nicht auf der Basis der in Anspruch genommenen Stunden gerecht verteilt werden.

Mit der Aufstellung des Plan-Projekt-Deckungsbudgets soll erreicht werden, daß der in der Unternehmensplanung festgelegte Anteil nicht projektspezifischer Kosten (Unternehmens-Einzelkosten, nicht projektspezifisch verrechenbare Projektgruppen-Einzelkosten) durch die Projekte erwirtschaftet wird. Das Plan-Projekt-Deckungsbudget dient als Richtgröße zur Orientierung, Vorschau und Kontrolle. Der Verzicht auf die Aufteilung des Projekt-Deckungsbudgets auf die einzelnen Projekte läßt sich bei der Optima AG, neben der theoretischen Argumentation (Abschnitt V. 4.3.2.2), mit der geringen Anzahl an Projekten für die erste Planperiode begründen. Bei dieser Plansituation bereitet die Koordination der Projekte im Hinblick auf das Unternehmensziel mittels eines Gesamtbudgets für alle Projekte keine Schwierigkeiten.

4.2.7 Beurteilung der Plandaten

Bis dato werden vom Unternehmen keine kostenrechnerischen Erlösuntergrenzen ermittelt, so daß die Entscheidung, ein Projekt als Kundenauftrag anzunehmen, bislang rein intuitiv getroffen wird. Mit Hilfe der Kosten- und Erlösplanung für das einzelne Projekt und des Projektbudgets wird nun die Basis für die rationale Beantwortung dieser Frage geschaffen. Andere Aspekte spielen hierbei jedoch auch eine Rolle (vgl. Abschnitt V. 4.3.3.1). Die Gegenüberstellung von ausgehandeltem Angebotspreis und der Kostenplanung des Projekts zeigt den Plan-Projektbeitrag des Projekts

[662] Alle Angaben in €.

auf. Da sich für Projekt 2 ein positiver Plan-Projektbeitrag in Höhe von 251.000 € - 196.625,50 € = 54.347,50 € ergibt, ist der Auftrag anzunehmen. Um beurteilen zu können, ob das Projekt-Deckungsbudget planmäßig erreicht werden kann, dürfen nur die in der Periode anfallenden Projekterlöse und Projektkosten gegenübergestellt werden. Daraus resultiert ein periodenbezogener Projektbeitrag von 251.000 € - 164.217 € gleich 86.783 €. Neben diesem Projekt sind drei weitere Projekte für die Periode geplant, von denen zwei in der gleichen Größenordnung liegen, bei dem dritten wird ein geringerer Projektbeitrag erwartet. Deshalb ist davon auszugehen, daß auch das Projekt-Deckungbudget der Periode in Höhe von 194.710 € planmäßig erreicht werden kann.

4.3 Integrierte Projektsteuerung

4.3.1 Erstellung des Meilensteinplans

Die Darstellung der Kosten in Abhängigkeit von der Zeit wird mit Hilfe eines Meilensteinplans auf Ebene der Arbeitspakete in Listenform vorgenommen. Auf eine noch detailliertere Betrachtung auf Ebene der Teilleistungen wird in Anbetracht des geringen Kostenvolumens und zeitlichen Umfangs der Arbeitspakete verzichtet. Da aber die Kostenplanung und -erfassung nach Teilleistungen strukturiert ist, können bei Bedarf auch jederzeit einzelne Teilleistungen analysiert bzw. kontrolliert werden. Die Vorgehens- und Darstellungsweise ist analog vorzunehmen.
Der Meilensteinplan soll in seiner kombinierten Kosten- und Termin-Darstellung als Fahrplan für die Projektabwicklung und -kontrolle herangezogen werden. Deshalb müssen hier auch die in der Kostenplanung jeweils separat aufgelisteten Aufgaben des Projektmanagements[663] auf der Ebene der Arbeitspakete in den Projektablauf integriert werden.[664] Zinswirkungen bleiben unberücksichtigt, da die Laufzeit der Projekte maximal 18 Monate beträgt.[665]
Bei den Projekten der Optima AG bauen die einzelnen Projektabschnitte Konzeption, Software-Anpassung, Implementierung und Wartung aufeinander auf. Ihre ergebnisabhängig definierten Meilensteine grenzen die Phasen voneinander ab. Arbeitspakete einer Folgephase werden erst dann begonnen, wenn die vorangegangene Projektphase mit dem Erreichen ihres Meilensteins abgeschlossen wurde.[666] Innerhalb der Phasen kann es durchaus zur parallelen Bearbeitung von Arbeitspaketen und vor allem deren Teilleistungen kommen. Auf der Ebene der Arbeitspakete ist mit Ausnahme des Projektmanagements, das den gesamten Projektablauf begleitet, lediglich im Rahmen der Software-Anpassung eine Überlappung der Arbeitspakete zur kun denspezifischen Anwendungsentwicklung von ToptiTool und des digitalen Kartenmaterials denkbar.

[663] Diese Aussage bezieht sich auf alle Aufgaben des Projektmanagement, sei es nun mit oder ohne Teilleistungsbezug.

[664] Vgl. Rinza, P., [Projektmanagement], 1994, S.165.

[665] Vgl. Alter, R., [Projektcontrolling], 1991, S. 334; Plinke, W., [Ansatzpunkte], 1986, S. 605; Riezler, S., [Lebenszyklusrechnung], 1996, S. 120.

[666] Vgl. Kargl, H., [Management], 2000, S. 74f.

Meilenstein	Projektkonzeption (02.04.)			
Arbeitspaket	Projektanalyse	Beratung	Projektplanung	Projektmanagement
Planstart	01.03.	12.03.	26.03.	05.03.
Planende	12.03.	26.03.	02.04.	02.04.
Zeitaufwand	462 Std	318 Std	256 Std	262 Std
Plankosten	19.437,00 €	13.167,00 €	10.714,00 €	10.923,00 €

Meilenstein	Anpassungen von ToptiTool[667] (23.04.)				
Arbeitspaket	Material	Karten-aufbereitung	Schnitt-stellen	Report-funktion	Projekt-management
Planstart	02.04.	03.04.	10.04.	03.04.	06.04.
Planende	-	09.04.	23.04.	13.04.	23.04.
Zeitaufwand	-	28 Std	195 Std	188 Std	175 Std
Plankosten	20.015,00 €	1.078,00 €	7.507,50 €	7.238,00 €	7.315,00 €

Meilenstein	Implementierung (22.05.)			
Arbeitspaket	Installation	Aufbereitung der Stammdaten	Schulung	Projektmanagement
Planstart	24.04.	02.05.	10.05.	27.04.
Planende	30.04.	09.05.	22.05.	22.05.
Zeitaufwand	220 Std	126 Std	208 Std	87 Std
Plankosten	9.130,00 €	5.159,00 €	8.888,00 €	3.652,00 €

Meilenstein	Wartung	
Arbeitspaket	Installation der Fernwartungssoftware	Projektmanagement
Planstart	23.05.	25.05.
Planende	31.05.	31.05.
Zeitaufwand	60 Std	20 Std
Plankosten	2.640,00 €	847,00 €

Abb. VI.-25: Meilensteinplan[668]

Der Meilensteinplan endet mit der Installation der Fernwartungssoftware. Grund dafür ist, daß sich für den einjährigen Wartungszeitraum nach der Installation der Fernwartungssoftware keine expliziten Anlässe mehr zur Kontrolle mit Abschluß spezieller Teilleistungen definieren lassen. Gleiches gilt für die Meilensteine. In dieser Zeitspanne findet demnach kein Projektfortschritt im eigentlichen Sinn statt, sämtliche Arbeitspakete der Wartungsphase werden erst mit dem Ende des Vertrags abgeschlossen. Zum durchschnittlichen Zeitraum des Updating, also alle drei Monate, sollen stichtagsbezogene Kontrollen für das Projekt durchgeführt werden.

[667] Die CD-Herstellung wird aufgrund ihres geringen Stellenwerts nicht als eigenes Arbeitspaket berücksichtigt, sondern jeweils zur Hälfte auf die Entwicklung der Schnittstellen und Reportfunktionen verteilt.

[668] Abbildung in Anlehnung an Kraus, G./Westermann, R., [Projektmanagement], 1995, S. 99.

4.3.2 Erfassung der Istdaten

Für alle Angaben im Meilensteinplan müssen die Istdaten der zugrunde liegenden Teilleistungen, Arbeitspakete und Meilensteine erfaßt werden. Außerdem ist deren Realisierungsgrad zu quantifizieren, um die Sollkosten bestimmen zu können.[669]
Die Istkosten des Personals für die Teilleistungen werden auf Basis der Zeiterfassung, Material- und Portokosten auf Basis von Eingangsrechnungen und Provisionskosten prozentual zum Angebotspreis erfaßt. Da die Personalkosten den größten Kostenfaktor darstellen, ist besonders auf die Genauigkeit der Zeiterfassung und die korrekte Projektzuordnung zu achten. Aufgrund des Kostenvolumens können ansonsten höhere Kostenabweichungen entstehen.[670] Beim Kostenvergleich werden mit Ausnahme des Arbeitspakets Projektmanagement nur die Kosten abgeschlossener Teilleistungen berücksichtigt, die zur Erreichung des Abschlusses des Arbeitspakets beigetragen haben. Der Realisierungsgrad zum Abschluß einer Teilleistung ist 1, d.h. ihre Plan- und Sollkosten entsprechen sich. Da die Aktivitäten des Projektmanagements laufzeitbedingt sind und es sich ausschließlich um den Einsatz von Personalressourcen handelt, wird der Fertigstellungsgrad nicht abgeschlossener Teilleistungen im Verhältnis der bisher aufgewendeten Zeit zur gesamten Planzeit des Arbeitspakets quantifiziert.[671] Die Sollkosten resultieren aus der Multiplikation des so ermittelten Fertigstellungsgrads mit den Plankosten des gesamten Arbeitspakets. Sollte es zu Veränderungen der geplanten Zeitvorgaben als Bezugsbasis kommen, sind diese explizit auszuweisen.[672]
Die Feststellung des Leistungsfortschritts ist darüber hinaus aber vor allem für die vierteljährlichen Kontrollen während der Wartung und die halbjährliche Bestimmung des Projektstatus aller Projekte zur Integration von Projekt- und Unternehmenssicht von Bedeutung.

4.3.3 Durchführung von Kontrollen

Während der Projektlaufzeit findet jeden Montag ein Projektmeeting statt, in dem der Projektfortschritt und Projektprobleme besprochen werden.
Die formalisierte Kontrolle im Rahmen der Projektsteuerung ist zum Abschluß jedes Arbeitspakets bzw. Meilensteins durchzuführen (vgl. Abb. VI.-26). Zur Integration von Projekt- und Unternehmensebene ist alle drei Monate am Abschluß eines Meilensteins (hier Projektkonzeption) eine projekt- und periodenübergreifende Vorschaurechnung bezüglich des kumulierten Projektbudgets zu erstellen, alle sechs Monate (hier am 31.3.) ist der aktuelle Projektstand aller Projekte zum Zweck der Aktualisierung des Business Plans zu messen.

---

669 Vgl. Rattay, G., [Projektplanung], 1996, S. 390.

670 Vgl. Zehbold, C., [Lebenszykluskostenrechnung], 1996, S. 208.

671 Vgl. Albert, I./Högsdal, B., [Trendanalyse], 1987, S. 52.

672 Vgl. Buch, J., [Projektrechnung], 1991, S. 161; Coenenberg, A.G., [Kostenrechnung], 1999, S. 437f.; Deinert, R.D./Meinders, R., [Software-Projekten], 1996, S. 265; Rattay, G., [Projektplanung], 1996, S. 388f.

ARBEITSPAKET	KONTROLLEN
Projektanalyse	– Soll-Ist-Vergleich – Kosten-Meilensteintrendanalyse – Meilenstein-Kosten-Termin-Index
Beratung	– Soll-Ist-Vergleich – Kosten-Meilensteintrendanalyse – Meilenstein-Kosten-Termin-Index
Projektplanung	– Soll-Ist-Vergleich – Kosten-Meilensteintrendanalyse – Meilenstein-Kosten-Termin-Index
Abschluß: Projektkonzeption	+ Kontrolle für das Arbeitspaket Projektmanagement + projektübergreifende Hochrechnung auf das Projektbudget der Periode + projekt- und periodenübergreifende Hochrechnung auf die kumulierten Projektbudgets
Material	– keine Kostenkontrolle
Aufbereitung der Karten	– Soll-Ist-Vergleich
Entwicklung der Reportfunktion	– Soll-Ist-Vergleich – Kosten-Meilensteintrendanalyse – Meilenstein-Kosten-Termin-Index
Entwicklung der Schnittstellen	– Soll-Ist-Vergleich – Kosten-Meilensteintrendanalyse – Meilenstein-Kosten-Termin-Index – Hochrechnung auf das Projektende – Kosten-Termin-Index für das Projekt
Abschluß: Anpassung von ToptiTool	+ Kontrolle für das Arbeitspaket Projektmanagement + projektübergreifende Hochrechnung auf das Projektbudget der Periode
Installation	– Soll-Ist-Vergleich – Kosten-Meilensteintrendanalyse – Meilenstein-Kosten-Termin-Index – Hochrechnung auf das Projektende – Kosten-Termin-Index für das Projekt
Aufbereitung der Stammdaten	– Soll-Ist-Vergleich – Kosten-Meilensteintrendanalyse – Meilenstein-Kosten-Termin-Index
Schulung	– Soll-Ist-Vergleich – Hochrechnung auf das Projektende – Kosten-Termin-Index für das Projekt
Abschluß: Implementierung	+ Kontrolle für das Arbeitspaket Projektmanagement + projektübergreifende Hochrechnung auf das Projektbudget der Periode

ARBEITSPAKET	KONTROLLEN
Installation der Fernwartungssoftware	– Kontrolle der zugehörigen Projektmanagement-Aktivitäten, – Soll-Ist-Vergleich – Hochrechnung auf das Projektende – Kosten-Termin-Index für das Projekt – projektübergreifende Hochrechnung auf das Projektbudget der Periode – vorläufige Projektrückschau

Abb. VI.-26: Kontrollen zum Abschluß von Arbeitspaketen und Meilensteinen

An jedem Arbeitspaket, ob Meilenstein oder nicht, wird ein Soll-Ist-Vergleich der Kosten durchgeführt. An jedem Meilenstein wird eine projektübergreifende Hochrechnung auf das Projektbudget der Periode erstellt. Das phasenbegleitende Arbeitspaket Projektmanagement wird grundsätzlich erst bei Erreichen eines Meilensteins einer Kontrolle unterzogen. Eine Ausnahme bildet das letzte Arbeitspaket des Meilensteinplans.

Die Kosten-Meilensteintrendanalyse wird ausschließlich für die Meilensteine Projektkonzeption, Software-Anpassung und Implementierung angewandt. Für diese wird jeweils zur gleichen Zeit der Kosten-Termin-Index ermittelt. Die Berechnung des Kosten-Termin-Indexes für das Projekt findet immer parallel zur Hochrechnung auf das Projektende statt, da die hochgerechneten Gesamtkosten Bestandteil des Indexes sind.

Die Installation der Fernwartungssoftware stellt das letzte abgeschlossene Arbeitspaket vor Projektende dar und markiert somit einen wichtigen Einschnitt im Projektablauf. Deshalb ist die Kontrollintensität bei diesem Arbeitspaket relativ hoch. Obwohl es sich nicht um einen Meilenstein handelt, wird eine projektübergreifende Hochrechnung auf das Projektbudget der Periode erstellt und eine Kontrolle der zugehörigen Aktivitäten des Projektmanagements vorgenommen. Zudem wird ein Projektmeeting im Sinne einer vorläufigen Projektrückschau abgehalten.[673]

4.3.4 Steuerung der Kosteneinflußgrößen

Da die vom Markt vorgegebenen Preise der Teilleistungen mehr oder weniger fix sind, determinieren sie das Niveau der im Markt durchsetzbaren Kosten.[674] Bestrebungen, den geplanten Projektbeitrag zu erzielen, müssen deshalb vor allem an der Kostenseite ansetzen, wenn man ceteris paribus davon ausgeht, daß die engen preispolitischen Spielräume bereits ausgenutzt werden.

[673] Vgl. Buch, J., [Projektrechnung], 1991, S. 179.

[674] Vgl. Männel, W., [Konzepte], 1993, S. 75.

PROJEKT	
Teilleistung	**Einflußgrößen**
I. Projektkonzeption 1. Projektanalyse 1.1 Analyse der logistischen, organisatorischen und technischen Gegebenheiten beim Kunden 1.2 Auswertung der Analyseergebnisse mit dem Kunden und in der Projektgruppe	• Unterstützung durch die Geschäftsleitung des Kunden • Kooperation und Informationspolitik des Kunden • Qualifikation der eigenen Mitarbeiter • Komplexität der Gegebenheiten • Kommunikation zwischen Vertriebsmitarbeiter und technischen Kundenbetreuer • Volumen des Projekts
2. Beratungsleistungen (optional): 2.1 Hardware 2.2 Software ToptiTool 2.3 Unterstützung der Beratungstätigkeit der Consultants	• Qualifikation der Mitarbeiter • Kooperations- und Informationspolitik des Kunden • Umfang der Veränderungen
3. Projektplanung 3.1 Interner Datenabgleich für die Projektplanung 3.2 Planerstellung	• Koordination und Kommunikation in der Projektgruppe • Qualifikation und Erfahrung der Mitarbeiter
II. Anpassungen von ToptiTool 1. Material 1.1 Software ToptiTool 1.2 Fernwartungssoftware 1.3 Digitale Landkarten 1.4 CD-Rohlinge	• Lieferanten- und Abnehmermacht • Qualität des Materials
2. Aufbereitung der Karten 2.1 Konvertierung 2.2 Kodierung	• Qualität der Mitarbeiter • Notwendigkeit von Nachkorrekturen • Größe des geographischen Gebiets • Neigung zu technischem Perfektionismus
3. optionale kundenspezifische Anwendungsentwicklung von ToptiTool 3.1 Konzeption 3.2 Programmierung 3.3 Test 3.4 Dokumentation	• Technische Anforderungen der Kundenwünsche (Neuartigkeit und Komplexität) • Umfang der Änderungen • Neigung zu technischem Perfektionismus, Überspezifikation • Fehlerquote • Kommunikation
3.5 CD-Herstellung	• Ausschußquote

Teilleistung	Einflußgrößen
III. Implementierung 1. Installation der Software ToptiTool	• Anzahl der Rechner • Erfahrung und Know-how der eigenen Mitarbeiter
2. Aufbereitung der Stammdaten	• Art der Daten
3. Schulung 3.1 Erstellen von Schulungsunterlagen 3.2 Durchführung der Schulung	• Anwenderfreundlichkeit der Software • Didaktische Fähigkeiten der Schulenden • Kompetenz der Mitarbeiter des Kunden
4. Know-how Unterstützung der Consultants bei der Implementierung	• Informationsbedarf und Kompetenz der Consultants
IV. Wartung / Kundenbetreuung 1. Fernwartung 1.1 Installation der Fernwartungssoftware 1.2 Fernwartung über DFÜ 2. Telefon- / Servicehotline 3. Nachkorrekturen	• Qualität der Teilleistungen I-III, • Komplexität der Software • Zuverlässigkeit der Hard- und Software • Know-how der Anwender
4. Updating (UP) 4.1 Updates und Bugfixes 4.2 Newsletters	• Ausmaß der Neuerungen • Anzahl der fehlerhaften CDs
5. Versand 5.1 CDs mit Updates, Releases und Bugfixes 5.2 Newsletters / Infobroschüren	• Anzahl • Menge • Gewicht
VI. Projektmanagement 1. Projektdokumentation 2. Projektmeetings 2.1 der Projektgruppe 2.2 mit der Geschäftsführung	• Projektmanagement-Know-how • Umfang des Projekts • Komplexität • Neuartigkeit

Abb. VI.-27: Kosteneinflußgrößen der Teilleistungen

Zuerst ist nochmals zu überprüfen, ob die Mengenschätzungen, insbesondere der Personalstunden, und die angesetzten Kostensätze auf Basis der aktuell vorliegenden Informationen und Erfahrungswerte korrekt sind, um im Bedarfsfall notwendige Korrekturen vorzunehmen. Anschließend werden die Einflußgrößen für die Teilleistungen des Projekts analysiert.

Da davon auszugehen ist, daß die Entwickler und technischen Kundenbetreuer, die mit der Abwicklung des Projekts beschäftigt sind, alternativ für andere Projekte eingesetzt würden, ist vor allem der Zeitbedarf als der cost driver schlechthin zu optimieren. Um dieses Ziel zu erreichen, muß der Prozeßablauf im Rahmen der Projektentwicklung transparent gemacht und auf Möglichkeiten zur Beschleunigung untersucht werden, ohne daß die Qualität der Leistung darunter leidet.[675] Bei der Projektkonzep-

[675] Vgl. Niemand, S., [Dienstleistungen], 1996, S. 78; BDU, [Controlling], 2000, S. 129.

tion kommt es z.B. darauf an, den Informationsfluß so zu gestalten, daß einerseits die Kunden rechtzeitig die notwendigen Informationen zur Verfügung stellen, andererseits die technischen Kundenbetreuer frühzeitig die erforderlichen Vorleistungen, wie die Beschaffung der adäquaten Hardware, signalisieren und ihre Umsetzung forcieren. Die Kundenbetreuer sollten die Kunden dabei mit ihrem Know-how und der Ausnutzung von Netzwerken unterstützen. Um die Entscheidungsprozesse im eigenen und fremden Unternehmen zu beschleunigen, d.h. einen reibungslosen Projektablauf zu ermöglichen, muß die Kommunikation mit dem Kunden und innerhalb der Optima AG sowohl projektintern zwischen Entwicklern und technischen Kundenbetreuern als auch zwischen Projektgruppen und Funktionsbereichen funktionieren. Die Projektverantwortlichen beider Seiten müssen eng zusammenarbeiten und sich in regelmäßigen Projektmeetings während der Projektlaufzeit abstimmen. Deshalb bietet sich die Bildung eines übergreifenden Projektteams mit internen und externen Mitgliedern an.

Um die Projektkosten insgesamt minimieren zu können, ist ein teilleistungsübergreifendes Denken erforderlich. Dies führt dazu, daß die Auswirkungen zeitlich vorgelagerter Leistungen auf die Kosten der darauf aufbauenden Leistungen berücksichtigt werden. Der zeitliche und damit kostenmäßige Aufwand für die abschließende Projektleistung „Wartung“ hängt z.B. vor allem von der Qualität der Leistungen I-III ab. Bei der kundenspezifischen Anpassung der Software ist darauf zu achten, daß die Programmierer trotz ihrer Neigung zum technischen Perfektionismus die zusätzlich gewünschte Funktionalität noch anwenderfreundlich konzipieren und gestalten.[676] Zum einen soll nur das entwickelt werden, was vom Anwender honoriert, da genutzt wird, zum anderen wirkt sich die Benutzerfreundlichkeit positiv auf die Zeit und Kosten der Schulung aus. Je benutzerfreundlicher die Software kreiert wurde, desto schneller können die Mitarbeiter des Kunden mit der Software vertraut gemacht werden.[677]

Die Qualifikation der Mitarbeiter nimmt erheblichen Einfluß auf die Qualität und den zeitlichen Umfang aller Teilleistungen.[678] Sie ständig zu verbessern, ist eine Maßnahme, die erst sukzessive Wirkung zeigt. Da die Optima AG von einer Forschungsgruppe von Physikern gegründet wurde, sind nicht die analytischen und fachlichen Fähigkeiten in der Programmierung verbesserungswürdig, sondern die kommunikativen Fähigkeiten, die für die interne Projektgruppenarbeit und die Beratungs- und Schulungstätigkeit beim Kunden unabdingbar sind.

Um die Erkenntnisse und Erfahrungen der Abwicklung des Projekts für die Zukunft nutzbar zu machen, müssen die Projekte dokumentiert werden. Auf diese Art und Weise kann die Qualität der Mengenschätzungen und Teilleistungen erhöht und die Anzahl der investierten Stunden reduziert werden.

Zur Senkung der Materialkosten sollten mit den Lieferanten Nachverhandlungen über den Einkaufspreis geführt werden.[679]

Die Kostensätze des Personals als zweiter wesentlicher cost driver der Projektkosten lassen sich nur über Maßnahmen auf Unternehmensebene, wie z.B. die geeignete

---

[676] Vgl. Burghardt, M., [Projektmanagement], 1997, S. 266; Madauss, B.J., [Projektmanagement], 2000, S. 293.

[677] Vgl. Madauss, B.J., [Projektmanagement], 2000, S. 291

[678] Vgl. BDU, [Controlling], 2000, S. 129.

[679] Vgl. die Maßnahmen des Kostenmanagements auf Unternehmensebene (Kapitel VI. 3.6).

Dimensionierung des Personals, dessen Vertragsgestaltung (Form der Vergütung, Urlaub, Arbeitszeit) und Status (freie Mitarbeiter), kostenorientiert gestalten.

4.4 Projektabschlußanalyse

Im Rahmen der Projektabschlußanalyse wird zum letzten Mal ein Soll-Ist-Vergleich vollzogen. Dieser dient der abschließenden Beurteilung des Projekts. Er nimmt sowohl inhaltlich als auch in der Darstellung Bezug auf die Vorgaben und Kriterien des Meilensteinplans und findet am Ende des einjährigen kostenlosen Wartungsvertrags statt.[680]

Meilenstein: Projektkonzeption				
1. Arbeitspaket: Projektanalyse				
TERMINE	Planstart	Iststart	Abweichung	Begründung
	Planende	Istende	Abweichung	
ZEITAUFWAND	Plan	Ist	Abweichung	Begründung
KOSTEN	Plankosten	Istkosten	Abweichung	Begründung
2. Arbeitspaket: Beratung				
TERMINE	Planstart	Iststart	Abweichung	Begründung
usw.				

Abb. VI.-28: Projektabschlußanalyse

Die resultierenden Informationen bilden die Grundlage für

- die Ermittlung des endgültigen Projektbeitrags,
- die Diskussion der Projektergebnisse im endgültigen Projektabschlußmeeting,
- die Bildung von Kennzahlen[681] für den Vergleich mit zukünftigen Projekten,
- die projektübergreifende Hochrechnung für das Projektbudget der aktuellen Periode und
- die Integration von Projekt- und Unternehmensebene.

---

680 Vgl. Rattay, G., [Projektplanung], 1996, S. 405.

681 Neben den in Abschnitt VI. 4.2.4 erläuterten Kennzahlen, sind für die Optima AG zudem die durchschnittlich anfallenden Kosten je Spezifikationsänderung, Fehlerbehebung, Wartungsaktivität und Tests von Interesse. Vgl. Burghardt, M., [Projektmanagement], 1997, S. 444; Gunnar, G., [Kennzahlen], 1999, S. 236.

VII. RESUMÉE

Während der intensiven Beschäftigung mit dem Problemkreis „Controlling in jungen Unternehmen" kam ich zu der Überzeugung, daß es vermessen wäre zu glauben, daß ihr Controllingsystem konzeptionell völlig anders auszusehen hat als in etablierten Unternehmen. Vielmehr müssen junge Unternehmen auf der Basis ihrer typischen unternehmensspezifischen Rahmenbedingungen einen klaren Fokus für ihr Controlling setzen, um es zielgerichtet zur Steuerung des Unternehmens einsetzen zu können. Dementsprechend wird in der Arbeit keine grundsätzlich neuartige Konzeption für das Controlling junger Unternehmen generiert, sondern es werden Gestaltungsansätze und -vorschläge entwickelt, die zur Spezifizierung des Controllings im Hinblick auf ihre Anwendung in jungen Unternehmen dienen sollen. Für jedes einzelne Unternehmen sind darüber hinaus noch individuelle Anpassungen vorzunehmen, wie an der Fallstudie deutlich wird.

Controllingtätigkeiten sollten bzw. werden zwar implizit schon mit der Erstellung und etwaigen Aktualisierung des Business Plans praktiziert, aber mit dem beginnenden Wachstum, dem sogenannten ersten Wachstumsschub, besteht aufgrund der gestiegenen Anforderungen an die Unternehmensführung zum ersten Mal tiefgreifender Bedarf für die Implementierung eines Controllingsystems. Die Initiative zum Controlling in jungen Unternehmen kommt in den meisten Fällen von externer Seite. Auslöser für die Einführung eines Controllingsystems ist häufig eine Unternehmenskrise in Folge des Unternehmenswachstums oder der Druck von seiten der Kapitalgeber, die Controlling oder zumindest Teile davon als Voraussetzung für die Bereitstellung ihres Kapitals verlangen.

Die Implementierung dürfte in jungen Unternehmen dadurch erleichtert werden, daß deren Mitarbeiter einerseits an Veränderungen gewöhnt und andererseits dafür aufgeschlossen sind. Zudem sind die Unternehmensstrukturen noch leichter zu verändern, die offene und direkte Kommunikation innerhalb flacher Hierarchien fördert den schnellen und verlustfreien Informationsfluß, so daß eine flexible, zeitnahe Kontrolle und Steuerung von Projekten und Unternehmen möglich wird. Bei informeller Kommunikation werden Probleme zum einen häufig früher signalisiert, zum anderen werden mehr bzw. andere kritische Sachverhalte aufgedeckt als bei formaler Kommunikation. Da EDV-Unterstützung eine Selbstverständlichkeit darstellt, kann der Informationsaustausch und die Koordination auch zeitnah über das Intranet erfolgen. Der kooperativer Führungsstil in jungen Unternehmen und die eigenständige und eigenverantwortliche Arbeit in Teams fördert Kreativität und Motivation der Mitarbeiter, die sich bei der Steuerung des Unternehmens, insbesondere dem Entwurf wirkungsvoller Verbesserungsmaßnahmen, als nutzbringend erweisen. Probleme dürfte dagegen bereiten, daß der Gründer oder der Mitarbeiterstab unter Umständen nicht über die notwendigen Controllingkenntnisse verfügt. In diesem Fall müssen entweder neue Mitarbeiter eingestellt, dem Mitarbeiterstamm das Know-how für die Wahrnehmung von Controllingaufgaben vermittelt oder Controlling-Experten von außen hinzugezogen werden, was Investitionen im Personalbereich erfordert.

Aus der Analyse des Controllings in jungen Unternehmen resultieren folgende Anforderungen an seine konkrete Ausgestaltung:

(1) Es muß eine Konzentration auf das zahlungsorientierte operative Kosten- und Erfolgscontrolling mit Projekten als Kostenträgern stattfinden, das Perioden- und Projektsicht integriert.

Das vorrangige Bestreben junger Unternehmen, ihre Existenz zu sichern, hat die Ausrichtung des Controllings an Kosten- und Erlösen zur Folge, wobei das planmäßige Erreichen der Break-even-Periode als strategisches Ziel gesetzt wird. Aufgabe des operativen Kosten- und Erfolgscontrollings ist es, die Unternehmensführung bei der Realisierung dieses Vorhabens zu unterstützen.
Die „einseitige" Orientierung an Kosten und Erlösen ist gerechtfertigt, da das Überleben der Unternehmen bei zahlungswirksamer Definition beider Größen letztendlich von deren Konstellation abhängt. Dazu kommt, daß die übrigen kritischen Faktoren, wie Prozeß, Qualität, Zeit, Information und Innovation, sowie die Funktionsbereiche Personal, Forschung und Entwicklung, Produktion, Logistik, Marketing und Vertrieb, die häufig Gegenstand des Controllings sind, ohnehin Einfluß auf die Kosten- und Erlössituation des Unternehmens nehmen und damit ebenfalls, wenn auch nur implizit, erfaßt sind. Für die Konzentration auf das Kosten- und Erfolgscontrolling spricht zudem die begrenzte Ressourcensituation junger Unternehmen, ihre Abhängigkeit von den Kapitalgebern und deren Informationsbedürfnis.
Da junge Unternehmen ihre Leistungen in Projektform erbringen, gelten diese als relevante Kostenträger, so daß das Kosten- und Erfolgscontrolling sowohl projekt- als auch periodenbezogene Elemente enthalten muß, die aufeinander abzustimmen sind. Demnach ist das Kosten- und Erlösmanagement, sowohl periodenübergreifend-projektbezogen als auch projektübergreifend-periodenbezogen zu praktizieren.
Wichtigstes Instrument ist die Kosten- und Erlösrechnung, die in jungen Unternehmen für die dringend notwendige Selbstinformation und Transparenz als Basis einer professionellen Unternehmensführung, in enger Verbindung zum Kosten- und Erlösmanagement, sorgt. Vorgeschlagen wird das System der Einzelkosten- und Deckungsbeitragsrechnung nach RIEBEL, da dieses eine transparente Kostenstruktur schafft und Kostenabhängigkeiten korrekt abbildet. Ausserdem ist die Konzeption der Einzelkosten- und Deckungsbeitragsrechnung markt- und zahlungsorientiert, flexibel und ausbaufähig, was sie für den Einsatz in jungen Unternehmen geeignet erscheinen läßt. Ihre ungeschlüsselte Zuordnung von Kosten auf Objekte kommt zudem den Verhältnissen in jungen Unternehmen, in denen vielfach keine klare Trennung von Tätigkeiten und Aufgabengebieten existiert, entgegen.
Da die Absatzpreise, von sehr begrenzten preispolitischen Spielräumen abgesehen, durch den Markt determiniert werden, müssen Maßnahmen des Kosten- und Erlösmanagements zur Sicherung bzw. Verbesserung der Wettbewerbsposition und des Unternehmenserfolgs, neben der Steigerung des Absatzes, mit zunehmendem Maße auf die Kostenseite abzielen. Es muß eine markt- und kundenorientierte Kostengestaltung und -steuerung Einzug halten, indem die Denkweise des Target Costing und der Lebenszyklusrechnung stärker integriert wird und ihr Instrumentarium bei neuen Produkten bereits von Anfang an zum Einsatz kommt. Dieser Vorgehensweise kommt die funktionsbereichsübergreifende Projektteamarbeit junger Unternehmen zugute, die eine ganzheitliche Sichtweise fördert.

Die Resultate des Kosten- und Erlösmanagements auf Unternehmens- und Projektebene fließen in die Aktualisierung des Business Plans ein. Die Integration von Projekt- und Unternehmensebene und damit interner und externer Sichtweise wird vor allem über die Bildung von Projektbudgets und die Einbindung von Plan- und Ist-Projektinformationen in die Jahres- und Mehrjahresplanung gewährleistet.

(2) Bereits vorhandene Potentiale, insbesondere der Business Plan, sollten beim Aufbau des Controllings intensiv genutzt werden.

Mit dem Business Plan steht ein Plan zur Verfügung, der schon bei der Unternehmensgründung Grundlagen für das Controlling legt, auf denen sich aufbauen läßt. Seine Aufstellung bzw. Aktualisierung und die damit verbundenen Planungen und Analysen sind nichts anderes als die ersten Controllingaktivitäten, die weitgehend als strategisch einzustufen sind. Der Business Plan, in dem Unternehmensziele und Meilensteine formuliert und quantifiziert sind, gibt somit den strategischen Rahmen vor. Darüber hinaus stellt er Informationen zur Verfügung, die Hinweise für die Gestaltung des operativen Kosten- und Erfolgscontrollings geben sowie für dessen Durchführung unmittelbar herangezogen werden können:

- Die Break-even-Periode, deren planmäßiges Erreichen das strategische Ziel des Kosten- und Erfolgscontrollings darstellt, wird aus den Vorgaben des Business Plans abgeleitet.
- Die Analyse der eigenen Stärken und Schwächen in Relation zur Konkurrenz und Nachfrage, die Wettbewerbs- bzw. Preisstrategie sowie die Beschreibung des Vertriebsnetzes im Business Plan offenbaren erfolgskritische Faktoren des Unternehmens, die im Rahmen des Kosten- und Erfolgscontrollings beachtet und gegebenenfalls mittels Maßnahmen des Kosten- und Erlösmanagements gesteuert werden müssen.
- Die Angaben zur qualitativen Struktur des Leistungsprogramms determinieren die Art des Kosten- und Erlösträgers (Projekte) sowie seinen Charakter und seine Komponenten. Diese bilden die wesentlichen Bestandteile des Projektstrukturplans, auf dem die Kosten- und Erlösplanung der Projekte basiert.
- Die Wertschöpfungskette prägt die Organisation.
- Aus dem Organigramm lassen sich Rückschlüsse über die zu koordinierenden Schnittstellen (Funktionsbereiche) und den Koordinationsbedarf (Zahl der Hierarchieebenen) ziehen. Beide zusammen beeinflussen das Ausmaß an erforderlicher Kommunikation.
- Der Finanzplan beinhaltet nicht nur Absatz- und Produktionsplanung sowie prognostizierte Produktionsfaktormengen und -preise als Basisinformationen der Kosten-, Erlös-, und Ergebnisplanung, sondern auch eine Grobplanung der genannten Größen selbst, die nach entsprechender Modifikation wesentlicher Baustein des operativen Kosten- und Erfolgscontrollings ist.
- Die Verkaufspreise bilden langfristig die Obergrenze für die Plankosten der Kostenträger.

Allerdings ließe sich der Business Plan noch besser für das Controlling nutzbar machen, wenn er um einige Teile ergänzt würde.

- Da die operativen Controllinginstrumente, wie Kostenrechnung, Budgetierung oder Kennzahlen Bezug auf die Kostenarten nehmen, diese aber schon bei der Abfassung des Unternehmenskonzepts bekannt und quantifiziert sein müssen, bietet sich parallel dazu eine transparente Aufstellung aller Kostenarten in einer einzigen

separaten Planungsübersicht an. Zu diesem Zeitpunkt verursacht diese Zusammenstellung ein Minimum an Mehrarbeit, später aber erleichtert sie die Einführung und den Einsatz obiger Instrumente wesentlich.
Ideal wäre ein getrennter Ausweis von Mengen- und Wertkomponente, die Differenzierung nach kurzfristig variablen und kurzfristig nicht variablen Kostenarten sowie eine Kennzeichnung ihrer Ausgabennähe und des Projektbezugs. Auf diese Weise entsteht von Anfang an ein aussagefähiges Grundgerüst der Kosten, das gegebenenfalls um weitere Kostenarten ergänzt, im Detaillierungsgrad erhöht, zeitlich fortgeschrieben und damit direkt in die Kostenplanung des Kosten- und Erfolgscontrollings auf Unternehmensebene übernommen werden kann.

- Eine detaillierte Auflistung der Preise für alle fremd bezogenen Produkte und Dienstleistungen, die in den Kostenträger eingehen, ist vor allem für die Projektebene hilfreich.
- Eine separate Kapazitätsplanung könnte die Transparenz erhöhen.
- Für die Risikoklassifizierung und die Bestimmung der Eigenkapitalkosten als notwendige Parameter zur Unternehmensbewertung und für die dynamische Unternehmenssteuerung via Deckungslücken wäre es sehr hilfreich, wenn die Betawerte vergleichbarer börsennotierter Unternehmen im Business Plan dokumentiert würden. Dies gilt vor allem, solange das betrachtete Unternehmen selbst nicht börsennotiert ist.

(3) Der aus fehlender Unternehmenserfahrung und -geschichte sowie Dynamik und Wachstum resultierenden Unsicherheit muß Rechnung getragen werden.

Junge, geschichtslose Unternehmen verfügen aufgrund der kurzen Zeitspanne seit Gründung nur über wenig Erfahrungswerte und Erfahrung aus der Vergangenheit, auf die sie zugreifen können. Ihnen fehlt somit eine wesentliche Informationsquelle für die Planung und Steuerung des Unternehmens. Andererseits sind aber sogar diejenigen Informationen, die aktuell vorliegen, kritisch auf ihre Relevanz zu analysieren, da sich die Umwelt- und Unternehmensbedingungen junger Unternehmen permanent ändern, so daß im Grunde eine tägliche Aktualisierung des Datenmaterials und der Unternehmenspläne angebracht wäre. Will man dieser dynamischen und sehr unsicheren Entwicklung Rechnung tragen, muß in der Kosten- und Erlösplanung respektive ihrer qualitativen und quantitativen Einflußgrößen verstärkt mit Szenarien, bei der Kontrolle mit zulässigen Toleranzbereichen gearbeitet werden. Daneben müssen Kontrollen auf Unternehmens- und Projektebene in relativ kurzen Zeitabständen durchgeführt werden. Vorgeschlagen wird ein monatlicher Abgleich und eine vierteljährliche Aktualisierung des Finanzplans sowie ein halbjährlicher Review-Prozeß des gesamten Business Plans mit rollierender Überarbeitung für einen Zeitraum von zwei Jahren. Der Planungs- und Kontrollzyklus auf Unternehmensebene ist ebenfalls halbjährlich konzipiert. Im Anschluß an etwaige Planrevisionen wird zudem noch eine feed-forward-Kontrolle durchgeführt, die entweder zu weiteren Maßnahmen, d.h. einer neuerlichen Revision, oder zur endgültigen Fixierung des Plans führt. Der Projektfortschritt ist in wöchentlichen Projektmeetings zu überwachen, ausführliche Kontrollen finden am Ende jedes Arbeitspakets statt. Bei Erreichen eines Meilensteins wird zusätzlich überprüft, ob alle Projekte gemeinsam die gesteckten Unternehmensziele erfüllen können.

(4) Das Controllingsystem muß in Anbetracht der Dynamik, des Wachstums und der Krisenanfälligkeit junger Unternehmen flexibel gestaltet sein.

Die kurzen Kontrollabstände auf Projekt- und Unternehmensebene sorgen dafür, daß die Unternehmensführung sowohl auf die Dynamik und Komplexität der Unternehmensumwelt als auch im Unternehmen selbst schnell und flexibel reagieren kann. Da das Controlling junger Unternehmen auch auf Projektebene ansetzt, wird eine individuelle, flexible, zielorientierte und zeitnahe Steuerung gewährleistet.
Trotz der Einführung formaler Instrumente zur Lenkung des Unternehmens ist an einer offenen und direkten Kommunikation innerhalb flacher Hierarchien festzuhalten, damit flexible Reaktionen auf die sich ständig verändernden Gegebenheiten und Anforderungen innerhalb und außerhalb des Unternehmens weiterhin möglich sind.

(5) Der Ausbau des Controllingsystems muß möglich sein und mit dem Wachstum Schritt halten: „Controlling follows growth"

Das Instrumentarium des Controllings muß so auf das Wachstum abgestimmt werden, daß weder zu viel („Over-Controlling") noch zu wenig („Under-Controlling") Controllingaufwand betrieben wird. Man sollte sich deshalb zunächst auf wenige wichtige Instrumente beschränken und diese adäquat handhaben. Dazu ist eine fundierte Auswahl an Controllinginstrumenten zu treffen, die als Grundausstattung gilt und erst beim zweiten Wachstumsschub um neue, notwendig gewordene Instrumente erweitert wird. Das Controllingsystem muß demnach so konzipiert sein, daß sein wachstumsbedingter Ausbau ohne Probleme praktikabel ist.
Der Einsatz einer Scorecard auf Unternehmensebene und für die einzelnen Projekte ist für junge Unternehmen mit ausgeprägtem Wachstum sinnvoll, da sie eine Verbesserung der Transparenz im Unternehmen bewirkt. Sie verbindet strategische Zielsetzung und operative Umsetzung, indem sie die für den langfristigen wirtschaftlichen Erfolg maßgeblichen Einflußfaktoren wie Kunden, Prozesse und organisationales Lernen in ihrem Zusammenwirken und ihrer Vernetzung zur finanziellen Leistung des Unternehmens aufzeigt und damit steuer- und kontrollierbar macht.
Diese Eigenschaft läßt sie auch im Umgang mit den Kapitalgebern, die langfristig und finanz- bzw. wertorientiert denken, zu einem nützlichen Instrument werden, zumal sich deren Zielwerte in eine Balanced Scorecard integrieren lassen. Daß junge Unternehmen in Folge ihrer offenen Unternehmenskultur und des kontinuierlich stattfindenden Strategieentwicklungsprozesses auf Basis des Business Plans und seiner Aktualisierung auch die notwendigen strukturellen Rahmenbedingungen mitbringen, spricht zudem für die Einführung einer Balanced Scorecard.
Mit dem Unternehmenswachstum steigt auch die Zahl der Projekte, die parallel nebeneinander zu bearbeiten und somit zu koordinieren sind. Um eine erfolgreiche, gemeinsame Abwicklung sicherzustellen, muß die Inanspruchnahme der vorhandenen Ressourcen zeitlich und örtlich sowie nach Art und Menge aufeinander abgestimmt werden. Somit wird eine übergreifende, an den Unternehmenszielen ausgerichtete Multiprojektplanung, -steuerung und -kontrolle erforderlich. Die projektübergreifend-periodenbezogene Betrachtung von Projektkosten und -erlösen ist zu intensivieren, das Projekt-Deckungsbudget, das von allen Projekten gemeinsam zu tragen ist, nach Projektgruppen zu differenzieren.

Die Fallstudie macht deutlich, daß obige, in der Theorie entwickelten Vorschläge zur Gestaltung des Controllings in der Regel nicht ohne Modifikationen zur praktischen Anwendung gebracht werden können.

LITERATURVERZEICHNIS

A

Abrams, Rhonda M. [Successful Business Plan]: The [Successful Business Plan]: Secrets & Strategies. Grants Pass 1991.

Adam, Dietrich [Investitionscontrolling]: Investitionscontrolling. 3. Auflage, München usw. 2000.

Albach, Horst [Unternehmenswachstum]: Unternehmenswachstum, -stagnation und -schrumpfung. Discussion papers, Wissenschaftszentrum Berlin für Sozialforschung, Forschungsschwerpunkt Marktprozeß und Unternehmensentwicklung. Berlin 1991.

Albach, Horst / Bock, Kurt / Warnke, Thomas [Kritische Wachstumsschwellen]: Kritische Wachstumsschwellen in der Unternehmensentwicklung. Stuttgart 1985.

Albert, Irmtraut / Högsdal, Bernt [Trendanalyse]: Trendanalyse: Projektüberwachung mit Hilfe von Meilenstein- und Kosten-Trendanalyse. Köln 1987.

Albert, Jürgen [Unternehmensneugründungen]: Unternehmensneugründungen: Träger des Strukturwandels in wirtschaftlichen Regionalsystemen, Dissertation, Erlangen-Nürnberg 1994.

Aldrich, Howard / Rosen, Ben / Woodward, William [Social Networks]: The Impact of Social Networks on Business Foundings and Profit: A longitudinal Study. In: Frontiers of Entrepreneurship Research, Babson College, Wellesley, MA. 1987, S. 154-168.

Alter, Roland [Projektcontrolling]: Integriertes Projektcontrolling: Ein ganzheitlicher Ansatz auf der Grundlage des Lebenszyklus von Systemen, Dissertation, Gießen 1991.

Anthony, Robert N. / Govindarajan, Vijay [Management]: Management control systems. 9. Auflage, Chicago 1998.

Arkebauer, James B. [Business Plan]: The McGraw-Hill Guide to Writing a High-Impact Business Plan. A Proven Blueprint for Entrepreneurs. New York usw. 1995

Arnold, Jürgen [Existenzgründung]: Existenzgründung. Von der Idee zum Erfolg!. 2. Auflage, Würzburg 1997.

Audretsch, David B. [Kleinunternehmen]: Kleinunternehmen in der Industrieökonomik: ein neuer Ansatz. Discussion papers / Wissenschaftszentrum Berlin für Sozialforschung, Forschungsschwerpunkt Marktprozeß und Unternehmensentwicklung, Arbeitspapier, Graue Literatur, Berlin 1993.

B

Baden, Axel [Strategische]: Strategische Kostenrechnung: Einsatzmöglichkeiten und Grenzen, Dissertation, Lüneburg 1997.

Baier, Peter [Controlling]: Praxishandbuch Controlling. Wien/Frankfurt 2000.

Balser, Till H. [Projektmanagement]: Projektmanagement. In: Borszcz, Andreas / Piechota, Sven (Hrsg.): Controlling-Praxis erfolgreicher Unternehmen: von den Besten lernen. Wiebaden 1998, S. 115-135.

Bangs, David H. [Guide]: The Business Planning Guide: Creating a Plan for Success in your own Business. 7. Auflage, Chicago, Illinois 1995.

Barkham, Richard [Entrepreneurial Characteristics]: Entrepreneurial Characteristics and the Size of the New Firm: A Model and an Econometric Test. In: Small Business Economics, Heft 6/1994, S. 117-125.

Barkham, Richard [Entrepreneurship]: Entrepreneurship and New Firm Growth. Discussion Papers in Urban and Regional Economics, Series C Vol. II (1989/90), University of Reading, Department of Economics

Bataillard, Victor [Leitfaden]: Leitfaden zur Unternehmensgründung, Band 1: Die betriebswirtschaftlichen Überlegungen, 3. Auflage, Zürich 1994.

Baumgärtner, Jost [Realisierung]: Realisierung operativer Controlling-Systeme, Dissertation, Dortmund 1998.

Baumöl, Ulrike [Softwareentwicklung]: Target Costing bei der Softwareentwicklung. München 1999.

Becker, Wolfgang [Begriff]: Begriff und Funktionen des Controlling. Bamberger Betriebswirtschaftliche Beiträge, Nr. 106, Universität Bamberg, August 1999.

Becker, Wolfgang [Funktionen]: Funktionen und Aufgaben des Controlling. In: krp, Heft 6/1988, S. 273-275.

Benoelken, Heinz [Planung]: Strategische Planung: Baukasten für Controller. In: Wirtschaftswoche, Heft 22/1984, S. 56-60.

Berekoven L. [Dienstleistungsmarkt]: Der Dienstleistungsmarkt in der Bundesrepublik Deutschland: Theoretische Fundierung und empirische Analyse, Band 1, Göttingen 1983.

Bernhard, Martin G. [Grundprinzipien]: Grundprinzipien der Balanced Scorecard. In: Bernhard, Martin G. / Hoffschröer, Stefan (Hrsg.): Report Balanced Scorecard. Düsseldorf 2001, S. 21-44.

Bernhard, Martin G./ Hoffschröer, Stefan [Ausblick]: Zusammenfassung und Ausblick. In: Bernhard, Martin G. / Hoffschröer, Stefan (Hrsg.): Report Balanced Scorecard. Düsseldorf 2001, S. 325-332.

Bhide, Amar [questions]: The questions every entrepreneur must answer. In: Harvard Business Review, Heft 12/1996, S. 120-132.

Birker, Klaus [Projektmanagement]: Projektmanagement. 2. Auflage, Berlin 1999.

Bischoff, Johannes Georg [Controlling bei jungen Unternehmungen]: Operatives Controlling bei jungen Unternehmungen. In: Federmann Rudolf (Hrsg.): Betriebswirtschaftslehre, Unternehmenspolitik und Unternehmensbesteuerung. Berlin 1993, S. 93-107.

Bissig, Franz-Peter / Schwander Pirmin [Business-Plan]: Das A und O eines (Neu-, Jung- und Alt-) Unternehmens: Der Business-Plan. In: Der Organisator, Heft 6/1996, S. 10-12.

Blöhm, Hans / Lüder Klaus [Investition]: Investition: Schwachstellenanalyse des Investitionsbereichs und Investitionsrechnung. 8. Auflage, München 1995.

Bögenhold, Dieter [Selbständige Erwerbsarbeit]: Selbständige Erwerbsarbeit in sozial-und wirtschaftshistorischer Perspektive. In: Schmude Jürgen (Hrsg.): Neue Unternehmen: Interdisziplinäre Beiträge zur Gründungsforschung. Heidelberg 1994, S. 11-23.

Böhm, Christian [Controlling]: Controlling in projektorientierten Unternehmen. In: Eschenbach, Rolf (Hrsg.): Controlling. 2. Auflage, Stuttgart 1996, S. 701 -711.

Börner, Christoph / Lowis, Stephan [Wachstum]: Kernkompetenzen: Wegweiser für das Wachstum junger Unternehmen. In: FB, Heft 2/2001, S. 145 -151.

Bohr, Kurt [Revisionshypothese]: Revisionsresistente Revisionshypothese. In: ZfB, Heft 3/1990, S. 343-349.

Bohr, Kurt [Verhältnis]: Zum Verhältnis von klassischer Investitions- und entscheidungsorientierter Kostenrechnung. In: ZfB, Heft 11/1988, S. 1171-1180.

Bohr, Kurt / Schwab, Hermann [Überlegungen]: Überlegungen zu einer Theorie der Kostenrechnung. In: ZfB, Heft 2/1984, S. 139-159.

Bohr, Kurt / Sailger, Edgar [Planung]: Konzeptionen betriebswirtschaftlicher Planung und ihre gegenseitigen Beziehungen. In: zfbf, Heft 11/12/1983, S. 963-985.

Boswell, Jonathan [Rise and Decline]: The Rise and Decline of Small Firms. London 1973.

Botta, Volkmar (Hrsg.) [Rechnungswesen]: Rechnungswesen und Controlling: Bausteine des Rechnungswesens und ihre Verknüpfung. Herne/Berlin 1998.

Botta, Volkmar [Gründungsphase]: Controlling in der Gründungsphase. TCH Schriftenreihe Band IV, TCH Technologie-Centrum Hannover 1985.

Bramsemann, Rainer [Erfolgssteuerungssystem]: Ein Erfolgssteuerungssystem für Kleinbetriebe. In: Bührens Jürgen (Hrsg.): Management im Mittelstand - erfolgsorientierte Ansätze und Perspektiven. Sternenfels 1997, S. 29-54.

Bramsemann, Rainer [Controlling]: Handbuch Controlling. München/Wien 1987.

Brealey, Richard A. / Myers, Stewart C. [Principles]: Principles of Corporate Finance. 6. Auflage, Boston usw. 2000.

Brokemper, Andreas [Strategieorientiertes]: Strategieorientiertes Kostenmanagement. In: Controlling, Heft 5/1998, S. 276-284.

Bronner, Tillmann [Projektcontrolling]: Projektcontrolling. In: Küpper, Hans-Ulrich / Weber, Jürgen (Hrsg.): Grundbegriffe des Controlling. Stuttgart 1995, S. 274-275.

Bronner, Tillmann [Projekt-Organisation]: Projekt-Organisation. In: Küpper, Hans-Ulrich / Weber, Jürgen (Hrsg.): Grundbegriffe des Controlling. Stuttgart 1995, S. 276.

Brooks, Julie K. / Stevens, Barry A. [Successful Business Plan]: How to write a Successful Business Plan. New York 1987.

Broom, H.N. / Longenecker, Justin G. / Moore, Carlos W. [Small-Business]: Small-Business Management. 6. Auflage, Cincinnati usw. 1983.

Brose, Peter [Planung]: Planung, Bewertung und Kontrolle technologischer Innovationen. Berlin 1982.

Bruch, Heike / Lawa Dieter [Beitrag]: Der Beitrag des Controlling im Rahmen schlanker Unternehmungsführung. In: Steinle, Claus / Eggers, Bernd / Lawa, Dieter (Hrsg.): Zukunftsgerichtetes Controlling: Unterstützungs- und Steuerungssystem für das Management; mit Fallbeispielen. 3. Auflage, Wiesbaden 1998. S. 109-122.

Brüderl, Josef / Preisendörfer, Peter / Ziegler, Rolf [Erfolg]: Der Erfolg neugegründeter Betriebe: eine empirische Studie zu den Chancen und Risiken von Unternehmensgründungen. 2. Auflage, Berlin 1998.

Brühl, Volker [Erfolgsfaktoren]: Kritische Erfolgsfaktoren beim Börsengang. In: FB, Heft 3/2001, S. 192-196.

Buch, Joachim [Projektrechnung]: Entscheidungsorientierte Projektrechnung. Dissertation, Frankfurt am Main 1991.

Bühner, Rolf / Tuschke, Anja [Wertmanagement]: Wertmanagement-Rechnen wie ein Unternehmer. In: Bühner, Rolf / Sulzbach, Klaus (Hrsg.): Wertorientierte Steuerungs- und Führungssysteme. Stuttgart 1999, S. 3-41.

Bührens, Jürgen [Existenzgründung]: Existenzgründung und Existenzsicherung mittelständischer Unternehmen durch öffentliche Finanzierungshilfen. In: Bührens Jürgen (Hrsg.): Management im Mittelstand - erfolgsorientierte Ansätze und Perspektiven. Sternenfels 1997, S. 201-221.

Bürgel, Hans Dietmar [Projektcontrolling]: Projektcontrolling. In: Schulte, Christof (Hrsg.): Lexikon des Controlling. München usw. 1996, S. 626-630.

Bürgel, Hans Dietmar [Projektcontrolling]: Projektcontrolling. In: Controlling. Heft 1 / 1989, S. 4-9.

Bundesministerium für Wirtschaft und Technologie (BMWi) [Junge Unternehmen]: Junge Unternehmen - die Schritte nach dem Start - Probleme und Lösungen bei der Existenzfestigung. 5. aktualisierte und neu gestaltete Ausgabe, Bonn Januar 2000.

Bundesministerium für Wirtschaft und Technologie (BMWi) [„Gründungskonzept"]: Gründungskonzept. Periodikum: GründerZeiten, BMWi-Nachrichten zur Existenzgründung und -sicherung Nr. 17, Bonn, Aktualisierte Ausgabe 1999.

Bundesministerium für Wirtschaft und Technologie (BMWi) [Starthilfe]: Starthilfe - Am Anfang steht die Idee - Der erfolgreiche Weg in die Selbständigkeit. 12. Auflage, Bonn November 1998.

Bundesministerium für Wirtschaft (BMWi) [„Existenzgründungsfinanzierung"]: Existenzgründungsfinanzierung. Periodikum: GründerZeiten, BMWi-Nachrichten zur Existenzgründung und -sicherung Nr. 7/8, (Bonn) Aktualisierte Ausgabe 1998.

Bundesministerium für Wirtschaft (BMWi) [Früherkennung]: Kleine und mittlere Unternehmen - Früherkennung von Chancen und Risiken. 3. Auflage, Bonn Juli 1998.

Bundesministerium für Wirtschaft (BMWi) [Junge Unternehmen]: Junge Unternehmen - die Schritte nach dem Start- Probleme und Lösungen bei der Existenzfestigung. 3. Auflage, Bonn Januar 1998.

Bundesministerium für Wirtschaft (BMWi) [„Krisenmanagement"]: Krisenmanagement. Periodikum: GründerZeiten, BMWi-Nachrichten zur Existenzgründung und -sicherung Nr. 22, Bonn Dezember 1997.

Bundesministerium für Wirtschaft (BMWi) [Starthilfe]: Starthilfe - Am Anfang steht die Idee - Der erfolgreiche Weg in die Selbständigkeit. 10. Auflage, Bonn November 1997.

Bundesverband Deutscher Unternehmensberater BDU e.V., Fachverband Unternehmensführung und Controlling (Hrsg.) [Controlling]: Controlling: ein Instrument zur ergebnisorientierten Unternehmenssteuerung und langfristigen Existenzsicherung; Leitfaden für Controllingpraxis und Unternehmensberatung. 4. Auflage, Berlin 2000.

Burger, Anton [Kostenmanagement]: Kostenmanagement. München usw. 1994.

Burghardt, Manfred [Einführung]: Einführung in Projektmanagement: Definition, Planung, Kontrolle, Abschluß. 2. Auflage, München/Erlangen 1999.

Burghardt, Manfred [Projektmanagement]: Projektmanagement: Leitfaden für die Planung, Überwachung und Steuerung von Entwicklungsprojekten. 4. Auflage, Erlangen/München 1997.

Busse, Franz-Joseph [Finanzwirtschaft]: Grundlagen der betrieblichen Finanzwirtschaft. 4. Auflage, München usw. 1996.

Bussiek, Jürgen [Betriebswirtschaftslehre]: Anwendungsorientierte Betriebswirtschaftslehre für Klein- und Mittelunternehmen. München usw. 1994.

C

Campagna, Christian A. [Anwendungssoftware]: Projektmanagement der Entwicklung individueller betriebswirtschaftlicher Anwendungssoftware: Darstellung und Begründung einer umfassenden Sichtweise des Projektmanagements unter besonderer Berücksichtigung personeller Faktoren. Dissertation, Berlin 1998.

Churchill, Neil C. / Lewis, Virginia L. [five stages]: The five stages of small business growth. In: Harvard Business Review, Mai-Juni 1983, S. 30-50.

Clasen, Jan P. [Turnaround]: Turnaround Management für mittelständische Unternehmen, Dissertation, Wiesbaden 1992.

Coenenberg, Adolf Gerhard [Kostenrechnung]: Kostenrechnung und Kostenanalyse. 4. Auflage, Landsberg am Lech 1999.

Coenenberg, Adolf Gerhard [Kostenmanagement]: Strategisches Kostenmanagement. In: Eversheim, Walter / Schuh, Günther (Hrsg.): Produktion und Management. Betriebshütte, Teil 1, 7. Auflage, Berlin usw. 1996, S. 8-38 - 8-46.

Coenenberg, Adolf Gerhard [Produktcontrolling]: Produktcontrolling im „magischen Dreieck". In: Eversheim, Walter / Schuh, Günther (Hrsg.): Produktion und Management. Betriebshütte, Teil 1, 7. Auflage, Berlin usw. 1996, S. 8-46 - 8-58.

Coenenberg, Adolf Gerhard / Fischer Thomas M. [Kostenrechnung]: Kostenrechnung und Controlling. In: Schulte, Christof (Hrsg.): Lexikon des Controlling. München usw. 1996, S. 456-460.

Coenenberg, Adolf Gerhard / Baum, Heinz-Georg [Controlling]: Strategisches Controlling: Grundfragen der strategischen Planung und Kontrolle. Stuttgart 1987.

Collrepp, Friedrich von [Existenzgründung]: Handbuch Existenzgründung: für die ersten Schritte in die dauerhaft erfolgreiche Selbständigkeit. Stuttgart 1998.

Controller Verein e.V. (Hrsg.): [Controller und Controlling], Online im Internet, URL: <http://www.controllerverein.de/wasistct/controll/luz3-7.htm>, (Abruf 25.10.1999).

Controller Verein e.V. (Hrsg.): [Das Controller-Leitbild], Online im Internet, URL: <http://www.controllerverein.de/wasistct/leitbild/leitbild.htm> (Abruf 25.10.1999)

Controller Verein e.V. (Hrsg.): [Leitbild Controller], Controller`s Aufgabe und Rolle, Online im Internet, URL: <http://www.controllerverein.de/wasistct/philo/philo.htm>, (Abruf 25.10.1999).

Cooper, Arnold C. / Gimeno Gascón, F. Javier [Entrepreneurs]: Entrepreneurs, processes of founding, and new firm performance, Paper No. 990, Institute for Research in the Behavioral, Economic and Management Sciences, Krannert Graduate School of Management, Purdue University, West Lafayette, Indiana 1990.

Cooper, Arnold C. / Dunkelberg, Wiliam C. [Entrepreneurship]: Entrepreneurship and Paths to Business Ownership. In: Strategic Management Journal, Vol. 7, 1986, S. 53-68.

Corsten, Hans [Projektmanagement]: Projektmanagement. München usw. 2000.

Coveney, Patrick / Moore, Karl [Business angels]: Business angels: securing start up finance. Chicester usw. 1998.

D

Day, Diana L. [Entrepreneurship and Strategic Management]: Research Linkages between Entrepreneurship and Strategic Management or General Management. In: Sexton, Donald L. / Kasarda, John D. (Hrsg.): The State of the art of Entrepreneurship. Boston 1992, S. 117-163.

Deinert, Ralf D. / Meinders, Reinhard [Software-Projekten]: Methoden zur Kalkulation von Personalaufwendungen in Software-Projekten. In: Gora, Walter (Hrsg.): Auf dem Weg zum virtuellen Unternehmen: Konsequenzen der Dezentralisierung. Köln 1996, S. 257-268.

Dellmann, Klaus / Franz, Klaus Peter [Kostenrechnung]: Von der Kostenrechnung zum Kostenmanagement. In: Dellmann, Klaus / Franz, Klaus Peter (Hrsg.): Neuere Entwicklungen im Kostenmanagement. Bern usw. 1994, S. 15-30.

Denk, Robert [Kostenmanagement]: Kostenmanagement- Der aktionsorientierte Controlling-Ansatz. In: Seicht, Gerhard (Hrsg.): Kostenrechnung und Controlling. Wien 1991, S. 187-211.

Denk, Robert / Kunesch Hermann [Einsatzvoraussetzungen]: Einsatzvoraussetzungen, Gestaltungskontext und kritische Erfolgsfaktoren für die Gestaltung von Controllingsystemen. In: Eschenbach, Rolf (Hrsg.): Controlling. 2. Auflage, Stuttgart 1996, S. 525-546.

Dette, Julia [Finanzierung]: Die Finanzierung als Engpaß junger Unternehmungen. WWZ-Forschungsbericht 2/1997. Basel 1997.

Deutsche Ausgleichsbank (DtA) [Chronik 2000]: Chronik 2000, Online im Internet, URL:< http://www.dta.de/download/pdf/chronik2000.pdf >, (Abruf 21.06.2001).

Deutsche Ausgleichsbank (DtA) [Existenzgründung]: Wir fördern Existenzgründungen, Umweltschutz und neue Technologien: Programme - Richtlinien - Merkblätter. Bonn Juni 2000.

Deutscher Industrie- und Handelstag (DIHT) [Fördermaßnahmen]: Handbuch der Fördermaßnahmen für Mittelständische Unternehmen: Steueranreize und Förderprogramme. Bonn Juni 1997.

Deyhle, Albrecht [Controlling-Entwicklung]: Controlling-Entwicklung von innen heraus. In: Liessmann, Konrad (Hrsg.): Controlling-Konzepte für den Mittelstand: Existenzsicherung durch Innovation und Flexibilität. Freiburg im Breisgau 1993, S. 37-55.

Deyhle, Albrecht / Steigmeier Beat [Controller]: Controller und Controlling. Bern usw. 1993.

Dierkes, Stefan / Kloock, Josef [Integration]: Integration von Investitionsrechnung und kalkulatorischer Erfolgsrechnung. In: krp, Sonderheft 3/1999, S. 119-131.

Diethelm, Gerd [Projektmanagement]: Projektmanagement, Band 1: Grundlagen. Herne/Berlin 2000.

DIN 69901 [Projektwirtschaft]: Projektwirtschaft; Projektmanagement; Begriffe. Berlin 8/1987.

Dittler, Gerhard / Kauba Norbert [Nutzenbewertung]: Nutzenbewertung von Projekten. In: Controlling, Heft 2/2001, S. 95-102.

Donckels, Rik [Unternehmensgründung]: Unternehemensgründung: Eine Herausforderung für Politik, Training und Führung. In: Pleitner Hans Jobst (Hrsg.): Neue Problemperspektiven und neue Erfolgsaussichten für kleine und mittlere Unternehmen. Berlin 1989, S. 42-47.

Dreesbach, Britta [Selbständigkeit]: Auf dem Sprung in die Selbständigkeit: Programmkredite. In: Bank Magazin, August 1997, S. 15-17.

Drexl, Andreas / Kolisch, Rainer / Sprecher Arno [Projektmanagement]: Koordination und Integration im Projektmanagement. In: ZfB, Heft 3/1998, S. 275-295.

Drukarczyk, Jochen [Finanzierung]: Theorie und Politik der Finanzierung. 2. Auflage, München 1993.

Duchesneau, Donald A. / Gartner, William B. [Profile]: A Profile of new Venture Success anf Failure in an emerging Industry. In: Journal of Business Venturing, Heft 5/1990, S. 297-312.

Dürr, Heinz [Controlling]: Controlling als Instrument der Unternehmensführung. In: Küpper, Hans-Ulrich / Mellwig, Winfried / Moxter, Adolf / Ordelheide, Dieter (Hrsg.): Unternehmensführung und Controlling. Wiesbaden 1990, S. 57-66.

E

Ederer, Franz [Operative Planung]: Operative Planung und operatives Controlling. In: Betrieb und Wirtschaft, Heft 11/1995, S. 365-373.

Ehrmann, Harald [Balanced Scorecard]: Kompakt-Training: Balanced scorecard. Ludwigshafen 2000.

Engel, Ronald / Hofacker, Karsten [Beteiligungskapitalgeber]: Mehrwertschaffung durch Beteiligungskapitalgeber im Lebenszyklus des finanzierten Unternehmens. In: FB, Heft 3/2001, S. 204-214.

Engelmann, Andree / Heitzer, Bernd [Beteiligungsprozess]: Beteiligungsprozess von Venture Capital-Gesellschaften und Business Angels bei Marktunvollkommenheiten. In: FB, Heft 3/2001, S. 215-221.

Erner, Michael [Erfolgsmanagement]: Marktstrategisches Erfolgsmanagement und internes Rechnungswesen. Wiesbaden 1997.

Eschenbach, Rolf / Niedermayr Rita [Controlling]: Controlling in der Literatur. In: Eschenbach, Rolf (Hrsg.): Controlling. 2. Auflage, Stuttgart 1996, S. 49-64.

Ewert, Ralf [Relative]: Relative Einzelkostenrechnung. In: Schulte, Christof (Hrsg.): Lexikon des Controlling. München usw. 1996, S. 655-658.

F

Finger, Max / Samwer Oliver [Startups]: America`s Most Successful Startups: Lessons for Entrepreneurs. Wiesbaden 1998.

Fischer, Arnold [Operatives Controlling]: Operatives Controlling in einem Industrieunternehmen (am Beispiel des CONTINENTAL-Konzerns). In: Steinle, Claus / Bruch, Heike (Hrsg.): Controlling: Kompendium für Controller/innen und ihre Ausbildung. Stuttgart 1998, S. 354-390.

Flamholtz, Eric [Gründer-Firma]: Von der Gründer-Firma zum Profi-Unternehmen. Bonn 1994.

FOCUS Online GmbH (Hrsg.): [Job & Karriere]: Job & Karriere • Existenzgründung • Beratung: Kostenlose Ratgeber, Online im Internet,
URL: < http://focus.de/D/DB/DBY/DBY18/DBY18B/dby18b.htm >,
URL: < http://focus.de/D/DB/DBY/DBY18/DBY18C/dby18c.htm >,
URL: < http://focus.de/D/DB/DBY/DBY18/DBY18D/dby18d.htm >
(Abruf 10.06.1999)

Franck, Birger [Projektplanung]: Prioritätsregelverfahren für die ressourcenbeschränkte Projektplanung mit und ohne Kalender, Dissertation Karlsruhe 1999.

Franz, Klaus-Peter [Entwurf]: Entwurf eines Kosteninformationssystems für das Kostenmanagement. In: Becker, Wolfgang / Weber, Jürgen (Hrsg.): Kostenrechnung: Stand und Entwicklungsperspektiven. Wiesbaden 1997, S. 179-202.

Franz, Klaus-Peter / Kajüter, Peter [Kostenmanagement]: Kostenmanagement. In: Busse von Colbe, Walther (Hrsg.): Betriebswirtschaftslehre für Führungskräfte. Stuttgart 2000, S. 103-138.

Franzen, Wolfgang [Liquidität]: Projekt-Controlling zur Steuerung von Rentabilität und Liquidität bei der Auftragsfertigung. In: DBW, Heft 1/1987, S. 33-39.

Freidank, Carl-Christian [Kostenmanagement]: Kostenmanagement. In: WiSt, Heft 9/1999, S. 462-467.

Freidank, Carl-Christian / Zaeh, Philipp [Spezialfragen]: Spezialfragen des Target Costing und des Kostenmanagements. In: Freidank, Carl-Christian usw. (Hrsg.): Kostenmanagement: neuere Konzepte und Anwendungen. Berlin usw. 1997, S. 234-274.

Friedag, Herwig R. / Schmidt, Walter [Balanced Scorecard]: My Balanced Scorecard. Freiburg i. Br. usw. 2000.

Friedinger, Alfred / Weger Alexander [Operative]: Operative Vor- und Rückkopplung. In: Eschenbach, Rolf (Hrsg.): Controlling. 2. Auflage, Stuttgart 1996, S. 483-504.

Fröhling, Oliver [Kostenmanagement]: Strategisches Kostenmanagement: Paradigmenbeschwörung überdeckt Konzeptionsdefizite. In: Dellmann, Klaus / Franz, Klaus Peter (Hrsg.): Neuere Entwicklungen im Kostenmanagement. Bern usw. 1994, S. 79-131.

G

Garels, Roland [Management]: „Management by Projects" der zukunftsorientierte Managementansatz. In: Balck, Henning (Hrsg.): Neuorientierung im Projektmanagement: Eine Dokumentation thematisch zusammenhängender Beiträge aus GPM-Jahrestagungen und -Symposien 1987-1989. Köln 1990, S. 239-247.

Gehringer, Joachim / Michel, Walter J. [Frühwarnsystem]: Frühwarnsystem Balanced Scorecard. Düsseldorf/Berlin 2000.

Gibb, Allan A. [Borrowing from the small business]: Borrowing from the small business - towards a new model for corporate entrepreneurial organisation design. In: Pleitner Hans Jobst (Hrsg.): Strukturen und Strategien in Klein- und Mittelunternehmen als Wegbereiter des Aufschwungs, Beiträge zu den „Rencontres de St - Gall" 1994, Schweizerisches Institut für gewerbliche Wirtschaft St. Gallen, S. 325-342.

Glasl, Friedrich / Lievegoed, Bernard [Dynamische Unternehmensentwicklung]: Dynamische Unternehmensentwicklung: wie Pionierbetriebe und Bürokratien zu Schlanken Unternehmen werden. Bern/Stuttgart 1993.

Glauner, Wolfgang [Existenzgründung]: Existenzgründung und kritische Erfolgsfaktoren, Online im Internet,
URL:<http://www.bdu.de/beraterauswahl/fach/fach/059.htm>, S. 1-6,
(Abruf 29.02.2000).

Greiner, Larry E. [Evolution]: Evolution und revolution as organizations grow. In: Harvard Business Review, Heft 7/8/1972, S. 37-46.

Grote, Klaus-Peter [Externes Controlling]: Externes Controlling - Alternative für kleine und mittlerer Unternehmen. In: krp, Heft 4/1991, S. 191-196.

Gruhler, Wolfram [Wirtschaftsfaktor]: Wirtschaftsfaktor Mittelstand: Wesenselemente der Marktwirtschaft in West und Ost. 2. Auflage, Köln 1994.

Günther, Thomas [Unternehmenswertorientiertes]: Unternehmenswertorientiertes Controlling. München 1997.

Gunnar, George [Kennzahlen]: Kennzahlen für das Projektmanagement. Dissertation, Cottbus 1999.

Gushurst, Klaus-Peter [Implementierung]: Implementierung von Controllingsystemen. Dissertation, Freiburg im Breisgau 1990.

Gutschelhofer, Alfred [Unternehmensführung]: Controlingorientierte Unternehmensführung - Synergien und Konsequenzen. In: Wagenhofer, Alfred / Gutschelhofer, Alfred (Hrsg.): Controlling und Unternehmensführung. Wien 1995, S. 23-54.

H

Haas, Martin [Projekte]: Finanzielles Controlling von Projekten des industriellen Grossanlagenbaus. Dissertation, Zürich 1996.

Häcker, Joachim [New Economy]: New Economy - Quo vadis?. In: FB, Heft 7-8/ 2000, S. 527-532.

Häußermann, Kurt [Junge Unternehmen]: Junge Unternehmen sichern: Probleme erkennen - Lösungen erarbeiten. Eschborn 1997.

Hahn, Dietger [Unternehmungsziele]: Unternehmungsziele im Wandel: Konsequenzen für das Controlling. In: Controlling, Heft 6/1995, S. 328-338.

Hahn, Dietger [Controlling]: Controlling, Stand und Entwicklungstendenzen: In Zukunft dezentral? In: Gabler's Magazin, Heft 1/1988, S. 18-21.

Hahn, Dietger [PUK]: Planungs- und Kontrollrechnung - PUK. 3. Auflage, Wiesbaden 1986.

Hahn, Dietger / Laßmann, Gert [Produktionswirtschaft]: Produktionswirtschaft- Controlling industrieller Produktion. Heidelberg 1993.

Haidacher, Oskar [Break-even-Punkt]: Der Break-even-Punkt als Instrument unternehmerischer Führung. Dissertation, München 1969.

Halloran, James W. [Entrepreneurship]: The McGraw-Hill 36-Hour Course: Entrepreneurship, New York usw. 1994.

Hambrick, Donald C. / Crozier Lynn M. [Stumblers and stars]: Stumblers and Stars in the Management of rapid Growth. In: Journal of Business Venturing, Heft 1/ 1985, S. 31-45.

Hamer, Eberhard [Mittelständische Unternehmen]: Das Mittelständische Unternehmen: Eigenarten, Bedeutung, Risiken und Chancen. Stuttgart 1987.

Hamer, Eberhard [Unternehmensführung]: Unternehmensführung. In: Pfohl Hans-Christian (Hrsg.): Betriebswirtschaftslehre der Mittel- und Kleinbetriebe: Größenspezifische Probleme und Möglichkeiten zu ihrer Lösung. 2. Auflage, Berlin 1990, S. 43-73.

Havenga, Klaas J.D. [Determinanten]: Determinanten beim Aufbau und Wachstum von Klein- und Mittelunternehmen. In: Pleitner Hans Jobst (Hrsg.): Neue Problemperspektiven und neue Erfolgsaussichten für kleine und mittlere Unternehmen. Berlin 1989, S. 48-62.

Heeg, Franz-Josef [Projektmanagement]: Projektmanagement: Grundlagen der Planung und Steuerung von betrieblichen Problemlöseprozessen. München 1992.

Heigl, Anton [Controlling]: Controlling im Mittelbetrieb. In: ZO, Heft 8/1981, S. 425-430.

Helm, Karl Friedrich [Projekte]: Ergebniscontrolling für Projekte. In: krp, Sonderheft 1/1993, S. 46-54.

Hering, Ekbert / Zeiner, Hannes [Controlling]: Controlling für alle Unternehmensbereiche. 2. Auflage, Stuttgart 1994.

Hinderer, Michael [mittelständische Unternehmung]: Die mittelständische Unternehmung: Selbstverständnis in d. Marktwirtschaft; Analyse und Strategie. München 1984.

Hirzel, Matthias [Standard-Struktur-Plänen]: Projektmanagement mit Standard-Struktur-Plänen. In: zfo, Heft 7/1985, S. 394-400.

Hofer, Charles W. / Charan, Ram [Professional Management]: The Transition to Professional Management: Mission Impossible?. In: American Journal of Small Business, Vol. IX, No. 1, 1984, S. 1-11.

Hofstetter, Philipp A. [Informationssystem]: Das Informationssystem als Element des Controlling. Dissertation, Zürich 1993.

Hoitsch, Hans-Jörg / Lingnau, Volker [Erlösrechnung]: Kosten- und Erlösrechnung: eine controllingorientierte Einführung. 3. Auflage, Berlin usw. 1999.

Hoitsch, Hans-Jörg / Schmitz, Hans [Kostenrechnungsgestaltung]: Betriebswirtschaftlich fundierte und praxisgerechte Kostenrechnungsgestaltung. In: JFB, Heft 4/1998, S. 176-188.

Holt, David H. [Entrepreneurship]: Entrepreneurship: new venture creation. New Jersey 1992.

Homburg, Christian / Weber, Jürgen / Aust, René / Karlshaus, Jan Thido [Kostenrechnung]: Interne Kundenorientierung der Kostenrechnung: Ergebnisse der Koblenzer Studie. Vallendar 1998.

Horváth, Péter [Controlling]: Controlling. 7. Auflage, München 1998.

Horváth, Péter [Controllingkonzept]: Das Controllingkonzept. Der Weg zu einem wirkungsvollen Controllingsystem. 2. Auflage, München 1995.

Horváth, Péter / Brokemper, Andreas [Kostenmanagement]: Strategieorientiertes Kostenmanagement. In: ZfB, Heft 6/1998, S. 581-604.

Horváth, Péter / Kaufmann, Lutz [Balanced Scorecard]: Balanced Scorecard- ein Werkzeug zur Umsetzung von Strategien. In: Harvard Business manager, Heft 5/ 1998, S. 39-48.

Horváth, Péter / Lamla Joachim [Kaizen Costing]: Cost Benchmarking und Kaizen Costing. In: Reichmann, Thomas (Hrsg.): Handbuch Kosten- und Erfolgs-Controlling. München 1995, S. 62-88.

Hoy, Frank [Entrepreneurial Venture]: Researching the Entrepreneurial Venture. In: Advances in Entrepreneurship, Firm Emergence, And Growth, Vol. 2/1995, S. 145-174.

Hoy, Frank / McDougall, Patricia P. / Dsouza, Derrick D. [High-Growth Firms]: Strategies and Environments of High-Growth Firms. In: Sexton, Donald L./ Kasarda, John D. (Hrsg.): The State of the art of Entrepreneurship. Boston 1992, S. 341-357.

Hummel, Thomas R. [Controlling]: Controlling: Grundlagen und Instrumente. Heidelberg 1995.

Hummel, Thomas R. [Betriebswirtschaftslehre]: Betriebswirtschaftslehre: Gründung und Führung kleiner und mittlerer Unternehmungen. 2. Auflage, München usw. 1994.

Hunsdiek, Detlef [Unternehmensgründung]: Unternehmensgründung als Folgeinnovation - Struktur, Hemmnisse und Erfolgsbedingungen der Gründung industrieller innovativer Unternehmen. Stuttgart 1987.

Hunsdiek, Detlef / May-Strobl, Eva [Entwicklungslinien]: Entwicklungslinien und Entwicklungsrisiken neugegründeter Unternehmen. Stuttgart 1986.

I

Ihde, Gösta B. [Kapazitätsmanagement]: Ertragsorientiertes Preis- und Kapazitätsmanagement für logistische Dienstleistungsunternehmen. In: Bloech, Jürgen / Götze, Uwe / Sierke, Bernt (Hrsg.): Managementorientiertes Rechnungswesen: Konzepte und Analysen zur Entscheidungsvorbereitung. Wiesbaden 1993, S. 103-119.

Ihring, Hans Christof [Controlling]: Einführung in das Controlling für Mittelstandsunternehmen. Wien 1986.

J

Jaspersen, Thomas [Controlling]: Controlling: betriebswirtschaftliche und technische Verfahren zur Unternehmensführung. 3. Auflage, München usw. 1999.

Jehle, Egon [Wertanalyse]: Wertanalyse und Kostenmanagement. In: Reichmann, Thomas (Hrsg.): Handbuch Kosten- und Erfolgs-Controlling. München 1995. S. 145-165.

Johnson, Peter [New firms]: New firms. An economic perspective. London usw. 1986.

K

Kagermann, Henning [Projekt-Controlling]: Projekt-Controlling nicht nur bei Großprojekten. In: Reichmann, Thomas (Hrsg.): Controlling-Praxis: erfolgsorientierte Unternehmenssteuerung. München 1988, S. 326-337.

Kamm, Judith B. / Shuman, Jeffrey C. / Seeger, John A. / Nurick, Aaron J. [Entrepreneurial Teams]: Entrepreneurial Teams in New Venture Creation: A Research Agenda. In: Entrepreneurship Theory and Practice, Sommer 1990, S. 7-17.

Kao, John [Entrepreneurship]: Entrepreneurship, Creativity & Organization: Text, Cases, & Readings. New Jersey 1989.

Kaplan, Robert S. / Norton, David P. [Balanced Scorecard]: Strategien erfolgreich umsetzen. Stuttgart 1997.

Kaplan, Robert S. / Norton, David P. [Strategieumsetzung]: Strategieumsetzung mit Hilfe der Balanced Scorecard. In: Gleich, Ronald / Seidenschwarz, Werner (Hrsg.): Kunst des Controlling, München 1997, S. 313-342.

Kargl, Herbert [Management]: Management und Controlling von IV-Projekten. München usw. 2000.

Keller, Roland [Deckungsbeitragsrechnung]: Deckungsbeitragsrechnung in der mittelständischen Bauindustrie. Frankfurt am Main 1989.

Kemminer Jörg [Erlösmanagement]: Lebenszyklusorientiertes Kosten- und Erlösmanagement. Dissertation, Duisburg 1999.

Keßler, Heinrich / Winkelhofer Georg A. [Projektmanagement]: Projektmanagement: Leitfaden zur Steuerung und Führung von Projekten. 2. Auflage, Berlin usw. 1999.

Kilger, Wolfgang [Plankostenrechnung]: Flexible Plankostenrechnung und Dekkungsbeitragsrechnung. 10. Auflage, Wiesbaden 1993.

Kilger, Wolfgang [Einführung]: Einführung in die Kostenrechnung. 3. Auflage, Wiesbaden 1987.

Klandt, Heinz [Unternehmensplan]: Der integrierte Unternehmensplan: ein Instrument für die Gründungsplanung. Dortmund 1996.

Klett, Christian / Pivernetz, Michael / Hauke, Dirk [Controlling]: Controlling in kleinen und mittleren Unternehmen, Band 1: Die Finanzbuchhaltung als Informationsbasis. 2. Auflage, Herne/Berlin 1998.

Klett, Christian / Amen, Martin / Klein Holger / Pivernetz, Michael [Controlling 2]: Controlling in kleinen und mittleren Unternehmen, Band 2: Erweiterungen der Finanzbuchhaltung. Herne/Berlin 2000.

Körfgen, Ralph [Prozessoptimierung]: Prozessoptimierung in Dienstleistungsunternehmen. Dissertation, Berlin 1999.

Koreimann, Dieter S. [Projektmanagement]: Projektmanagement im „Dienstleistungsbereich" von Unternehmungen. In: Steinle, Claus / Bruch, Heike / Lawa, Dieter (Hrsg.): Projektmanagement: Instrument moderner Dienstleistung. Frankfurt am Main 1995, S. 49-63.

Kosmider, Andreas [Controlling]: Controlling im Mittelstand: Eine Untersuchung der Gestaltung und Anwendung des Controllings in mittelständischen Industrieunternehmen. Stuttgart 1991.

Kost, Wolfgang [Prämissenverfolgung]: Prämissenverfolgung - Sicherung des wirtschaftlichen Erfolgs durch dynamisches Projektcontrolling. In: Die Deutsche Bahn, Heft 6/1992, S. 675-678.

Kralicek, Peter / Böhmdorfer Florian / Kralicek, Günther [Kennzahlen]: Kennzahlen für Geschäftsführer. 4. Auflage, Wien/Frankfurt 2001.

Kraus, Georg / Westermann, Reinhold [Projektmanagement]: Projektmanagement mit System: Organisation, Methoden, Steuerung. Wiesbaden 1995.

Krieger, Ralf G. [Gestaltung]: Betriebsindividuelle Gestaltung der Kostenrechnung: Ein Beitrag zur Weiterentwicklung der situativen Kostenrechnungstheorie unter besonderer Berücksichtigung der Industriebetriebe. Dissertation, Mannheim 1995.

Krieger, Ralf G. [Entscheidungsorientierte]: Entscheidungsorientierte Kosten- und Erfolgsrechnung und dynamische Investitionsrechnung als separate Führungsinstrumente eines koordinationsorientierten Controlling und Ansätze zu ihrer Integration. Dissertation, Berlin 1998.

Krüger, Andreas / Schmolke, Gernot / Vaupel, Ronald [Projektmanagement]: Projektmanagement als kundenorientierte Führungskonzeption: Management mit Projekten und Management von Projekten. Stuttgart 1999.

Kruschwitz, Lutz [Investitionsrechnung]: Investitionsrechnung. 8. Auflage, Berlin / New York 2000.

Kruschwitz, Lutz [Barwerte]: Barwerte. Gelöste, ungelöste und unlösbare Fragen der Investitionsrechnung. Diskussionsbeiträge des Fachbereichs Wirtschaftswissenschaft der Freien Universität Berlin, Nr. 7/2000, Freie Universität Berlin.

Krystek, U. [Unternehmungskrisen]: Unternehmungskrisen. Wiesbaden 1987.

Kubr, Thomas / Ilar, Daniel / Marchesi, Heinz [Planen]: Planen, gründen, wachsen. Mit dem professionellen Businessplan zum Erfolg. Wien 1997.

Küpper, Hans-Ulrich [Controlling]: Controlling: Konzeption, Aufgaben und Instrumente. 2. Auflage, Stuttgart 1997.

Küpper, Hans-Ulrich [Analyse]: Vergleichende Analyse moderner Ansätze des Gemeinkostenmanagements. In: Dellmann, Klaus / Franz, Klaus Peter (Hrsg.): Neuere Entwicklungen im Kostenmanagement. Bern usw. 1994, S. 31 -77.

Küpper, Hans-Ulrich [Industrielles Controlling]: Industrielles Controlling. In: Schweitzer, Marcell (Hrsg.): Industriebetriebslehre. 2. Auflage, München 1994, S. 853-959.

Küpper, Hans-Ulrich / Weber, Jürgen [Grundbegriffe]: Grundbegriffe des Controlling. Stuttgart 1995.

Küpper, Hans-Ulrich / Weber, Jürgen / Zünd, André [Verständnis]: Zum Verständnis und Selbstverständnis des Controlling: Thesen zur Konsensbildung. In: ZfB, Heft 3/1990, S. 281-293.

Kuhnert, Bettina [Elemente]: Aufbau- und ablauforganisatorische Elemente des Projektmanagements im Dienstleistungsbereich. In: Steinle, Claus / Bruch, Heike / Lawa, Dieter (Hrsg.): Projektmanagement: Instrument moderner Dienstleistung. Frankfurt am Main 1995, S. 173-185.

Kuratko, Donald F. / Hodgetts, Richard M. [Entrepreneurship]: Entrepreneurship. A contemporary approach. 4. Auflage, Fort Worth usw. 1998.

Kuratko, Donald F. / Cirtin, Arnold [Business Plan]: Developing a Business Plan for Your Clients. In: National Public Account, Januar 1990, S. 24-28.

L

Lachnit, Laurenz [Gesamtleistungsprognose]: Umsatz- und Gesamtleistungsprognose bei Massen- bzw. Einzelfertigung. In: Reichmann, Thomas (Hrsg.): Handbuch Kosten- und Erfolgs-Controlling. München 1995. S. 109-125.

Lachnit, Laurenz [Projektleistungstätigkeit]: Controllingkonzeptionen für Unternehmen mit Projektleistungstätigkeit. München 1994.

Lachnit, Laurenz / Ammann, Helmut [Kosten- und Erfolgsmanagement]: Systemgestütztes Kosten- und Erfolgsmanagement für Unternehmen mit Einzelfertigung. In: Dellmann, Klaus / Franz, Klaus Peter (Hrsg.): Neuere Entwicklungen im Kostenmanagement. Bern usw. 1994, S. 552-582.

Lambeck, Alfred [Krise]: Die Krise bewältigen: Management und Öffentlichkeitsarbeit im Ernstfall; ein praxisorientiertes Handbuch. Frankfurt am Main 1992.

Lange, Jan-Ulrich / Schauer Bernd Dieter [Rechnungszwecke]: Stand und Rechnungszwecke mittelständischer Kostenrechnung - Eine empirische Untersuchung, Diskussionsbeiträge Serie I-Nr. 282, Fakultät für Wirtschaftswissenschaften und Statistik, Universität Konstanz, April 1996.

Lanz, Rolf [Controlling]: Controlling in kleinen und mittleren Unternehmen. Bern, Stuttgart 1989.

Laßmann, G. [Gestaltungsformen]: Gestaltungsformen der Kosten- und Erlösrechnung im Hinblick auf Planungs- und Kontrollaufgaben. In: WPg, Heft 1/2/1973, S. 4-17.

Lehner, Franz [Software]: Nutzung und Wartung von Software: das Anwendungssystem-Management. München/Wien 1989.

Lex, Helmut [Investitionsrechnung]: Investitionsrechnung auf der Basis kumulierter Wertflüsse. Dissertation, Köln 1970.

Liessmann, Konrad [Strategisches Controlling]: Strategisches Controlling. In: Mayer, Elmar / Liessmann, Konrad / Freidank, Carl-Christian (Hrsg.): Controlling-Konzepte: Werkzeuge und Strategien für die Zukunft. 4. Auflage, Wiesbaden 1999, S. 3-90.

Lingscheid, Andreas [Kaizen Costing]: Unternehmensübergreifendes Kaizen Costing. München 1998.

Link, Jörg [Führungssysteme]: Führungssysteme: strategische Herausforderung für Organisation, Controlling und Personalwesen. München 1996.

Listl, Andreas [Target Costing]: Target Costing zur Ermittlung der Preisuntergrenze: Entscheidungsorientiertes Kostenmanagement dargestellt am Beispiel der Automobilzulieferindustrie. Dissertation, Regensburg 1998.

Litke, Hans-Dieter [Projektmanagement]: Projektmanagement: Methoden, Techniken , Verhaltensweisen. München/Wien 1991.

Lloyd, Richard / Muth Hanns Peter / Gerlach, Frederick H. [Business Planning]: Business Planning. Köln 1997.

Longenecker, Justin G. / Moore, Carlos W. [Management]: Small Business Management: an entrepreneurial emphasis. 8. Auflage, Cincinnati 1991.

Lück, Wolfgang / Jahns Christopher [Führungsunterstützung]: Controlling zur Führungsunterstützung mittelständischer Unternehmen. In: WPg, Heft 4/1997, S. 126-131.

M

Madauss, Bernd J. [Projektmanagement]: Handbuch Projektmanagement: mit Handlungsanleitungen für Industriebetriebe, Unternehmensberater und Behörden. 6. Auflage, Stuttgart 2000.

Mann, Rudolf [Controlling]: Praxis Strategisches Controlling mit Checklists und Arbeitsformularen. 5. Auflage, Landsberg/Lech 1989.

Männel, Wolfgang [Kostenmanagement]: Aufgaben, Schwerpunkte und Instrumente des Kostenmanagements. In: Küpper, Hans-Ulrich (Hrsg.): Das Rechnungswesen im Spannungsfeld zwischen strategischem und operativem Management. Berlin 1997, S. 161-184.

Männel, Wolfgang [Ziele]: Ziele und Aufgabenfelder des Kostenmanagements. In: Reichmann, Thomas (Hrsg.): Handbuch Kosten- und Erfolgs-Controlling. München 1995. S. 25-46.

Männel, Wolfgang [Kostencontrolling]: Ausrichtung von Kostenrechnung, Kostencontrolling und Kostenmanagement auf marktorientiert segmentierte Unternehmensstrukturen. In: krp, Heft 6/1994, S. 381-385.

Männel, Wolfgang [Konzepte]: Moderne Konzepte für Kostenrechnung, Controlling und Kostenmanagement. In: krp, Heft 2/1993, S. 69-78.

Männel, Wolfgang [Entwicklung]: Entwicklung der Kostenrechnung zum Controlling-Instrument. In: krp, Sonderheft 1/1988, S. 4 -19.

Männel, Wolfgang [Erlösrechnung]: Zur Gestaltung der Erlösrechnung. In: Chmielewicz, Klaus (Hrsg.): Entwicklungslinien der Kosten- und Erlösrechnung. Stuttgart 1983, S. 119-150.

Männel, Wolfgang [Grundkonzeption]: Grundkonzeption einer entscheidungsorientierten Erlösrechnung. In: Krp, 1983, S. 55-70.

Männel, Wolfgang / Schmidt, Rudolf [Controlling-Konzeption]: Controlling-Konzeption. In: krp, Heft 1/1988, S. 39-41.

Mai, Jochen [Engel]: Engel auf Erden. In: Wirtschaftswoche, Heft 33/1998, S. 84-86.

Mancuso, Joseph R. [Winning Business Plan]: How to Write a Winning Business Plan. New York usw. 1985.

Manstedten, Björn Christian [Organisationsstrukturen]: Entwicklung von Organisationsstrukturen in der Gründungs- und Frühentwicklungsphase von Unternehmungen, Dissertation, Dortmund 1997.

Manz, Klaus / Breid, Volker / Bronner, Tillmann / Daschmann, Hans-Achim [Kostenrechnung]: Kompaktstudium Wirtschaftswissenschaften, Band 3 Kostenrechnung/Controlling. München 1993.

Martin, Thomas A. [Controlling]: Controlling in der Wachstumsphase mittelständischer Unternehmen: Bausteine für die Einführung des Kosten- und Erlöscontrollings. In: Internationales Gewerbearchiv, Heft 1/1999, S. 31-47.

Mayer, Elmar [Werkzeugkasten]: Der Werkzeugkasten des Controllers - Vernetzung von strategischem und operativem Controlling. In: Risak, Johann / Deyhle, Albrecht (Hrsg.): Controlling: state of the art und Entwicklungstendenzen. Wiesbaden 1992, S. 29-46.

Mayer, Elmar [Controlling]: Controlling als Denk- und Steueurungssystem. In: Controlling, Heft 5/1984, S. 179-184.

Mayer, Elmar / Liessmann, Konrad / Mertens, Hans Werner [Kostenrechnung]: Kostenrechnung. 5. Auflage, Stuttgart 1994.

McGuire, Joseph W. [small Enterprise]: The small Enterprise in Economics and Organisation Theory. In: Journal of Contemporary Business, Spring 1976, S. 115-138.

McKenna, John / Jack F. / Oritt, Paul L. [small business growth]: small business growth: making a conscious decision. In: S.A.M. Advanced Management Journal, Spring 1980, S. 45-53.

Mensch, Gerhard [Finanz-Controlling]: Finanz-Controlling. München/Wien 2001.

Mensch, Gerhard [Kostenplanung]: Kostenplanung - Ein Modell zur Prinzipdarstellung. In: krp, Heft 1/1997, S. 59-63.

Merrett Cyriax Associates [Dynamics]: Dynamics of Small Firms, Committee of Inquiry on Small Firms, Research Report No. 12, London 1971.

Michel, Reiner M. [Projektcontrolling]: Projektcontrolling und Reporting. 2. Auflage, Heidelberg usw. 1996.

Mörsdorf, Maximilian [Projektcontrolling]: Konzeption und Aufgaben des Projektcontrolling. Dissertation, Koblenz 1998.

Mohan-Neill, Sumaria Indra [scanning activities]: The influence of firm's age and size on its environmental scanning activities. In : Journal of Small Business Management, Oktober 1995, S. 10-21.

Monden, Yasuhiro [Kostensenkung]: Wege zur Kostensenkung: target costing und kaizen costing. München 1999.

Müller, Armin [Grundzüge]: Grundzüge eines ganzheitlichen Controllings. München usw. 1996.

Müller, Reinhold [Lotsen]: Lotsen statt Erbsenzähler. In: Wirtschaft - Das IHK-Journal für München und Oberbayern, Heft 4/1998, S. 56-59.

Müller, Reinhold [Markt]: Markt und Mentalität: Wie sich der deutsche Beteiligungsmarkt verändert. In: IHK Journal, Heft 9/1996, S. 6-13.

Mugler, Josef [Betriebswirtschaftslehre 2]: Betriebswirtschaftslehre der Klein- und Mittelbetriebe, Band 2., 3. Auflage, Wien/New York 1999.

Mugler, Josef [Betriebswirtschaftslehre 1]: Betriebswirtschaftslehre der Klein- und Mittelbetriebe, Band 1., 3. Auflage, Wien/New York 1998.

Mugler, Josef [Lebenszyklus]: Lebenszyklus und Besonderheiten der Entwicklung von Klein- und Mittelunternehmen. In: Mugler Josef / Belak Janko / Kajzer Stefan (Hrsg.): Internationales Wissenschaftliches Symposium Management und Entwicklung MER 1996: Theorie und Praxis der Unternehmensentwicklung: mit Besonderheiten der Klein- und Mittelbetriebe. Maribor 1996.

Murphy, Gregory B. / Trailer, Jeff W. / Hill, Robert C. [Performance]: Measuring Performance in Entrepreneurship Research. In: Journal of Business Research, Vol. 36/1996, S. 15-23.

Mussnig, Werner [Kostenrechnung]: Von der Kostenrechnung zum Management Accounting. Dissertation, Klagenfurt 1996.

N

Nathusius, Klaus [Gründungsplanung]: Gründungsplanung. In: BFuP, Heft 4 / 1980, S. 336-343.

Neumann, Reiner [Projektmanagement]: Projektmanagement: Scheinbar Unmögliches möglich machen. In: Gabler's Magazin, Heft 5/1998, S. 6-9.

Niedermayr, Rita [Realität]: Die Realität des Controlling. In: Eschenbach, Rolf (Hrsg.): Controlling. 2. Auflage, Stuttgart 1996, S. 127-174.

Niemand, Stefan [Dienstleistungen]: Target Costing für industrielle Dienstleistungen. Dissertation, Stuttgart 1996.

O

Ogawa, Eiji [Erfolgs- und Mißerfolgsfaktoren]: Erfolgs- und Mißerfolgsfaktoren für Klein- und Mittelunternehmen. In: Pleitner Hans Jobst (Hrsg.): Neue Problemperspektiven und neue Erfolgsaussichten für kleine und mittlere Unternehmen. Berlin 1989, S. 97-103.

Ormerod, John / Burns Ian [The Business Plan]: The Business Plan: You`ll Be Lost Without It. In: Ryans, Cynthia C. (Hrsg.): Managing the small business: insights and readings. New Jersey 1989, S. 99-102.

Ossadnik, Wolfgang [Controlling]: Controlling. München usw. 1996.

Ostgaard, Tone A. / Birley, Sue [New Venture Growth]: New Venture Growth and Personal Networks. In: Journal of Business Research, Vol. 36/1996, S. 37-50.

P

Pahlen, Dieter [Risikokapital]: Bereitstellung von Risikokapital. In: Bankinformation und Genossenschaftsforum, Heft 7/1996, S. 12-15.

Peemöller, Volker H. [Controlling]: Controlling: Grundlagen und Einsatzgebiete. 3. Auflage, Herne/Berlin 1997.

Peemöller, Volker H. / Geiger, Thomas / Barchet, Hartmut [Early-Stage-Investments]: Bewertung von Early-Stage-Investments im Rahmen der Venture Capital-Finanzierung. In: FB, Heft 5/2001, 334-344.

Peters, Michael P. / Brush, Candida G. [Market Information]: Market Information Scanning Activities and Growth in New Ventures: A Comparison of Service and Manufacturing Businesses. In: Journal of Business Research, Vol. 36/1996, S. 81-89.

Pfohl, Hans-Christian [Entwicklungen]: Entwicklungen im strategischen Controlling. In: Reichmann, Thomas (Hrsg.): Controlling-Praxis: erfolgsorientierte Unternehmenssteuerung, München 1988, S. 68-86.

Pfohl, Hans-Christian / Stölzle, Wolfgang [Planung]: Funktionen und Prozesse der Planung. In: WiSt, Heft 5/1996, S. 233-237.

Pfohl, Hans-Christian / Kellerwessel, Paul [Abgrenzung]: Abgrenzung der Klein - und Mittelbetriebe von Großbetrieben. In: Pfohl Hans-Christian (Hrsg.): Betriebswirtschaftslehre der Mittel- und Kleinbetriebe: Größenspezifische Probleme und Möglichkeiten zu ihrer Lösung. 2. Auflage, Berlin 1990, S. 1-23.

Pfohl, Hans-Christian / Zettelmeyer, Bernd [Strategisches Controlling ?]: Strategisches Controlling ? In: ZfB, Heft 2/1987, S. 145-175.

Picot, Arnold [Entwicklung]: Informationstechnische Entwicklung als Herausforderung für die Unternehmensführung. In: Office Management, Heft 10/1987, S. 18.

Pietsch, Gotthard / Scherm, Ewald [Führungsunterstützungsfunktion]: Die Präzisierung des Controlling als Führungs- und Führungsunterstützungsfunktion. In: Die Unternehmung, Heft 5/2000, S. 395-412.

Pinson, Linda / Jinnett, Jerry [Step-by-Step Guide]: Anatomy of a Business Plan: A Step-by-Step Guide to Starting Smart, Building the Business and Securing Your Company's Future. 3. Auflage, Chicago 1996.

Platz, Jochen [Projektstruktur]: Transparenz durch Projektstruktur - Inhalte der Strukturierung in Projekten. In: Reschke, Hasso (Hrsg.): Symposium Projektstrukturierung. Köln 1989, S. 151-179.

Plinke, Wulff [Ansatzpunkte]: Ansatzpunkte einer projektorientierten Kosten- und Leistungsrechnung im Unternehmen des langfristigen Anlagenbaus. In: Kilger, Wolfgang / Scheer, August-Wilhelm (Hrsg.): Rechnungswesen und EDV. Heidelberg 1986, S. 601-615.

Posner, Dirk [Early Stage-Finanzierungen]: Early Stage-Finanzierungen: Spannungsfeld zwischen Gründern, Investoren und staatlichen Rahmenbedingungen. Dissertation, Frankfurt am Main 1996.

Pradel, Michael [Multi-Projektcontrolling]: Multi-Projektcontrolling. In: Controlling, Heft 2/1997, S. 102-109.

Pradel, Michael / Südmeyer, Vera [Portfolioplanung]: Portfolioplanung als zentraler Bestandteil des Multiprojektcontrolling. In: ZP, Heft 8/1997, S. 291-311.

Preißler, Peter R. [Controlling-Lexikon]: Controlling-Lexikon. München usw. 1995.

Preißler, Peter R. [Klein- und Mittelbetrieb]: Controlling auch im Klein- und Mittelbetrieb. 9. Auflage, Eschborn 1994.

Preißler, Peter [Unternehmen]: Controlling in mittelständischen Unternehmen. In: Risak, Johann / Deyhle, Albrecht (Hrsg.): Controlling: state of the art und Entwicklungstendenzen. Wiesbaden 1992, S. 261-294.

Probst, Hans-Jürgen [Balanced Scorecard]: Balanced Scorecard leicht gemacht. Wien/Frankfurt 2001.

Psonder, Bernhard [Kostenmanagement]: Proaktives Kostenmanagement bei Auftragsprojekten: Controlling in projektorientierten Unternehmungen. Dissertation, Graz 1999.

Pümpin, Cuno / Prange, Jürgen [Unternehmensentwicklung]: Management der Unternehmensentwicklung: phasengerechte Führung und der Umgang mit Krisen. Frankfurt/Main; New York 1991.

R

Radensleben, Thorsten [Grundlagen]: Konzeptionelle Grundlagen einer controlling-gerechten Kostenrechnung. Dissertation, Berlin 1995.

Rainalter, Rainer / Hanschur, Joachim [Earned Value Methode]: Die Earned Value Methode: Vom quantitativen zum qualitativen Projektcontrolling in der Praxis. In: controller magazin, Heft 6/1999, S. 458-464.

Ramsauer, Helmut [Projektrechnung]: Die Projektrechnung und ihre duale Integration. In: Journal für Betriebswirtschaft, Heft 5/1994, S. 216-228.

Rattay, Günter [Projektplanung]: Projektplanung und -steuerung. In: Eschenbach, Rolf (Hrsg.): Controlling. 2. Auflage, Stuttgart 1996, S. 371-412.

Reichmann, Thomas [Controlling]: Controlling mit Kennzahlen und Managementberichten: Grundlagen einer systemgestützten Controlling-Konzeption. 5. Auflage, München 1997.

Reiß, Michael / Grimmeisen, Markus [Komplexitätsmanagement]: Komplexitätsmanagement im Dienste des Controlling: Optimierte Projektkostenstrukturen durch komplexitätsorientiertes Schnittstellenmanagement. In: Steinle, Claus / Eggers, Bernd / Lawa, Dieter (Hrsg.): Zukunftsgerichtetes Controlling: Unterstützungs- und Steuerungssystem für das Management; mit Fallbeispielen. 3. Auflage, Wiesbaden 1998. S. 41-61.

Reiß, Michael / Grimmeisen, Markus [Kostentransparenz]: Kostentransparenz im strategischen Projektcontrolling. In: krp, Heft 5/1994, S, 317-323.

Reiß, Michael / Höge, Robert [Schlankes Controlling]: Schlankes Controlling in segmentierten Unternehmen. In: BFuP, Heft 3/1994, S. 210-224.

Reiß, Michael / Corsten, Hans [Gestaltungsdomänen]: Gestaltungsdomänen des Kostenmanagements. In: Männel, Wolfgang (Hrsg.): Handbuch Kostenrechnung. Wiesbaden 1992, S. 1478-1491.

Riebel, Paul [Deckungsbeitragsrechnung]: Einzelkosten- und Deckungsbeitragsrechnung. 7. Auflage, Wiesbaden 1994.

Riebel, Paul [Führungsrechnung]: Einzelerlös-, Einzelkosten- und Deckungsbeitragsrechnung als Kern einer ganzheitlichen Führungsrechnung. In: Männel, Wolfgang (Hrsg.): Handbuch Kostenrechnung. Wiesbaden 1992. S. 247-299.

Riebel, Paul [Thesen]: Thesen zur Einzelkosten- und Deckungsbeitragsrechnung. In: Chmielewicz, Klaus (Hrsg.): Entwicklungslinien der Kosten- und Erlösrechnung. Stuttgart 1983, S. 21-47.

Rieder, Lukas / Schütz, Judith [Controlling]: Controlling für kleine und junge Unternehmen. In: Verkauf und Marketing, Heft 11/1989, S. 21-25.

Riezler, Stephan [Lebenszyklusrechnung]: Lebenszyklusrechnung: Instrumente des Controlling strategischer Projekte. Dissertation, Bochum 1996.

Ringel, Johannes [Eigenkapitalfinanzierungen]: Eigenkapitalfinanzierungen für mittelständische Unternehmen. In: Sparkasse, Heft 4/1988, S. 151-155.

Rinza, Peter [Projektmanagement]: Projektmanagement: Planung, Überwachung und Steuerung von technischen und nichttechnischen Vorhaben. 3. Auflage, Düsseldorf 1994.

Ripsas, Sven [Entrepreneurship]: Entrepreneurship als ökonomischer Prozeß: Perspektiven zur Förderung unternehmerischen Handelns. Dissertation, Berlin 1997.

Roolfs, Gabriele [Gemeinkostenmanagement]: Gemeinkostenmanagement unter Berücksichtigung neuerer Entwicklungen in der Kostenlehre, Dissertation Göttingen 1996.

Ryans, Cynthia, C. [Managing]: Managing the small business: insights and readings. New Jersey 1989.

S

Saliger, Edgar [Entscheidungstheorie]: Betriebswirtschaftliche Entscheidungstheorie. 4. Auflage, München usw. 1998.

Saynisch, Manfred [Projektkostenrechnung]: Die Projektkostenrechnung und ihre Integration mit dem betrieblichen Rechnungswesen. In: Saynisch, Manfred / Schelle, Heinz / Schub, Adolf (Hrsg.): Projektmanagement: Konzepte, Verfahren, Anwendungen. München usw. 1979, S. 245-271.

Schad, Günther / Schenck, Irmela v. [Projekt-Controlling]: Bereichs- und Projekt-Controlling bei der AEG Aktiengesellschaft. In ZfB, Ergänzungsheft 3/1991, S. 251-268.

Schäfer, Henry / Schässburger, Bernd [Bewertungsmängel]: Bewertungsmängel von CAPM und DCF bei innovativen wachstumsstarken Unternehmen und optionspreistheoretische Alternativen. In: ZfB, Heft 1/2001, S. 85-107.

Schefczyk, Michael [Erfolgsdeterminanten]: Erfolgsdetermnanten von Venture Capital-Investments in Deutschland. In: zfbf, Heft 12/1999, S. 1123-1145.

Schelle, Heinz [Projektmethoden]: Projektmethoden und -techniken im Überblick. In: Streich, Richard K./ Marquardt, Maryam, / Sanden, Heike (Hrsg.): Projektmanagement: Prozesse und Praxisfelder. Stuttgart 1996. S. 15-30.

Scherm, Ewald [Konsequenzen]: Konsequenzen eines Lean Management für die Planung und das Controlling in der Unternehmung. In: DBW, Heft 5/1994, S. 645-662.

Scherrer, Gerhard [Kostenrechnung]: Kostenrechnung. 3. Auflage, Stuttgart 1999.

Schilit, W. Keith [Winning Business Plan]: How to Write a Winning Business Plan. In: Business Horizons, Vol. 30, Nr. 5, September-Oktober 1987, S.13-28.

Schimank, Christof [Nutzungsvarianten]: Implementierungs- und Nutzungsvarianten des Prozeßkostenmanagements: Wie Sie Prozeßkostenmanagement optimal realisieren sollten. In: Horváth, Péter (Hrsg.): Das neue Steuerungssystem des Controllers: von Balanced Scorecard bis US-GAAP. Stuttgart 1997, S. 175-190.

Schindlbeck, Konrad [Fertigung]: Bilanzierung und Prüfung bei langfristiger Fertigung. Dissertation, Regensburg 1988.

Schinkel, Klaus-Dieter [Führung]: Führung in jungen Unternehmen, Online im Internet, URL: <http://www.symposion.de/gruendung/gr_16.htm, S. 1-4. (Abruf: 20.09.2000).

Schlick, Gerhard H. [Unternehmensentwicklung]: Unternehmensentwicklung: Gestaltungspotentiale -Veränderungschancen- Praxisbeispiele. Stuttgart 1998.

Schmelzer, Hermann J. / Friedrich, Werner [Projektcontrolling]: Integriertes Prozeß-, Produkt-, und Projektcontrolling. In: Controlling Heft 5/1997, S. 334-344.

Schmidt, Andreas [Kostenrechnung]: Kostenrechnung, 2. Auflage, Stuttgart usw. 1998.

Schmidt, Axel / Freund, Werner [Strategien]: Strategien zur Sicherung der Existenz kleiner und mittlerer Unternehmen. Stuttgart 1989.

Schmitz, Heiner / Windhausen, Michael Peter [Projektplanung]: Projektplanung und Projektcontrolling: Planung und Überwachung von besonderen Vorhaben. 3. Auflage, Düsseldorf 1986.

Schneider, Dietram [strategisches Controlling]: Unternehmensführung und strategisches Controlling. München/Wien 1997.

Schoenfeld, Hanns-Martin / Möller, Hans Peter [Kostenrechnung]: Kostenrechnung: Einführung in das betriebswirtschaftliche Rechnungswesen mit Erlösen und Kosten. 8. Auflage, Stuttgart 1995.

Schröder, Ernst F. [Unternehmens-Controlling]: Modernes Unternehmens-Controlling: Handbuch für die Unternehmenspraxis. 7. Auflage, Ludwigshafen 2000.

Schulte, Helmut / Stumme, Gerhard [Projektmanagement]: Projektmanagement. In: Kleinaltenkamp, Michael / Plinke, Wulff (Hrsg.): Auftrags- und Projektmanagement. Berlin usw. 1997, S. 229-266.

Schulz, Peter [Portfolio-Analyse]: Die Portfolio-Analyse als Instrument der Strategischen Planung in industriellen Klein- und Mittelbetrieben: Möglichkeiten, Probleme und Lösungsansätze. Dissertation, Frankfurt am Main 1988.

Schuster, Peter [Implementierung]: Implementierung von Controlling. In: Bogaschewsky, Ronald / Götze Uwe (Hrsg.): Unternehmensplanung und Controlling: Festschrift zum 60. Geburtstag von Jürgen Bloech. Heidelberg 1998, S. 49-65.

Schuster, Peter [Erfolgsorientierte Steuerung]: Erfolgsorientierte Steuerung kleiner und mittlerer Unternehmen - Funktionale, instrumentelle und organisatorische Aspekte eines größengerechten Controlling-Systems. Berlin usw. 1991.

Schwarze, Jochen [Netzplantechnik]: Netzplantechnik: eine Einführung in das Projektmanagement. 7. Auflage, Herne/Berlin 1994.

Schweitzer, Marcell / Troßmann, Ernst [Break-even-Analysen]: Break-even-Analysen: Methodik und Einsatz. 2. Auflage, Berlin 1998.

Schweitzer, Marcell / Küpper, Hans-Ulrich [Systeme]: Systeme der Kosten- und Erlösrechnung. 6. Auflage, München 1995.

Schwinn, Rolf [Aufgaben]: Aufgaben der Unternehmensplanung und des Controlling. In: Bogaschewsky, Ronald / Götze Uwe (Hrsg.): Unternehmensplanung und Controlling: Festschrift zum 60. Geburtstag von Jürgen Bloech. Heidelberg 1998, S. 23-48.

Seibel, Bernd [Anforderungen]: Anforderungen an das Controlling. In: Going Public, Sonderausgabe „Praxis", 1999, S. 30-32.

Sentl, Richard [Erlösmanagement]: Produktlebenszyklusorientiertes Kosten- und Erlösmanagement. Dissertation, St. Gallen 1994.

Serfling, Klaus [Controlling]: Controlling. 2. Auflage, Stuttgart usw. 1992.

Sexton, Donald L. / Bowman-Upton, Nancy B. [Entrepreneurship]: Entrepreneurship: creativity and growth. New York 1991.

Siegel, Eric S. / Schultz, Loren A. / Ford, Brian R. / Carney, David C. [Business Plan Guide]: The Ernest & Young Business Plan Guide. New York usw. 1987.

Siepert, Hans-Martin [Projektcontrolling]: Projektcontrolling im Großanlagenbau. In: Männel, Wolfgang (Hrsg.): Handbuch Kostenrechnung. Wiesbaden 1992, S. 995-1007.

Sokolovsky, Zbynek [Projektcontrolling]: Projektcontrolling: Projektbegleitende Wirtschaftlichkeitskontrollen bei großen DV-Projekten. In: zfo, Heft 4/1987, S. 261-268.

Spalinger, Beat [Kosten]: Kosten und Nutzen neuer Projekte. In: Spremann, Klaus / Zur, Eberhard (Hrsg.): Controlling. Wiesbaden 1992, S. 433-446.

Spilling, Olav R. [Entrepreneurial System]: The Entrepreneurial System: On Entrepreneurship in the Context of a Mega-Event. In: Journal of Business Research, Vol. 36/1996, S. 91-103.

Spremann, Klaus [Projekt-Denken]: Projekt-Denken versus Perioden-Denken. In: Spremann, Klaus / Zur, Eberhard (Hrsg.): Controlling. Wiesbaden 1992, S. 363-380.

Stahl, Hans-Werner [Controlling]: Controlling: Theorie und Praxis einer effizienten Systemgestaltung. Wiesbaden 1992.

Stanworth, M.J.K. / Curran, J. [Growth]: Growth and the Small Firm - An Alternative View. In: The Journal of Management Studies, Vol 13, No. 2, Mai 1976, S. 95-110.

Steinle, Claus / Lawa, Dieter / Kraege, Rüdiger [Projektcontrolling]: Projektcontrolling: Konzept, Instrumente und Formen. In: Steinle, Claus / Bruch, Heike / Lawa, Dieter (Hrsg.): Projektmanagement: Instrument moderner Dienstleistung. Frankfurt am Main 1995, S. 131-149.

Steinmann, Horst / Scherer, Andreas Georg [Controlling]: Controlling, strategisches und operatives. In: Schulte, Christof (Hrsg.): Lexikon des Controlling. München usw. 1996, S. 135-139.

Stevenson, Howard H. / Roberts, Michael J. / Grousbeck, H. Irving [New Business]: New Business Ventures and the Entrepreneur. 4. Auflage, Boston 1994.

Storey, M.J. [America's fastest growing companies]: Inside America's fastest growing companies. New York 1989.

Storey, D.J. [Entrepreneurship]: Entrepreneurship and the new firm. New York 1982.

Struck, Uwe [Geschäftspläne]: Geschäftspläne. Voraussetzungen für eine erfolgreiche Kapitalbeschaffung. Stuttgart 1990.

Stubenrauch, Wolfgang [Wegweiser]: Wegweiser zur Unternehmensgründung. 2. Auflage, Berg 1996.

Studt, Jürgen [Projektkostenrechnung]: Projektkostenrechnung. Frankfurt am Main 1983.

Swoboda, Peter [Kostenrechnung]: Kostenrechnung und Preispolitik: eine Einführung. 20. Auflage, Wien 1999.

Synek, Herbert [Organisation]: Die Organisation des Controlling. In: Eschenbach, Rolf (Hrsg.): Controlling. 2. Auflage, Stuttgart 1996, S. 95-126.

Szyperski, Norbert / Kirschbaum, Günter [Planungsinstrumente]: Planungsinstrumente im Gründungsprozeß. In: DSWR, Heft 7/1980, S. 147-152.

Szyperski, Norbert / Nathusius, Klaus [Unternehmensgründung 2]: Probleme der Unternehmensgründung. 2. Auflage, Lohmar/Köln 1999.

Szyperski, Norbert / Nathusius, Klaus [Unternehmensgründung]: Probleme der Unternehmensgründung. Stuttgart 1977.

T

Tate, Curtis, E. / Cox, James, F. / Hoy, Frank / Scarpello, Vida / Stewart, W. Woodrow, [Small Business]: Small Business Management & Entrepreneurship. Boston 1992.

Timmons, Jeffrey, A. [New Venture]: New Venture Creation: entrepreneurship for the 21st century. 4. Auflage, Boston 1994.

Timmons, Jeffrey, A. [New Venture Creation]: New Venture Creation: A Guide to Entrepreneurship. Homewood, Illinois 1985.

U

Unterkofler Günther [Erfolgsfaktoren]: Erfolgsfaktoren innovativer Unternehmensgründungen. Ein gestaltungsorientierter Lösungsansatz betriebswirtschaftlicher Gründungsprobleme. Dissertation, Stuttgart 1989.

V

Venture Associates (Hrsg.): [Business Plans and Planning], Online im Internet, URL:<http://www.venturea.com/business.htm>, S. 1, (Abruf 08.06.1999).

Virtanen, Markku [Entrepreneurial Finance]: Entrepreneurial Finance and Venture Capital Advantage. Dissertation, Helsinki 1996.

Vivarelli, Marco [The Birth]: The Birth of New Enterprises. In: Small Business Economics, Heft 3/1991, S. 215-223.

Vockel, Joachim [Business Plan]: Der Business Plan - Kern des Controlling. Köln 1996.

Vollmuth, Hilmar J. [Führungsinstrument]: Führungsinstrument Controlling: Planung, Kontrolle und Steuerung. 5. Auflage, Planegg 1999.

W

Waber, Urs [Gefährliche Fallen]: Gefährliche Fallen beim Aufbau eines Unternehmens. In: io Management Zeitschrift, 58 (1989), Nr. 4, S. 35-38.

Wasielewski, Erwin von [Projektvergleichstechnik]: Grundzüge einer Projektvergleichstechnik. In: Saynisch, Manfred / Schelle, Heinz / Schub, Adolf (Hrsg.): Projektmanagement: Konzepte, Verfahren, Anwendungen. München usw. 1979, S. 371-397.

Weber, Helmut Kurt [realisierte Kosten]: Latente und realisierte Kosten: In: krp, Heft 1/2001, S. 55-59.

Weber, Jürgen [Neue Perspektiven]: Neue Perspektiven des Controlling. In: BB, Heft 38/2000, S. 1931-1935.

Weber, Jürgen [Controlling]: Einführung in das Controlling. 8. Auflage, Stuttgart 1999.

Weber, Jürgen [Controlling 2000]: Controlling 2000 - Wohin geht der Weg der Controller? In: controller magazin, Heft 1/1998, S. 1-6.

Weber, Jürgen [story]: A never-ending story. In: Controlling, Heft 3/1997, S. 180-182.

Weber, Jürgen [Rechnungswesen]: Selektives Rechnungswesen. In: ZfB, Heft 8/1996, S. 925-946.

Weber, Jürgen [Kostenrechnung-(s)-Dynamik]: Kostenrechnung-(s)-Dynamik- Einflüsse hoher unternehmensex- und interner Veränderungen auf die Gestaltung der Kostenrechnung, WHU-Forschungspapier Nr. 31, Vallendar Mai 1995.

Weber, Jürgen [Wachstumsschwellen]: Wachstumsschwellen als Rahmenbedingungen für ein effizientes Controlling im Klein- und Mittelbetrieb. In: Wagenhofer, Alfred / Gutschelhofer, Alfred (Hrsg.): Controlling und Unternehmensführung. Wien 1995, S. 3-22.

Weber, Jürgen / Schäffer Utz [Balanced Scorecard]: Balanced Scorecard & Controlling. Wiesbaden 1999.

Weber, Jürgen / Schäffer, Utz [Rationalität]: Sicherstellung der Rationalität von Führung als Aufgabe des Controlling? In: DBW, Heft 6/1999, S. 731-747.

Weber, Jürgen / Aust, René [Reengineering]: Reengineering Kostenrechnung: Notwendigkeit - Benchmarking - Veränderungsschritte. Vallendar 1997.

Weber, Jürgen / Weißenberger, Barbara E. [Relative]: Relative Einzelkosten- und Deckungsbeitragsrechnung: A Critical Evaluation of Riebel's Approach, WHU-Forschungspapier Nr. 38, Vallendar 1996.

Wedelstädt, Jürgen [Kontrolle]: Kontrolle, Planung und Steuerung. In: Sekretariat, Heft 6/1998, S. 36-37.

Wehrli, Hans-Peter, [Unternehmungsgründung]: Unternehmensgründung. In: Die Unternehmung, 37. Jahrgang, 1983, S. 25-40.

Weidermann, Peter H. [Management]: Das Management des organizational Slack. Wiesbaden 1984.

Weis, Ekart [Projekt-Controlling]: Kostenorientiertes Projekt-Controlling. In: Reichmann, Thomas (Hrsg.): Handbuch Kosten- und Erfolgscontrolling. München 1995, S. 565-584.

Welge, Martin K. [Unternehmensführung]: Unternehmensführung. Band 3, Controlling. Stuttgart 1988.

Welzel, Otmar [Break even-Analyse]: Möglichkeiten und Grenzen der Stochastischen Break even-Analyse als Grundlage von Entscheidungsverfahren. Heidelberg 1987.

Werners, Brigitte [Projektsteuerung]: Projektsteuerung durch die Zuweisung von Vorgangspuffern. In: WiSt, Heft 8/2000, S. 422-427.

Wildemann, Horst [Produktionscontrolling]: Produktionscontrolling: Systemorientiertes Controlling schlanker Produktionsstrukturen. 2. Auflage, München 1995.

Winkler, Wigbert [Controlling]: Ganzheitliches Controlling. In: Seicht, Gerhard (Hrsg.): Kostenrechnung und Controlling. Wien 1991, S. 227-246.

Wischnewski, Erik [Projektmanagement]: Modernes Projektmanagement. 5. Auflage, Braunschweig/Wiesbaden 1996.

Witt, Frank-Jürgen [Targetcosting]: Targetcosting im Mittelstand. In: Bilanzbuchhalter und Controller, Heft 10/1999, S. 226-232.

Witt, Frank-Jürgen [Controlling 1]: Controlling 1-Ganzheitliches Controlling. München 1997.

Wolf, Karl-Heinz [Existenzgründung]: Existenzgründung und Existenzsicherung. Bonn 1997.

Wübbenhorst, Klaus L. [Lebenszykluskosten]: Lebenszykluskosten. In: Schulte, Christof (Hrsg.): Effektives Kostenmanagement: Methoden und Implementierung. Stuttgart 1992, S. 245-272.

Z

Zehbold, Cornelia [Lebenszykluskostenrechnung]: Lebenszykluskostenrechnung. Dissertation, Erlangen/Nürnberg, 1996.

Zemke, Ingo [Unternehmensverfassung]: Die Unternehmensverfassung von Beteiligungskapitalgesellschaften. Analyse des institutionellen Designs deutscher Venture Capital Gesellschaften. Dissertation, Berlin 1995.

Ziegenbein, Klaus [Controlling]: Controlling. 6. Auflage, Ludwigshafen 1998.

Zielasek, Gotthold [Projektmanagement]: Projektmanagement als Führungskonzept. 2. Auflage, Berlin usw. 1999.

Zur, Eberhard [Projekt-Controlling]: Projekt-Controlling. In: Spremann, Klaus / Zur, Eberhard (Hrsg.): Controlling. Wiesbaden 1992, S. 413-432.

Regensburger Beiträge zur betriebswirtschaftlichen Forschung

Herausgegeben vom Institut für Betriebswirtschaftslehre
an der Universität Regensburg

Band 1 Hans Jürgen Drumm / Christian Scholz: Personalplanung. Planungsmethoden und Methodenakzeptanz.

Band 2 Irmgard Obermeier: Statistische Abschlußprüfung. Konzeptionen und Verfahren.

Band 3 Elmar Sinz: Konstruktion betrieblicher Basisinformationssysteme.

Band 4 Peer Biendl: Ablaufsteuerung von Montagefertigungen. Heuristische Reihenfolgeplanung vergierender Auftragsstrukturen mittels Prioritätenregeln – Computergestützte Simulationsstudien der Werkstattfertigung.

Band 5 Franz Böcker / Ahron J. Schwerdt: Die Planung und Kontrolle praxisbezogener betriebswirtschaftlicher Lehre.

Band 6 Rudolf Paulik: Kostenorientierte Reihenfolgeplanung in der Werkstattfertigung. Eine Simulationsstudie.

Band 7 Reinhard Rieger: Unternehmensinsolvenz, Arbeitnehmerinteressen und gesetzlicher Arbeitnehmerschutz.

Band 8 Hans Jürgen Drumm: Individualisierung der Personalwirtschaft. Grundlagen, Lösungsansätze und Grenzen.

Band 1 - 8 erschienen bei Verlag Paul Haupt Bern und Stuttgart

Band 9 Monika Sixt: Dreidimensionale Packprobleme. Lösungsverfahren basierend auf den Meta-Heuristiken Simulated Annealing und Tabu-Suche. 1996.

Band 10 Peter Terhart: Chapter 11 Bankruptcy Code: Eine Alternative für Deutschland? Dokumentation, Analyse und Bewertung des amerikanischen Reorganisationsverfahrens mit einer kritischen Stellungnahme zur neuen deutschen Insolvenzordnung. 1996.

Band 11 Joachim Eigler: Transaktionskosten als Steuerungsinstrument für die Personalwirtschaft. 1996.

Band 12 Frank Richter: Konzeption eines marktwertorientierten Steuerungs- und Monitoringsystems. 1996. 2., überarbeitete und ergänzte Auflage 1999.

Band 13 Georg Stocker: Prämiendifferenzierung bei der Versicherung kommerzieller Bankkredite anhand von Risikoklassen. 1997.

Band 14 Christoph Plein: »Neue« Organisationskonzepte für die Versicherungsunternehmung. Organisationstheoretische Grundlagen und die Verwendbarkeit von Lean Management und Business Reengineering in der Versicherungsunternehmung. 1997.

Band 15 Ernst Eichenseher: Dezentralisierung des Controlling. 1997.

Band 16 Matthias Bauch: Unternehmensinsolvenzen: Prophylaxe und Bewältigung in Frankreich. Darstellung und ökonomische Analyse von *procédure d'alerte, règlement amiable* und *redressement et liquidation judiciaires*. 1997.

Band 17 Andreas Polifke: Adaptive Neuronale Netze zur Lösung von Klassifikationsproblemen im Marketing. Anwendungen und Methodenvergleich von ART-Netzen. 1998.

Band 18 Andreas Listl: Target Costing zur Ermittlung der Preisuntergrenze. Entscheidungsorientiertes Kostenmanagement dargestellt am Beispiel der Automobilzulieferindustrie. 1998.

Band 19 Andreas Schüler: Performance-Messung und Eigentümerorientierung. Eine theoretische und empirische Untersuchung. 1998.

Band 20 Carola Raab-Stahl: Dezentrale Mikroorganisation. Gestaltungsansätze unter dem Leitbild der "Neuen Dezentralisation". 1999.

Band 21 Martin Goller: Aktuelle Vergleichsverfahren in Deutschland. Eine ökonomische Analyse. 2000.

Band 22 Bernhard Baumgartner: Dynamische Aspekte in Markenwahlmodellen. 2000.

Band 23 Alexander Thume: Die Darstellung konzerninterner Verschmelzungen im Konzernabschluß. 2000.

Band 24 Stefan Marcus Schmidt: Corporate Governance in deutschen und amerikanischen Aktiengesellschaften. Eine Untersuchung unter besonderer Berücksichtigung der Bedeutung und der Entstehung der Anteilseignerstrukturen. 2001.

Band 25 Antonia Graff: Elementarrisiken privater Haushalte. Die Handhabung finanzieller Schäden in Deutschland – derzeitige Situation und Verbesserungsvorschläge. 2001.

Band 26 Cinzia Dal Zotto: Die Simultaneität und Permanenz von Personal- und Organisationsentwicklung. 2001.

Band 27 Franz Xaver Gabelsberger: Equity-Bewertung im Jahresabschluß. Bilanzierung von Beteiligungen unter besonderer Berücksichtigung der Informationsfunktion des Jahresabschlusses. 2001.

Band 28 Christian Lechner: The Competitiveness of Firm Networks. 2001.

Band 29 Frank Richter: Kapitalmarktoritentierte Unternehmensbewertung. Konzeption, finanzwirtschaftliche Bewertungsprämissen und Anwendungsbeispiel. 2002.

Band 30 Gerhard Ebinger: Neue Modelle der betrieblichen Altersversorgung. 2001.

Band 31 Marion Steinberger: Multinomiale Logitmodelle mit linearen Splines zur Analyse der Markenwahl. 2002.

Band 32 Thomas M. Ullrich: Endkonsolidierung. Erfolgswirkungen des Ausscheidens von Unternehmen aus dem Konzernverbund und konsolidierungstechnische Abbildung im Konzernabschluß. 2002.

Band 33 Ingo Stangl: Die systemtragenden Änderungen der Unternehmensbesteuerung durch das Steuersenkungsgesetz. 2001.

Band 34 Markus Probst: Neuronale Netze zur Bestimmung nichtlinearer Nutzenfunktionen in Markenwahlmodellen. 2002.

Band 35 Martina Hartl: Kosten- und Erfolgscontrolling in jungen Unternehmen. Konzeption und praktische Umsetzung dargestellt an einer Fallstudie. 2002.

FSC
www.fsc.org
MIX
Papier | Fördert gute Waldnutzung
FSC® C083411

Kolibri 360 GmbH
Ferdinand-Jühlke-Straße 7
99095 Erfurt, Deutschland
produktsicherheit@kolibri360.de

Druck:
CPI Druckdienstleistungen GmbH
im Auftrag der
Kolibri 360 GmbH
Ferdinand-Jühlke-Str. 7
99095 Erfurt